Andrea Dischler
Teilhabe und Eigensinn

Buchreihe
Rekonstruktive Forschung in der Sozialen Arbeit

herausgegeben von
Wolfram Fischer, Universität Kassel
Cornelia Giebeler, Fachhochschule Bielefeld
Martina Goblirsch, Universität Kassel
Ingrid Miethe, Justus-Liebig-Universität Gießen
Gerhard Riemann, Universität Bamberg

aus dem Netzwerk Rekonstruktive
Sozialarbeitsforschung und Biografie

Band 9

Andrea Dischler

Teilhabe und Eigensinn

Psychiatrie-Erfahrene
als Tätige in Freiwilligenarbeit

Vorwort von Heiner Keupp

Verlag Barbara Budrich
Opladen & Farmington Hills, MI 2010

Bibliografische Information der Deutschen Nationalbibliothek
Die Deutsche Nationalbibliothek verzeichnet diese Publikation in der Deutschen
Nationalbibliografie; detaillierte bibliografische Daten sind im Internet über
http://dnb.d-nb.de abrufbar.

Gedruckt auf säurefreiem und alterungsbeständigem Papier.

Die vorliegende Arbeit wurde im Jahr 2009 vom Department Psychologie der
Ludwig-Maximilians-Universität München als Dissertation angenommen.

Alle Rechte vorbehalten.
© 2010 Verlag Barbara Budrich, Opladen
www.budrich-verlag.de

ISBN: 978-3-86649-331-5

Das Werk einschließlich aller seiner Teile ist urheberrechtlich geschützt. Jede Verwertung außerhalb der engen Grenzen des Urheberrechtsgesetzes ist ohne Zustimmung des Verlages unzulässig und strafbar. Das gilt insbesondere für Vervielfältigungen, Übersetzungen, Mikroverfilmungen und die Einspeicherung und Verarbeitung in elektronischen Systemen.

Umschlaggestaltung: disegno visuelle kommunikation, Wuppertal – www.disenjo.de
Druck: Paper & Tinta, Warschau
Printed in Europe

Vorwort	9
Prolog	13
Einleitung	15
Kapitel A: Theoretischer Rahmen	19

1. Sozialwissenschaftliche Relevanz des Begriffs „Arbeit" 20
 1.1 Die Bedeutung von Arbeit 21
 1.2 Das Normalarbeitsverhältnis in der Arbeitsgesellschaft 24
 1.3 Aspekte des Dritten Sektors 28
 1.4 Vom Ehrenamt zur Freiwilligenarbeit 31
 1.5 Zusammenfassung A 1 40

2. Psychiatrie und Gesundheit 41
 2.1 Psychiatriegeschichte mit dem Fokus auf Arbeit 42
 2.2 Psychische Gesundheit und Salutogenese 49
 2.3 Rehabilitationsmöglichkeiten 54
 2.4 Verortung der Sozialen Arbeit 58
 2.5 Zusammenfassung A 2 61

3. Psychiatrie-Erfahrene und Freiwilligenarbeit 62
 3.1 Relevante Forschungen 62
  3.1.1 Survey „Wertewandel und Bürgerschaftliches Engagement" 64
  3.1.2 Enquete-Kommission „Zukunft des Bürgerschaftlichen Engagements" 65
  3.1.3 Freiwilligensurvey 1999 und 2004 68
  3.1.4 Studie: Am Rande der Gesellschaft – Risiken sozialer Ausgrenzung 73
  3.1.5 TAURIS-Projekt 75
  3.1.6 Thematisch relevante qualitative Studien 77
 3.2 Zusammenfassung der ausgewählten Forschungen 79
 3.3 Freiwilligenarbeit als Teilhabemöglichkeit für Psychiatrie-Erfahrene? 80

Kapitel B: Methodisches Vorgehen	85

1. Gegenstandsadäquate Methodologie 86
 1.1 Felderschließung in einer Großstadt: Sozialkonstruktivismus . 86
 1.2 Perspektive der Tätigen: Symbolischer Interaktionismus 93
 1.3 Forschungsgegenstand und Forschungsfragen 96
 1.4 Kriterien qualitativer Sozialforschung 98

2. Erhebungsmethoden 101
2.1 Zielgruppe der Forschung 101
2.2 Zugang zu den Interviewten 102
2.3 Problemzentrierte Interviews 104
3. Auswertungsverfahren 109
3.1 Reflexion der Interaktionsprozesse im Interview 109
3.2 Grounded Theory 112

Kapitel C: Passungswege Psychiatrie-Erfahrener zu Freiwilligenarbeit
119

1. Lebenslinien der Interviewten 119
1.1 Freiwilligenarbeit als Lebensbegleiter 120
1.1.1 Umweltschützer: Nicki Nick 120
1.1.2 Nachbarschaftshelferin: Michaela Fines 123
1.1.3 Friedensbewegter Künstler: Edgar Tietz 126
1.1.4 Betreuende Wahlhelferin: Anna Denk 129
1.1.5 Literat: Heinz-Rüdiger Polt 133
1.2 Freiwilligenarbeit nach der Psychiatrie-Erfahrung 137
1.2.1 Handwerklicher Vorstand im Verein für Psychiatrie-Erfahrene: Thomas Miehl 137
1.2.2 Handarbeitende Betroffenen-Vertreterin: Berta Becht 140
1.2.3 Lebensmittelexperte: Manfred Sohlegang 143
1.2.4 Vielfältig Engagierte: Tini Seiler 145
1.3 Schlussfolgerung aus den Einzelfällen für die weitere Auswertung 148

2. Erste Ergebnisse und Rekurs auf relevante Forschungen 154
2.1 Lebensdaten 154
2.2 Psychiatrie-Erfahrung 158
2.3 Dimensionen sozialer Ausgrenzung 159
2.4 Rahmen der Freiwilligenarbeit 161
2.5 Zusammenfassung C 2 166

3. Bestimmende Passungsaspekte der Interviewten und ihrer Freiwilligenarbeit(en) 168
3.1 Zugangswege zu Freiwilligenarbeit 168
3.1.1 Motive der Interviewten 169
3.1.2 Eigener Handlungsimpuls 170
3.1.3 Anregungen von außen 172
3.1.4 Eigene Umsetzung des Zugangs 175
3.1.5 Unterstützung beim Zugang 177
3.2 Zusammenfassung C 3.1 180
Exkurs: Identitätskonzepte 182

3.3 Teilidentität Erwerbsarbeit 184
3.3.1 Allgemeine Bedeutungen und Erfahrungen 185
3.3.2 Abgeschlossenes Erwerbsleben 188
3.3.3 Erwerbstätig bzw. auf der Suche nach Erwerbsarbeit 189
3.3.4 Verhältnis Erwerbsarbeit – Freiwilligenarbeit................. 192
3.4 Zusammenfassung C 3.3 197
3.5 Teilidentität Psychiatrie-Erfahrung 198
3.5.1 Erwerbsarbeit und Psychiatrie-Erfahrung 199
3.5.2 Psychische Erkrankung und soziale Netzwerke 205
3.5.3 Selbstbild Psychiatrie-Erfahrener 210
3.5.4 Zusammenhang zwischen Psychiatrie-Erfahrung und Freiwilligenarbeit 216
3.6 Zusammenfassung C 3.5 220
3.7 Identitätsrelevante Aspekte der Freiwilligenarbeit 220
3.7.1 Autonomie 221
3.7.2 Soziale Einbindung 224
3.7.3 Lern- und Entwicklungsmöglichkeiten 225
3.7.4 Kontinuität 227
3.7.5 Sinnhaftigkeit 228
3.7.6 Anerkennung 230

4. Wie gelingt und wirkt Freiwilligenarbeit? 233

Kapitel D: Inklusion ermöglichen – eine Aufgabe Sozialer Arbeit   238

1. Zentrale Ergebnisse der Studie 238

2. Handlungsoptionen für die Soziale Arbeit 243

3. Reflexion und Ausblick 245

Epilog   251

Abbildungsverzeichnis   252

Literaturverzeichnis   253

Danksagung   267

Vorwort

Sozial- und Gemeindepsychiatrie waren in ihrer Entstehungszeit in den 60er und 70er Jahren des vergangenen Jahrhunderts bestimmt von der Idee einer „Rekommunalisierung" psychischen Leids oder – im aktuellen Diskurs – von Inklusion statt Ausgrenzung von Menschen mit schweren psychosozialen Probleme. Deren volle Teilhabe am Leben sollte in der Gemeinde oder Region stehen. Die Konjunktur sozialpsychiatrischer Reformziele war verbunden mit einer gesellschaftlich-ökonomischen Aufschwungphase, die es nahe legte, die Reform und endgültige Überwindung der ausgrenzenden traditionellen Psychiatrie auf die Tagesordnung zu setzen. Die Arbeitsmärkte schienen ungeahnte Entwicklungsmöglichkeiten zu offerieren und es wurde zu einer realistischen Option, möglichst vielen Menschen, auch und gerade solchen mit schweren lebensgeschichtlichen Hypotheken, Integrationsmöglichkeiten in diese Arbeitsmärkte zu verschaffen.

Gesellschaftspolitisch ist von Teilhabe seit einiger Zeit immer weniger die Rede, dafür umso mehr von „Exklusion" oder vom „abgehängten Prekariat". Wenn die arbeitsmarktorientierte Teilhabe immer schwieriger wird, stellt sich die Frage, ob die Perspektive der Inklusion noch sinnvoll ist. Oder gibt es andere Formen der Teilhabe? Auf diese Frage versucht Andrea Dischler mit ihrer Untersuchung eine Antwort zu finden und sie sucht sie im selten explorierten Schnittbereich von Freiwilligenengagement und Psychiatrie. Sie möchte wissen, ob sich durch unterschiedliche Formen bürgerschaftlichen Engagements die Teilhabe und die Erfahrung der Selbstwirksamkeit von Menschen mit Psychiatrie-Erfahrung verbessern lässt.

Bei dieser Fragestellung gilt es Themenfelder und die auf sie bezogene Forschung in ihrem Verhältnis zueinander zu explorieren, das bislang kaum systematisch erforscht wurde. Zunächst wird von Andrea Dischler der Arbeitsdiskurs rekonstruiert und aufgezeigt, dass er in seiner Verengung auf Erwerbsarbeit andere relevante Tätigkeitsformen vernachlässigt. Diese Verengung bedeutet vor allem für Bevölkerungsgruppen, die in der Erwerbsgesellschaft keine Chance mehr haben, dass über sie nur Defizitprofile gezeichnet werden können. Aber in den letzten Jahren gab es auch eine intensiv geführte Diskussion über die Relevanz von Tätigkeiten jenseits der Erwerbsarbeit. Auch im politischen Raum hat vor allem das von Ulrich Beck im Rahmen der bayerisch-sächsischen Zukunftskommission entwickelte Konzept der „Bürgerarbeit" eine Diskussion um eine vielfältig angelegte „Tätigkeitsgesellschaft" angeregt.

Die Rolle der Arbeit hatte auch in der Psychiatriegeschichte einen großen und – von Andrea Dischler aufgezeigt – durchaus ambivalenten Stellenwert. Einerseits kann gezeigt werden, dass Beteiligung an gesellschaftlicher Arbeit integrationsförderlich sein könnte, andererseits kann aber die historisch je spezifisch definierte Arbeitsfähigkeit auch ein Kriterium dafür sein, ob man psychisch kranke Menschen für rehabilitationsfähig hält oder – wie in der NS-Periode – als „lebensunwerte Ballastexistenzen" einordnet und zur Vernichtung preisgibt. Arbeit und Arbeitsfähigkeit hatten und haben die Funktion eines Normalitätskriteriums und genau dadurch geraten Psychiatrieerfahrene in ihrer gesellschaftlichen Bewertung in die Abhängigkeit kapitalistischer Konjunkturen.

Für die Herstellung eines tragfähigen Rahmenkonzepts der eigenen qualitativen Befragung von Psychiatrieerfahrenen war es notwendig, die mögliche Relevanz von bürgerschaftlichem Engagement für diese Personengruppe einzuordnen. Spätestens seit der Enquete des Deutschen Bundestages ist das Thema des Bürgerschaftlichen Engagements in Deutschland auf der Agenda der deutschen Politik. Nicht zuletzt gestützt durch die Daten der beiden Freiwilligen-Surveys (1999 und 2004) hat sich eine eher optimistische Wahrnehmung von dem zivilgesellschaftlichen Potential in der Bundesrepublik durchgesetzt. Die Surveys liefern auch Daten über Motive und Zugangswege zum Engagement und sie zeigen, dass dieses sehr stark mit Selbstverwirklichungswünschen verbunden ist und immer weniger von Pflichttugenden gespeist wird. Auch die soziale Verortung in einer Gemeinschaft spielen als Motiv eine große Rolle und ebenso der Wunsch, die Gesellschaft mit zu gestalten. Was bedeutet dieser Wissensbestand für Menschen mit Psychiatriekarrieren? Auch in den qualitativen Studien, die uns vorliegen, werden sie nicht explizit zum Thema gemacht.

In diese unübersehbare Forschungslücke stößt nun Andrea Dischler mit ihrer eigenen Studie. Wenn die Befunde zum bürgerschaftlichen Engagement zeigen, dass es Menschen Erfahrung, Anerkennung und Vertrauen vermitteln kann und sie sich in diesem Sinne als handlungsfähig erleben, dann sind das genau die Ressourcen, die Menschen mit schweren psychosozialen Problemen benötigen. Insofern macht es Sinn, Personen aus dieser Gruppen zu befragen, was sie durch ihr Engagement gewonnen haben.

Dieses Buch liefert ein bislang einmaliges Wissenspanorama zum Engagement von Psychiatrieerfahrenen. Die Autorin nutzt geschickt das allgemeine Wissen über das Freiwilligenengagement, das durch die vorhandene Surveyforschung angeboten wird, um die spezielle Gruppe der Psychiatrieerfahrenen und das Besondere ihres Engagements zu positionieren. Da wird dann etwa deutlich, dass sie weniger Zugang zu den großen Engagementbereichen (wie Sport, Schule oder Kirche) haben, sondern eher in Selbsthilfeprojekten im sozialen und kulturellen Sektor. Es sind vor allem die Motive und Wünsche der Personen, mit denen man in diesem Sektor am besten andocken kann. Es geht bevorzugt um soziale Kontakte und um sinnvermittelnde Tätigkeiten, die möglichst auch noch Bezug zur Erwerbsarbeit haben sollten. Wie sich aber zeigt, kann dieser Bezug auch hinderlich sein und Personen, die für sich das Kapitel Erwerbsarbeit durch die Berentung abgeschlossen haben, finden leichter Zugang zu ihnen wichtigen Handlungsfeldern, vor allem auch dann, wenn ihre speziellen Erfahrungen mit schwerwiegenden psychischen Problemen nicht ausgeblendet werden müssen.

Andrea Dischler konzentriert sich vor allem auf die Rekonstruktion der „Passungswege" Psychiatrieerfahrener, die den Zugang zu unterschiedlichen Formen der Freiwilligentätigkeit ermöglicht haben. Als entscheidendes Kriterium für gelingende Freiwilligenarbeit stellt Andrea Dischler die biographische Passung und die Identitätsrelevanz in den Mittelpunkt ihrer Auswertung: Dazu gehören vor allem die Erfahrung von Autonomie, soziale Einbindung und Kontinuität, die Vertrauen und Sicherheit verbürgen. Der identitätsrelevante Herstellungsprozess von Kohärenz wird dadurch ermöglicht. Es wird sehr deutlich, dass die Passungswege bei den einzelnen Befragten nur in ihrer individuellen Besonderheit richtig nachvollzogen werden können, so dass der Sinn letztlich immer nur als „Eigensinn" verstanden werden kann. Wenn Andrea Dischler abschließend in ihrer Arbeit über die Konsequenzen ihrer Untersuchung für die Soziale Arbeit nachdenkt, dann ist das aus meiner Sicht die entscheidende Dimension, die in ihrer Bedeutung besondere Beachtung verdient. Auch in der Sozialen Arbeit entwickeln sich Trends zur „Evidenzbasierung" und zur Modularisierung, die in ihrem Fokus diesem „Eigensinn" keine große Relevanz zusprechen.

Mit ihrem Buch hat sich Andrea Dischler an ein Thema gewagt, das bislang kaum bearbeitet wurde und sie zeigt eindrucksvoll, dass sich im Schnittbereich von Zivilgesellschaft und Sozialpsychiatrie Handlungsmöglichkeiten eröffnen, die über die Erwerbsarbeitszentrierung sozialpsychiatrischer Inklusionsvorstellungen paradigmatisch hinausweisen. Es gelingt der Autorin, den Stand der Forschung mit ihrem eigenen explorativen Untersuchungsprojekt sinnvoll und ertragreich zu verknüpfen. Es gelingt ihr vor allem, die Sicht und Stimme der Betroffenen sensibel zur Geltung zu bringen.

München, im Februar 2010   Heiner Keupp

Prolog

Eine Tugend gibt es, die liebe ich sehr, eine einzige. Sie heißt Eigensinn. – Von allen den vielen Tugenden, von denen wir in Büchern lesen und von Lehrern reden hören, kann ich nicht so viel halten. Und doch könnte man alle die vielen Tugenden, die der Mensch sich erfunden hat, mit einem einzigen Namen umfassen. Tugend ist: Gehorsam. Die Frage ist nur, wem man gehorche. Nämlich auch der Eigensinn ist Gehorsam. Aber alle andern, so sehr beliebten und belobten Tugenden sind Gehorsam gegen Gesetze, welche von Menschen gegeben sind. Einzig der Eigensinn ist es, der nach diesen Gesetzen nicht fragt. Wer eigensinnig ist, gehorcht einem anderen Gesetz in sich selbst, dem „Sinn" des „Eigenen".

HERMANN HESSE

(1986, 89)

Einleitung

„Nur wer nicht arbeitet, kann ein tugendhafter Mensch sein." Diesem Ausspruch von Aristoteles werden in der heutigen Zeit die meisten Menschen widersprechen. Aristoteles sah in der Muße die Voraussetzung für Tugend. Heute dagegen ist die Arbeit – meist als Erwerbsarbeit – ein zentrales Moment im Leben der meisten Menschen. Für einen Menschen ohne Erwerbsarbeit mag der Satz sogar zynisch klingen.

Die Schulen als auch weiterführende Ausbildungseinrichtungen in Deutschland bereiten weiterhin auf ein Arbeitsleben vor, dass es so schon lange nicht mehr gibt. Die Lohnarbeitsgesellschaft ist immer noch ungebrochen das Sinnkorsett der heutigen Zeit. Der Mensch wird häufig als Humankapital gesehen, ebenso ist das Denken vieler Menschen weitgehend auf Kapitalismus eingestellt und Profit ein wichtiges Ziel. Wo ist die Solidarität, die Gegenbewegung, was ist das Soziale in unserer Gesellschaft? Auch wenn es der Marktwirtschaft und dem globalisierten Kapitalismus widerspricht, so muss Integration vor der Wertschöpfung des Menschen stehen.

Durch meine Berufspraxis als Sozialpädagogin in der Sozialpsychiatrie treffe ich immer wieder Menschen, die (zeitweise) keinen Zugang zu Erwerbsarbeit haben. Trotz der psychischen Erkrankung, die Instabilität mit sich bringt, ist meist ihr größter Wunsch, wieder einer Erwerbsarbeit nachzugehen. Der Grund ist vor allem die Kopplung von Erwerbsarbeit und Existenzsicherung. Durch den Wegfall hinreichend entlohnter Vollarbeitsverhältnisse (und in der Folge das Phänomen der „working poor") trägt diese Kopplung heute fortschreitend zu einer Problematisierung bei.

Eine Klientin in der therapeutischen Jugendwohngruppe, in der ich mehrere Jahre tätig war, drückte dies etwa so aus: „Ich habe zwar einen Schulabschluss, aber es ist keine Ausbildung möglich, ich habe keine Freunde und mit der Familie ist es immer schwierig – wozu lebe ich eigentlich?" Ihre damalige Einschätzung war zutreffend und nicht übertrieben.

Sie hatte die Idee, sich eine freiwillige Tätigkeit zu suchen, um etwas Sinnvolles tun zu können. Trotz vieler Anstrengungen ihrerseits kam dies nicht zustande. Ich blieb mit der Frage zurück, ob in Zeiten schwindender Erwerbsarbeit freiwillige Tätigkeit für Psychiatrie-Erfahrene eine Übergangstätigkeit oder eine Alternative zur Erwerbsarbeit – nicht zur Existenzsicherung, sondern zur Sinnfindung – sein kann.

Als ich die Idee zur vorliegenden Arbeit äußerte, wurde ich mehrfach gefragt: „Soll das Ziel der Sozialen Arbeit nicht sein, KlientInnen zu befähigen, dass sie bezahlter Arbeit nachgehen können?" Ja sicher, wenn das von ihnen gewünscht ist und die Umstände es möglich machen. Allerdings ist die Zeit der Vollbeschäftigung vorbei und Erwerbsarbeit ist eines der zentralen Vergesellschaftungsmomente. Auch ohne die Möglichkeit zur Teilnahme an Erwerbsarbeit haben Psychiatrie-Erfahrene ein Recht auf Teilhabe am gesellschaftlichen Alltag. Kann also eine freiwillige Tätigkeit – neben Erwerbsarbeit, Praktika oder Rehabilitationsmaßnahmen die Chance auf Teilhabe und Tätigsein erhöhen? Das Hauptargument für diese Fragestellung gab meine damalige Klientin gleich mit an, sie wolle sich wertvoll fühlen und einen Sinn in ihrem Leben sehen, auch ohne Erwerbsarbeit.

Ich nehme in der vorliegenden Arbeit Lebensbereiche in den Blick, in denen gesellschaftliche Ausgrenzung herrscht. Diese Lebensbedingungen möchte ich untersuchen und Möglichkeiten zur Veränderung aufzeigen. Die Bestimmung des Forschungsgegenstands und die Interventionsperspektive wähle ich damit parteilich, aus dem Blickwinkel der Psychiatrie-Erfahrenen. Die Zielsetzung der Forschung wird auf dem Wertesystem der sozialen Gerechtigkeit[1] begründet. Dies bedeutet natürlich nicht, dass Daten nur nach gewünschten Ergebnissen gesammelt werden. Vielmehr meint Parteilichkeit in diesem Sinn die bewusste Reflexion und Wahl des Forschungsinteresses.

„Grundlegend für eine gemeindepsychologische Perspektive ist ein thematisches Bewußtsein, das sich auf die Notwendigkeit eines tiefgreifenden, gesellschaftlichen Wandels in den hochindustrialisierten spätkapitalistischen Gesellschaften bezieht, damit individuelles Leid reduziert und positive subjektive Entfaltungspotentiale unterstützt werden können" (KEUPP 1987, 92).

Das Thema dieser Arbeit lautet deshalb: Teilhabe und Eigensinn – Psychiatrie-Erfahrene als Tätige in Freiwilligenarbeit. Meine Forschungsfrage, die sich aus der Berufspraxis in der Sozialpsychiatrie heraus bildete, ist, ob sich durch Freiwilligenarbeit die Teilhabe und Selbstwirksamkeit von Menschen mit Psychiatrie-Erfahrung verbessern kann. Mein Forschungsgegenstand lässt sich auf Erfahrungen mit Freiwilligenarbeit konkretisieren, und zwar aus der Perspektive von Tätigen mit Psychiatrie-Erfahrung.

Durch Recherchen zu meiner Fragestellung stellte ich fest, dass Psychiatrie-Erfahrene in der Literatur bisher lediglich als Zielgruppe und nicht als Tätige im Bereich der Freiwilligenarbeit thematisiert werden. Eine Ausnahme ist der Bereich der Selbsthilfe, dort werden auch psychiatrieerfahrene Tätige benannt. Im Zeitraum der vorliegenden Arbeit begegnet mir keine Studie, die explizit Freiwilligenarbeit Psychiatrie-Erfahrener untersucht. Diese Forschungslücke möchte ich schließen.

---

[1] Chancengerechtigkeit und Verteilungsgerechtigkeit auf der Grundlage der Menschenrechte

Zu erfahren, was und wie Psychiatrie-Erfahrene Freiwilligenarbeit erleben, ist das Ziel dieser Arbeit. An diese Ergebnisse möchte ich mit konkreten Vorschlägen und Handlungsoptionen für Psychiatrie-Erfahrene, AkteurInnen Sozialer Arbeit, Tätige im Freiwilligenbereich allgemein und politisch Verantwortliche anknüpfen.

Die vorliegende qualitative Studie gründet auf Theorie, Praxis und Wissenschaft Sozialer Arbeit und Sozialpsychologie. Der Weg zum Forschungsthema kommt dabei einer Detaillierung, Fokussierung und Kalibrierung des Themenkomplexes gleich (vgl. BREUER 1996b, 97f).

Der theoretische Rahmen (Kapitel A) öffnet die beiden bestimmenden Felder dieser Arbeit: neben der sozialwissenschaftlichen Relevanz des Begriffs „Arbeit" zeige ich den Themenkomplex Psychiatrie und Gesundheit.

In A 1 wird der Bedeutungswandel von „Arbeit" erläutert, das Normalarbeitsverhältnis in der Arbeitsgesellschaft gezeigt, um dann auf das Dritte-Sektor-Modell einzugehen, welches in den Begriff und die Ebenen der Freiwilligenarbeit mündet.

Anschließend (A 2) verenge ich das große Themenfeld Psychiatrie und Gesundheit auf wichtige Aspekte der vorliegenden Studie. In diesem Zusammenhang ist die Geschichte der Psychiatrie bedeutsam, besonders der Fokus auf den Bereich Arbeit und Tätigkeit. Neben psychischer Gesundheit und dem Konzept der Salutogenese wird auf Rehabilitationsmöglichkeiten für Psychiatrie-Erfahrene eingegangen. Da mein Blickwinkel auch aus der Berufspraxis der Sozialen Arbeit erfolgt, verorte ich die Profession Soziale Arbeit in dem Arbeitsfeld.

Schließlich (A 3) wird mit verschiedenen relevanten Forschungen und einer Subsumption der theoretischen Aspekte der Blickwinkel auf die Forschungsfrage gelenkt.

Dem theoretischen Rahmen folgt die Explikation des methodischen Vorgehens (Kapitel B). Zunächst (B1) erschließe ich das Feld der Freiwilligenarbeit in einer westdeutschen Großstadt – dies ist methodologisch verankert im Sozialkonstruktivismus. Da vor allem die Bedeutung von Handlungen der Interviewten zentral ist, ist zudem die Perspektive des Symbolischen Interaktionismus methodologisch sinnvoll. Diese schließt auch Prozesse der Identitätsbildung und Identitätsentwicklung mit ein. Der spezifische Blickwinkel (Perspektive der Tätigen) erfasst soziale Phänomene (Freiwilligenarbeit). Die gegenstandsadäquate Methodologie mündet in die Forschungsfragen und den Forschungsgegenstand, entscheidende Kriterien qualitativer Sozialforschung werden benannt.

Als Erhebungsmethode wähle ich das problemzentrierte Interview, nachdem ich die Zielgruppe bestimmt und den Zugang zu den Interviewten beschrieben habe (B 2).

Als Auswertungsverfahren (B 3) eignet sich die Grounded Theory, da die Studie neue Zusammenhänge in den Blick nimmt. Zudem werden einzelne Interaktionsprozesse der Interviews analysiert und reflektiert.

Die Darstellung der Ergebnisse meiner Untersuchung (Kapitel C) zeigt individuelle Passungswege Psychiatrie-Erfahrener zu Freiwilligenarbeit.

Ich stelle meine InterviewpartnerInnen in einzelnen Portraits vor (C 1), dabei lassen sich zwei Gruppen unterscheiden. Einige Interviewte waren schon lange freiwillig tätig, bei ihnen begleitet die Freiwilligenarbeit das Leben. In der zweiten Portraitgruppe stelle ich die Personen vor, die nach ihrer Psychiatrie-Erfahrung freiwillig tätig geworden sind. Durch die Einzelfalldarstellung wird bereits eine erste Passung zwischen der Biographie und der jeweiligen Freiwilligenarbeit sichtbar.

Im Anschluss an die Lebenslinien der Interviewten rekurriere ich auf die in Kapitel A 3 benannten Forschungen, und stelle die ersten demografischen Daten sowie Gemeinsamkeiten und Unterschiede der InterviewpartnerInnen dar (C 2).

Als Schlüsselkategorien und bestimmende Passungsaspekte (C 3) der befragten Psychiatrie-Erfahrenen und Freiwilligenarbeit kristallisierten sich der Zugang zu Tätigkeit (C 3.1) und die Teilidentitäten Erwerbsarbeit (C 3.2) und Psychiatrie-Erfahrung (C 3.3) heraus. In diesem Zusammenhang mache ich einen Exkurs zu Identitätskonzepten, da die Kategorien meiner Forschung mit diesen Konzepten in Zusammenhang stehen.

Es zeigen sich identitätsrelevante Aspekte der Freiwilligenarbeit für Psychiatrie-Erfahrene (C 3.4). Die Darstellung der Ergebnisse schließt mit einer Zuspitzung, wie Freiwilligenarbeit gelingen und wirken kann (C 4).

Ist Inklusion durch Freiwilligenarbeit möglich und kann dies eine Aufgabe für die Soziale Arbeit sein? Mit einer Zusammenfassung der zentralen Ergebnisse der Studie und der Beantwortung der Forschungsfragen beginne ich das letzte Kapitel der Arbeit (D 1). Diese Erkenntnisse beziehe ich auf Handlungsfelder der Sozialen Arbeit und benenne Handlungsoptionen (D 2). Zum Abschluss folgen weiterführende Gedanken, Anschlussmöglichkeiten und das Potenzial der Studie werden dargestellt, dies schließt auch eine Reflexion des Arbeitsprozess ein (D 3).

Kapitel A: Theoretischer Rahmen

In der vorliegenden Arbeit geht es um zwei Felder – Psychiatrie und Freiwilligenarbeit – die so zunächst nicht aufeinander bezogen sind. Das Forschungsinteresse entstand in der beruflichen Praxis Sozialer Arbeit (vgl. Kapitel B) und wird im folgenden Kapitel (A) theoretisch verortet.

Die sozialwissenschaftlichen Relevanz des Begriffs der „Arbeit", zugespitzt auf den Bereich Freiwilligenarbeit, sowie der Themenkomplex Psychiatrie und Gesundheit bilden den theoretischen Rahmen dieser Studie. Diese Felder werden auf wesentliche Aspekte verengt, auf diese Weise wird der Weg zur qualitativen Studie und zum Forschungsgegenstand bereitet.

Im dritten Teil des folgenden Kapitels geht es um die Verbindung zwischen den beiden Gebieten. Welche Forschungen und Theorieaspekte sind relevant. Es gibt Studien, die meinem Thema inhaltlich nahe sind, jedoch gibt es meines Wissens keine Forschung, die explizit psychiatrieerfahrene Menschen zu ihren Erfahrungen als freiwillig Tätige befragt.

Die dargestellten Bezüge und Ansichten münden in die Frage, ob für Psychiatrie-Erfahrene Freiwilligenarbeit eine Möglichkeit der Teilhabe am gesellschaftlichen Alltag sein kann. Da ich mich mit den Erkenntnissen dieser Arbeit auf den Aspekt der Freiwilligkeit stütze, lassen sich Schlussfolgerungen für etwaige Verpflichtungen auf Engagementformen nicht ableiten.

Die Begriffe Teilhabe, Inklusion, Exklusion und Integration sind im Rahmen der vorliegenden Arbeit zentral. Sie werden im Folgenden zwar in teilweise überlappender, aber nicht identischer Bedeutung gebraucht:

„Teilhabe meint die Mitwirkung von Personen oder Gruppen in einem weiteren sozialen Zusammenhang und dessen Reziprozitätsnormen, Inklusion die Erzeugung von Teilhabe durch Handlungen, Strukturen oder Effekten, die nicht ausschließlich im Gestaltungsbereich der inkludierten Subjekte liegen. Exklusion meint vice versa den Ausschluss oder die Beschränkung von Teilhabe. Beide letztgenannten Begriffe beziehen sich auf längerdauernde Prozesse oder Zustände, nicht auf eine einzelne Handlung. Integration meint einen aus gesamtgesellschaftlicher Perspektive beschriebenen Zustand der stabilen Beziehungen und Handlungszusammenhänge zwischen allen sozialen Gruppen einer Gesellschaft" (PROMBERGER 2008, 7).

1. Sozialwissenschaftliche Relevanz des Begriffs „Arbeit"

> Was uns bevorsteht, ist die Aussicht auf eine Arbeitsgesellschaft,
> der die Arbeit ausgegangen ist,
> also die einzige Tätigkeit, auf die sie sich noch versteht.
> Was könnte verhängnisvoller sein?
>
> *HANNAH ARENDT (1967/2007, 13)*

HANNAH ARENDT (vgl. 1967/2007) ist mit ihrer Aussage häufig missverstanden worden. Sie bezieht sich in ihrem Buch „Vita activa" auf die Gesamtdarstellung sinnerfüllter Tätigkeiten. Jedes Individuum hat die Aufgabe, in Verbindung mit anderen Personen die Welt zu gestalten. Die Grundbedingungen des „vita activa", des aktiven menschlichen Lebens, fasst sie in die drei Tätigkeiten Arbeiten, Herstellen und Handeln. Durch den Arbeitsbegriff des 19. Jahrhunderts sind die Bedeutungen dieser befreiten Tätigkeiten teilweise verschüttet worden.

In den Sozialwissenschaften werden seit jeher Entwicklungstendenzen entwickelter Gesellschaften diskutiert. So stellt sich auch die Frage nach der sozialwissen-schaftlichen Relevanz des Begriffs „Arbeit". Ein Kind macht Hausaufgaben – arbeitet es? Eine Studentin recherchiert für ein Referat – arbeitet sie? Ein Hausmann putzt und wäscht – arbeitet er? Die genannten Personen empfinden ihr Tun sicher als Arbeit, dennoch kann es bei diesen Beispielen auch heißen: „warte mal, bis du arbeitest" (Kind), „wann arbeitest du endlich?" (Studentin), oder „er hat keine Arbeit" (Hausmann).

„Die das Gespräch in Gang setzende Frage lautet typischerweise nicht: „Wer bist du?" oder „Wofür interessierst du dich?" sondern: „Was arbeitest du?" abgeschwächter: „Was machst´n du so?" Die Eigenart des Gegenübers, seine Vorlieben, Begabungen werden über die Stelle abgetastet, die er oder sie im System der gesellschaftlichen Arbeits- und Funktionsteilung innehat" (ENGLER 2006, 16; Hervorhebungen im Original).

Im folgenden Kapitel werden die Bedeutung von Arbeit und die Reichweite ihres Begriffs aufzeigt. Ferner wird dargelegt, was ein Normalarbeitsverhältnis in der Arbeitsgesellschaft bedeutet. Als heuristisches Modell zur Strukturanalyse von gesellschaftlichen Bindungen dient das Modell des Dritten Sektors. Dabei markiert der Dritte Sektor die Mesoebene der Zivilgesellschaft (Makroebene) und schließt das Spektrum freiwilligen Engagements (Mikroebene) mit ein. Schließlich werden die verschiedenen Bezeichnungen Ehrenamt, bürgerschaftliches Engagement, Selbsthilfe und Freiwilligenarbeit sondiert und mit der Bedeutung von Arbeit verbunden. Die Konzeption des sozialen Kapitals spielt eine wichtige Rolle.

1.1 Die Bedeutung von Arbeit

Im weitesten Sinn beschreibt Arbeit jedes Eingreifen eines Menschen in die Realität, im engsten Sinn ist damit Erwerbsarbeit gemeint. Die gleiche Art der Tätigkeit kann einmal Hobby (im Garten werkeln) und ein andermal Erwerbsarbeit (als Gärtner) sein. Der Begriff der Arbeit hat also vielseitige Bedeutungen, die sich über die Zeit immer wieder gewandelt haben – ein kulturelles Phänomen.

Im christlichen Denken war Arbeit zunächst eine Strafe. Mit der Vertreibung aus dem Paradies wurden Adam und Eva dazu verdammt, ihre Mittel zum Leben künftig „im Schweiße ihres Angesichts" zu verdienen. In der Antike und im Mittelalter galt Arbeit als minderwertige Tätigkeit und wurde vielfach von Sklaven und Menschen der unteren Schichten geleistet.

Den Übergang zur Arbeitethik (arbeitsames Leben als Tugend) lokalisiert MAX WEBER (vgl. 1969) in der beginnenden Neuzeit. Er führt dies auf den Protestantismus (vor allem den calvinistischen bzw. puritanischen) zurück, Arbeit ist gottgefällig, Nichtstun dagegen Schmarotzertum.

Bis vor über 200 Jahren ist Arbeit fast ausschließlich im sozialräumlichen Bezug als familiäre Produktions- und Reproduktionsgemeinschaft zu finden. Zu dieser Zeit bilden sich vermehrt Manufakturen, Fabriken und Büros aus, die Industriegesellschaft entsteht. Damit findet ein wesentlicher Einschnitt statt: Arbeit wird nun einerseits zur Erwerbsarbeit (organisiert und lohnabhängig), andererseits zur Reproduktionsarbeit (Eigenarbeit, Erziehung, etc.) – beide Arbeitsarten sind inhaltlich und sozialräumlich voneinander getrennt (vgl. VON KARDORFF 2000).

Diskussionen zum Stellenwert und Sinngehalt der Arbeit finden sich in verschiedenen Denkrichtungen wieder.[2] Ein Beispiel macht die zwischenzeitlich eingetretene kulturelle Um- und Neubewertung der Arbeit deutlich: Der Kernspruch des heiligen PAULUS „wer nicht arbeiten will, der soll auch nicht essen" macht den christlichen Bedeutungshorizont von Arbeit klar. Fast zweitausend Jahre später sorgte JOSEF STALIN, der aus dem Priesterseminar entlaufen war, persönlich dafür, dass der Spruch in die sowjetische Verfassung von 1936 aufgenommen wird. Hier das neutestamentarische Diktum, da die konstitutionelle Funktion im Arbeiterstaat – Arbeit, die im antiken Denken Kennzeichen der Unfreiheit und dem christlichen Mittelalter suspekt war, begann mit dem Aufstieg des Kapitalismus – als Erwerbsarbeit – eine atemberaubende Karriere (vgl. SCHNEIDER 2005).

---

2   Den philosophischen Diskurs führte bspw. SOKRATES. Die klassischen Analysen zur Berufs- und Lohnarbeit finden sich bei MAX WEBER und KARL MARX, für die Psychoanalyse bei SIGMUND FREUD. Pädagogische Konzepte zur Arbeit verfasste etwa HEINRICH PESTALOZZI (vgl. KRESS 1992, 254f).

Arbeit ist also mehr als Erwerbsarbeit. Deshalb werde ich im Folgenden, wenn Erwerbsarbeit gemeint ist, dies auch so benennen. Erwerbsarbeit gewinnt eine hohe gesellschaftliche Bedeutung. Positiv moralisiert wird sie im Konzept der Arbeitstugenden: Fleiß, Ordentlichkeit, Pünktlichkeit – vorbereitet durch die bereits erwähnte protestantische Ethik. Sie bietet die Chance zum sozialen Aufstieg in der Gesellschaft, wenn auch orientiert an der Leistungsnorm. Die individuelle Existenzsicherung wird damit abhängig von der Marktentwicklung, die vom Einzelnen kaum beeinflussbar ist.

„In der Soziologie gilt Arbeit seit jeher als zentrales Vergesellschaftungsmoment. Besonders deutlich lässt sich dies bei Klassikern wie Marx, Spencer, Durkheim, Weber oder Simmel studieren. Verstanden als produktive Aneignung der inneren und äußeren Natur war für sie Arbeit eine ebenso voraussetzungsvolle wie gesellschaftsprägende Angelegenheit" (BONß 2001, 331; Hervorhebungen im Original).

Erwerbsteilhabe bringt soziale Anerkennung, die – neben dem tatsächlichen Tun in der Erwerbsarbeit – ein wesentlicher Nährboden des Selbstwertgefühles von ArbeitnehmerInnen ist. Arbeit, auch im Sinne von Erwerbsarbeit, trägt damit zur sozialen Integration bei, auch wenn sie weiterhin Mühsal, Ausbeutung und Konflikt bedeuten kann. PROMBERGER fasst ihre möglichen Strukturierungsleistungen zusammen:

„Physisch/Materiell:
   Metamorphose/Verwandlung von Natur in Gebrauchswert (Produkt und Arbeitsmittel), Formung von Psyche und Physis des Arbeitenden, beruflicher Habitus, Berufskrankheit;
Räumlich:
   Beitrag zur Strukturierung des Raumes: Innenräume für andere Arbeiten als Außenräume, Jagdraum, Weideraum, verschiedene Ackerbauräume, Hofraum, Hausraum, Extraktionsraum (Meer, Berg), Ortsfestigkeit/Mobilität, Anlagen, Wildnis, Stadt, Betrieb, Wohnviertel;
Zeitlich:
   sozial, natürlich und menschlich/gemeinschaftlich geeignete und ungeeignete, gewählte und umstrittene, aufgeherrschte und normierte Zeiten am Tag, in der Woche, im Jahr;
Sozial:
   Arbeitsteilung, Kooperation, Kommunikation, Interaktion, Beziehungen, Gemeinschaft, Märkte, Gesellschaft, Teilhabe und soziale Anerkennung. Verteilung, Machtasymmetrien, soziale Ungleichheit, Arbeitspolitik, Konflikt und Integration;

Wirtschaftlich:
Warenerzeugung, Einkommen, Konsum, Reichtum und Wohlfahrt"
(vgl. PROMBERGER 2008, 9; Hervorhebungen im Original).

Die identitäts- und sinnstiftenden Funktionen von Erwerbsarbeit belegt die klassische Studie von MARIE JAHODA, PAUL LAZARSFELD & HANS ZEISEL (vgl. 1933/1975) „Die Arbeitslosen vom Marienthal" Anfang der 1930er Jahre. Der Untersuchungsgegenstand ist ein arbeitsloses Dorf. Nach Wegzug eines Industriebetriebs werden die Menschen vor Ort auf die negative Identität der Erwerbslosigkeit festgeschrieben. Die langanhaltende Erwerbslosigkeit trägt in ihrer Lebenswelt zur Entwicklung einer „müden Gemeinschaft" (ebd., 55) bei. Gesellige Aktivitäten nehmen ab, vorher verfolgten individuellen Interessen und Hobbys wird weniger Beachtung geschenkt und es kommt zum sozialen Rückzug. Infolgedessen zerfallen Zeitstrukturen und Zukunftsperspektiven. Je nach eigener Vorgeschichte, Familiensituation und individueller Vulnerabilität zeigen sich diese grundsätzlichen Tendenzen in unterschiedlicher Ausprägung.

„Die Ansprüche an das Leben werden immer weiter zurückgeschraubt; der Kreis der Dinge und Einrichtungen, an denen noch Anteil genommen wird, schränkt sich immer mehr ein; die Energie, die noch bleibt, wird auf die Aufrechterhaltung des immer kleiner werdenden Lebensraumes konzentriert" (ebd. 101).

Es werden verschiedene Haltungstypen herausgearbeitet: die „Ungebrochenen" sind etwa aktiver und zuversichtlicher als die „Resignierten", wohingegen die „Gebrochenen" hoffnungslos sind (vgl. ebd. 101f). Charakteristisch ist die Gruppe der Resignierten, jedoch wird zum Schluss konstatiert, dass es sich vermutlich um verschiedene Stadien eines psychischen Ableitens handelt, an deren Ende Verzweiflung und Verfall stehen. JAHODA unterscheidet fünf wesentliche Erfahrungen der Erwerbslosigkeit. Neben dem Verlust der kulturell auferlegten Zeitstruktur sind das

„die Reduktion der sozialen Kontakte, die fehlende Beteiligung an kollektiven Zielen, das Fehlen eines anerkannten Status mit seinen Folgen für die persönliche Identität und das Fehlen einer regelmäßigen Tätigkeit" (1995, 70).

Die Wissenschaftler verlassen Marienthal „mit dem einen Wunsch, daß die tragische Chance solchen Experiments bald von unserer Zeit genommen werde" (JAHODA et al. 1933/1975, 112).

Dieser Wunsch kann bis heute leider nicht als erfüllt gelten. Dagegen sind die Ergebnisse der Studie weiter aktuell und richtungsweisend. Mit wenigen Ergänzungen und Differenzierungen werden ihre Ergebnisse von der heutigen Arbeitslosenforschung bestätigt.

Erwerbsarbeit hat prägende Wirkung auf die Stellung des Einzelnen in der Gesellschaft. VON KARDORFF beschreibt ihre Funktionen:

- Sie dient der Existenzsicherung und vermittelt damit ein Gefühl von Sicherheit. Dies schafft Handlungsautonomie und eröffnet Entscheidungsspielräume.
- Sie bestimmt den sozialen Status mit. Neben gesellschaftlicher Wertschätzung nach außen beinhaltet dieser auch Anerkennung im Privaten.
- Sie vermittelt Selbstvertrauen, was subjektives Kompetenzerleben und Anerkennung von anderen mit sich bringt.
- Sie führt zu sozialer Einbindung. Meist findet Tagesstruktur außer Haus statt und bringt Kontakt zu anderen mit sich.
- Sie strukturiert Zeitabläufe und ist damit ein ordnender und orientierender Faktor.
- Sie wird als sinnstiftend für das eigene Handeln erlebt und vermittelt dadurch Struktur (vgl. VON KARDORFF 2000).

Arbeit als Erwerbsarbeit hat dementsprechend eine starke identitätsprägende Wirkung auf den einzelnen Menschen, wenn auch heutzutage häufig verbunden mit Erwerbsstreben und Kapitalbildung. Wie gestaltet sich aktuell die Arbeitsgesellschaft in Deutschland?

1.2 Das Normalarbeitsverhältnis in der Arbeitsgesellschaft

Arbeitsgesellschaft bedeutet, dass soziale Integration von Menschen, ihre existenzielle Sicherung, anerkannte Normen und Werte sowie die Lebensperspektiven des Einzelnen fast ausschließlich an die Erwerbsarbeit gebunden sind. Damit gehen sozialer Status, soziale Absicherung als auch Konsum- und Qualifizierungsmöglichkeiten einher. Leitlinie ist das so genannte Normalarbeitsverhältnis, welches durch eine kontinuierliche Erwerbsarbeitsphase (Vollzeit) vom Ende der Ausbildung bis zum Eintritt in das Rentenalter markiert ist. Ein solches Normalarbeitsverhältnis ist Grundlage für materielle und immaterielle Existenzsicherung, früher mit hohem Stellenwert vor allem für männliche, heute auch zunehmend für weibliche Lebensentwürfe (vgl. BÖLLERT 2001, 1286).

Anfang der 1970er Jahre, als das Konzept der nach- und postindustriellen Gesellschaft entsteht, herrscht in Deutschland nahezu Vollbeschäftigung. Erhebliche Arbeitslosigkeit entsteht zum einen 1973 und 1981 in Folge des Ölpreisschocks, 1992 schließlich durch die einsetzende Rezession. Dazu kommt, dass die Produktivität pro Erwerbsarbeits-stunde seit 1960 um 255% gestiegen ist. Das Wachstum des Bruttoinlandprodukts bleibt dagegen mit 180% deutlich zurück. Der Rückgang des Arbeitsvolumens (besonders durch

Arbeitszeitverkürzung) ist im Vergleich zu diesen beiden Entwicklungen äußerst bescheiden. Im gleichen Zeitraum fällt es um 22%. Die Arbeitszeitverkürung hat mit der gesellschaftlichen Produktivitätssteigerung nicht mithalten können. Diese Arbeitsplatzlücke als Folge der eigenen „Stärke" wird auch als „Jobless Growth" bezeichnet. Das wiedervereinte Deutschland erreicht 1997 mit 4,4 Millionen arbeitssuchend gemeldeten Menschen eine Spitze (vgl. BARLOSCHKY 2000).

Die Beschäftigungsförderungsgesetze (1984 und 1995) und das Arbeitszeitgesetz (1994) fördern die Flexibilisierung der Beschäftigung in der Bundesrepublik. Selbst die Gewerkschaften akzeptieren allmählich flexible Beschäftigungsformen im Tausch gegen Arbeitsplatzsicherheit für ihre Mitglieder (vgl. OSTNER 2000, 176).

Seit Mitte der 1990er Jahre haben sich Organisation, Bedeutung und Sprache im Zusammenhang mit Erwerbsarbeit radikal verändert: Unternehmen zerfallen oder fusionieren, Jobs tauchen auf und verschwinden wie zusammenhanglose Ereignisse. Stellen werden durch Projekte und Arbeitsfelder ersetzt, Unternehmen lagern Aufgaben an kleine Firmen mit kurzfristigen Verträgen aus. Der amerikanische Soziologe RICHARD SENNETT (vgl. 2006, 2007) hat diese epochale Veränderung als „Drift" beschrieben.

„Das sichtbarste Zeichen dieses Wandels könnte das Motto „nichts Langfristiges" sein. In der Arbeitswelt ist die traditionelle Laufbahn […] im Niedergang begriffen. Dasselbe gilt für das Hinreichen einer einzigen Ausbildung für ein ganzes Berufsleben. Heute muß ein junger Amerikaner mit mindestens zweijährigem Studium damit rechnen, in vierzig Arbeitsjahren wenigstens elfmal die Stelle zu wechseln und dabei seine Kenntnisbasis wenigstens dreimal auszutauschen" (SENNETT 2006, 25; Hervorhebungen im Original).

Die Debatten um Besonderheiten, Entwicklungschancen und Entwicklungsrisiken von Dienstleistungs-, Wissens- oder Informationsgesellschaft sowie deren globale Vernetztheit dauern an. Verschiedene Analysen zur Zukunft der Arbeitsgesellschaft halten folgende Wandlungsprozesse übereinstimmend fest:

- Wandel der Beschäftigungsstrukturen (atypische Beschäftigungsverhältnisse, Trend zu Selbständigkeit und Freiberuflichkeit);
- Wandel der Tätigkeiten (von der Arbeit am Fließband hin zur Arbeit in Gruppen, von der Fertigung zur Dienstleistung);
- Wandel der Arbeitszeiten (Verkürzung, Flexibilisierung bei gleicher Produktivität);
- Wandel der Arbeitsorganisation (Telearbeit, Zeitarbeit, Scheinselbständigkeit), etc.

(vgl. BÖLLERT 2001, 1287).

Der Transformationsprozess der Erwerbsarbeit beschleunigt sich außerdem durch den grundlegenden Strukturwandel der Gesellschaft. Dieser wird vor allem bestimmt durch die Internationalisierung des Wettbewerbs (Globalisierung), die Technisierung der Produktion (Digitalisierung), der sozialtraditionellen Entbettung des Menschen (Individualisierung) sowie Prozessen der Ökologisierung und Politisierung.

Diese neue ökonomische Realität ist Ausdruck des neuen kapitalistischen Geistes. Nach SENNETT (vgl. 2007) ist die moderne Arbeitswelt gekennzeichnet durch den Mangel an Loyalität und Verbindlichkeit: Erfahrungen zählten nicht mehr, Alter gelte als Garant für Erstarrung und Jugend sei erwünscht, weil formbar und billig.

Seit längerem sind die Konsequenzen der neuen ökonomischen Realität in Deutschland täglich zu lesen oder zu hören – Siemens will 17000 Stellen streichen (Juni 2008), die Telekom plant betriebsbedingte Kündigungen (Juli 2008), Hertie meldet Insolvenz an (August 2008), etc. bis zur weltweiten Finanzkrise Anfang 2009.

Diese Krisen der Erwerbsarbeit ziehen pessimistische Einschätzungen der Zukunft nach sich. Sorge gilt besonders der nachlassenden Integrationskraft der Erwerbsgesellschaft, da es immer weniger Erwerbsarbeit gibt. Wesentlich sind Debatten um das Ausmaß und die Folgen von Prozessen der Entstrukturierung, Pluralisierung, Verzeitlichung und Individualisierung – eben der Risikogesellschaft (vgl. BECK 1986). Diese münden in Verschiebungen von kulturellen Basisorientierungen und Wertmustern. Eine der zentralen Folgen der Flexibilisierung der Arbeit ist die Individualisierung der Arbeit. Drei Aspekte wirken hier zusammen: (a) die Enttraditionalisierung, das heißt die Normalbiographie wird zur Bastelbiographie; (b) die Arbeit wird zeitlich und vertrag-lich zerhackt und (c) der Konsum wird individualisiert (vgl. BECK 2000, 45).

Neben dem „Ende der Eindeutigkeit" (vgl. BAUMAN 1992, 1999) ist es meines Erachtens ebenso wichtig, auf den Fortbestand von Ungleichheiten zwischen sozialen Klassen, Schichten und Lebenslagen sowie den Gefahren neuer Spaltung hinzuweisen.

In den Diskursen über die Transformationsprozesse in der Arbeitsgesellschaft herrscht Übereinstimmung, dass die Arbeitsgesellschaft so, wie sie bisher bestand, nicht fortbestehen wird bzw. längst nicht mehr existiert. Das Arbeitsplatzvolumen geht zurück, in Deutschland gibt es etwa vier Millionen Arbeitslose und drei bis vier Millionen der so genannten stillen Reserve[3]. Die Anzahl der Personen, die arbeiten wollen, während es immer weniger Arbeitsplätze gibt, wächst. Betroffen sind vor allem junge Menschen, Frauen, Menschen mit Behinderung, Langzeitarbeitslose, MigrantInnen und Men-

---

3 Menschen, die zwar nicht arbeitssuchend oder arbeitslos gemeldet sind, aber arbeiten möchten, wenn sich die Möglichkeit dazu böte.

schen mit niedrigem Qualifikationsniveau. Auch produzieren immer weniger Menschen immer mehr, wirtschaftliches Wachstum ist zunehmend unabhängig vom Arbeitsplatzvolumen – der Zusammenhang von Wachstum und Beschäftigung ist aufgebrochen. Meist ermöglicht jedoch erst das Erwerbseinkommen eine angemessene Teilhabe am gesellschaftlichen Wohlstand.

Durch die wachsende strukturelle Arbeitslosigkeit wird die Arbeitsgesellschaft (wieder-) entdeckt. Die Wertewandelsforschung (vgl. KLAGES 1999a, 1999b, 2001; vgl. A 3.1.1) weist darauf hin, dass die moderne Arbeits- und Leistungsorientierung bestehen bleibt. Ich finde es deshalb treffender, statt von der Krise der Arbeitsgesellschaft von Problemen der Vollbeschäftigungs- und Erwerbsgesellschaft zu sprechen (vgl. BONß 2001, 346).

„Wobei die *Krise der Normalarbeitsgesellschaft* (verstanden als Gesellschaft, in der eine möglichst langfristige stabile Vollzeitbeschäftigung als Ideal gilt) die aktuellste zu sein scheint und vieles darauf hindeutet, dass die Erwerbsgesellschaft in Zukunft *individualisierter und unsicherer* sein wird" (BERGER & KONIETZKA 2001, 20; Hervorhebungen im Original).

Trotz dieser Erkenntnisse beharrt Arbeitsminister SCHOLZ im Jahr 2008 weiter auf dem Ziel der Vollbeschäftigung – laut einem Kommentar von ULRIKE HERRMANN in der *tageszeitung* (taz) hat dies ideologische Ursachen:

„Seit der Nachkriegszeit gründet die Bundesrepublik auf dem Versprechen, dass jeder am wachsenden Wohlstand teilhaben kann, wenn er denn nur arbeitet oder lebenslang gearbeitet hat. Profitieren sollte, wer auch leistet. Kurz: Vollbeschäftigung sollte für Gerechtigkeit sorgen. Eine charmante Idee, aber leider ist sie obsolet" (HERRMANN 2008).

Ich stimme dem zu. Das Versprechen, Leistung im Rahmen von Erwerbsarbeit führe zu Gerechtigkeit, hat sich erledigt. Zwar steigt die individuelle und gesellschaftliche Bedeutung der Erwerbsarbeit, zugleich nimmt die Ungewissheit und Unsicherheit der Erwerbs- und Einkommensperspektive zu – der Erwerbsarbeitsmarkt wird zunehmend riskanter.

Hier zeigt sich die Kopplung von Erwerbsarbeit und Existenzsicherung in Deutschland. Es gibt immer weniger Erwerbsarbeit für immer mehr Menschen, die jedoch weiterhin eine gesicherte Existenz und Teilhabe an der Gesellschaft brauchen. Ferner gibt es Arbeiten außerhalb der Erwerbsarbeit, die bestehen. Kann also das Modell der Zivilgesellschaft und in ihrem Rahmen der Dritte Sektor mit freiwilligem Engagement einen alternativen Vergesellschaftungsmoment bieten?

1.3 Aspekte des Dritten Sektors

Als heuristisches Modell markiert das Dritte-Sektor-Modell die Mesoebene der Zivilgesellschaft (Makroebene) und schließt das Spektrum freiwilligen Engagements (Mikroebene; vgl. A 1.4) mit ein.
Der Dritte Sektor bezeichnet den gesellschaftlichen Bereich, welcher durch die Sektoren Staat, Markt und Gemeinschaft bzw. Familie begrenzt wird (vgl. Abb. 1).

Abb. 1: Dritter Sektor

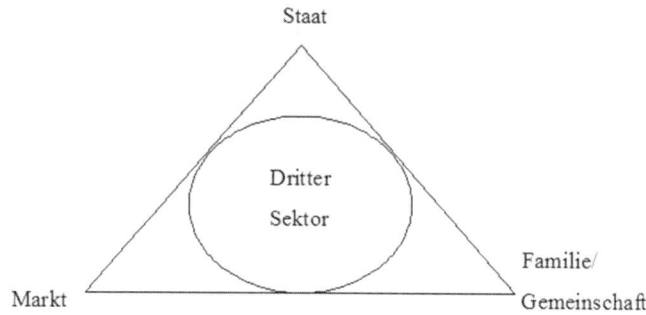

Quelle: ZIMMER 2001, 48

Im Gegensatz zu Staat und öffentlicher Verwaltung weisen Organisationen im Dritten Sektor einen geringen Umfang an Bürokratie auf. Ihre Zielsetzung ist, anders als bei Firmen oder Unternehmen, nicht die Gewinnmaximierung. Die erwirtschafteten Gewinne werden in die Organisationen reinvestiert, anstatt an Mitarbeiter oder Mitglieder gegeben – daher auch die Bezeichnung Non-Profit-Sektor. Mitgliedschaft oder Mitarbeit im Dritten Sektor basiert auf Freiwilligkeit und damit auf einer individuellen Entscheidung, was sie wiederum abgrenzt von familiären Bindungen (Familie, Clan, Ethnie). In Deutschland[4] schließt der Dritte Sektor Verbände, Gewerkschaften, das lokale Vereinswesen, Initiativen und Selbsthilfegruppen sowie Nachbarschaftsvereinigungen mit ein (vgl. ZIMMER 2001, 48).

„In diesem „Dritten Sektor", der auch als unabhängiger oder freiwilliger Sektor bezeichnet wird, herrschen nicht treuhänderische Strukturen, sondern gemeinschaftliche Bindungen vor. Man widmet seinen Mitmenschen Zeit, statt künstliche Marktbeziehungen mit ihnen einzugehen und sich und seine Dienste zu verkaufen" (RIFKIN 2005, 193; Hervorhebungen im Original).

---

4   Zur Internationalen Entwicklung der Zivilgesellschaft vgl. ANHEIER et al. 2005

Durch den Trend der sukzessiven Entstaatlichung ab Mitte der 1980er sowie der Vergesellschaftlichung staatlicher Aufgaben rückt der Dritte Sektor in Deutschland verstärkt ins Blickfeld. Zudem wächst der Sektor schneller als der private oder öffentliche. Zwischen 1970 und 1987 wuchs er jährlich mehr als 5%. Ende der 1980er Jahre gibt es mehr als 300.000 Freiwilligenorganisationen. Die meisten kommen zwar ohne bezahlte Angestellte aus, dennoch arbeiteten 1987 4,3% aller Erwerbstätigen im Non-Profit-Bereich. Das waren mehr als in der Landwirtschaft und fast halb so viele wie im Banken- und Versicherungswesen (vgl. RIFKIN 2005, 210).

Der Sektor wirkt einerseits dem Abbau des Wohlfahrtsstaates entgegen, ist aber gleichzeitig als Alternative zu rein staatlicher Aufgabenübernahme und Dienstleistungserstellung zu sehen. Von einigen Autoren wird er sogar als Reaktion auf sozialstaatliche Abbautendenzen gesehen. So betrachtet können die Organisationen des Dritten Sektors ein Bindeglied zwischen Individuum und Gesellschaft darstellen. Durch Teilnahme und Teilhabe wird der Einzelne in einen gesamtgesellschaftlichen Kontext integriert, den jeweiligen Organisationen werden damit essentielle Integrations- und Sozialisationsaufgaben zugesprochen (vgl. ZIMMER 2001, 49ff).

In Anlehnung an demokratietheoretische Überlegungen[5] sind diese Aufgaben maßgebliche Bestandteile einer zivilgesellschaftlichen Infrastruktur, auf die jedes demokratische Gemeinwesen nachhaltig angewiesen ist. Im Umfeld des Dritten Sektors werden Konzepte der Zivilgesellschaft erörtert.

Das politische Programm der Zivilgesellschaft kann sehr vielgestaltig aufgefasst werden, es wird seit den 1990er Jahren (wieder) vermehrt diskutiert. Dies hängt mit den erfolgreichen demokratischen Revolutionen ab 1989 im östlichen Mitteleuropa zusammen. Viele AutorInnen sehen im Ergebnis des gesellschaftlichen Drucks die Evidenz der Theoriekonzeption einer Zivilgesellschaft (vgl. KESSL 2001, 2006).

Drei klassische Theorietraditionslinien von Zivilgesellschaft sind (vgl. KESSL 2001, 2007ff):

(1) die politisch-republikanische, in deren Zentrum der Citoyen steht und deren Vertreter z.B. ARISTOTELES, CHARLES-LOUIS MONTESQUIEU und ALEXIS DE TOQUEVILLE sind;
(2) die liberale, in deren Zentrum der Bourgeois steht – ausgehend von JOHN LOCKE;
(3) die hegelianisch-marxistische, welche sich der beiden antithetischen Pole von Citoyen und Bourgeois bewusst ist und nach Synthese strebt, auf der Suche nach dem l'homme. Deren Vertreter sind etwa GEORG FRIEDRICH HEGEL, KARL MARX und ANTONIO GRAMSCI.

---

5 Vgl. z.B. MAX WEBER (1921/1972) oder ALEXIS DE TOQUEVILLE (1935/1985)

Im modernen Diskurs knüpfen unterschiedliche Konzeptionen[6] mit verschiedenen Deutungsversuchen an diese klassischen Traditionslinien der Zivilgesellschaft an (ausführlich dazu vgl. ADLOFF 2005; SCHMIDT 2007).

„Es zeigt sich, dass in dem Begriff der Zivilgesellschaft Zustandsbeschreibungen, normative Wertungen und Zukunftsentwürfe verschmelzen. Diese Ambiguität macht den Begriff so schwer in der Handhabung und übt zugleich eine starke Faszination aus. Wissenschaftlichkeit und politische Ideale scheinen sich in ihm zu verbinden" (ADLOFF 2005, 8).

Dem Thema dieser Arbeit steht meines Erachtens die kommunitaristische Konzeption von Michael Walzer (vgl. 1992, 1998) am nächsten. Er sieht das Konzept der Zivilgesellschaft als Korrektiv zu Republikanismus, Marxismus, Liberalismus und Nationalismus. Keine dieser gesellschaftstheoretischen Entwürfe wird der komplexen Realität moderner Gesellschaften gerecht. Im Gegensatz zu deren eindimensionalen Antworten akzeptiere die Konzeption einer Zivilgesellschaft den Pluralismus und betone die konkrete Solidarität. Der Mensch als soziales Wesen könne StaatsbürgerIn, ProduzentIn, KonsumentIn oder Mitglied von Nationen sein (vgl. WALZER 1992). Er plädiert für eine Kombination zwischen einer in die soziale Verantwortung genommenen Marktwirtschaft und privaten wie genossenschaftlichen Wirtschaftsformen – die pluralistische Koexistenz verschiedener Gemeinschaften (vgl. WALZER 1998).

Kommunitarismus bedeutet Gemeinwohlorientierung durch Selbstverpflichtung für eine lebensweltlich organisierte Solidarität. Damit ist Zivilgesellschaft der demokratische Kern der Gesellschaft, mit ihren BürgerInnen, die sich einmischen und öffentliche Angelegenheiten zueigen machen – Teilhabe als demokratisches Grundprinzip.

Vielfach wird durch die Zivilgesellschaft eine Überwindung des Demokratiedefizits des bestehenden Wohlfahrtstaates erhofft, sie läuft jedoch auch Gefahr, als Argument für Kürzungen im Sozialstaat zu gelten. Dies darf nicht der Fall sein.

Abschließend betrachte ich Funktionen und Kontextbindungen des Dritten Sektors.

„Multifunktionalität bedeutet, dass Dritte-Sektor-Organisationen im Gegensatz zu Firmen und staatlichen Behörden nicht auf eine primäre Funktionswahrnehmung festgelegt sind, sondern sich durch einen Funktionsmix auszeichnen. Mit der ökonomischen Funktion der Dienstleistungserstellung haben sie, wenn auch in

---

6 a) Einzelne kommunitaristische Konzeptionen (vgl. ETZIONI 1997); b) Rekonstruktion der Zivilgesellschaftstheorie als Thema des klassischen Liberalismus; c) Zivilgesellschaft als Korrektiv und als Antwort auf die Frage nach dem guten Leben (vgl. WALZER 1992, 1998); d) Neue Orientierung der Begründung von Politik in einer demokratischen Republik durch die jüngere Frankfurter Schule; e) Konzeption der Bürgergesellschaft als Kontrast zur Konzeption autoritärer Staaten (vgl. DAHRENDORF 1991)

unterschiedlicher Ausprägung, Anteil am Sektor-Markt. Aufgrund ihrer Funktion der Bündelung, Artikulation und Vermittlung von Interessen sind sie gleichzeitig politische Akteure, die in den Sektor Staat hineinwirken. Darüber hinaus erfüllen sie als häufig lokal verankerte oder sich über Mitgliedschaft konstituierende Organisationen wichtige Funktionen der sozial-kulturellen Integration und Sozialisation" (ZIMMER & PRILLER 2005, 54f).

Neben der Dienstleistungserstellung sowie der Interessenvertretung sind diese Organisationen – immer in unterschiedlicher Pointierung – auch Sozialintegratoren. Sie vermitteln zwischen unterschiedlichen gesellschaftlichen Teilbereichen.

Dadurch wird der Dritte Sektor in unterschiedliche Diskurse und Reformdebatten eingebunden. Die Kontextbindungen des Dritten Sektors sind: Wohlfahrtsproduktion, Sozialpolitik, Demokratie, Zivilgesellschaft, soziale Integration und Zukunft der Arbeit (vgl. ZIMMER & PRILLER 2005, 56ff). Die vorliegende Arbeit bewegt sich vor allem im Kontext der beiden letztgenannten Aspekte.

Die Mikroebene des Dritte-Sektor-Modells ist besonders durch das Ehrenamt, oder wie heute auch benannt, das freiwillige / bürgerschaftliche Engagement geprägt.

1.4 Vom Ehrenamt zur Freiwilligenarbeit

Historisch gehört der individuelle Beitrag zum Wohl des Gemeinwesens in der gesamten abendländischen Tradition (von der Antike bis zum Christentum) zu einem sinnerfüllten Leben dazu (vgl. Theorietraditionen der Zivilgesellschaft A 1.3). Mit der Herausbildung des Bürgertums wird das Ideal der Gemeinwohlorientierung von Produktivität und Arbeit abgelöst. Zuvor wurde der tugendhafte Mensch über seine Tätigkeit für das Gemeinwohl definiert, jetzt ist die ökonomische Tätigkeit, also die Erwerbsarbeit ausschlaggebend. Am Ende des 18. Jahrhunderts entstehen erste offiziell organisierte Armensysteme mit ehrenamtlichen Helferinnen, Mitte des 19. Jahrhunderts wird die kommunale Armenpflege von ehrenamtlichen Bürgern entwickelt, was die Grundlage für die moderne organisierte Sozialarbeit schafft.

Gleichzeitig entwickelt sich das Vereinswesen, was auch mit dem populären Ehrenamt zusammenhängt – beides bedingt sich gegenseitig. Das Engagement jedweder Art findet in Anbindung an eine Organisation statt. Es zeigt sich, dass das Ehrenamt nicht nur konstitutiv für das Vereinswesen, sondern auch für den Auf- und Ausbau gemeinnütziger Organisationen ist – den Dritten Sektor. Diese Träger sind in Teilen mit Verberuflichung verbunden.

Jede/r Freiwillige/r braucht außerdem Ressourcen, um tätig sein zu können.

„Damals wie heute war (ist) das Ehrenamt an Voraussetzungen gebunden. Es ist eine kulturelle Leistung und keine sozialnatürliche Gegebenheit. Als solche ist es nicht voraussetzungslos zu haben. Damit jemand ehrenamtlich tätig sein kann oder will, müssen innere und äußere Ressourcen wie Motive, Zeit, Geld und nicht zuletzt (ideelle, religiöse, soziale) Anerkennung vorhanden sein" (DETTLING 1999, 19; Hervorhebungen im Original).

Seit den 1980er Jahren boomt das Ehrenamt auch wegen des gesellschaftlichen Strukturwandels (vgl. A 1.2). Indikatoren für den gesellschaftlichen Wandel sind drei Entwicklungen, die freiwillige Tätigkeiten in einem anderen Licht erscheinen lassen als noch vor 50 oder 100 Jahren: die Tendenz zur Dienstleistungsgesellschaft, die wachsende Frauenerwerbstätigkeit verbunden mit dem Wachstum sozialer Berufe sowie besonders der Umbau gemeinnütziger Organisationen (z.b. Wohlfahrtsverbände).

„Als die UN-Vollversammlung 1997 beschloss, das Jahr 2001 zum Internationalen Jahr der Freiwilligen (IJF) zu erklären, war die sehr große internationale und nationale Resonanz auf diesen Aufruf nicht vorhersehbar. Mehr als 120 Länder haben sich in einer gemeinsamen Erklärung verpflichtet, freiwilliges Engagement in ihren Ländern zu fördern" (ENQUETE-KOMMISSION 2002a, 754).

Im Positionspapier zum Freiwilligen Engagement in der bayerischen Diakonie – ein Beispiel für Non-Profit-Organisationen – werden die Themen- und Arbeitsfelder freiwilliges Engagement, Freiwilligendienste und Ehrenamt aufgegriffen. Dabei wird mit unterschiedlichen Begriffen wie „klassischer Begriff Ehrenamt", „unentgeltliches Engagement für andere", „Bürgerschaftliches Engagement", „Freiwilligensdienste", „Zivilgesellschaft" hantiert, ohne diese näher zu definieren. Selbst wenn man ein zentrales Merkmal herausgreift, um einen Überbegriff zu bilden, gerät man in Schwierigkeiten (vgl. DIAKONISCHES WERK BAYERN 2008).

„Den einheitsstiftenden, alle überzeugenden und alle Sachverhalte angemessen repräsentierenden Begriff zu dem hier anstehenden Themengebiet gibt es nicht" (RAUSCHENBACH 2001, 351; Hervorhebung im Original).

Es gibt derzeit keine einheitliche Sprachregelung für die unterschiedlichen Arbeitsfelder. Die Kirche benutzt überwiegend den Begriff „Ehrenamt". „Freiwilligendienste" bezeichnen meist speziell gesetzlich geregelte Dienste. Seit 2008 gibt es das Gesetz zur Förderung von Jugendfreiwilligendiensten, die traditionellen Begriffe Freiwilliges Soziales Jahr und Freiwilliges Ökologisches Jahr (FSJ/FÖJ) sind dort weiterhin verankert.

Die Verwendung der Begriffe rund um den Dritten Sektor sind also von viel Unschärfe geprägt – und dennoch ist „das freiwillige, ehrenamtliche Engagement […] zu einem Schlüsselthema auf der politischen Agenda einer solidarischen, zivilen, bürgeraktivierenden Gesellschaft geworden" (ebd. 345).

In der Verhandlung um die adäquate Begrifflichkeit wird je etwas Spezifisches hervorgehoben, ein bestimmter Ausschnitt in den Blick genommen, es werden verschiedene Assoziationen ausgelöst. Dies geschieht nicht zufällig, hier geht es „vielfach auch um so etwas wie die semantische Lufthoheit in einem umkämpften Terrain" (ebd. 351).

RAUSCHENBACH (vgl. 2001) ordnet zentrale Begrifflichkeiten typologisch ein:

(a) Ehrenamt
Traditionsgebundene Organisationen des Non-Profit-Sektors (Kirchen, Gewerkschaften, Parteien, Wohlfahrts- und Jugendverbände, das Vereinswesen) verbinden mit Ehrenamt die Idee der organisierten, unentgeltlichen Mitarbeit in ihren Reihen aufgrund der Identifikation mit ihren Werten und Zielen. Ehrenamt ist also oft Vereins- und Verbandsengagement, teilweise in formalisierten Mitgliedschaften.
„Die begriffliche Synthese von „Ehre" und „Amt" trifft immer weniger auf die Motive und Gründe zu, aus denen heraus sich heute Menschen engagieren, einmischen und mitgestalten wollen" (KEUPP 2001, 10).

(b) Selbsthilfe
In Abgrenzung zum Ehrenamt (gebunden an Vereine und Verbände) postuliert die Selbsthilfe Eigenzuständigkeit, Autonomie und Mündigkeit. Die Selbst- und Gleichbetroffenheit der engagierten Personen ist die zentrale Eigenschaft. Im Gegensatz zum Ehrenamt steht die Selbsthilfe eher für expertenskeptisches, organisationsfernes, emanzipiertes und wertepluralistisches Selbstbewusstsein moderner Milieus.

(c) Bürgerschaftliches Engagement
Dieser Begriff steht vor allem in Zusammenhang mit den Gedanken zur Erneuerung der Zivilgesellschaft im Sinne einer lebendigen Demokratie des Gemeinwesens. Die Idee des bürgerschaftlichen Engagements (BE) knüpft zum einen an die Wurzeln bürgerlicher, kommunaler Selbstverwaltung an und spricht neben gewählten RepräsentantInnen aktive BürgerInnen des Gemeinwesens an. Zum anderen greift das BE teilweise auf die Tradition der Philanthropie für bedürftige und in Not geratene Menschen des 19. Jahrhunderts zurück. Richtschnur für das BE ist zunächst die Hilfe im Sozialraum, weniger die gesamte politische Gestaltung der modernen Gesellschaft. Es ist ein Aktivierungsprogramm für die Basis, jedoch auch von oben implementiert, das sich besonders am Konkreten und Machbaren orientiert, immer mit der Hoffnung darauf, dass viele Menschen mitmachen und daraus eine Bürgerbewegung entsteht.

(d) Freiwilligenarbeit
Diese Begrifflichkeit erscheint Mitte der 1990er Jahr und beschreibt das moderne, schwach institutionalisierte und eher milieu-unabhängige En-

gagement von individualisierten, unabhängigen und pragmatischen Menschen. Hier werden auch Personen angesprochen, die nicht seit ihrer Kindheit in traditionelle Wertgemeinschaften (Verbänden, Vereinen) integriert sind, sondern die sich etwa aus Gründen der Selbstverpflichtung, Kontakt- oder Selbstverwirklichungsgründen, aus Lust engagieren wollen, jenseits von Familie und Erwerbsarbeit (vgl. RAUSCHENBACH 2001, 351ff).

Kontrastiert man die beschriebenen Begriffe, so werden dahinter liegende Konzepte deutlich: Ehrenamt und BE haben stets auch die Wiederbelebung sozialer Gemeinschaften im Auge, ehrenamtlich Engagierte eher in traditionellen Wertgemeinschaften, bürgerschaftlich Engagierte eher im lokalen Raum außerhalb tradierter Vereinsstrukturen. Dagegen setzen Freiwilligenarbeit und auch Selbsthilfe stärker auf die Autonomie der engagierten Subjekte, eine nicht so sehr wertgebundene individualisierte Solidarität. Es stehen sich eher individualisierte Formen des Engagements und gemeinwohlorientierte gegenüber.

Nach der Auffächerung der verschiedenen Begriffstypen und mit Verweis auf die Geschichte der Tätigkeit von Psychiatrie-Erfahrenen (vgl. A 2) möchte ich in dieser Arbeit den Aspekt der Freiwilligkeit betonen.

Im Gesamtbericht der ENQUETE-KOMMISSION „Zukunft des Bürgerschaftlichen Engagements" des Deutschen Bundestags (vgl. A 3) heißt es außerdem, dass Engagierte in der Praxis zur Bezeichnung ihres Handelns vielfach den Begriff „Freiwilligenarbeit" verwenden (vgl. ENQUETE-KOMMISSION 2002a, 85).

Zudem ist der Begriff „Arbeit" mit seinen unterschiedlichen Bedeutungszuschreibungen über die Jahrhunderte (vgl. oben) ein weiteres Motiv für diese Begriffswahl.

Angelehnt an LUISA GRÜNENFELDER definiere ich Freiwilligenarbeit wie folgt, und beziehe dabei Ehrenamt bzw. Selbsthilfe mit ein (vgl. Abb. 2):

Abb. 2: Freiwilligenarbeit

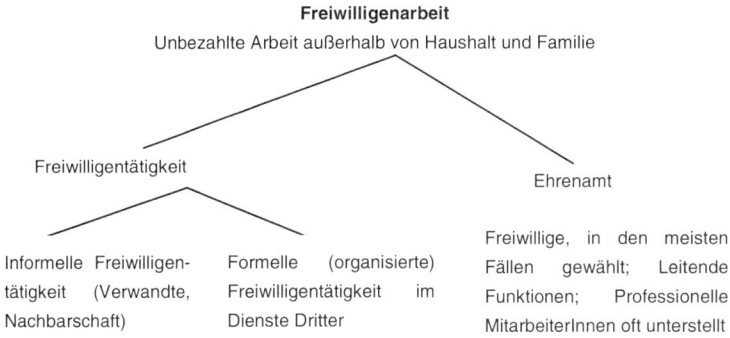

Eigene Darstellung; Quelle: Grünenfelder 2001, 123

Freiwilligenarbeit ist jegliche unbezahlte Arbeit außerhalb von Haushalt und Familie und unterteilt sich in Freiwilligentätigkeit und Ehrenamt. Freiwilligentätigkeit meint freiwillig gewählte Arbeit ohne Entlohnung, die in bestehenden oder neu zu schaffenden Strukturen im Non-Profit-Bereich erbracht wird. Sie beruht auf bestimmten Kompetenzen und ist eine zeitlich begrenzte Leistung zugunsten Dritter. Neben dem persönlichen Nutzen für die/den Ausübende/n ist sie nicht auf den Sozial- und Pflegebereich beschränkt, sondern umfasst auch Aktivitäten in kulturellen, kirchlichen, sportlichen und politischen Bereich. Es gibt informelle Freiwilligentätigkeit (Verwandtschaft, Nachbarschaft) und formelle Freiwilligentätigkeit (organisierte Freiwilligentätigkeit im Dienste Dritter). Ehrenamtlich Tätige sind auch Freiwillige, die jedoch meistens gewählt werden (z.B. durch Vereine, Stiftungen, Genossenschaften). Sie sind oft in leitender Position tätig, nehmen Arbeitgeberfunktionen wahr, sind häufig mit Geldbeschaffung beschäftigt und repräsentieren ihre Organisation nach außen. Ein Ehrenamt ist meist mit mehr Prestige und Anerkennung verbunden als freiwillige Tätigkeit. Es ist in der Regel zeitlich beschränkt und wird nicht entlohnt. In vielen Fällen werden Spesen gedeckt oder Jahrespauschalen entrichtet, die je nach Amt (z.B. Gemeinderäte oder Verwaltungsräte) sehr unterschiedlich ausfallen können. Dazu kommt, dass teilweise professionelle MitarbeiterInnen den Ehrenamtlichen unterstellt sind. Bei Freiwilligentätigkeit sind Freiwillige dagegen meist als Unterstellte in die Hierarchie der Organisationen einbezogen (vgl. GRÜNENFELDER 2001, 123).

Der Begriff Freiwilligenarbeit wird außerdem im Freiwilligensurvey 1999 (vgl. A 3) von der großen Mehrheit (48%) der Befragten als Bezeichnung für ihre Tätigkeit gewählt.

„Dies ist ein überraschendes Ergebnis, weil *Freiwilligenarbeit* – das Pendant zum angelsächsischen *Volunteering* – im deutschen Sprachgebrauch bisher eigentlich nicht sehr geläufig ist. Offenbar trifft der Begriff mit seinen Bestandteilen *freiwillig* und *Arbeit* aber das Selbstverständnis der Engagierten besser als die Alternative, die sich aus *Ehre* und *Amt* zusammensetzt" (VON ROSENBLADT 2001, 50; Hervorhebungen im Original).

Verschiedene Funktionsebenen von Freiwilligenarbeit beschreibt RAUSCHENBACH (vgl. 2001, 354f):

- Auf der individuellen Ebene finden sich Motive der Selbsterprobung, der Selbstverwirklichung und des Kompetenzerwerbs. Ebenso ist sie ein integrales Moment der persönlichen Lebensführung, die Sinnfindung und Entwicklung eines eigenen Lebensstils jenseits von Beruf und Familie.
- Auf der intersubjektiven Ebene kann ein Kontinuum zwischen Dienst und Selbstbezug sichtbar werden. Neben der Anerkennung spielt auf dieser Ebene die zielgerichtete Einflussnahme auf Dritte ebenso eine Rolle wie eine konsequente intersubjektive Ausrichtung. Die Ausprägungen des Handelns variieren zwischen strategischen, verdeckt strategischen und verständigungsorientierten Formen.
- Auf der institutionellen Ebene kommen die Institutionen in den Blick (Vereine, Verbände, sonstige Non-Profit-Organisationen). Teilweise existieren diese nur auf der Basis freiwilliger Arbeit, vor allem schöpfen sie große Teile ihrer öffentlichen Anerkennung und der politischen Legitimation aus diesen Ressourcen. Kritisch zu sehen ist, dass Freiwilligenarbeit oft als Rechtfertigung gegenüber zu hohen Erwartungen an die fachliche und institutionelle Leistungsfähigkeit dient, gleichzeitig aber Argument für staatliche Subventionen ist. Positiv kann die Möglichkeit sein, unterschiedliche Mitarbeitertypen einzusetzen (Hauptamtliche, Nebenamtliche, Freiwillige).
- Die sektorale Ebene gesellschaftlicher Teilsysteme bietet die Möglichkeit, kritische Ungleichgewichte zwischen gesellschaftlichen Bedarfen und sozialstaatlich realisierbaren Möglichkeiten neu auszubalancieren. Damit steht Freiwilligenarbeit

    „auf der einen Seite in der Gefahr, als ein Substitutionspotenial für ansonsten lohnarbeitsmäßig regulierte gesellschaftliche Arbeit vor allem sektoral, d.h. arbeitsfeldspezifisch missbraucht zu werden – in dem etwa vorzugsweise der soziale Sektor als Domäne weiblicher Erwerbsarbeit wieder „verehrenamtlicht" wird – aber auf der anderen Seite auch vor der Möglichkeit, sich als ein „dritter Weg" einer alternativen Wohlfahrtsproduktion, wie dies vor allem international diskutiert wird, zu profilieren" (ebd. 354; Hervorhebungen im Original).

- Die gesamtgesellschaftliche Ebene zielt auf den übergreifenden Sinn und den symbolischen Gehalt dieser nicht nutzenmaximierenden Tätigkeit von und zwischen Menschen (vgl. ebd. 355).

Freiwilligenarbeit ist oft Arbeit, die unter anderen Umständen auch bezahlt werden könnte. Sie wird jedoch gerade als freiwillige Tätigkeit in einem starken, nicht-entfremdeten Sinn empfunden (vgl. ARENDT 1967/2007; LEONTJEW 1982).[7]

Ein bekanntes Konzept im Bereich Freiwilligenarbeit ist die des sozialen Kapitals. Eine Konzeption dazu entwickelte der französische Soziologe PIERRE BOURDIEU (vgl. 1983). Er sieht Sozialkapital als

„Gesamtheit der aktuellen und potentiellen Ressourcen, die mit dem Besitz eines dauerhaften Netzes von mehr oder weniger institutionalisierten Beziehungen gegenseitigen Kennens oder Anerkennens verbunden sind; oder, anders ausgedrückt, es handelt sich dabei um Ressourcen, die auf der Zugehörigkeit zu einer Gruppe beruhen" (BOURDIEU 1983, 190f).

Heute ist die Debatte um soziales Kapital maßgeblich geprägt von ROBERT D. PUTNAM (vgl. 1994, 2001). In seiner Studie (vgl. PUTNAM 1994), in der er die einträglichen demokratischen, ökonomischen und administrativen Leistungen norditalienischer Städte den eher erfolglosen Kommunen Süditaliens gegenüberstellt, ist die entscheidende Determinante das soziale Kapital, welches Vertrauen, Netzwerke und Prinzipien der Gegenseitigkeit meint. Seine zentrale Aussage ist, dass soziale Netzwerke sowohl für die Einzelnen als auch die Gesellschaft positive externe Effekte herstellen. Die lokale Wirtschaft, Regierung und Verwaltung funktionieren umso effektiver, je höher das Ausmaß an sozialem Kapital ist. Er folgert daraus, dass vertrauensvolle Beziehungen immer eine wichtige Grundvoraussetzung für wirtschaftliche Entwicklung, öffentliche Gesundheit und Bildung sind.

Das soziale Kapital meint damit eine eigene Form der Produktivität auf der Basis gemeinschaftlicher Werte, kooperativer Arbeitsformen und gegenseitigen Nutzens. PUTNAM ist davon überzeugt, dass das Sozialkapital ein gemeinwohlverträgliches und beförderndes soziales Phänomen ist. Im Gegensatz dazu sieht BOURDIEU auch die exklusiven Funktionen des sozialen Kapitals als konstitutiv an, da es zugleich zur Produktion und Reproduktion sozialer Ungleichheit beitragen kann.

Die Erschließung und Entfaltung solchen Kapitals ist für die Weiterentwicklung des Dritten Sektors von Bedeutung. Mit zu bedenken ist, dass Netzwerke auch einen ausschließenden Charakter haben können. Nicht die

---

7   LEONTJEW (vgl. 1982) unterscheidet Arbeit und Tätigkeit wie folgt: Arbeit umschreibt den gesellschaftlich prozessualen Aspekt inklusive der Strukturvorgaben durch gesellschaftliche Gegebenheiten (Traditionen, etc.). Tätigkeit beschreibt dagegen mehr den individuellen Aspekt des Tuns. „Mit anderen Worten, die Tätigkeit stellt keine Reaktion und keine Gesamtheit von Reaktionen dar, sondern ein System mit eigener Struktur, mit eigenen inneren Übergängen und Umwandlungen sowie eigener Entwicklung" (1982, 83). Die vorliegende Arbeit betont die individuelle Perspektive der Interviewten auf ihre Tätigkeit. Da Freiwilligenarbeit aber auch im gesellschaftlichen Rahmen und ihren Strukturen stattfindet, ist der Begriff der Arbeit in diesem Sinne gewählt.

Quantität, sondern die Qualität der Beziehungen ist ausschlaggebend. Um aktuellen gesellschaftspolitischen Herausforderungen wie Vereinzelung, Individualisierung und Entsolidarisierung zu begegnen, birgt der Ansatz des Sozialen Kapitals interessante Möglichkeiten.

Freiwilligenarbeit ist freiwillige, partikulare Solidarität und Engagement im Kontext lokaler Organisationen, meist in Kooperation mit anderen und rückgebunden in entsprechende soziale Milieus. Außerdem basiert sie auf Zeit und Geld – ohne disponible Zeit und finanzielle Absicherung der Person ist sie nicht zu leisten. Erst dann ist ein Handeln und Sprechen im öffentlichen Raum (politisches Handeln im Sinne von ARENDT) überhaupt möglich.

Die Arbeits- und Organisationspsychologie hat Humankriterien guter Arbeit bestimmt und sie in verschiedenen Studien auf ihre Wirkung hin untersucht. Auf dieser Grundlage ergeben sich verschiedene Bedeutungen von Arbeit. Werden diese Kriterien bei Erwerbsarbeit und frei-gemeinnützigen Tätigkeiten (so nennt THEO WEHNER (vgl. 2008) Freiwilligenarbeit) erfragt, ergeben sich sehr unterschiedliche Gewichtungen (vgl. Abb. 3). Die Zahlen geben die Reihenfolge wieder, wobei die Ziffer eins das wichtigste Merkmal benennt und im Folgenden abgestuft wird bis sieben:

Abb. 3: Humankriterien guter Arbeit und deren Gewichtung

Humankriterien guter Arbeit	Erwerbsarbeit	Freiwilligenarbeit
Sinnhaftigkeit (Übereinstimmung gesellschaftlicher und individueller Interessen)	4	1
Zeitelastizität (Freiräume für Interaktion, Kreativität und die Gestaltung der Anforderungen)	6	6
Lern- und Entwicklungsmöglichkeiten (Erhalt und Entwicklung geistiger Flexibilität, beruflicher Qualifikation)	3	3
Autonomie (Verantwortungsübernahme, Selbstwert- und Kompetenzerleben)	7	2
Soziale Interaktion (gemeinsame Bewältigung von Schwierigkeiten und Belastungen)	1	4
Anforderungsvielfalt (Einsatz vielseitiger Qualifikationen und Vermeidung einseitiger Beanspruchungen)	2	7
Ganzheitlichkeit der Aufgabe (Erkennen der Bedeutung der eigenen Arbeit und Feedback aus der Durchführung)	5	5

Eigene Darstellung; Quelle: WEHNER 2008, 46

Besonders beim Stellenwert der Sinnhaftigkeit, der Autonomie, der sozialen Interaktion und der Anforderungsvielfalt wird ein Unterschied in den beiden Arbeitsarten sichtbar.

Während bei Erwerbsarbeit die soziale Interaktion als am wichtigsten benannt wird, ist das höchste Gut der Freiwilligenarbeit die Sinnhaftigkeit. Autonomie wird hier als zweitwichtigstes Merkmal benannt, während sie bei Erwerbsarbeit als am wenigsten wichtig benannt wird. Diese Diskrepanz spiegelt möglicherweise die überwiegende Struktur heutiger Erwerbsarbeit wieder, die neben dem Lohn auch an die Erfüllung bestimmter Aufgaben gebunden ist, auf die die/der Einzelne wenig Einfluss hat. Ebenso ist es möglich, dass durch die Freiwilligkeit bei Tätigkeiten eine höhere Autonomie spürbar wird als bei Erwerbsarbeit.

Bei dem Kriterium der Anforderungsvielfalt ist die Reihenfolge bei den beiden Arbeitsarten genau anders herum wie beim Kriterium Autonomie. Die Vielfalt der Anforderungen ist in der Erwerbsarbeit sehr wichtig, wohingegen sie in der Freiwilligenarbeit als nicht wichtig angesehen wird. Alle anderen Kriterien sind besser bewertet als die Anforderungsvielfalt der Freiwilligenarbeit. Dies kann im Zeitumfang der Freiwilligenarbeit begründet sein, der doch meist geringer ist als der der Erwerbsarbeit, oder auch in der Auswahl eines ganz bestimmten Engagementbereiches und einer Engagementform (Leiterin einer bestimmten Gruppe sein) begründet liegen.

Die soziale Interaktion ist das zentrale Humankriterium in der Erwerbsarbeit, bei Freiwilligenarbeit ist es dagegen die Sinnhaftigkeit. Implizit drückt dies aus, dass sich soziale Interaktion durch Erwerbslosigkeit verringern kann. Da die überwiegende Mehrzahl der freiwillig Tätigen erwerbstätig ist (vgl. A 3.1.2), erklärt sich auch die Sinnhaftigkeit, die sie – wenn schon in der Erwerbsarbeit nicht deutlich erfahrbar – zumindest in der Freiwilligenarbeit wahrnehmen wollen. Bei den Freiwilligen, die erwerbstätig sind, ist das Kriterium der sozialen Interaktion vermutlich über die Erwerbsarbeit abgedeckt.

Die Übersicht von WEHNER zeigt ähnliche Humankriterien der beiden Arbeitsarten, jedoch in unterschiedlicher Gewichtung. Ich gehe davon aus, dass die individuelle Lebenssituation entscheidend für die Gewichtung der Kriterien ist. Interessant wäre es beispielsweise zu sehen, ob die überwiegende Mehrheit der Personen, die der obigen Einordnung zugrunde liegen, beide Arbeitsarten ausübt oder nur in jeweils einer von beiden tätig ist.

1.5 Zusammenfassung A 1

Arbeit ist mehr als Erwerbsarbeit und hat seit jeher prägende Bedeutung auf den Menschen. Heute ist, wenn von Arbeit gesprochen wird, meist Erwerbsarbeit gemeint. Sie ist das Mittel zur Existenzsicherung des Menschen, ermöglicht die Teilhabe am gesellschaftlichen Leben und hat starken Einfluss auf die Identität. Durch zunehmend weniger Erwerbsarbeit (jobless growth) für mehr erwerbswillige Menschen steigt die Erwerbsarbeitslosigkeit, das so genannte Normalarbeitsverhältnis gewinnt an Bedeutung und ist gleichzeitig nicht mehr per se erfüllbar.

Die Frage ist, ob sich die modernen Diskurse um Zivilgesellschaft (Dritter Sektor) nutzen lassen, um Teile dessen, was der Mensch durch Erwerbsarbeitslosigkeit verliert, aufzufangen.

Nach einer ausführlichen Betrachtung der Begrifflichkeiten rund um freiwillige Tätigkeit entscheide ich mich für den Begriff „Freiwilligenarbeit".

Macht eine marktunabhängig Arbeit jenseits von Gewinnmaximierung wie Freiwilligenarbeit Sinn? Sie hat ähnliche Bedeutung für den Menschen wie Erwerbsarbeit, allerdings ist diese weiterhin das höchste Gut. Auch werden die Bedeutungen der beiden Arbeitsarten anders gewichtet.

Die Entwicklung, der Freiwilligenarbeit Aufgaben zuzuschreiben, von denen sich die öffentliche Hand zunehmend zurückzieht, ist meines Erachtens kritisch zu bewerten. Es droht eine Überforderung zivilgesellschaftlicher Strukturen, der schleichende Rückzug des Staates wird damit unterstützt und die gesamtgesellschaftliche, staatlich geregelte Solidarität qua Umverteilung wird insgesamt geschwächt.

Im nächsten Kapitel werde ich das Arbeitsfeld der Psychiatrie und Aspekte psychischer Gesundheit darstellen sowie das Thema der Arbeit mit Psychiatrie-Erfahrung verbinden.

2. Psychiatrie und Gesundheit

> Die Suche nach den kranken Anteilen in einem Menschen
> wird zur Suche nach den derzeitigen Möglichkeiten und Unmöglichkeiten,
> eine Beziehung zu sich, zu anderen oder zur Umwelt aufzunehmen.
> Eine solche Sichtweise erübrigt auch die leidige Diskussion darüber,
> wer krank, irre oder verrückt ist,
> der einzelne Mensch, die Gesellschaft, die Familie.
>
> KLAUS DÖRNER & URSULA PLOG (2000, 35)

Die Psychiatrie ist bis heute ein Spiegel der Gesellschaft in ihrem Umgang mit sowohl psychisch belasteten als auch die Gesellschaftsnorm kränkenden Menschen. Die Rahmenbedingungen psychiatrischer Versorgung haben sich durch historische, politische, ökonomische, gesellschaftliche und wissenschaftliche Kontexte stets gewandelt.

Im folgenden Kapitel werden Entwicklungen, Einflüsse und Veränderungen der Psychiatrie – mit Hauptaugenmerk auf Deutschland[8] – dargestellt. Ein besonderer Blick gilt der Bedeutung von Tätigsein in der Psychiatriegeschichte. Es werden unterschiedliche Rehabilitationsmöglichkeiten für Psychiatrie-Erfahrene vorgestellt, die zum (Wieder-)Einstieg in die Erwerbsarbeit verhelfen sollen. Anschließend wird auf verschiedene Aspekte psychischer Gesundheit eingegangen, dabei ist mir das Konzept der Salutogenese besonders wichtig. Schließlich wird die Profession Sozialer Arbeit in der Sozialpsychiatrie verortet.

Seit jeher steht die Geschichte der Psychiatrie in Wechselwirkung mit gesellschaftlicher Entwicklung. Dieser Zusammenhang ist auch für die Soziale Arbeit zentral. Neben der subjektiven Perspektive des Einzelnen nimmt sie ebenso dessen Bedingtheit in der Umwelt, in Systemen und nicht zuletzt im Verlauf der Geschichte in den Blick.

Eine prägnante und meines Erachtens treffende Beschreibung, was „psychisch krank" ist, stelle ich voran:

„Eine psychische Störung entsteht, wenn ein Mitglied einer Familie innere und äußere Einschränkungen, Versagungen, Verluste, Schmerzen, Ängste überdurchschnittlich tief und unerträglich empfindet, so daß es sich gegen sie wehren, sie abwehren versuchen muß, was nur um den Preis der Symptombildung gelingt. Es handelt sich dabei ganz überwiegend um Einschränkungen, Verluste, Schmerzen und Ängste im Umgang zwischen den Familienmitgliedern beim Durchlaufen lebensphasisch biographischer Aufgaben und Entwicklungskrisen, wie Lösung von den Eltern, Umgang mit Autorität, Partnersuche, Begegnung mit einem Partner auf derselben Ebene oder Akzeptieren des Alleinseins beim Älterwerden. Schauplatz der Entstehung psychischer Störungen ist also hauptsächlich die Ges-

---

8   Zur Internationale Entwicklung der Psychiatrie vgl. zum Beispiel DÖRNER 1969, 31-213; WING 1982, 213-231; THOM &WULFF 1990, 430-585

taltung der privaten Entwicklungs- und Beziehungslandschaft. Für die positive oder negative Nutzung der auftretenden Krisen spielen aber auch äußere Einschränkungen, Verluste, Schmerzen und Ängste eine entscheidende Rolle – wie Wohnsituation, verschärfter Normendruck der Arbeitswelt, Isolation oder kollektive Anpassungsforderung, Verlust der Beheimatung und Entwurzelung" (DÖRNER 1985, 15).

2.1 Psychiatriegeschichte mit dem Fokus auf Arbeit

Geistig und leicht psychisch behinderte Menschen wurden in Altertum und Mittelalter toleriert. Verrückt erscheinende Handlungen wurden mit Dämonen und ähnlichem erklärt, was in dieser Zeit zu Exorzismus und Strafpraktiken wie der Inquisition, als auch das Verbrennen auf dem Scheiterhaufen führte. „In Wirklichkeit fällt das komplexe Problem der Besessenheit nicht unmittelbar unter eine Geschichte des Wahnsinns, sondern unter die Geschichte der religiösen Ideen" (FOUCAULT 1968, 99).

Die Internierung in „Tollhäuser" oder in „Narrentürme" setzte sich etwa vom 17. Jahrhundert an durch. Auf diese Weise wurden Verbrechen, Armut, Behinderung und Krankheit aus dem alltäglichen Leben ausgegrenzt, da dies die Gesellschaft der frühen Neuzeit gefährdete.

Bis in das 18. Jahrhundert hinein wurden unvernünftig, widerspenstig und unproduktiv erscheinende Menschen unterschiedslos in geschlossenen Institutionen abseits der Gesellschaft zwangsuntergebracht. Mit der beginnenden Industrialisierung im 19. Jahrhundert wurden die Betroffenen in so genannte „Asyle für Irre[9]" gebracht. Die Gesellschaft entledigte sich so ihrer Angst vor dem Verlust der Ordnung und hoffte auf eine Eindämmung der Krankheiten.

„Diese Häuser haben keinerlei medizinische Aufgabe; man wird in sie nicht aufgenommen, um behandelt zu werden; man tritt in sie ein, weil man nicht länger Teil der Gesellschaft sein kann oder darf" (FOUCAULT 1968, 104f).

Nach der „Psychiker versus Somatiker"-Debatte[10] setzte sich die Beurteilung durch, dass Geisteskrankheiten körperliche Krankheiten sind, auch begründet durch Fortschritte der Medizin. Damit wurde nicht mehr von religiösem oder moralischem Versagen psychisch kranker Menschen ausgegangen. Resultat war die Forderung der Psychiatrie, statt Randgebiet der Philosophie oder Pädagogik nun Teildisziplin der Medizin zu sein (vgl. FOUCAULT 1969, 23ff, 70ff).

Im Jahr 1860 wurde die Psychiatrie wissenschaftliche Forschungs- und Lehrdisziplin, 1900 sind 16 Lehrstühle an medizinischen Fakultäten eingerichtet. Der Anspruch, reine Institution des Heilens zu sein, wurde schon bald

---

9 Der Begriff „Irre" wird hier als historischer Ausdruck übernommen.
10 Vgl. SCHOTT & TÖLLE 2006, 53-56

durch den Polizeigedanken der Verwahrung „Irrer" überdeckt und füllte die Anstalten. Um 1920 entstanden einzelne fortschrittliche Konzepte (aktivierende Krankenbehandlung, offene Fürsorge), Gesundheitsämter einiger Städte und Gemeinden richteten ab 1918 erste Sozialpsychiatrische Dienste (SpDi) ein (vgl. CLAUSEN et al. 1996, 26f). Trotz dieser modernen Konzepte nimmt der Disziplinierungsgedanke am Beginn des 20. Jahrhunderts erneut zu, die Psychiatrie ist eher staatsnahe Macht und Wissenschaft.

Die 1905 gegründete „Gesellschaft für Rassenhygiene" schlägt auf einer Ausstellung mit dem Thema Volkshygiene in Dresden die Unfruchtbarmachung oder Ausmerzung der „Irren" vor. Obwohl es falsch ist, dass psychische Erkrankungen generell erblich sind, ließen sich viele damalige PsychiaterInnen von der Ideologie der Gefährdung der Rasse vereinnahmen. Dabei bestimmten vor allem volkswirtschaftliche Motive die Selektionskriterien. Dies markierte einen Rückfall in frühere Jahrhunderte, Menschen wurden erneut als unproduktiv und gefährlich deklariert. Die psychiatrische Klassifikationskunde wurde vorwiegend zur Degenerationslehre, ein bequemes Modell zur Erklärung von abweichendem, unerklärlichem, vor allem unerwünschtem Verhalten (vgl. ebd. 28f). Bereits 1922 formulierte der Freiburger Psychiater ALFRED HOCHE zusammen mit dem Rechtsgelehrten KARL BINDING „Die Freigabe der Vernichtung lebensunwerten Lebens". Die beiden forderten damit „als extreme Zuspitzung der industriellen Verwertungs-Vernunft die Befreiung von unnützen „Ballastexistenzen"" (DÖRNER & PLOG 2000, 470). Im Jahr 1934 trat das Gesetz „zur Verhütung erbkranken Nachwuchses" in Kraft, worauf ein hygienischer Rassismus mit radikaler Konsequenz begann. Im Dritten Reich wurden ca. 360.000 Menschen nach diesem Gesetz zwangssterilisiert (vgl. CLAUSEN et al. 1996, 30f).

Ein Ermächtigungsschreiben HITLERS erteilte 1939 den Auftrag,

„die Befugnisse namentlich zu bestimmender Ärzte so zu erweitern, daß nach menschlichem Ermessen unheilbar Kranken bei kritischer Beurteilung ihres Krankheitszustandes der Gnadentod gewährt werden kann" (zitiert nach KLEE 1985, 100).

Damit begann die systematische Ermordung im Zweiten Weltkrieg jenseits der Fronten, zunächst von psychisch kranken und behinderten Menschen. Die Systematik der Tötungsmaschinerie wurde stetig auf alle nicht erwünschten „Rassen" und Personen ausgeweitet. Über 100.000 psychisch kranke Menschen wurden planvoll ermordet, viele weitere in Kliniken weggeschlossen (vgl. CLAUSEN et al. 1996, 37).

„Mit dem Ende des Dritten Reiches waren Vorstellungen von Volksgesundheit und Rassenhygiene keineswegs verschwunden. Mit größter Wahrscheinlichkeit haben faschistisch geprägte soziale Repräsentationen von psychisch Kranken und psychischer Krankheit das Dritte Reich überdauert und – möglicherweise in Verbindung mit Schuldgefühlen eine Reform über viele Jahre verzögert" (HOFFMANN-RICHTER 1995, 18).

Gegenläufige Tendenzen zum einseitig medizinischen Ansatz in der Psychiatrie erhielten durch den Nationalsozialismus einen herben Rückschlag. Erst nach dem zweiten Weltkrieg kehrten sie allmählich in die Psychiatrie zurück (vgl. BLANKE, 183f). In den Anstalten wie auch in der Gesellschaft erfuhren Psychiatrie-Erfahrene Reaktionen, die wenig Ähnlichkeit mit empathischen Reaktionen auf körperlich kranke Menschen haben. Vielmehr reagierten die meisten Menschen auf Psychiatrie-Erfahrene wie gegenüber strafrechtlich aufgefallenen Menschen. In den 1960er Jahren wurden internationale Forschungsergebnisse in der deutschen Psychiatrie wieder zur Kenntnis genommen.

„GOFFMANS These von der **totalen Institution** und die so genannte „**Labeling-Theorie**" (synonym auch als „**Etikettierungs-Theorie**" oder „**Soziale-Reaktions-Theorie**" bezeichnet), können für die 50er und 60er Jahre als die einflussreichsten soziologischen Analyse- und Theoriebeiträge zur Aufklärung über die bestehende Anstaltspsychiatrie benannt werden (BOSSHARD et al. 2001, 36; Hervorhebungen im Original).

In der Folge werden zum ersten Mal zivile Rechte und individuelle Bedürfnisse Psychiatrie-Erfahrener in den Vordergrund gerückt[11]. Ausgelöst durch breite gesellschaftliche Kritik an der Situation psychiatrischer Versorgung gab der Deutsche Bundestag 1971 eine Untersuchung zur Lage der Psychiatrie in der Bundesrepublik[12] in Auftrag. Aufgrund der guten wirtschaftlichen Lage stand bei der Diskussion um gemeindenahe Psychiatriemodelle der ökonomische Gesichtspunkt nicht im Vordergrund – im Gegensatz zu den 1920er Jahren (vgl. PRIEBE et al. 2000, 141f).

Nach intensiven Diskussionen und Recherchen wird 1975 die so genannte „Psychiatrie-Enquete" vorgelegt, mit folgenden Hauptanliegen:

- Gemeindenahe Organisation
- Bedarfsgerechte Versorgung
- Koordination der Angebote
- Gleichstellung psychisch kranker mit körperlich kranken Menschen, sowohl in akuten Stadien als auch in der Rehabilitation und Behindertenfürsorge (vgl. SCHOTT & TÖLLE 2006, 313).

---

11 Einfluss darauf hatte auch die antipsychiatrische Bewegung. Sie forderte unter anderem die völlige Auflösung der großen Anstalten (vgl. BASAGLIA et al. 1972). Wesentliche Anliegen der Antipsychiatrie wie die Wachsamkeit gegenüber politischen Instrumentalisierungen sowie den Funktion von Institutionen der Psychiatrie und die Betonung der Angehörigen- und Selbsthilfeinitiativen sind bis heute aktuell.

12 Die hier beschriebene Entwicklung geht nur auf die BRD ein; allerdings entwickelte sich die Psychiatrie in der DDR ähnlich, vergleichbar zur Psychiatrie-Enquete sind hier die „Rodewischer Thesen" 1963. DÖRNER nennt sie das erste sozialpsychiatrische Dokument in Deutschland, da hier vor der westdeutschen Psychiatrieenquete die rein medizinisch orientierten Behandlungsmethoden kritisiert werden und eine Schwerpunktverlagerung auf soziale Rehabilitation gefordert wird (vgl. PRIEBE et al. 2000).

Mit der folgenden Enthospitalisierung werden Werkstätten und Patientenclubs gebildet, Tageskliniken eingerichtet und Weiterbildungskurse für das Personal angeboten. Es entstanden Foren zu psychiatriepolitischen Debatten, die sich über Inhalte der Behandlung und strukturelle Fragen der Versorgung Gedanken machten. Es gründete sich der so genannte „Mannheimer Kreis", der sich zum ersten Mal 1970 traf. In den 1990er Jahre ging daraus die „Deutsche Gesellschaft für Soziale Psychiatrie" (DGSP) hervor[13]. Auch der Verein „Aktion Psychisch Kranke" (APK)[14] entstand zur Zeit der Psychiatrie-Enquete.

In der Folgezeit wurden Hierarchien und Berufsrollen hinterfragt, es entstand Raum für psychologische und sozialarbeiterische Ansätze. Teamarbeit, PatientInnenbeteiligung sowie partnerschaftliche Umgangsstile werden gefordert.

1980 entstand ein Programm für den Ausbau der Versorgung Psychiatrie-Erfahrener in einigen Modellregionen Deutschlands. In den 1970/1980er Jahren gestaltete sich die ambulante Versorgungslandschaft. Die Zahl der niedergelassenen Nervenärzte stieg, die ärztliche Dominanz ging zugunsten von SozialarbeiterInnen und PsychologInnen zurück. Mit dem Aufbau der Sozialpsychiatrischen Diensten (SpDi) in allen Bundesländern entstanden neue Möglichkeiten der Betreuung, verbesserte Wohnbedingungen sowie Arbeits- und Freizeitangebote für Psychiatrie-Erfahrene (vgl. ebd. 41f)

Unter dem Gesichtspunkt des Tätigseins erweist sich die Geschichte der Psychiatrie als sehr widersprüchlich. Eingesetzt wurde *Tätigkeit und Arbeit* sowohl zur Strafe und Unterdrückung als auch zum Zeitvertreib oder als Ablenkung vom eigenen Leiden bis hin zum systemisch-therapeutischen Zweck.

Die Diätetik als umfassende Lehre von der gesunden Lebensführung verbreitete bereits in der Antike Arbeit bzw. Beschäftigung als Heilmittel. In diesem Konzept gehört (gesunde) Arbeit zu einem der sechs natürlichen Dinge (res naturales), dem ausgewogenen Verhältnis von Bewegung und Ruhe (motus et quies). Die diätetische Tradition spiegelte sich vor allem in den mittelalterlichen Klosterregeln wieder (ora et labora) und zeigte sich ebenso in der neuzeitlichen Geschichte der Psychiatrie (vgl. SCHOTT & TÖLLE 2006, 436).

Die „Irrenfrage" im 17. Jahrhundert war eng verknüpft mit der Armenfrage, zu dieser Zeit wurde Müßiggang als Anfang allen Lasters begriffen.

---

13   Näheres unter: www.psychiatrie.de/dgsp
14   Als Nahtstelle zwischen Bundesparlament und Bundesministerien und psychiatrischer Fachwelt ergibt sich der Handlungsspielraum der Aktion Psychisch Kranke aus den gemeinsamen Vorstellungen der im Bundestag vertretenen Parteien und der psychiatrischen Fachwelt bezüglich der Erreichung gemeindepsychiatrischer Reformziele (vgl. www.psychiatrie.de/apk/wir).

Dessen Verhinderung durch Arbeit sollte vor seelischer Erkrankung schützen, deshalb war Arbeit die Form der Behandlung, vor allem das Spinnen[15].

"Die gemeinsame Kategorie, unter der alle Insassen der Internierungshäuser zusammengefaßt werden, ist die Unfähigkeit, an der Produktion, am Umlauf oder an der Akkumulierung der Reichtümer mitzuwirken (sei es aus Schuld oder aus Zufall). Der Ausschluß, der über sie verhängt wird, erfolgt nach Maßgabe dieser Unfähigkeit, und zeigt an, daß in der modernen Welt eine Zäsur entstanden ist, die es früher nicht gab. Die Internierung ist also in den Ursprüngen und in der anfänglichen Bedeutung an die Umstrukturierung des sozialen Raums gebunden gewesen" (FOUCAULT 1968, 105f).

PHILIPPE PINEL, Vorreiter der Arbeitstherapie in Frankreich, beeinflusste mit seinem 1800 in Deutschland erschienenen Werk[16] die ersten Erneuerungen der deutschen Anstaltspsychiatrie. Erste Überlegungen „über den therapeutischen Wert einer sinnvollen Arbeit für psychisch kranke Menschen" (BOSSHARD et al. 2001, 349) hielten in der Psychiatrie Einzug. FOUCAULT meint dazu kritisch:

„In Wirklichkeit war es ganz anders: Pinel, Tuke, ihre Zeitgenossen und ihre Nachfolger haben die alten Praktiken der Internierung nicht gelockert, sie haben sie im Gegenteil nur noch fester um den Irren zusammengezogen" (1968, 109).

Er argumentiert, dass der physische Zwang zwar nicht mehr da war, dafür aber mit moralischen Fesseln gearbeitet wurde: die Anstalt als dauerhaft richtende Instanz.

Bis zum Beginn des 20. Jahrhundert stand die wirtschaftliche Ausbeutung der arbeitsfähigen Kranken im Vordergrund. Sie wurden zum Teil gewaltsam und unter menschenunwürdigen Bedingungen zur Arbeit herangezogen. Eine Entlohnung war, sowohl durch den rechtlichen Status der „Anstaltsinsassen", die gesellschaftlichen und ökonomischen Rahmenbedingungen als auch die gültigen Krankheitskonzepte, ausgeschlossen. Diese Krankheitskonzepte festigten die Vorstellung, dass psychisch kranke Menschen nur getrennt von der normalen Arbeitswelt, also außerhalb der Gesellschaft und ohne Bezahlung tätig sein können. Bedingt durch die gesellschaftliche Not in Folge des Ersten Weltkrieges wandelten sich einige Anstalten zu fast autonomen Wirtschaftsbetrieben, vor allem durch Tätigkeiten in Land- und Hauswirtschaft (vgl. BOSSHARD et al. 2001, 349f).

Der Anstaltsdirektor und Psychiater HERMANN SIMON gilt mit seinem über die Landesgrenzen hinaus anerkannten Modell der aktivierenden Krankenbehandlung (Gütersloher Modell um 1920) als Begründer der Arbeitstherapie. Er entwickelte – durch notwendige Arbeiten beim Bau der Anstalt

---

15 Daher der Ausdruck „Spinner"
16 PHILIPPE PINEL (1800): Philosophische Krankheits-Lehre des Bürgers Pinel. Kopenhagen: Proft und Storch; Anmerkung: Philosophisch bedeutet für PINEL eine an der Empirie ausgerichtete kritische Forschungsmethode (vgl. SCHOTT & TÖLLE 2006, 60).

Warstein – ein differenziertes Beschäftigungssystem, das individuell auf die einzelnen PatientInnen abgestimmt war. Dabei betonte er den Wert eines nützlichen und objektiven Zwecken dienenden Tätigseins. Dies sei therapeutisch ausschlaggebend, da die meisten Menschen ein Gefühl dafür haben, ob die verlangte Arbeit einen Zweck hat (vgl. SCHOTT & TÖLLE 2006, 441ff).

„Aber erst wo die Arbeit als eine für die Selbstverwirklichung des Menschen bedeutsame Situation erlebnisfähig gemacht wird, kann man mit einigem Recht von Arbeits*therapie* reden (DÖRNER & PLOG 2000, 475; Hervorhebungen im Original).

Dennoch änderte sich an der Vorherrschaft der bisherigen Bettenbehandlungsform wenig. Trotz SIMONS engagierter, patientenzugewandten Art – Humanisierung des Anstaltswesens und Empfehlung von Psychotherapie – war er „ausgeprägt sozial-darwinistisch orientiert" (SCHOTT & TÖLLE 2006, 184). Das heißt konkret, er setzte sich für Zwangssterilisation ein und war ein Befürworter der „Euthanasie"[17]. Auch wenn er, mit Bezug auf geltende ärztliche Ethik, seine zwiespältige Einstellung später erkannte, so steht er damit „charakteristisch für zahlreiche Psychiater seiner Generation" (ebd. 185) und deren Widersprüchlichkeit.

Während des Nationalsozialismus war behandlungsorientierte psychiatrische Arbeit tabu, nicht arbeitsfähige psychisch kranke Menschen wurden ermordet und arbeitsfähige Menschen zur Arbeit, nicht selten bis zum Tod, gezwungen. Gelähmt durch die Nazi-Zeit war es bis in die 1970er Jahre üblich, Psychiatrie-PatientInnen zur Arbeit zu zwingen, es gab vielfach Arbeitskolonnen (vgl. BOSSHARD et al. 2001, 350).

Änderungen führte erst die Psychiatrie-Enquete herbei, wobei der Schwerpunkt der folgenden Reformen zunächst auf der Auflösung bzw. Änderung der Anstaltsunterbringung, das heißt bei Veränderung der Wohnformen ansetzte. Beginnend mit dem ersten Bericht der Bundesregierung über die Lage der Behinderten und die Entwicklung der Rehabilitation rückte 1984 auch die berufliche Rehabilitation von Psychiatrie-Erfahrenen ins Zentrum der Aufmerksamkeit (näheres dazu A 2.3).

Verschiedene Untersuchungen ab den 1970er Jahren belegen die Bedeutung von Arbeit für psychisch kranke Menschen, beispielsweise BENNETT (1972), HÄFNER (1978) und HODEL et al. (1979). Laut ihren Ergebnissen wirkt sich Arbeit in den meisten Fällen positiv auf die psychische Störung sowie soziale und emotionale Probleme aus. Ein Fehlen von Arbeit kann psychische Erkrankung demnach auch verursachen oder verschärfen. Diese Ergebnisse gelten allerdings nur, wenn Arbeit im positiven Sinn gestaltet ist, das heißt, sie muss freiwillig, entsprechend geeignet und den (momentanen) individuellen Beeinträchtigungen angepasst sein.

---

17 Die so genannte Euthanasie wird hier in Anführungszeichen gesetzt, da nicht Sterbehilfe gemeint ist, sondern Krankenmord.

Vor etwa 200 Jahren hatte die Psychiatrie vor allem eine Schutzfunktion für die sich industrialisierende Gesellschaft, gegenüber den „gemeingefährlichen" Krankheitsformen der „Irren". Dem folgten die klassischen Behandlungsformen der Psychiatrie (Asylierung, Ruhigstellen, Bett), die ebenso inadäquat waren. Aus dem geschichtlichen Verlauf heraus entstand die Bezeichnung Sozialpsychiatrie[18], deren Aktivitäten stellten eine Gegenbewegung dar. Der Terminus wurde bereits 1904 von GEORG ILBERG geprägt, jedoch erst in den 1950er Jahren fester Bestandteil der psychiatrischen Forschung und Praxis (vgl. SCHOTT & TÖLLE 2006, 200).

Ihr Bestreben ist, der Psychiatrie zugewiesene Menschen in die Gesellschaft hinein zu rehabilitieren, sie zu aktivieren anstatt zu sedieren und innerhalb ihres sozialen Kontextes zu behandeln, etwa durch die Möglichkeit zum Arbeiten und Tätigsein. Der Begriff Sozialpsychiatrie ist der

„Oberbegriff einer normativ orientierten psychosozialen Praxis, die Menschen mit schweren psychischen Problemen in den gesellschaftlichen Alltag zu integrieren versucht. Sie reagiert vor allem auf eine psychiatrische Internierungspraxis, die Menschen aus ihrer alltagsweltlichen Verortung herauslöst und sie in einer Sonderinstitution verwahrt. Einer dominanten biomedizinischen Sicht psychischer Störungen wird eine alternative Sicht entgegengesetzt, die in den alltäglichen Lebensbedingungen der Subjekte die Gründe für ihre Verstörungen und Verrücktheiten sieht" (KEUPP 1998, 581).

In der heutigen klinischen wie komplementären Praxis sind sozialpsychiatrisches Denken und Handeln fest verankert. Die praktische Gestaltung der Sozialpsychiatrie innerhalb der Gesellschaft ist die Gemeindepsychiatrie[19].

DÖRNER betont, dass die gesellschaftlichen Bedingungen ausschlaggebend für eine Rückkehr Psychiatrie-Erfahrener in die Gesellschaft sind. Erst wer diese kennt, kann einer Psychiatrie, die den Bedürfnissen ihrer Klientel entspricht, zur Durchsetzung verhelfen (vgl. DÖRNER 1973, 132f).

In Bezug auf Tätigsein ist es entscheidend, neben individuellen Voraussetzungen auf die gesellschaftlichen Rahmenbedingungen zu achten.

„Immer weniger muss es um eine Anpassung des Kranken an die Umstände der Industriegesellschaft gehen, als vielmehr darum, eher Bedingungen zu schaffen, unter denen Menschen mit seelischen Behinderungen unbehelligt arbeiten und sich ihren Lebensunterhalt im Rahmen ihrer jeweiligen Möglichkeiten selbst verdienen können. Es geht, in einem erweiterten Sinn gesehen, um eine Art Gemeinwesengestaltung oder, konkreter gesprochen, um die Schaffung von Lebens- und Arbeitswelten" (SALIJEVIC & SEYFRIED 1985, 5).

---

18 Näheres zu verschiedenen inhaltlichen Dimensionen des Begriffs siehe z.B. in DÖRR 2005, 13-16.
19 Näheres zur Entwicklung der Gemeindepsychiatrie weltweit und in Deutschland siehe z.B. DÖRR, 2005, 16-18; JEHLE 2007, S. 15-36.

2.2 Psychische Gesundheit und Salutogenese

Die Zuordnung der Psychiatrie zur medizinischen Wissenschaft zieht einen Heilungsanspruch nach sich und wirft die Frage auf, was psychische Gesundheit ist. Ein Verständnis des bio-psycho-sozialen Zusammenwirkens ist am ehesten durch die Aufhebung der medizinischen Einseitigkeit gelungen, in jüngerer Zeit verstärkt durch die Modelle der Sozial- und Gemeindepsychiatrie.

Schon 1968 beschreibt FOUCAULT psychische Erkrankung wie folgt:

"Ob nun aber ihre ersten Anzeichen psychologische oder organische seien, die Krankheit betreffe in jedem Fall die Gesamtsituation des Individuums in der Welt; statt physiologische oder psychologische Essenz zu sein, ist sie eine allgemeine Reaktion des Individuums in seiner psychologischen und physiologischen Totalität. An allen jüngeren Formen der medizinischen Analyse läßt sich also diese eine Bedeutung ablesen: je mehr die Einheit des Menschen als ein Ganzes aufgefaßt wird, desto mehr verflüchtigt sich die Wirklichkeit der Krankheit als einer spezifischen Entität; und um so vordringlicher wird anstelle der Analyse der natürlichen Formen der Krankheit die Beschreibung des Individuums in seinen pathologischen Reaktionen auf seine Situation" (1968, 20f).

Psychisches Leiden entsteht aus einem engen Zusammenwirken psychischer, biologischer und sozialer Faktoren. Welche Faktoren bei dem Einzelnen am stärksten zerrüttend wirken, ist schwer zu sagen. Menschen, die unter Stressbedingungen leben (soziale Missstände, körperliche Behinderung, spezifische Vulnerabilität, etc.), unterliegen einem besonders hohen Risiko zu dekompensieren. Psychische Erkrankungen haben Einfluss auf das Erleben, Befinden und Verhalten und können die Lebensqualität der Betroffenen und ihrer Angehörigen erheblich beeinträchtigen, zumal Psychiatrie-Erfahrene noch immer gesellschaftlich diskriminiert werden.

BOSSHARD et al. sehen in der heutigen Psychiatrie

„mehr als ein rein medizinisches Fachgebiet, das sich nur mit Leiden und Krankheiten Einzelner beschäftigt; Psychiatrie ist eine Form der angewandten Sozialwissenschaft, die das Ziel hat, den allgemeinen Stand der seelischen Gesundheit der Gesellschaft zu verbessern" (2001, 117).

Mit Fragen psychischer Gesundheit und psychischer Krankheit beschäftigt sich die WELTGESUNDHEITSORGANISATION (WHO). Sie erweiterte 2001 die „International Classification of Diseases (ICD-10)"[20] (vgl. 2004) mit der

---

20 Bis dato neben dem „Diagnostic and Statistical Manual of Mental Disorders (DSM IV)" das am weitesten verbreitete und akzeptierte internationale diagnostische Manual. Kritisiert werden die klassifikatorischen diagnostischen Ansätze generell von Seiten des ideografischen Arbeitsansatzes, der die einmalige Persönlichkeit jedes Menschen betont sowie von der antipsychiatrischen Bewegung, die in einer Klassifikation psychischer Störungen grundsätzlich eine schädigende Etikettierung mit gravierenden negativen Folgen für Psychiatrie-Erfahrene sieht.

"International Classification of Functioning, Disability and Health (ICF)" (vgl. WORLD HEALTH ORGANIZATION 2001). Das ICF ist weniger diagnostisch orientiert, versucht stattdessen zu strukturieren und Handlungsmuster abzuleiten. Negativ konnotierte Begrifflichkeiten (Schädigung, Funktionsstörung, etc.) werden darin durch neutrale ersetzt (Funktion, Aktivität, Partizipation).

Die ICF nimmt vor allem alltägliche Beeinträchtigungen in den Bereichen der

- Funktionen und Strukturen des menschlichen Organismus und der
- Tätigkeiten (Aktivitäten) jeglicher Art einer Person, sowie die
- Teilhabe (Partizipation) an Lebensbereichen einer Person, die
- vor dem Hintergrund von konkreten Umweltbedingungen beschrieben werden können,

in den Blick, wobei die Interaktion dieser Konzepte (vgl. Abb. 4) betont wird.

Abb. 4: Interaktion von Konzepten nach dem ICF

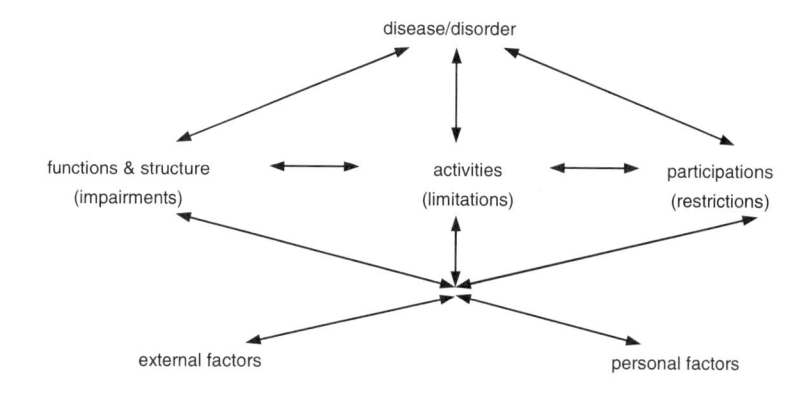

```
                          disease/disorder
                               ↑↓
                               
  functions & structure  ←→   activities    ←→   participations
     (impairments)            (limitations)        (restrictions)
     
                               ↑↓
                               
         external factors           personal factors
```

Eigene Darstellung; Quelle: WORLD HEALTH ORGANIZATION 2001

Der Gesundheitszustand eines Menschen wird im ICF gemäß dem biopsychosozialen Konzept gesehen, Aspekte der Funktionsbeeinträchtigungen werden betont und die nosologische Zuordnung rückt in den Hintergrund. Zur Ermittlung des Hilfebedarfs eines Menschen bedarf es der Kenntnis über ihre/seine vorhandenen und beeinträchtigten Fähigkeiten und Fertigkeiten, sowie den Einblick in das soziale Umfeld einschließlich unterschiedlicher Wechselwirkungen dieser Faktoren (vgl. HEERKENS et al. 2004, 1062).

Auf der Ministerkonferenz der Europäischen Region der WHO in Helsinki 2005 wird der Satz „there is no real health without mental health" zum Leitsatz. Die resultierende „Europäische Erklärung zur psychischen Gesundheit" erfasst die Förderung psychischer Gesundheit und Prävention (inklusive Behandlung, Pflege und Rehabilitation) bei psychischen Gesundheitsproblemen als vorrangiges Anliegen. Die beteiligten Länder werden aufgerufen, „Maßnahmen zu ergreifen, um die durch die psychische Gesundheitsprobleme bewirkte Krankheitslast zu verringern und das psychische Wohlergehen zu steigern" (WELTGESUNDHEITSORGANISATION 2006, 9).

Bleibt zu hoffen, dass mit der „Krankheitslast" nicht lediglich ökonomische Gesichtspunkte gemeint sind.

Die WHO erkennt in der Erklärung den Zusammenhang psychischer Gesundheitsprobleme mit sozialer Ausgrenzung, Arbeits- und Wohnungslosigkeit sowie durch Substanzgebrauch an. Als Maßnahme wird die vollständige und gleichberechtigte Teilhabe gefordert – dieses Ziel ist noch nicht erreicht. Unterstützung sollen Arbeitsmilieus bekommen, die der psychischen Gesundheit zuträglich sind. Ebenso sollen Psychiatrie-Erfahrene an ihrem Arbeitsplatz bzw. für die schnellstmögliche Rückkehr an denselben unterstützt werden (vgl. ebd. 12ff). Die Herausforderung der nächsten Jahre ist, Rehabilitationsangebote zu entwickeln, die die gesellschaftliche Integration von Psychiatrie-Erfahrenen erhöhen (vgl. ebd. 24ff).

Die Ottawa-Charta (zentrales Papier der WHO von 1986) wird 2005 ergänzt durch die „Bangkok-Charta". Diese begreift Gesundheit als einen Bestimmungsfaktor für Lebensqualität einschließlich des psychischen und geistigen Wohlbefindens (vgl. WELTGESUNDHEITSORGANISATION 2005). Unter den Determinanten, die Gesundheit beeinflussen, werden unter anderem „wichtige gesellschaftliche Veränderungen wie z.B. soziale, ökonomische und demografische Veränderungen, welche die Arbeitsbedingungen, [...] und den kulturellen und sozialen Aufbau von Gemeinschaften beeinträchtigen" (ebd.), genannt.

Vermehrte Debatten um Gesundheit, nicht zuletzt aus ökonomischen Gründen – steigende Kosten und weniger Mittel im Gesundheitsbereich – haben die Debatte um Gesundheit befördert. So ist neben der körperlichen Gesundheit in unserer Gesellschaft also auch die psychische Gesundheit zentral geworden.

Die Daten des Bundes-Gesundheitssurveys von 1998/99 zeigen, dass fast jede/r zweite BundesbürgerIn (41%) im Laufe des Lebens wenigstens einmal an einer psychischen Gesundheitsstörung erkrankt und jede/r dritte deshalb mindestens einmal professionelle Hilfe in Anspruch nimmt (vgl. JACOBI et al. 2004).

Wegen anhaltender Angst vor dem Verlust des Arbeitsplatzes sind Krankschreibungen Erwerbstätiger zurückgegangen. Auffällig ist dabei der Anstieg psychischer Erkrankungen. Die Krankmeldungen wegen Depressionen oder Angstzuständen schnellten seit 1997 um 70% in die Höhe, wie der Gesundheitsreport 2005 der Deutschen Angestellten Krankenkassen (DAK) feststellt. Jeder zehnte Fehltag geht auf das Konto psychischer Probleme, diese sind inzwischen vierthäufigste Ursache für Krankschreibungen von Erwerbstätigen und haben sogar die Kreislauferkrankungen überholt. Jede dritte Frühberentung erfolgt wegen einer psychischen Erkrankung (vgl. TEGTMEIER 2005).

Selbsttötung geht in den meisten Fällen mit psychischem Leiden einher und die Anzahl der Suizide in Deutschland ist weiterhin hoch, etwa 10.000 Menschen im Jahr 2007. Damit nehmen sich weit mehr Menschen das Leben als an den Folgen von Verkehrsunfällen, Drogenmissbrauch, Mord, Totschlag und Aids zusammen sterben (vgl. dpa 2008). Dabei sind die Zahlen der Suizidforschung immer ungenau, da es schwer zu entscheiden ist, was als Suizidhandlung gelten kann. Noch nach dem Tod unterliegt die Handlung einer Bewertung von anderen. Für eine brauchbare Suizidstatistik wäre es erforderlich, Theorien, Vorurteile und Absichten der ForscherInnen zu untersuchen. Während bspw. in Japan die rituelle Selbsttötung gesellschaftlich anerkannt ist, wird Suizid in streng katholischen Ländern oft scharf verurteilt (vgl. DÖRNER & PLOG 2000, 337).

Ein Grund für den aktuellen Anstieg psychischer Erkrankungen kann die weiterentwickelte Diagnostik sein, da häufiger entsprechende Diagnosen gestellt werden. Früher erfolgte oft nur die Behandlung körperlicher Symptome (Schlafschwierigkeiten, Schmerzen, etc.). Zudem sind seelische Erkrankungen heute etwas weniger tabuisiert, Ärzte und TherapeutInnen werden eher aufgesucht.

Fehlende, bedrohte oder beeinträchtigte seelische Gesundheit wird aktuell vor allem mit Stressoren aus Gesellschaft und Arbeitswelt in Verbindung gebracht: die Priorität der Ökonomie (und deren oft zufällige Anforderungen), beständig hohe Arbeitslosigkeit, diskontinuierliche Erwerbsverläufe sowie Unsicherheiten durch die Folgen von Individualisierung und Globalisierung (vgl. A 1.2).

Flexibilität ist die Maxime des globalen Kapitalismus, jede/r muss ständig bereit sein für Veränderungen. RICHARD SENNETT (vgl. 2006) beschreibt eindrücklich, wie dies den Menschen verbiegt. Sein Fazit ist, dass eine Gesellschaftsordnung, die den menschlichen Bedarf nach Stabilität so vernachlässigt, nicht von Dauer sein kann.

ALAIN EHRENBERG (vgl. 2004) sieht die steigende Anzahl an Depressionen (die häufigste aller psychischen Erkrankungen) als einen Effekt von sich wandelnden Werten. Sie ist die Krankheit einer Gesellschaft, die nicht mehr auf Schuld und Disziplin, sondern auf Verantwortung und Initiative beruhe. Die Anforderung, sich selbst permanent neu zu erfinden, erschöpfe den Menschen. Er lehnt die Kausalzuschreibung, dass die Strukturen der neoliberalen Gesellschaft Menschen depressiv machen, mittlerweile ab. Dennoch verweise die Erkrankung auf Probleme, an denen heute gesellschaftliches Handeln einsetzen müsse.

Unterschiedliche Aspekte machen die seelische Gesundheit eines Menschen aus oder können diese wieder herstellen. Das Verständnis von Krankheit und Gesundheit hat in der Historie erhebliche Wandlungsprozesse erfahren. Etwa seit den 1980er Jahren ist Gesundheit zu einem beherrschenden Thema in den Sozialwissenschaften geworden, auch angeregt durch das *Konzept der Salutogenese* des Medizinsoziologen AARON ANTONOVSKY (vgl. 1981; 1997). Seine zentrale Frage ist: was hält Menschen gesund?

Er versteht Gesundheit als Prozess und konzipiert ein Verlaufsmodell, das einerseits von Krankheit als Tod und andererseits von Gesundheit als vollkommenes Wohlbefinden begrenzt wird. An welcher Stelle dieses Gesundheits-Krankheits-Kontinuums ein Mensch sich befindet, hängt von Stressoren (psychosoziale, biochemische, physikalische), aber auch deren Verarbeitung ab.

Wie sie verarbeitet werden, hängt wiederum von den General Resistance Resources[21] (GRRs) als Gegenspielern dieser Stressoren ab. Die Ressourcen sind individuell, subkulturell und gesellschaftlich verankert (vgl. ANTONOVSKY 1981, 99ff).

Zentral ist die analytische Kategorie „Sense of Coherence" (SOC; Kohärenzgefühl), welche im Kern aus drei Komponenten besteht, und zwar dem

- Gefühl von Verstehbarkeit: Stimuli, die sich im Laufe des Lebens aus der inneren und äußeren Umwelt des Menschen ergeben, sind strukturiert, vorhersehbar und erklärbar.
- Gefühl von Handhabbarkeit: dem Menschen stehen die Ressourcen zur Verfügung, um den Anforderungen dieser Stimuli begegnen zu können.
- Gefühl von Bedeutsamkeit bzw. Sinnhaftigkeit: Anforderungen werden als Herausforderungen gesehen, die Anstrengung und Engagement lohnen

(vgl. ANTONOVSKY 1997, 34ff).

Verstehbarkeit entsteht durch konsistente Erfahrungen, Handhabbarkeit durch Erleben ausgewogener Belastungen. Bedeutsamkeit wiederum entsteht durch Erfahrungen, die eine wirksame Einflussnahme der Person erlauben.

Das Kohärenzgefühl ist kein Gefühl im engeren Sinn, sondern eine grundlegende und auf die persönliche Umwelt gerichtete, in der Persönlichkeit verankerte Orientierung.

---

21 Generalisierte Widerstandsressourcen

In Finnland zeigte eine Untersuchung mit Psychiatrie-Erfahrenen, dass ein niedriges Kohärenzgefühl mit der Schwere psychiatrischer Symptome korreliert (vgl. SAMMALLAHTI et al. 1996, 520ff).
Vorstellungen von Gesundheit entsprechen in der Regel den Vorstellungen aller Menschen von Gesundheit. Psychiatrie-Erfahrene sind in ihren Möglichkeiten möglicherweise beschränkter, jedoch ist für sie Gesundheit auch ein besonders hohes Gut.
Gesundheit ist ein subjektiv und gesellschaftlich erzeugter Wert in der Lebensweise eines Menschen oder einer Gruppe (neben anderen Werten). Probleme werden heute häufig individualisiert, dabei ist gerade der Austausch mit anderen Menschen zentral für die Gesundheit. Der Aspekt der gesellschaftlichen Teilhabe rückt damit in den Vordergrund, etwa im Zusammenhang mit Tätigkeit und Arbeit.

2.3 Rehabilitationsmöglichkeiten

Für den Selbstwert eines jeden Menschen ist es zentral, dass er gebraucht wird und einer für ihn sinnvollen Tätigkeit nachgehen kann – heute besonders verbunden mit der Erwerbsarbeit (vgl. A 1).
Psychische Erkrankung führt oft zum Verlust des Arbeitsplatzes (Selektionsthese). Außerdem stellt Arbeitslosigkeit eine Gefahr für die psychische Gesundheit dar (Verursachungsthese) – für Betroffene kann hier ein Teufelskreis beginnen.

„Zentral ist dabei folgende Aussage auf der Grundlage von Daten auf insgesamt 223 Studien aus unterschiedlichen westlichen Ländern: Der Verursachungseffekt ist deutlich stärker ausgeprägt als der Selektionseffekt. Unter den Erwerbslosen ist der Anteil psychisch beeinträchtigter Personen doppelt so hoch wie in der Gruppe der Erwerbstätigen" (MOHR & RICHTER 2008, 26).

Der Weg zurück in den erlernten Beruf oder in eine Ausbildung bzw. Umschulung kann nach einer psychischen Erkrankung durch schrittweise Rehabilitation gelingen. Die jeweilige Ausstattung oder Nicht-Ausstattung im Bereich der Wiedereingliederung ist in Regionen und Bundesländern Deutschlands sehr unterschiedlich. Im Folgenden werden beispielhaft Rehabilitationsmöglichkeiten aufgezeigt, wie sie in einer westdeutschen Großstadt zu finden sind.
Im stationären Bereich beginnt dieser Weg oft mit der *Ergotherapie*, die ihren Ursprung in der Arbeitstherapie hat und handlungsorientiert arbeitet. Hier können Psychiatrie-Erfahrene entsprechend ihrer Gesundheit kompetenzorientiert, interaktionell und ausdruckszentriert tätig sein. Sie findet mittlerweile zunehmend auch im ambulanten Bereich Anwendung, ob in Trägerschaft von Kliniken oder gemeindepsychiatrischen Institutionen (vgl.

MECKLENBURG 2003, 185). Oft ist die Ergotherapie der erste Schritt zur beruflichen Rehabilitation.

Eine weitere Möglichkeit zum Tätigsein im ambulanten Bereich bieten beispielsweise *Tagesstätten*, die zur Rehabilitation und Tagesstrukturierung beitragen. In diesem Rahmen können Psychiatrie-Erfahrene Aufgaben übernehmen (Mitarbeit an der Theke, beim Kochen, bei der Raumpflege, beim Einkauf, etc.) mit dem Ziel, selbst zu testen, inwieweit sie wieder belastbar sind. Hier können alltägliche Grundkompetenzen (wieder) erlernt und ausgelotet sowie Kontakte zu anderen Menschen geknüpft werden. Es wird sichtbar, welche Wege im Bereich des Tätigseins als nächstes realisierbar sind. Individuelle Abstufungen der Verbindlichkeit und des Zeitrahmens sind üblich und möglich.[22] Konzeptionell sind diese Tätigkeiten den Prinzipien der Ergotherapie sehr ähnlich. DÖRNER & PLOG beschreiben Tagesstätten als einen

„Ort, an dem man sich mit einer gewissen Regelmäßigkeit gern aufzuhalten bereit ist, weil man erkennen kann, dass man davon profitiert. Man kann dort dieses und jenes tun, sich verabreden, auch etwas lernen, was man noch nicht so gut kann, Kaffee trinken und dabei anderen bei der Arbeit zugucken. Entscheidend aber ist, dass man hier [...] auch selbst etwas arbeiten und hinzuverdienen kann [...] nach dem Motto, Rehabilitationserfolg gerade weil ohne Rehabilitationsabsicht (2000, 227).

Diese beiden Möglichkeiten des Tätigseins sind wichtige Schritte, um mit der neuen, veränderten Situation nach einer psychischen Erkrankung umgehen zu lernen. Die Selbstwahrnehmung und eine realistische Selbsteinschätzung der (derzeitigen) Fähigkeiten müssen häufig neu justiert werden.

Im Rahmen der beruflichen Rehabilitation führt der Weg dann zum örtlichen Arbeitsamt, meist in spezifische Rehabilitationsabteilungen. Neben verschiedenen Ausbildungen in Berufsbildungswerken, Umschulungen oder Berufstrainings bieten sie speziell folgende Möglichkeiten an:

(1) *Werkstätten für behinderte Menschen* (WfbM) umfassen zwei Bereiche: Sie bieten Berufstrainingsmaßnahmen und Fördermaßnahmen mit dem Ziel der Vermittlung auf den ersten Arbeitsmarkt, und sie stellen Dauerarbeitsplätze für Menschen mit Behinderung im erwerbsfähigen Alter zur Verfügung. Es sind teilstationäre oder selbständige Teile von stationären Einrichtungen oder Unternehmen. Zudem sind alle Werkstätten zur Einrichtung von begleitenden Diensten verpflichtet, z.B. dem Sozialdienst, der vielfältige Aufgaben in den Bereichen Anleitung, Begleitung, Gesundheit und Wirtschaft wahrnimmt (vgl. CLAUSEN et al. 1996, 245f; BOSSHARD et al. 2001, 362ff).

---

22 Vgl. internes Konzept der psychiatrischen Tagesstätte Neuhausen (Innere Mission München)

(2) Die *psychosoziale Betreuung am Arbeitsplatz* bezieht jene Erwerbsfähige ein, die vom zuständigen Versorgungsamt mit mindestens 50% Grad der Behinderung (GdB) anerkannt sind. Der Arbeitgeber erhält in diesem Zusammenhang verschiedene materielle und immaterielle Hilfen, um den Arbeitsplatz aufrecht zu erhalten, für die ArbeitnehmerIn besteht ein besonderer Kündigungsschutz. Voraussetzung dafür ist die Feststellung der Behinderung und die Ausstellung eines Schwerbehindertenausweises – gerade von jungen Menschen wird dies als Stigmatisierung empfunden (vgl. CLAUSEN et al. 1996, 238f; BOSSHARD et al. 2001, 364ff).

(3) Erste *Integrationsfirmen* werden um die 1980er Jahre von psychiatrisch Tätigen gegründet, als Reaktion auf die geringen Beschäftigungsmöglichkeiten Psychiatrie-Erfahrener. Diese Arbeitsplätze entsprechen den Bedingungen des allgemeinen Arbeitsmarktes, also den geltenden Regelungen des Arbeits-, Sozial- und Tarifrechts. Meist sind es Klein- und Mittelbetriebe im Dienstleistungssektor oder der Industriefertigung, in denen behinderte und nichtbehinderte Menschen zusammen arbeiten. Der Unternehmenszweck ist statt Gewinnmaximierung die Verbindung des wirtschaftlichen Zwecks mit dem Integrationsanliegen. Es ist möglich, dass die Betriebe Eingliederungszuschüsse nach dem Sozialgesetzbuch (SGB) oder Fördermittel aus Modellprogrammen der Länder bekommen. Besonders ist in Integrationsfirmen die Kombination verschiedener Arbeitsplätze und Arbeitsmöglichkeiten. Neben Dauerarbeitsplätzen gibt es Zuverdienststellen (für chronisch psychisch kranke Menschen), befristete Arbeitsplätze zur Erprobung, sowie Arbeitstraining. Dem einzelnen Menschen wird damit eine kontinuierliche Entwicklung in einem Betrieb ermöglicht, und es kann und darf auch „rückwärts" gehen. Durch die Zugehörigkeit zum Arbeitsmarkt werden Stigmatisierungen und Ausgrenzungserfahrungen zugunsten des Erlebens von Normalität aufgehoben (vgl. CLAUSEN et al. 1996, 244f; BOSSHARD et al. 2001, 369ff).

Die rechtlichen Grundlagen für die Rehabilitation und Teilhabe behinderter Menschen in Deutschland sind seit 2001 im Neunten Buch des Sozialgesetzbuches (SGB IX) zu finden. Die genannten Bereiche beruflicher Rehabilitation versuchen auf unterschiedliche Art und Weise, Psychiatrie-Erfahrenen die Möglichkeit zur Erwerbsarbeit zu erhalten oder neu zu eröffnen. Zudem bieten sie ihnen die Chance, sich als arbeitender Mensch zu erfahren und zu entwickeln, es ergeben sich soziale Kontakte und der Tag erhält eine klare zeitliche Struktur.

Zu beachten ist, dass sozial- und gemeindepsychiatrische Angebote auch Chronifizierung fördern können, umso mehr stellen Arbeit und Beschäftigung außerhalb der „Inseln" der Sozialpsychiatrie eine bedeutende Aufgabe dar.

Je nach Krankheitsbild gibt es Unterschiede bei der beruflichen und sozialen Mobilität. Ebenso gibt es einen Zusammenhang zwischen dem Alter bei der Ersterkrankung, der Schwere des Krankheitsverlaufes und der beruflichen und sozialen Mobilität – je früher desto problematischer, um etwas zu verallgemeinern. Kann die Schule oder Ausbildung nicht beendet werden, dann wird auch häufig kein stabiles Arbeitsverhältnis über einen längere Zeit eingegangen. Somit ist gerade die Arbeitsbiographie des einzelnen Menschen ein wichtiger Faktor im Rahmen von Rehabilitationsüberlegungen (vgl. BOSSHARD et al. 2001, 351).

In Zahlen betrachtet sind in Deutschland 400.000 bis 500.000 Menschen im erwerbsfähigen Alter von chronisch verlaufenden psychischen Erkrankungen betroffen. Davon sind maximal zehn Prozent auf dem ersten Arbeitsmarkt voll- oder teilzeitbeschäftigt (inklusive Integrationsfirmen). 20 Prozent haben einen Arbeitsplatz in einer WfbM und ebenso viele verteilen sich auf berufliche Trainings- oder Rehabilitationsmaßnahmen und Hilfsangebote. Folglich sind mindestens die Hälfte der chronisch psychisch kranken Menschen im erwerbsfähigen Alter ohne Arbeits- und Beschäftigungsangebot (vgl. DLUBIS-MERTENS 2002).

Die AKTION PSYCHISCH KRANKE (APK) hat von 2000 bis 2003, unterstützt vom Bundesministerium für Gesundheit und Soziale Sicherung, ein Projekt zur „Bestandsaufnahme zur Rehabilitation psychisch Kranker" durchgeführt. Auf einer Tagung der APK in Berlin (Mai 2002) sowie dem Abschlußbericht des Projekts (2003) wird erheblicher Handlungsbedarf in diesem Bereich festgestellt. Die Projektdaten belegen zusammen mit den Daten des Armuts- und Reichtumsbericht der Bundesregierung (2001), dass die Arbeits- und Beschäftigungssituation von Menschen mit Psychiatrie-Erfahrung sehr unbefriedigend ist. Wie auch oben genannte Zahlen aufzeigen, sind sie „fast völlig von der Teilhabe an Arbeit und Beschäftigung ausgeschlossen" (APK 2004, 1). Außerdem findet das Thema im psychiatrischen Hilfesystem zu wenig Beachtung und ist meist auf spezialisierte Angebote beschränkt. Wenn die jeweilige Maßnahme beendet ist, verlieren die Träger ihre Zuständigkeit – Psychiatrie-Erfahrene erleben in der Rehabilitation damit oft eine institutionelle Fragmentierung, einrichtungsübergreifende Absprachen findet selten statt. Die meisten Hilfen gehen einseitig von der (Wieder-) Herstellung voller Erwerbsfähigkeit aus – ist dieses Ziel (noch) nicht realistisch, bleibt oft nur das Angebot in einer WfbM. Was fehlt, sind barrierefreie Arbeitsplätze und dauerhafte Fördermöglichkeiten für die Teilhabe am Arbeitsleben (vgl. ebd. 2).

Daher fordert die APK die „Ermöglichung passgenauer und flexibler Hilfeleistung im Einzelfall" (ebd.). Dieser langdauernde, komplexe Prozess soll auf verschiedenen Ebenen, die sich gegenseitig beeinflussen, vorangetrieben werden (Arbeit- und Einrichtungsebenen, Steuerungsebnen, Sozialrecht und Finanzierung).

Das Projekt der APK heißt mittlerweile „Teilhabe an Arbeit und Beschäftigung" (TAB). Bei einer TAB-Tagung in Warnemünde bekräftigt

NIELS PÖRKSEN die These, die bereits durch eine Reihe wissenschaftlicher Studien belegt ist:

„Eine den Neigungen und Fähigkeiten eines Menschen mit psychischer Beeinträchtigung entsprechende Arbeits- und Beschäftigungsmöglichkeit ist für die persönliche und psychische Stabilisierung unabdingbar" (PÖRKSEN 2007).

Die Psychiatrie-Erfahrene SYBILLE PRINS macht dies noch deutlicher:

„Arbeit muss vielleicht nicht unbedingt sein. Aber erzwungenes Nichtstun ist eine enorme Qual. Es gibt da so eine pervertierte Form von Freiheit, wo man sich nirgendwo mehr betätigen kann, nirgendwo erwartet und gebraucht wird, es keine Anknüpfungspunkte für sinnvolle Tätigkeit gibt und alle Türen ins Nichts führen" (PRINS 2001).

2.4 Verortung der Sozialen Arbeit

Durch die Sozialpsychiatrie und die Schaffung gemeindenaher Einrichtungen (z.B. SpDi) wurde Soziale Arbeit zunehmend integraler Bestandteil der Psychiatrie. Die naturwissenschaftlich-medizinische Ausrichtung wurde durch therapeutische und rehabilitative Ansätze ergänzt. Dies ist die Grundlage für die in der Psychiatrie-Enquete geforderte rehabilitative Sozialpsychiatrie (vgl. KNOLL 2000, 50f).

Aufgrund früher sozialpsychiatrischer und psychotherapeutischer Erfahrungen werden vermehrt rollen- und kommunikationstheoretische Konzepte entwickelt, „die der Tatsache gerecht werden sollen, dass nie nur Individuen, sondern Beziehungen (Interaktionen) mehrerer Menschen gestört und daher zu therapieren sind" (DÖRNER & PLOG 2000, 474).

Nach der Wiedervereinigung Deutschlands entstehen weitere rechtliche Regelungen. Die Psychiatrie-Personalverordnung (Psych-PV) von 1990 betont die personenbezogene Behandlung und erarbeitet Tätigkeitsprofile (vgl. CLAUSEN et al. 1996, 39ff).

SozialarbeiterInnen haben in der ambulanten Akutversorgung (SpDi, Kontakt- und Beratungsstellen), in der stationären Versorgung (Krankenhausabteilungen, Tages- oder Nachtkliniken), sowie in der Nachsorge (Tagesstätten, Selbsthilfegruppen) ihren Platz. Sie kümmern sich um die sozialen Belange der KlientInnen und werden im Rahmen von interdisziplinärer Teamarbeit mit der Koordination zwischen Gemeinwesen und Psychiatrie, der Erhebung von Sozialdiagnosen, der Familienbehandlung, sozialen Gruppenarbeit und sozialen Einzelfallhilfe beauftragt. Aus der Antipsychiatriebewegung entwickelten sich Impulse, im Zuge derer therapeutische Wohngemeinschaften, Tagesstätten, Selbsthilfefirmen und gemeindepsychiatrische Zentren entstanden. SozialarbeiterInnen übernehmen meist die Betreuungsaufgaben in den kommunalen Einrichtungen. Somit findet begleitende Soziale Arbeit im komplementären Bereich (Übergangsheim, Dauerwohneinrichtung, therapeutische Wohngemeinschaften, betreutes Einzelwohnen, Familienpflege, Beratungsstellen, Tagesstätten) als auch in der beruflichen Rehabilitation statt, z.b. in Firmen für Psychiatrie-Erfahrene, Werkstätten für Behinderte, Rehabilitationseinrichtungen etc. (vgl. VON KARDORFF 2001, 1441).

Was genau ist mit Sozialer Arbeit gemeint? Ich beziehe mich auf die Definition der International Federation of Social Workers (IFSW)[23]:

„Soziale Arbeit als Beruf fördert den sozialen Wandel und die Lösung von Problemen in zwischenmenschlichen Beziehungen, und sie befähigt die Menschen, in freier Entscheidung ihr Leben besser zu gestalten. Gestützt auf wissenschaftliche Erkenntnisse über menschliches Verhalten und soziale Systeme greift Soziale Arbeit dort ein, wo Menschen mit ihrer Umwelt in Interaktion treten. Grundlagen der Sozialen Arbeit sind die Prinzipien der Menschenrechte und der sozialen Gerechtigkeit."

Die Legitimation Sozialer Arbeit in der Psychiatrie (wie in anderen Arbeitsfeldern) ist ethisch begründbar und über rechtliche Grundlagen des Sozialstaats abgesichert. Öffentliche soziale Berufe gehen auf die ethische Begründung des Sozialstaates zurück, dazu meint SCHNEIDER im Rahmen der Diskursethik:

„Die Wahrung der Menschenrechte setzt voraus, daß in der Sozialisation die Diskursfähigkeit als personale Qualifikation entsteht und materiell als Lebensbedingung gewährleistet sein muß. Der Staat hat also die Pflicht, die familiare Sozialisation so weit zu unterstützen, daß sich Menschen entwickeln können, daß sie ein eigenverantwortliches und auf andere bezogenes Leben führen können, und er muß weiterhin dafür sorgen, daß die materiellen Lebensbedingungen gegeben sind, damit die damit verbundenen Rechte auch wahrgenommen werden können" (1999, 75).

Diese staatlichen Leistungen sind einklagbare Rechte, die weder vom Mitleid, von der Zugehörigkeit zu einer Gruppe oder Wertegemeinschaft noch von drohenden Kosten bei Nichtgewährung abhängig sind. Die Ermordung psychisch Kranker im Dritten Reich war Ausdruck und Ergebnis einer auf Ordnung und Eindeutigkeit ausgerichteten rationalen Normalität. Alle Mehrdeutigkeit, alles Ambivalente, Fremde und Nichtverstehbare musste als volksgesundheitsgefährdend und schädlich ausgegrenzt und liquidiert werden (vgl. dazu auch BAUMAN 2005).

Die Sicherung einer Lebensführung, die der Würde des Menschen entspricht, ist Aufgabe der Sozialhilfe. Ihr Grundwert ist die Menschenwürde, welche an der Spitze der Verfassung steht (Art. 1 GG). Laut dem Sozialgesetzbuch sind die Hilfeart und deren Umsetzung zur Eingliederung in die Gemeinschaft entscheidend. Das Rehabilitationsrecht unterscheidet nicht in Ursache, Art oder Schwere der Behinderung:

---

23 Diese Definition ist (auch im englischen Original) zu finden auf der Seite des Deutschen Berufsverbandes für Soziale Arbeit e.V. (DBSH): www.dbsh.de/html/wasistsozialarbeit.html

"Menschen, die körperlich, geistig oder seelisch behindert sind, oder denen eine solche Behinderung droht, haben unabhängig von der Ursache der Behinderung zur Förderung ihrer Selbstbestimmung und gleichberechtigten Teilhabe ein Recht auf Hilfe, die notwendig ist, um: 1. die Behinderung abzuwenden, zu beseitigen, zu mindern, ihre Verschlimmerung zu verhüten oder ihre Folgen zu mildern, [...] 3. ihnen einen ihren Neigungen und Fähigkeiten entsprechenden Platz im Arbeitsleben zu sichern, 4. ihre Entwicklung zu fördern und ihre Teilhabe am Leben in der Gesellschaft und eine möglichst selbständige und selbstbestimmte Lebensführung zu ermöglichen oder zu erleichtern sowie 5. Benachteiligung auf Grund der Behinderung entgegenzuwirken" (SGB I § 10: Teilhabe behinderter Menschen).

Mit vorliegender Arbeit möchte ich die zentrale Stellung der Teilhabe, und damit den Anspruch Psychiatrie-Erfahrener auf gleichberechtigte Lebenschancen, besonders im Rahmen von Arbeit und Beschäftigung, betonen.

Im Rahmen der Rehabilitation sind immer die strukturellen Rahmenbedingungen der Arbeits- und Leistungsgesellschaft mit zu bedenken. Soziale Arbeit hat dabei auch die Aufgabe, auf schädigende Strukturen in der Arbeitswelt hinzuweisen und Impulse zur Verbesserung der Arbeitsbedingungen zu geben (vgl. BOSSHARD et al. 2001, 350).

Das Ziel von Rehabilitation und Sozialer Arbeit ist die Befähigung jedes Menschen zu einem (weitgehend) selbständigen Leben. Es werden Prozesse des Empowerment[24] angeregt und unterstützt. LENZ definiert Empowerment folgendermaßen:

„Die Teilhabe beruht dagegen auf so genannten „Bottom-up"-Strategien. Ausgehend von individuellen Bedürfnissen, Problemen und spezifischen Ressourcen übernehmen in diesem Ansatz die Betroffenen, entsprechend ihren Fertigkeiten und Kompetenzen, von Anfang an Verantwortung für das weitere Vorgehen. Sie wägen ab und entwickeln, unter Einbeziehung außenstehender Vorschläge und Perspektiven, eigene Lösungswege und Bewältigungsstrategien für ihre spezifischen Probleme" (LENZ 2002, 19; Hervorhebungen im Original).

Dies bedeutet vor allem Beistand bei und Befähigung zu der Gestaltung eines stabilen Alltags, zu dem auch (Erwerbs-)Arbeit mit ihren salutogenetischen Aspekten von Identitätsbildung, sozialer Anerkennung, Kompetenzerleben und Existenzsicherung gehört. Eine Orientierung an den Wünschen und Möglichkeiten der Betroffenen ist dabei zu jeder Zeit zentral.

---

24   Vgl. STARK 1996, 1998; MILLER & PANKOFER 2000; LENZ & STARK 2002; HERRIGER 2002; QUINDEL 2004; KNUF, OSTERFELD & SEIBERT 2007; KEUPP 2007

2.5 Zusammenfassung A 2

Das Thema der Arbeit hat in der Psychiatrie eine wechselvolle Geschichte erlebt. In der NS-Zeit war Arbeitsfähigkeit ein Überlebenskriterium. Sowohl vor als auch nach dieser Zeit waren psychisch kranke Menschen in Zusammenhang mit Arbeit vor allem Opfer von Ausbeutung.

Spät erst setzte sich die positive Bewertung von Arbeit und Beschäftigung durch, unter anderem vorangetrieben durch die Psychiatrie-Enquete, gefolgt von bspw. LUC CIOMPI (vgl. 1995) in der Schweiz und KLAUS DÖRNER & URSULA PLOG (1999) in Deutschland, unter der Prämisse „raus aus den Anstalten". Dies ist heute in dem Leitsatz „ambulant vor stationär" zumindest teilweise verwirklicht.

Dennoch fließen zwei Drittel der Gelder in den stationären psychiatrischen Bereich, während nur ein Drittel im ambulanten Bereich verwendet wird. In den heutigen Zeiten des globalisierten Kapitalismus ist der Ton wieder schärfer geworden und die Möglichkeiten haben abgenommen.

„Die fiskalische Bedrohung bereits erreichter gemeindepsychiatrischer Potentiale ist die eine, die zunehmende Gefährdung der politischen, kulturellen und psychosozialen Bedingungen für eine gelebte Multikulturalität ist eine zweite – vielleicht noch fundamentalere – Bedrohung für die Psychiatriereform. Sie bedroht Prinzipien der Normalisierung psychischer Devianz, der Kommunalisierung und Pluralisierung von Lebensformen. Sie bedroht damit die von Adorno so treffend formulierte Utopie: ohne Angst verschieden sein können" (KEUPP 1994, 5).

Die Aufrechterhaltung der Möglichkeiten und deren Ausweitung, dass Psychiatrie-Erfahrene ein alltägliches Leben in der Gesellschaft führen können, ist auch Aufgabe der Profession Sozialer Arbeit.

Die Grundlage meiner Überlegungen zum Thema der vorliegenden Arbeit bilden, neben den historischen und sozialwissenschaftlichen Einflüssen, besonders die Konzepte des sozialen Kapitals, die Humankriterien guter Arbeit sowie die Salutogenese.

3. Psychiatrie-Erfahrene und Freiwilligenarbeit

> Es gibt kein Jenseits der Arbeit. Und:
> Wir arbeiten immer mehr, da wir unter allen Umständen, in allen Lagen
> arbeiten.
> Anders gesagt:
> Im geschlossenen Zirkel der Arbeitsgesellschaft und ihres Wertimperialismus
> können wir *nicht nicht* arbeiten.
> Denn erst wenn es gelingt, unsere Tätigkeit
> vor den anderen und vor uns selbst als Arbeit auszuweisen,
> scheinen wir etwas Wertvolles und Sinnvolles zu tun.
>
> ULRICH BECK *(2000, 35)*

ULRICH BECK unterstreicht die Aussage von HANNAH ARENDT (vgl. A 1) – jede Tätigkeit kann als Arbeit bezeichnet werden. Auch aus diesem Grund habe ich mich für den Begriff der Freiwilligenarbeit entschieden, um die unterschiedliche Bedeutung von Arbeit, die auch jenseits von Erwerbsarbeit vielfach passiert, hervorzuheben. Es ist meines Erachtens für die weitere gesellschaftliche Entwicklung und den Wandel der Arbeitsgesellschaft notwendig, dass nicht an einem Arbeitsbegriff, der ausschließlich Erwerbsarbeit meint, festgehalten wird.

Mit einem Blick auf relevante Forschungen im quantitativen wie qualitativen Bereich der Sozialwissenschaften werde ich zunächst bereits vorhandene Ergebnisse und Fragestellungen prüfen, die für die Verknüpfung von Psychiatrie und Freiwilligenarbeit relevant sind.

Anschließend werden die bisherigen Aussagen und Erkenntnisse subsumiert. Wenn die Veränderungen in der postmodernen Arbeitswelt mit der Lebens- und Arbeitssituation von Psychiatrie-Erfahrenen verknüpft werden, so lautet die zentrale Fragestellung im Rahmen dieser Arbeit: Bietet Freiwilligenarbeit eine Möglichkeit der Teilhabesicherung oder Überbrückungsfunktion in Zeiten schwindender Erwerbsarbeit für Psychiatrie-Erfahrene?

3.1 Relevante Forschungen

Aufgrund der steigenden Popularität des Dritte-Sektor-Modells, der Debatte um Zivilgesellschaft und der Freiwilligenarbeit in den letzten Jahren existiert eine Vielzahl von Forschungen, Berichten und Veröffentlichungen dazu.[25]

Interessanterweise ist mir keine Studie bekannt, die das Thema Freiwilligenarbeit explizit mit psychiatrieerfahrenen Aktiven verbindet. Weder in den

---

25 Zwei Synopsen zu Messkonzepten und Resultaten quantitativer Studien zum Thema Bürgerschaftliches Engagement im Überblick finden sich bspw. in DATHE & KISTLER (2002)

großen quantitativen Erhebungen oder Berichten noch bei den qualitativen Studien ist dazu etwas zu finden. Psychiatrie-Erfahrene tauchen in Veröffentlichungen lediglich als NutzerInnen, also Zielgruppe von Freiwilligenarbeit auf. Oder sie werden im Rahmen anderer sozialer Gruppen mit erwähnt – bei RentnerInnen, Erwerbslosen, sozial benachteiligten Menschen.

Die vorliegende Arbeit fokussiert auf diese noch nicht erforschte Verbindung. Im Folgenden werden einzelne Forschungen betrachtet und ausgewählte quantitative und qualitative Studien und Berichte vorgestellt. Aspekte und Teilbereiche, die das Thema der Studie berühren, werden hervorgehoben. Eine vollständige Darstellung oder Ergebniszusammenfassung aller Veröffentlichungen zu themenrelevanten Bereichen (Freiwilligenarbeit, Psychiatrie-Erfahrung, Teilhabe) ist in diesem Rahmen entbehrlich und geht weit über das Anliegen meiner Studie hinaus.

Eine Schwierigkeit, die sich in der vorliegenden Arbeit bereits gezeigt hat, ist die Definition der Begrifflichkeiten (Bürgerschaftliches Engagement, Ehrenamt, freiwilliges Engagement, Freiwilligenarbeit) – was schließen einzelne Bezeichnungen ein bzw. was schließen sie aus (vgl. A 1.4). In den verschiedenen Studien wird dies unterschiedlich definiert und gehandhabt, zum Teil detailliert beschrieben, teilweise nicht erwähnt und implizit vorausgesetzt. Doch selbst bei detaillierter Auseinandersetzung mit den Begriffen stellt sich die Frage, wie gut dies letztendlich bei der jeweiligen Erhebung vermittelt werden kann – also ob Forschende und Befragte tatsächlich von der gleichen Bedeutung eines Begriffs ausgehen. Sofern die Begrifflichkeiten definiert sind, werde ich es im jeweiligen Zusammenhang benennen.

Die quantitative (Sozial-)Forschung arbeitet hypothesenprüfend. Dadurch kann eine größere Anzahl von Menschen befragt werden (meist mit standardisiertem Fragebogen) und es können sich zahlenmäßig repräsentative Bilder ergeben.

Neben einigen Resultaten der ENQUETE-KOMMISSION „Zukunft des Bürgerschaftlichen Engagements" (vgl. 2002a; 2002b; 2003a; 2003b) und Teilaspekten des Freiwilligen-survey von 1999 und 2004 (vgl. GENSICKE 2005) werden im Folgenden drei weitere Studien mit dem Fokus der vorliegenden Arbeit betrachtet: Der Survey „Wertewandel und Bürgerschaftliches Engagement" (vgl. KLAGES 1999a; 1999b; 2001; GENSICKE 2000), die Studie „Am Rande der Gesellschaft – Risiken sozialer Ausgrenzung" (vgl. BÖHNKE 2006) sowie die Evaluation des TAURIS-Projekts (vgl. NITSCHE & RICHTER 2003).

Diese ausgewählten Arbeiten berühren inhaltlich den Untersuchungsbereich der vorliegenden Studie.

3.1.1 Survey „Wertewandel und Bürgerschaftliches Engagement"

Dieser Survey greift auf empirisches Material zurück, welches hauptsächlich auf dem Speyrer Wertesurvey beruht. Dafür wurden von Mai bis Juli 1997 ca. 3000 Personen ab 18 Jahren in 60minütigen Interviews befragt.[26] Der Survey geht auf das Projekt „Wertewandel in den neunziger Jahren" des Forschungsinstituts für öffentliche Verwaltung bei der Deutschen Hochschule für Verwaltungswissenschaften zurück, das von der Fritz Thyssen Stiftung und der Robert-Bosch-Stiftung finanziert wird (vgl. GENSICKE 2000, 103f).

„Die Bürger wurden gefragt, ob sie sich ehrenamtlich in einer Organisation, einer Selbsthilfegruppe, in einem Verein, einer anderen Gruppe oder einem Projekt betätigen" (ebd. 104). Neben der Freiwilligkeit und unentgeltlichen Tätigkeit (bzw. mit geringer Aufwandsentschädigung) war ausschlaggebend, dass es sich um keine reinen Spaß- oder Erholungsaktivitäten handelte sowie passive Mitgliedschaften ausgeschlossen waren (vgl. ebd.).

Zwei Variablen stehen laut diesem Survey in deutlich positivem Zusammenhang mit bürgerschaftlichen Engagement: der Kirchgang und die Wertedimension „Selbstentfaltung und Engagement" – betrachtet man Ost und West getrennt, verblasst allerdings die Variable „Kirchgang" (vgl. ebd. 108). Dies ist auch in den Engagement-Bereichen zu sehen. Auf Platz eins ist bundesweit der Bereich „Sport und Bewegung". Im Westen folgt das Engagement im „Kirchlichen Bereich" an zweiter Stelle, während im Osten „Schule/Kinder/Jugend" sowie „Kultur/Kunst/Politik" folgen (vgl. ebd. 112).

HELMUT KLAGES stellt auf dem Hintergrund des Survey die Diagnose der Ego- oder Ellenbogengesellschaft in Verbindung mit dem Verfall der Moral in Frage. Der aktuelle gesellschaftliche Wertewandel, dessen Kernsachverhalt eine zunehmende Individualisierung[27] ist, bildet den Hintergrund dieser Diskussion. Die bereits länger andauernde Speyrer Werteforschung spricht in diesem Zusammenhang seit den 1960er Jahren insgesamt von einer Abnahme der „Pflicht- und Akzeptanzwerte", während die „Selbstentfaltungswerte" zunehmen (vgl. KLAGES 1999a, 3).

Die Wertewelt der Menschen in Deutschland hat sich gewandelt. Ausgehend von der Frage nach den elterlichen Erziehungszielen von 1951-1995 in der BRD und den alten Bundesländern ergibt sich folgendes Bild: Zunächst lagen „Ordnungsliebe und Fleiß" (41%) vor „Gehorsam und Unterordnung" (28%) und „Selbständigkeit und freier Wille" (25%). Die dritte Kategorie legte rasch zu und führt seit 1969 kontinuierlich diese Liste an, so dass die Reihenfolge 1995 lautete: „Selbständigkeit und freier Wille" (65%)

---

26 Infratest Burke/München befragte ca. 1000 Personen im Osten und ca. 2000 Personen im Westen Deutschlands.

27 „Allerdings führt die eingehendere Analyse *nicht* zur Bestätigung der Annahme, daß sich die so beschreibbare „Individualisierung" mit einem Absterben gemeinschaftsbezogener Bereitschaften verbindet" (KLAGES 1999a, 5; Hervorhebungen im Original).

vor „Ordnungsliebe und Fleiß" (33%) und „Gehorsam und Unterordnung" (9%) (vgl. ebd. 4).

KLAGES stellt die These auf, dass der Wertewandel zu einer vertieften „*Gleichgewichts-störung im Verhältnis zwischen den Menschen und den Institutionen*" (ebd. 8; Hervorhebungen im Original), die Freiwilligenarbeit anbieten, geführt hat – einer Krise der Institutionen.

„Wer angesichts dessen über den Wertewandel jammert und eine Rückkehr zu überkommenen Werten predigt, übersieht jedoch, daß der Wertewandel insgesamt gesehen die Bereitschaften zum Engagement nicht geschädigt, sondern vielmehr verstärkt hat und daß es darum geht, dem latent vorhandenen aber blockierten „*Wollen*" ein adäquates „*Dürfen*" gegenüberzustellen, um es freizusetzen und wirksam werden zu lassen" (ebd. 13; Hervorhebungen im Original).

Der Wertewandel in der Gesellschaft führt also nicht zu einer Abkehr von Freiwilligenarbeit. Stattdessen findet eine verstärkte Orientierung auf Möglichkeiten der Selbstentfaltung und gemeinsame Aktivitäten zusammen mit anderen Menschen statt.

3.1.2 Enquete-Kommission „Zukunft des Bürgerschaftlichen Engagements"

„Im Dezember 1999 hat der 14. Deutsche Bundestag diese Enquete-Kommission eingesetzt und ihr den Auftrag erteilt, konkrete politische Strategien und Maßnahmen zur Förderung des freiwilligen, gemeinwohlorientierten bürgerschaftlichen Engagements in Deutschland zu erarbeiten. Diesen Auftrag hat die Kommission im Sommer 2002 erfüllt" (vgl. ENQUETE-KOMMISSION 2002b, 7).

Sie setzte sich aus elf Mitgliedern der im Deutschen Bundestag vertretenen Fraktionen und elf Sachverständigen zusammen (vgl. ENQUETE-KOMMISSION 2002a, 748f).

„Für die Kommission ist die Kennzeichnung „bürgerschaftlich" verknüpft mit der Betonung von bestimmten Motiven und Wirkungen wie etwa der Verantwortung für andere, dem Lernen von Gemeinschaftsfähigkeit oder dem Aktivwerden als Mitbürger. Bürgerschaftliches Engagement bleibt nicht allein der Mitwirkung in politischen Parteien und Verbänden und der Beteiligung in Organisationen mit sozialen und politischen Zielen vorbehalten. Es kann sich ebenso im Zusammenhang von Freizeit, Sport und Geselligkeit entwickeln. Die nach wie vor große Bedeutung des Ehrenamtes und die positiven Wirkungen einer reichen Vereins- und Initiativkultur für die Bürgerschaft insgesamt sind heute unbestritten. Ein derartiger qualifizierter Begriff bürgerschaftlichen Engagements erlaubt es auch, Kritik gegenüber solchen Formen des Engagements zu formulieren, die in Verfolgung eigener Interessen ihre Verpflichtungen gegenüber Bürgerschaft und Gemeinwohl aus dem Blick verlieren" (ebd. 15).

Nach einer aktuellen Bestandsaufnahme, Analyse und Bewertung präsentiert die Kommission Entwicklungsperspektiven und Handlungsempfehlungen, welche die Rahmenbedingungen für bürgerschaftliches Engagement verbessern sollen (vgl. ebd. 13). Es entstand eine mehrbändige Schriftenreihe, in der verschiedene AutorInnen und WissenschaftlerInnen Teilbereiche theoretisch beleuchten und diskutieren.[28]

KÜHNLEIN & BÖHLE (vgl. 2002a; 2002b) widmen sich dem Verhältnis von Erwerbsarbeit und bürgerschaftlichem Engagement. Sie kommen zu dem Schluss, dass Bürgerschaftliches Engagement und Erwerbsarbeit sich nicht notwendigerweise in Bezug auf die Inhalte ihrer Tätigkeiten unterscheiden, wohl aber bei den Aspekten Einkommenserwerb, gesellschaftliche Integration und Anerkennung, Zeitmanagement oder Professionalisierung (vgl. KÜHNLEIN & BÖHLE 2002a, 88).

Für die Annahme, bürgerschaftliches Engagement sei eine Ersatzfunktion für Erwerbsarbeit, sehen sie aus mehreren Perspektiven im heutigen System der Arbeitsgesellschaft keine empirische Grundlage. Zum einen könnte diese Ersatzfunktion wesentlichen Basisprinzipien wie Selbstbestimmtheit und Freiwilligkeit widersprechen. Zum anderen wird BE eher auf der Grundlage immaterieller Belohnung ausgeübt (anstatt finanziellem Verdienst). Zudem sind Nicht-Erwerbstätige bei Freiwilligenarbeit deutlich unterrepräsentiert, auch wenn deren Zahl in den letzten Jahren angestiegen ist. Eine Brückenfunktion in die Erwerbstätigkeit hingegen ist das freiwillige Engagement durchaus, da sich freiwillig tätige Menschen allgemein aktiv zeigen (vgl. ebd. 91ff).

Außerdem werden die spezifischen Motivationsstrukturen und Erwartungsstrukturen von Arbeitslosen betrachtet – ich bevorzuge aufgrund meiner vorangegangenen Ausführungen zum Begriff der Arbeit hier den Begriff „Erwerbslose". Hier wird konstatiert, dass genaue Aussagen über Motive und Erwartungen von Erwerbslosen wenig verfügbar sind, da sie meist in einer übergeordneten Kategorie („Nicht-Erwerbstätige") erhoben werden, die auch SchülerInnen, StudentInnen, Hausfrauen- und -männer sowie RentnerInnen mit einschließt. Eine besondere Motivation aufgrund von überschüssiger Zeit und Sinnsuche durch die fehlende Erwerbtätigkeit wird lediglich vermutet (vgl. KÜHNLEIN & BÖHLE 2002b, 276).

Mehrere AutorInnen kommen zu dem einheitlichen Befund, es sei entscheidend für die Aufnahme einer Freiwilligenarbeit, dass Menschen bereits vor dem Arbeitsplatzverlust freiwillig engagiert waren (ebd.).

„Während Berufstätigen durch Tätigkeiten jenseits der Erwerbsarbeit häufig eine Um- oder Neuorientierung ihrer Lebensgestaltung anstreben, ist Arbeitslosigkeit für die meisten eine Situation, die mit dem Wunsch nach Wiedererlangung eines Erwerbsarbeitsverhältnisses verknüpft ist, also letztlich auf die Wiederherstellung eines vergangenen Zustandes ausgerichtet ist. Vor diesem Hintergrund ist es

---

28 Im Leske & Budrich Verlag (Opladen) sind in den Jahren 2002/2003 u.a. folgende Titel erschienen: Bürgerschaftliches Engagement (BE) und Erwerbsarbeit; BE in den Kommunen; BE und Sozialstaat; BE im internationalen Vergleich; BE und Politik; BE in den Ländern; BE von Unternehmen

verständlich, dass *nach* dem Eintritt der Arbeitslosigkeit die Perspektive der Betroffenen darauf eingeengt ist, wieder in das Erwerbsarbeitssystem und auch möglichst in den erlernten Beruf zurückzukehren. Die Umorientierung auf unbezahlte Tätigkeiten ist genau in solchen Zeiten äußerst schwierig" (MUTZ et al. 1997, 103; zit. nach KÜHNLEIN & BÖHLE 2002b, 277; Hervorhebungen im Original).

Mit einem anderen Blickwinkel kann dies auch bedeuten, dass Erwerbslose, die sich gesellschaftlich ausgegrenzt fühlen, wenig Lust haben, sich für die Arbeitsgesellschaft zu engagieren (KÜHNLEIN & BÖHLE 2002b, 277).

Weiter gehen die AutorInnen davon aus, dass es empirisch wie gesellschaftspolitisch fragwürdig ist, die bisher vorherrschende Abgrenzung zwischen Arbeit und ehrenamtlichem/bürgerschaftlichen Engagement beizubehalten. Dies gilt nur, wenn ausschließlich das monetäre Einkommen Arbeit definiert.

„Dies wird jedoch dem in modernen Gesellschaften vorherrschenden Verständnis von Arbeit und deren praktischer Gestaltung nicht gerecht. Mit Arbeit verbinden sich neben Einkommenserwerb und gesellschaftlicher Integration auch Ansprüche an "sinnvolle" Betätigung und Selbstverwirklichung. Und umgekehrt beschränken sich so genannte arbeitstypische Merkmale wie Nützlichkeit, institutionelle Regulierung und wechselseitige Verpflichtung bin hin zur beruflichen Qualifizierung – genau besehen – keineswegs nur auf Erwerbsarbeit, sondern finden sich auch im Bereich ehrenamtlicher Tätigkeit" (KÜHNLEIN & BÖHLE 2002a, 93f).

Voraussetzung für diese neue Perspektive in der Praxis ist – neben angemessener Förderung und Unterstützung – dass sich ein von der Erwerbsarbeit losgelöster Arbeitsbegriff durchsetzt.

In den Handlungsempfehlungen der ENQUETE-KOMMISSION wird unter anderem festgehalten, dass eine Erweiterung bei den Forschungsthemen und Forschungsgegenständen notwendig ist.

„Dazu gehören Studien, die den Kenntnisstand über das Engagement ausgewählter Akteursgruppen (z.B. Migrantinnen und Migranten, Arbeitslose) und deren Motivlagen erweitern. Dazu gehören aber ebenso Studien, die die besonderen Ausdrucksformen, Bedingungen und Hemmnisse des Engagements in unterschiedlichen Handlungsfeldern der Gesellschaft herausarbeiten, um bereichsspezifische Ansatzpunkte für eine Politik der Förderung und Unterstützung des bürgerschaftlichen Engagements präzisieren zu können" (ENQUETE-KOMMISSION 2002a, 25).

Anhand von Erfahrungen einzelner Psychiatrie-Erfahrener, die in der Freiwilligenarbeit tätig sind, wird mit der vorliegenden Studie das Wissen über diese ausgewählte soziale Gruppe erweitert.

3.1.3 Freiwilligensurvey 1999 und 2004

Der Freiwilligensurvey ist eine repräsentative Bevölkerungsumfrage im Auftrag des Bundesministeriums für Familie, Senioren, Frauen und Jugend (BMFSFJ) zum freiwilligen Engagement in Deutschland. Der Survey ist ein Instrument, um Veränderungen im Bereich des Engagements zu erkennen und zu bewerten, außerdem baut er das empirische Wissen über die vielfältigen Formen des bürgerschaftlichen Engagements aus. Seine Ergebnisse sind wissenschaftlich relevant und machen es Politik, Vereinen, Verbänden, Stiftungen und einzelnen Bundesländern möglich, Anhaltspunkte für verbesserte Rahmenbedingungen von Engagement zu erkennen (vgl. GENSICKE 2005, 38f).

Der Freiwilligensurvey definiert Bürgerschaftliches Engagement dann als gegeben, wenn BürgerInnen „über eine teilnehmende öffentliche Aktivität hinaus ein höheres Maß an Verantwortung übernehmen und sich freiwillig in Form der Übernahme von Aufgaben, Ämtern und Arbeiten binden" (ebd. 17).

Fünf Jahre nach dem ersten Freiwilligensurvey 1999 wird 2004 der Zweite in Auftrag gegeben, es werden jeweils etwa 15.000 Personen anhand eines Fragebogens telefonisch bzw. persönlich befragt[29] (vgl. ebd. 38; 54f). Dieser basiert auf einer Wiederholungsbefragung, außerdem werden neue Module mit hinein genommen, die aktuelle Themen aufgreifen. Es werden Vergleichsdaten erhoben und eine Dauerbeobachtung des bürgerschaftlichen Engagements wird möglich (vgl. ebd. 36).

Im Folgenden lege ich – neben ein paar wenigen grundlegenden Erkenntnissen – relevante Ergebnisse für die vorliegende Arbeit aus den beiden Freiwilligensurveys dar:

Die Engagementquote, die Intensität als auch das Engagementpotential haben sich laut dem zweiten Survey in den vergangenen fünf Jahren erhöht. Junge Menschen zwischen 14 und 24 Jahren sind eine der aktivsten Gruppen mit einer stabilen Engagementquote, auch das Engagementpotenzial ist besonders groß.

Zwar engagieren sich weiterhin Männer (39%) stärker als Frauen (32%), jedoch stieg seit 1999 deren freiwilliges Engagement stärker als bei den Männern, besonders bei den erwerbstätigen Frauen. Männer engagieren sich zunehmend in Bereichen, die mehr vom Engagement der Frauen bestimmt sind (Schule und Kindergarten, sozialer Bereich). Des Weiteren übernehmen Männer öfter Leitungs- und Vorstandsfunktionen und üben Wahlämter aus, daran hat sich wenig geändert. Die klarste Steigerung des freiwilligen Engagements gibt es bei Menschen im Alter ab 60 Jahren. Bei den jüngeren Senioren (60 bis 69 Jahre) steigt das Engagement um mehr als acht Prozent (vgl. ebd. 17-22).

---

29 Die Mehrzahl wird telefonisch befragt (die Nichtengagierten), die aktiv freiwillig Tätigen (etwa ein Drittel der Befragten) werden in einem persönlichen Interview befragt.

Die Mitgestaltung der Gesellschaft und die Gemeinschaft mit anderen sind in der Freiwilligenarbeit wichtige Motive. Trotz dieser ausgeprägten Gemeinwohlorientierung werden zunehmend eigene Interessen und Problemlagen an das Engagement herangetragen. Dies wird vor allem in den neuen Ländern, von jungen Leuten und von Erwerbslosen betont (vgl. ebd. 16). Der Survey zeigt, dass der persönliche Einsatz hohe Anforderungen an die soziale Kompetenz, Belastbarkeit, Einsatzbereitschaft und das Organisationstalent der Freiwilligen stellt. Freiwilligenarbeit bringt einen hohen Ertrag an positivem Lebensgefühl, bereitet Spaß, führt Menschen zusammen und ermöglicht neue Erfahrungen. Zunehmend gehört auch Fachwissen zu den Anforderungen (vgl. ebd. 27f).

Bei den Motiven, die 2004 für das freiwillige Engagement genannt werden (Abb. 5), sind die Mitgestaltung und der Kontakt zu anderen für die Mehrzahl der Freiwilligen zentral.

Abb. 5: Motive für das freiwillige Engagement / Freiwilligensurvey

Motive für das freiwillige Engagement (2004)
Alle Engagierten ab 14 Jahren (Angaben in %)

■ voll und ganz   ◨ teilweise   ☐ überhaupt nicht

Aussage	voll und ganz	teilweise	überhaupt nicht
Ich will durch mein Engagement die Gesellschaft zumindest im Kleinen mitgestalten	66	29	5
Ich will durch mein Engagement vor allem mit anderen Menschen zusammenkommen	60	35	5
Mein Engagement ist eine Aufgabe, die gemacht werden muss und für die sich jedoch schwer jemand findet	44	40	16
Mein Engagement ist auch eine Form von politischem Engagement	21	27	52

tns infratest   Sozialforschung

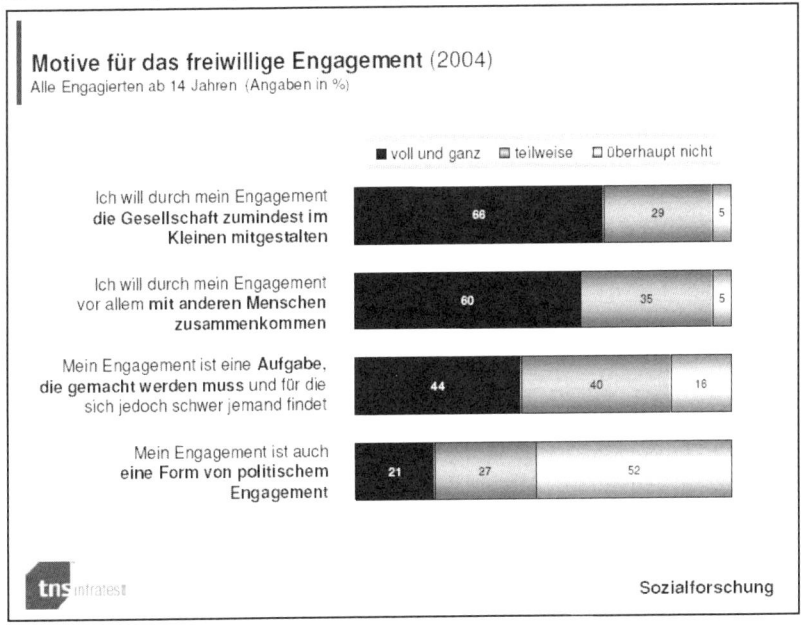

Abbildung entnommen aus: GENSICKE 2005, 27

Die Strukturen der Freiwilligenarbeit kategorisiert der Freiwilligensurvey in

a) den zeitlichen Rahmen (zeitlich unbegrenzt/begrenzt/in absehbarer Zeit beenden),

b) die Bedeutung der Vereine sowie
c) die Kultur der Mitbestimmung und Mitgestaltung.

Vereine und Kirchen spielen als Organisationsformen mit Abstand die wichtigste Rolle, in Bayern (Abb. 6) liegen deren Werte sogar etwas höher als deutschlandweit.

Abb. 6: Organisationsformen / Freiwilligensurvey Bayern

In welcher Organisationsform sich die freiwilligen Tätigkeiten in Bayern abspielen
Alle freiwilligen Tätigkeiten (Angaben in %)

Organisationsform	1999	2004
Verein	44	47
Kirche / Religiöse Vereinigung	17	16
Verband, Gewerkschaft, Partei	13	12
Selbsthilfegruppe Initiative oder Projekt sonstige selbstorganisierte Gruppe	10	10
staatliche oder kommunale Einrichtung	9	9
private Einrichtung oder Stiftung Sonstige	7	6

tns infratest — Sozialforschung

Abbildung entnommen aus: GENSICKE *et al.* 2005, 9

Ein weiteres Ergebnis ist, dass die informellen Lernfelder des Engagements (Fachwissen, soziale und organisatorische Kompetenzen) besonders betont und Lernchancen in hohem Maße – besonders bei jungen Menschen – hervorgehoben werden (vgl. GENSICKE 2005, 34).

Die Berufs- und Arbeitsmarktnähe des Engagements ist über die Zeit der beiden Erhebungen konstant geblieben. 23% der Freiwilligenarbeit haben mit der aktuellen Berufstätigkeit (Erwerbstätige) oder der früheren Berufstätigkeit (nicht Erwerbstätige) zu tun. Ältere Menschen, die nicht mehr berufstätig sind, haben so die Möglichkeit, weiterhin ihre beruflichen Erfahrungen einzubringen, und die Gesellschaft profitiert davon. Während 1999 die Berufsnähe des freiwilligen Engagements bei engagierten Arbeitslosen niedrig war, stieg diese bis 2004 deutlich an (von 13% auf 18%). Möglicherweise drückt sich dadurch eine zunehmende Verbindung von Freiwilligenarbeit und der Suche nach einer neuen bezahlten Tätigkeit aus (vgl. ebd. 34f).

Auf die Frage „Sollen Freiwillige eine gewisse finanzielle Vergütung für ihre Tätigkeit erhalten?" sprachen bereits 1999 erwerbslose Engagierten vermehrt an, dieser Wert nahm 2004 weiter zu (vgl. ebd. 36). Verbesserungsbedarf wird bei der unbürokratischen Erstattung von Kosten im Zusammenhang mit dem Engagement gesehen. Diesen Punkt sprachen 1999 und 2004 nicht-erwerbstätige Freiwillige deutlich häufiger an (vgl. ebd. 36).

Bei Erwerbslosen sind die Engagementquote sowie das Engagementpotenzial deutlich angewachsen. „Arbeitslose erheben mit ihrem Engagement einen deutlichen Anspruch auf gesellschaftliche Beteiligung und wollen damit ihre Interessen vertreten" (ebd. 16). Deren Engagementquote stieg im Vergleich zu 1999 bundesweit von 23% auf 27%. In den so genannten neuen Ländern erhöhte sich ihr Engagement überproportional. Die Bereitschaft zur Freiwilligenarbeit ist dort seit 1999 um elf Prozent angestiegen, wohingegen der Prozentsatz der Erwerbslosen, die weder freiwillig engagiert noch dazu bereit sind, von 40% auf 25% gesunken ist.

Nicht-Erwerbstätige suchen durch freiwilliges Engagement soziale Einbindung und Möglichkeiten, ihre Fähigkeiten und Kenntnisse zu erhalten und zu erweitern. Freiwilligenarbeit ist damit in dieser Gruppe auch eine Möglichkeit, die persönliche Motivation und Beschäftigungsfähigkeit zu erhalten. Erwerbslose verbinden mit ihrem freiwilligen Engagement jedoch nicht nur persönliche Motive, sondern erheben einen ausgeprägten Anspruch auf gesellschaftliche und politische Mitgestaltung. Im Vergleich zu 1999 sind den Erwerbslosen der berufliche Nutzen des Engagements und die Erweiterung ihrer Kenntnisse und Erfahrungen erheblich wichtiger geworden. Sie wünschten sich in gestiegenem Maße „Anerkennung" sowie die Möglichkeit zur Übernahme eigenständiger Verantwortung. Die Erwartungshaltung an ihre Freiwilligenarbeit ist somit deutlich anspruchsvoller geworden (vgl. ebd. 22f).

Interessant ist, dass in der Grafik zum Erwerbsstatus (Abb. 7) ersichtlich ist, dass die Gruppe derer, die „Sonstiges" angeben, fast genauso groß ist wie die der Erwerbstätigen. Da die Nennungen Schüler/Auszubildende/Studenten, Hausfrauen/ Hausmänner und Rentner/Pensionäre ebenso möglich sind, erschließt sich mir nicht, wer sich hinter dieser Gruppe verbirgt. Auch der Text des Gesamtberichts geht an keiner Stelle darauf ein.

Abb. 7: Erwerbsstatus / Freiwilligensurvey

Freiwillige Engagierte nach Erwerbsstatus (1999 und 2004)
Bevölkerung ab 14 Jahren (Angaben in %)

Erwerbsstatus	1999	2004
Erwerbstätige	38	40
Arbeitslose	23	27
Schüler / Auszubildende / Studenten	37	38
Hausfrauen / Hausmänner	38	37
Rentner / Pensionäre	24	28
Sonstige	35	37

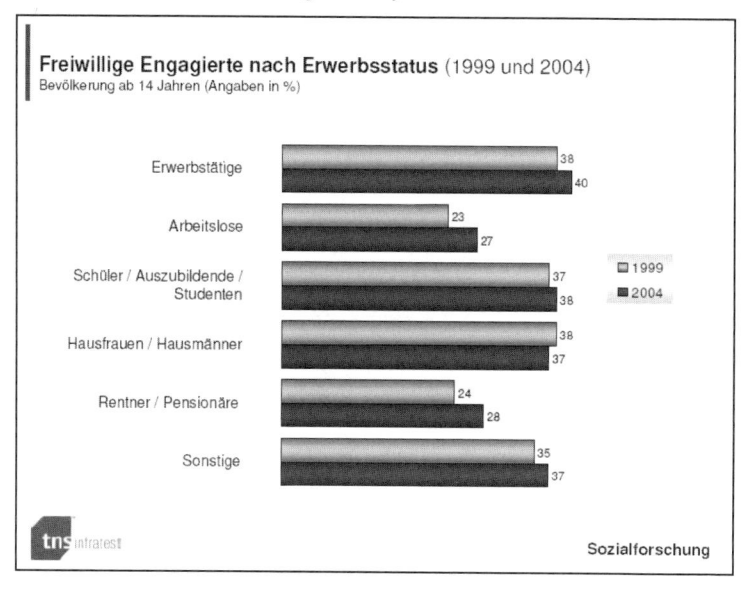

tns infratest Sozialforschung

Abbildung entnommen aus: GENSICKE 2005, 23

Auf materieller Seite sehen die Freiwilligen weniger staatlichen Verbesserungsbedarf als 1999. Der Schwerpunkt ihrer Unterstützungsbedürfnisse hat sich in Richtung öffentlicher Information und Beratung sowie öffentlicher Kommunikation über die Freiwilligenarbeit verschoben. Hier sehen die Freiwilligen keine hinreichenden Fortschritte (vgl. ebd. 37).

„Der Motivwandel des freiwilligen Engagements und die Veränderung der Erwartungen an die freiwillige Tätigkeit müssen beim Umgang mit Freiwilligen verschiedener Altersgruppen berücksichtigt werden. Ebenso kann die Stellung zum Erwerbsleben (Arbeitslose) oder ein möglicher Migrationshintergrund unterschiedliche Motivlagen und Erwartungen bei Freiwilligen bzw. bei potenziellen Freiwilligen bedingen" (ebd. 29).

Allgemein stellt der Freiwilligensurvey fest, dass das Engagement bei RentnerInnen und erwerbslos gemeldeten Menschen in den Jahren 1999 bis 2004 zwischen vier und acht Prozentpunkte angestiegen ist. Beide Gruppen liegen prozentual jedoch weit hinter den Erwerbstätigen, SchülerInnen, Hausfrauen und Sonstigen zurück (vgl. ebd. 35f; Abb. 7). Menschen mit Psychiatrie-Erfahrung können in diese beiden Gruppen, aber auch in alle anderen fallen, sind aber nicht gesondert erhoben worden.

Im Folgenden wird die Gruppe der Psychiatrie-Erfahrenen näher betrachtet. Aufgrund ihrer gesundheitlichen Einschränkung und der oftmals (zeitweise) verminderten Erwerbsfähigkeit (vgl. A 2) sind ihre Risiken, soziale Ausgrenzung zu erleben, erhöht.

3.1.4 Studie: Am Rande der Gesellschaft – Risiken sozialer Ausgrenzung

Die Studie von PETRA BÖHNKE (vgl. 2006) stellt den Zusammenhang von Versorgungsdefiziten und sozialer Integration im Rahmen aktueller gesellschaftlicher Gegebenheiten in den Mittelpunkt. Die Frage, ob prekäre Lebenslagen die Teilhabechancen breiter Bevölkerungsschichten schmälern, steht im Zentrum. Besonders hervorzuheben ist, dass BÖHNKE dabei Selbsteinschätzungen zu Teilhabechancen und Marginalisierungserfahrungen von Befragten im Zusammenhang mit bevölkerungsrepräsentativen Umfragen analysiert. Durch die Gegenüberstellung von objektiv prekären Lebenslagen und subjektiv erfahrener Teilhabedefizite gelingt ein differenziertes Bild von Ausgrenzungsrisiken (Entstehungszusammenhänge, Folgen).

„Leere Staatskassen, ökonomische Strukturkrisen sowie die hohe und dauerhafte Arbeitslosigkeit beherrschen die Schlagzeilen und machen neue Weichenstellungen in der Arbeitsmarktpolitik und Sozialpolitik erforderlich. Nicht immer entsprechen die Reformbemühungen dem gesellschaftlichen Konsens über soziale Sicherung und soziale Gerechtigkeit. Gegenwärtige Zeitdiagnosen sehen den deutschen Sozialstaat in der Krise, prognostizieren zunehmende Marginalisierungstendenzen und zeichnen das Bild einer auseinander fallenden, sich polarisierenden Gesellschaft" (BÖHNKE 2006, 9).

Die vorliegende Studie stimmt mit dieser Perspektive überein und greift die spezifische Gruppe der Psychiatrie-Erfahrenen heraus. Diese Menschen sind aufgrund ihrer vielfältigen Problemlagen in der Geschichte (vgl. A 2.1) und bis heute besonders von Marginalisierungstendenzen betroffen.

In internationalen Studien werden vorrangig sechs Bereiche zur Thematik Ausgrenzung behandelt (vgl. Abb. 8). Dabei steht die soziale Ausgrenzung am Arbeitsmarkt im Zentrum. Beim Betrachten einzelner Punkte der Dimensionen sozialer Ausgrenzung ist zu sehen, dass eine psychische Erkrankung viele der aufgeführten Beispiele nach sich ziehen kann. Ich stimme BÖHNKE zu, dass diese Auflistung durch den Gesundheitsbereich (grundlegende Voraussetzung für die Teilhabe am gesellschaftlichen Leben; vgl. A 2.2) zu ergänzen ist, gerade im Rahmen meiner Studie mit Psychiatrie-Erfahrenen. Die zentrale Integrationsdimension Erwerbsarbeit scheint gegenüber familiärer Einbindung und sozialen Netzwerken überbetont. Diese können auch ohne Verbindung mit Arbeitsmarktprozessen integrationsbestimmend sein (vgl. BÖHNKE 2006, 82).

Abb. 8: Dimensionen sozialer Ausgrenzung

Ausgrenzung	Beispiele
- am Arbeitsmarkt	Die Rückkehr oder der Eintritt in reguläre Erwerbsarbeit ist dauerhaft versperrt; prekäre Anbindung an das Beschäftigungssystem, Statusverlust
- ökonomisch	Der Lebensunterhalt lässt sich innerhalb des regulären Erwerbssystems nicht mehr bestreiten; finanzielle Abhängigkeit von Leistungen des Sozialstaats; Armut; working poor
- kulturell	Den gesellschaftlich anerkannten Verhaltensmustern, Lebenszielen und Werten nicht mehr entsprechen können; gesellschaftlichen Sanktionen ausgesetzt sein; Stigmatisierung
- durch gesellschaftliche Isolation	Reduzierung der Sozialkontakte; subkulturelle Identifikation bzw. Milieubildung
- räumlich	Räumliche Konzentration und Isolation Benachteiligter in ähnlicher sozialer Lage
- politisch-institutionell	Der Zugang zu Bildungs- und Ausbildungseinrichtungen, Arbeits- und Sozialämtern sowie zu öffentlichen und privaten Dienstleistungen ist beschränkt oder verwehrt; verminderte Rechte aufgrund Migranten-/Asylbewerberstatus; kein Anspruch auf Sozialversicherungsleistungen

Quelle: BÖHNKE 2006, 83

Welche Merkmale sind wichtig, wenn es um die Teilhabe am gesellschaftlichen Leben geht? BÖHNKE erfasst Integration detailliert mit Indikatoren zu Ressourcen, Kompetenzen, sozialen Beziehungen, gesellschaftlicher Partizipation und Gesundheit. Dabei wird deutlich, dass Gesundheit/keine Krankheit mit Abstand das wichtigste Merkmal für Teilhabechancen ist. Als sehr wichtig werden in der deutschen Gesamtbevölkerung ebenso Berufsausbildung und ein eigenes Einkommen benannt, Freunde und Familie folgen. Ein angesehner Beruf oder der Besuch einer höheren Schule fallen den anderen Merkmalen gegenüber deutlich ab, ebenso ehrenamtliches Engagement und politische Aktivität. Folgende Gewichtung bleibt über alle soziodemographischen Differenzierungen hinweg bestehen: Gesundheit, Beruf und eigenes Einkommen stehen ganz oben, während Ehrenamt und politisches Engagement eine geringe Rolle für Teilhabechancen zu spielen scheinen – diese beiden Merkmale werden lediglich von Hochschulabsolventen und Personen mit höherem Einkommen etwas höher bewertet (vgl. BÖHNKE 2006, 105ff).

Versorgungsdefizite gehen mit verstärkter Kritik am Gesellschaftssystem einher. Gleichzeitig werden prekäre Lebenslagen in hohem Maße individuali-

siert, Desintegration mündet in Hoffnungslosigkeit, Apathie, Politikverdrossenheit und Resignation (vgl. A 1, Marienthal-Studie).
Wesentliche Determinanten für Marginalisierung in Deutschland sind lang anhaltende prekäre Lebenslagen und fehlende soziale Bindungen. Dadurch werden die Basisversorgung und die Anbindung an den Erwerbsarbeitsmarkt in Frage gestellt. Ferner ist der soziale Rückhalt eine wichtige Integrationsdimension, vor allem dann, wenn ein unzureichender Lebensstandard bestimmend ist für die Lebenssituation (vgl. ebd.165ff).

„Ein Ergebnis ist, dass sich Verschlechterung und Verunsicherung deutlich sichtbarer auf der Wahrnehmungs- und Einstellungsebene als mit objektiven Kriterien prekärer Lebenslagen nachweisen lassen. [...] Mit sozialer Ausgrenzung, so das Hauptergebnis der Untersuchung, lässt sich kein neues und schichtübergreifendes Element sozialer Ungleichheit umschreiben, im Gegenteil, die Analysen bestätigen die starke Konzentration prekärer Lebenslagen bei strukturell benachteiligten Bevölkerungsgruppen. Marginalisierungserfahrungen stehen nach wie vor in einem deutlichen Zusammenhang mit Versorgungskategorien" (ebd. 217).

3.1.5 TAURIS-Projekt

Das Projekt „Tätigkeiten und Aufgaben: Regionale Initiative Sachsen" (TAURIS) ist der spezifischen Fragestellung der vorliegenden Arbeit wesentlich näher als die bisher genannten Studien und Berichte. Es startete im Sommer 1999, unterstützt von der Sächsischen Staatsregierung, und bindet ältere Langzeitarbeitslose und arbeitsfähige Sozialhilfeempfänger jenseits der Erwerbsarbeit in kommunale bzw. vereinsbezogene Aktivitäten ein, die im Interesse des Gemeinwohls liegen. Die Tätigen im Rahmen dieser Freiwilligenarbeit werden in drei Wellen befragt (vorher und während der Freiwilligenarbeit), und es gibt zwei Vergleichsgruppen[30]. Positiv hervorzuheben ist die ausführliche Beschreibung der Methodik und die Differenziertheit bei der Auswertung. Die Evaluation des Projekts mit arbeitsspezifischer Fragestellung wurde durch den unbefriedigenden Kenntnisstand über die Qualität psychischer Anforderungen von Tätigkeiten im Bereich des BE ausgelöst. Die arbeitspsychologische Evaluation fand zwischen Herbst 1999 und Mai 2001 statt (vgl. NITSCHE & RICHTER 2003, 5f).
Die Evaluationsstudie orientiert sich am Konzept der Mischtätigkeiten[31]. Dieses besteht (neben selbstbestimmten, ausschließlich auf die eigene Person

---

30 Beide Vergleichsgruppen entsprechen soziodemographisch (Region und Zielgruppenspezifika) der Teilnehmerpopulation. Die erste Vergleichspopulation ist weder bei TAURIS noch in einer sonstigen Maßnahme eingebunden, also ohne Tätigkeit (klassische Kontrollgruppe). Die Zweite führt eine inhaltlich vergleichbare Tätigkeit auf dem ersten Arbeitsmarkt aus (um Spezifika der TAURIS-Tätigkeit herauszuarbeiten) (vgl. Nitsche &Richter 2003, 73).
31 Vorgelegt von BIESECKER (vgl. 2000)

und ihre Selbstverwirklichung bezogenen Tätigkeiten) aus vier Formen gesellschaftlicher Arbeit:

1) Erwerbsarbeit als das Herstellen von Waren und Dienstleistungen für Märkte – tritt in abhängiger oder selbständiger Form auf.
2) Versorgungsarbeit in der Familie durch Ernährung, Pflege, Betreuung, Instandhaltung des Haushalts.
3) Gemeinschaftsarbeit als das Herstellen von für die Gesellschaft nützlichen Gemeinschaftsgütern – Ehrenamt oder Bürgerbeteiligung.
4) Eigenarbeit als selbstbestimmte, nutzenorientierte Arbeit für die Selbstversorgung, auch arbeitsbezogene Aus- und Weiterbildung (vgl. ebd. 15).

Freiwilligenarbeit im oben definierten Sinn (vgl. A 1.4) ist in diesem Konzept der Gemeinschaftsarbeit zuzuordnen.

„Die entscheidende Frage ist, wie derartige Formen der Aneignung gesellschaftlicher Erfahrungen in unterschiedlichen Tätigkeitsbereichen auch außerhalb der Erwerbsarbeit durch die Gestaltung von Aneignungs- und Lernprozessen nutzbar gemacht werden können" (NITSCHE & RICHTER 2003, 17).

Folgende Hauptfragestellungen liegen zugrunde:

„I. Handelt es sich bei den ausgeführten Arbeiten um Tätigkeiten, die objektiv (Experten-einschätzung) und subjektiv (Teilnehmereinschätzung) als förderlich und sinnvoll angesehen werden können?

II. Gibt es einen Hinweis darauf, dass die Tätigkeiten in Abhängigkeit von personalen, motivationalen, sozialen und tätigkeitsspezifischen Einflussfaktoren eine positiven Effekt auf das gesundheitliche Befinden der Teilnehmer haben?" (ebd. 66; Hervorhebungen im Original).

Mit diesen spezifischen Perspektiven wird auf Stärken und Schwächen des Projekts geschaut.

Ein wichtiges Ergebnis der zweiten Befragungswelle ist die Veränderung der persönlichen Lagebeurteilung, die sich durch die Projektteilnahme um ein Vielfaches verbesserte. Das Ansehen bei anderen gewinnt als Verbesserungsfaktor an Bedeutung, dagegen wird der finanzielle Anreiz[32] (welcher grundsätzlich von den meisten als zu gering eingeschätzt wird), nicht mehr in dem Maße als Verbesserung erlebt, es stellt sich ein gewisser Gewöhnungseffekt ein. Stabil hohe Werte weisen folgende Punkte auf, die psychosozial bedeutsam sind: der Kontakt zu anderen und die ganz individuelle Verbesserung des Empfindens (Ausgeglichenheit, Zufriedenheit, Gesundheit). Das psychosoziale Wohlbefinden und die persönliche Lagebeurteilung zeigen anfänglich eine Verbesserung. Dieser Effekt verliert sich jedoch über einen längeren

---

32 Geringe Aufwandsentschädigung

Zeitraum hinweg wieder, wie die dritte Erhebungswelle zeigt (vgl. ebd. 135ff).

Auch die Verbesserung der psychischen Gesundheit wird durch die Teilnahme am TAURIS-Projekt deutlich sichtbar, wenn auch die gesundheitlichen Effekte eher kurzfristig sind. Das psychosoziale Wohlbefinden und die Gesundheitseffekte steigern sich besonders stark bei kurzer Teilnahmedauer, bei zunehmender Dauer der Tätigkeit im Projekt sinken sie eher oder bleiben gleich gegenüber dem Ausgangsniveau (vgl. ebd. 140ff; 162ff). Betont wird auch ein verbessertes Kohärenzerleben. Eine selbst gewählte und bedeutsam erlebte Arbeit kann Verstehbarkeit, Handhabbarkeit und Sinnhaftigkeit umfassen. ANTONOVSKY (vgl. A 2.3) hat das Kohärenzgefühl im Erwachsenenalter als relativ stabil angesehen. Die Studie steht damit in einer Reihe von Untersuchungen, die belegen, dass sich Veränderungen des Kohärenzerlebens bis ins Erwachsenenalter hinein nachweisen lassen (vgl. NITSCHE & RICHTER 2003, 171).

Neben den persönlichkeitsfördernden und sinnvollen Bewertung der meisten TAURIS-Tätigkeiten sind der positive Effekt auf die psychische Gesundheit und das psychosoziale Wohlbefinden – wenn auch eher kurzfristiger Natur – zwei zentrale Ergebnisse der Evaluation. Ein drittes Ergebnis scheint zu sein, dass entsprechende Tätigkeiten sehr gut dazu geeignet zu sein, Übergänge zu anderen Tätigkeitsangeboten zu erleichtern, als selbst eine langfristige attraktive Alternative darzustellen (vgl. ebd. 174ff).

3.1.6 Thematisch relevante qualitative Studien

Die qualitative Sozialforschung ist ein hypothesengenerierendes Verfahren. In vielen Studien werden eher kleine Samples befragt und analysiert, um bestimmte Kenntnisse über einen Untersuchungsgegenstand zu entwickeln. Diese sind repräsentativ im Sinne der Theoriegenerierung und weisen eine hohe Dichte und Komplexität auf, meist im Zusammenhang mit Biographien.

Es existiert eine Vielzahl qualitativer Studien im Bereich der Freiwilligenarbeit, meist mit der Betrachtung einer speziellen Zielgruppe, eines spezifischen Blickwinkels oder einer besonderen Fragestellung. Erwähnen möchte ich stellvertretend zwei ausgewählte Studien, die der vorliegenden Arbeit jeweils themennah sind.

GERLINDE WOUTERS (vgl. 2005) forschte zur Identitätsrelevanz von freiwilligem Engagement im dritten Lebensalter und entdeckte dabei, neben identitätsrelevanten Aspekten von Tätigkeit nach der Erwerbsarbeit, auch Anzeichen einer Tätigkeitsgesellschaft (im Sinne von ARENDT). Sie berührt thematisch die vorliegende Arbeit, da sie ältere Menschen nach Abschluss des Erwerbslebens in den Blick nimmt. Dieser Aspekt ist auch für meine Interviewten von Bedeutung. Jedoch geht sie nicht spezifisch auf Erfahrungen Psychiatrie-Erfahrener ein.

CHANTAL MUNSCH (vgl. 2003; 2004; 2005) nimmt bürgerschaftliches Engagement als mögliche Lösung der Krise der Arbeitsgesellschaft und des Wohlfahrtstaates kritisch in den Blick. Durch ihre ethnographische Forschung im Rahmen von Gemeinwesenarbeit (GWA) kommt sie zu dem Schluss, dass bereits vorhandene gesellschaftliche Ausgrenzung in der Freiwilligenarbeit verstärkt werden kann – sie spricht von der „Effektivitätsfalle". Ihr Konzept benennt die oft einseitige Fokussierung des Engagements auf ergebnisorientierte Formen und Themen. Auch wird der Einsatz bestimmter Ressourcen erwartet. „Schwer vorstellbar scheint die längere Teilnahme einer Person, sollte sie, aufgrund mangelnder Ressourcen, nicht in der Lage sein, einen Beitrag [...] zu liefern" (MUNSCH 2005, 87).

Im Rahmen der evaluierten GWA trifft sich eher das Mittelschichtmilieu, welches die Mitteilung persönlicher Erfahrungen oder strukturelle Diskussionen eher als störend empfindet. Sehr detailliert zeigt MUNSCH, dass Freiwilligenarbeit immer im Kontext der jeweiligen Lebenslage verstanden werden muss und auch als biographisch erlerntes Bewältigungsmuster dient. Schließlich plädiert sie für eine langfristige sozialpädagogische und sozialpolitische Reflexion der Förderung von Freiwilligenarbeit (vgl. MUNSCH 2005, 129ff).

Sie stellt die These auf, dass Engagement ausschließen kann. Dabei betrachtet sie bürgerschaftliches Engagement vor dem Hintergrund sozialer Benachteiligung, besonders im Rahmen von GWA, und nennt folgende Gründe für ihre These (vgl. MUNSCH 2003; 2004):

- Menschen, die von sozialer Benachteiligung betroffen sind, werden vor allem als Zielgruppe von Freiwilligenarbeit thematisiert.
- Die gesellschaftlichen Strukturen, welche sozialer Ungleichheit zugrunde liegen, werden kaum angesprochen: von einer Veränderung gesellschaftlicher Strukturen oder von einem Konflikt unterschiedlicher Interessen ist kaum die Rede. Wenn sich sozial benachteiligte Menschen engagieren, erleben sie oft einen Ausschluss, wenn sie nicht ähnlich effektiv wie die anderen Beteiligten mitplanen (und dadurch als störend empfunden werden) oder nicht über notwendige Ressourcen verfügen oder anders kommunizieren (anderes Milieu).
- Das Engagement sozial benachteiligter Gruppen findet zum Teil nicht im Kontext bekannter institutioneller Rahmen statt (öffentliche Ehrenämter, Engagement in Kirche, Sport, Vereine, etc.). So wird das durchaus vorhandene Engagement oft nicht als solches wahrgenommen – dabei trägt erst die Wahrnehmung zur gesellschaftlichen Anerkennung bei.

3.2 Zusammenfassung der ausgewählten Forschungen

Der Wertesurvey zeigt, dass die fortschreitende Individualisierung keinen Rückgang von freiwilligem Engagement bedeutet. Allerdings ändern sich die Motive: Selbstentfaltung und gemeinsames Erleben mit anderen rückt in den Mittelpunkt.

Die Studien, welche die Verbindung von Freiwilligenarbeit und Erwerbslosigkeit in den Blick nehmen, kommen meist zu ähnlichen Schlüssen: Erwerbslose engagieren sich im Vergleich weniger als Erwerbstätige, und wenn sie noch nie in der Freiwilligenarbeit tätig waren, so ist der Zugang für sie umso schwieriger. Übergreifend ist eine leichte Steigerung des Engagements von Nicht-Erwerbstätigen zu sehen, vor allem wenn die Tätigkeit erwerbsarbeitsnah ist. Eine Psychiatrie-Erfahrung ist jedoch nicht unbedingt gleichbedeutend mit Erwerbslosigkeit, außerdem kommen andere Faktoren und Problemlagen als bei „Nur"-Erwerbslosen hinzu. Daher möchte ich die beiden unterschiedlichen Gruppen trotz mancher Überschneidungen klar voneinander trennen.

Psychiatrie-Erfahrene sind aufgrund ihrer multiplen Problemlagen oft Opfer sozialer Ausgrenzung. Ein besonders hohes Gut für Inklusion stellt die Abwesenheit von Krankheit dar, welche viele Psychiatrie-Erfahrene nur zeitweise erleben.

Für Tätige im TAURIS-Projekt sind der Kontakt zu anderen und das individuelle gute Gefühl (psychisch wie psychosozial) – zumindest kurzfristig – durch die Tätigkeit erheblich verbessert. Das Kohärenzerleben steigt an und der Übergang zu anderen Tätigkeiten wird positiv beeinflusst.

Während qualitative Studien einerseits identitätsrelevante Aspekte der Freiwilligen-arbeit und Anzeichen einer Tätigkeitsgesellschaft entdecken, warnen andere vor dem möglichen Ausschließungscharakter, da soziale Ungleichheit auch in diesem Bereich reproduziert werden kann.

3.3 Freiwilligenarbeit als Teilhabemöglichkeit für Psychiatrie-Erfahrene?

Freiwilligenarbeit wirkt auf verschiedenen Ebenen, wie auf der folgenden Abbildung sichtbar wird:

Abb. 9: Freiwilligenarbeit – Wirkebenen und Einordnung der Studie

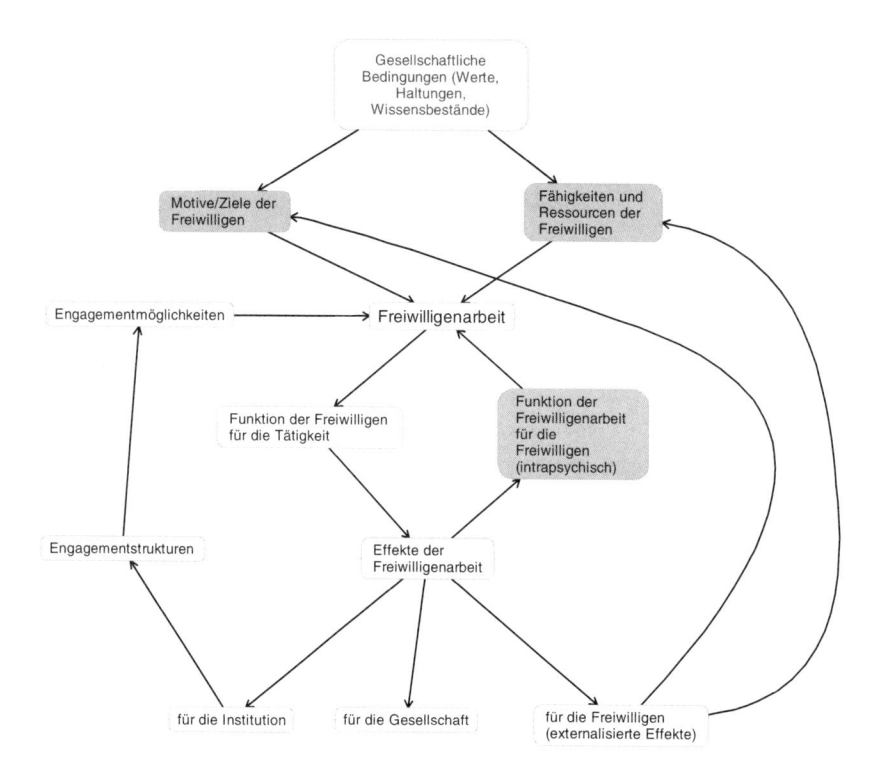

Eigene Darstellung

Die Motive und Ressourcen der Freiwilligen hängen von den gesellschaftlichen Bedingungen ab und wirken unmittelbar auf die Tätigkeit selbst. Neben den Funktionen der Tätigkeit (Wahlhelferin, Mitarbeit in der Nachbarschaftshilfe, Öffentlichkeitsarbeit, etc.) gibt es intrapsychische Funktionen der Freiwilligenarbeit. Diese wirken wiederum auf die Freiwilligenarbeit zurück. Während Effekte der Freiwilligenarbeit außerdem auf drei Ebenen zu sehen sind (Institution, Gesellschaft, Freiwillige), wirken die externalisierten Effekte der Freiwilligen auf ihre Motive und Ressourcen zurück.

Der Freiwilligensurvey (vgl. 3.1.3) lässt sich ebenso wie der Wertesurvey (vgl. 3.1.1) vor allem im oberen Bereich einordnen (gesellschaftliche Bedingungen und Motive). Das TAURIS-Projekt (vgl. 3.1.5) setzt dagegen eher im unteren Bereich bei den externalisierten Effekten und den intrapsychischen Funktionen an.

Die vorliegende Studie bewegt sich vor allem in den dunkel markierten Bereichen und nimmt als Zielgruppe Psychiatrie-Erfahrene als Tätige in Freiwilligenarbeit in den Blick.

Als Abschluss des theoretischen Rahmens werden im Folgenden verschiedene Aspekte dazu dargestellt und zur zentralen Fragestellung der vorliegenden Arbeit verengt. Die Verweise auf die Kapitel beziehen sich dabei durchgängig auf (A).

Wenn wir die Bedeutung von Arbeit, auch im Wandel der Zeit betrachten, so ist festzuhalten, dass Arbeit – als jegliche Arbeit oder Tätigkeit – vor allem als identitäts- und sinnstiftend von Menschen erlebt wird (vgl. 1.1).

In der heutigen Arbeitsgesellschaft ist Arbeit vor allem Erwerbsarbeit. Durch verschiedene aktuelle gesellschaftliche Veränderungen (jobless growth) steigt das Risiko der Erwerbslosigkeit an (vgl. 1.2). Zugleich ist die soziale Anerkennung und Integration durch Teilhabe an der gesellschaftlichen Arbeit unverändert ein zentrales Kriterium der Inklusion.

Im Arbeitsfeld Sozialpsychiatrie wird die Grenze dieses Kriteriums angesichts der aktuellen gesellschaftlichen Situation besonders sichtbar. Ob nun der Verursachungsthese oder der Selektionsthese gefolgt wird (vgl. 2.3), so ist bedeutsam, dass bei den Erwerbslosen der Anteil von Psychiatrie-Erfahrenen viel höher ist als in der Gesamtbevölkerung.

Trotz steigender Arbeitslosigkeit ist es weiterhin ein gesellschaftlicher und sozialer Makel, nicht erwerbsfähig zu sein. Erwerbslosigkeit kann in individueller Lebensführung zu ökonomischen, sozialen und psychischen Belastungen führen.

„Erwerbslosigkeit bedeutet für die meisten Menschen nicht nur materielle Not, sondern auch den Ausschluß aus gesellschaftlichen Zusammenhängen und Beteiligungsprozessen. Indem immer wieder der Mißbrauch oder zumindest fahrlässige Verbrauch von Sozialleistungen angeprangert wird, wird der einzelne verantwortlich gemacht, unnützer Kostenträger auf dem Rücken anderer zu sein. Damit wird abgelenkt, daß das Erwerbslosenproblem das dringendste Problem unserer Zeit ist" (NADAI 1998, 13).

Das deutsche System sozialer Sicherung setzt volle Verfügbarkeit für Erwerbsarbeit (das Normalarbeitsverhältnis, vgl. 1.2) voraus, es entstehen neue und bleiben alte Ungleichheiten. Benachteiligt werden vor allem Menschen, die über eine längeren Zeitraum nicht vollbeschäftigt waren (vgl. OSTNER 2000, 178).

„Bei anhaltend hoher struktureller Arbeitslosigkeit [sind] gerade diejenigen, die aufgrund geringerer Qualifikation oder sozialer Besonderheiten keinen bzw. einen verschlechterten Zugang zum Normalarbeitsverhältnis haben, in diesem System ebenfalls besonderer Risiken ausgesetzt" (OSTNER 2000, 180; Einfügung durch die Autorin).

Eine solche Besonderheit kann Krankheit bzw. psychische Erkrankung sein, die in Deutschland zunimmt (vgl. 2.2).

Der Weg für Menschen mit besonders massiven und multiplen psychosozialen Problemen in den regulären Erwerbsarbeitsmarkt ist sehr weit und oft (oder zeitweise) überhaupt nicht gehbar. Die unterschiedlichen Rehabilitationsmaßnahmen (vgl. 2.3) in der (noch) gut ausgestatteten westdeutschen Großstadt haben teilweise lange Wartezeiten. Auch sind die angebotenen Tätigkeitsbereiche nicht für jede/n Betroffene/n leistbar oder möglich. Trotz einer umfangreichen Palette an Hilfsangeboten ist die Rate der beruflichen Wiedereingliederung auf den Arbeitsmarkt gering. Inwieweit ist also eine Eingliederung für Psychiatrie-Erfahrene realistisch und sinnvoll?

Es ist möglich, dass an einem Rehabilitationsziel festgehalten wird, das der Transformation des Arbeitsmarktes nicht gerecht wird. Andererseits besteht bei vielen Psychiatrie-Erfahrenen der Wunsch, in einem geschützten, vertrauten Rahmen tätig zu sein. Dennoch wird die Integration in Erwerbsarbeit für Psychiatrie-Erfahrene immer illusionärer.

„So scheint das Bemühen psychisch kranker Menschen, an der Welt der Arbeit teilzuhaben, einem Spagat zu gleichen. Die Gefahr im Spannungsfeld zwischen individuellen Bedürfnissen, Fähigkeiten und gesellschaftlichen Bedarfslagen und Anforderungsstrukturen zerrissen zu werden, erhöht sich gerade für sie in Zeiten gesellschaftlichen Wandels" (BOSSHARD et al. 2001, 348).

Zu bedenken ist auch die wechselvolle Geschichte der Arbeit in der Psychiatrie. Besonders aus den Erfahrungen des Dritten Reichs wird deutlich, wie wichtig kritische Hellhörigkeit und ethische Haltung im Bereich der Sozialpsychiatrie ist. Damals waren fundamentale Lebensrechte der psychisch kranken Menschen mit Berufung auf Werte der Leistung oder der Personalität zur Disposition gestellt, kranke Menschen wurden als „lebensunwerte Ballastexistenzen" bezeichnet. Erst die Konstruktion der Minderwertigkeit dieses Lebens aufgrund ihrer Behinderung sowie die Berufung auf lebensunwertes Leben wegen des fehlenden Leistungsbeitrags zur gesellschaftlichen Lebensabsicherung, und auf die angebliche Unfähigkeit zur Einhaltung sozialer Verhaltensnormen hat den Übergang zur Ermordung dieser Menschen ermöglicht (vgl. 2.1; 2.2). Es ist unabdingbar, dass „ein humanes Zusammenleben die uneingeschränkte Anerkennung der gleichen fundamentalen Lebensrechte aller [...] in jeder sozialen Gemeinschaft erfordert" (THOM & WULFF 1990, 119f).

Es geht also nicht um die Anpassung von Menschen an die Gesellschaftsnorm, sondern es sollen Bedingungen geschaffen werden, unter denen

Menschen mit Psychiatrie-Erfahrung sinnvoll arbeiten und wenn möglich ihren Lebensunterhalt selbst verdienen können. Der von der Sozialen Arbeit zu betrachtende Wirklichkeitsausschnitt sind Soziale Probleme: Soziale Probleme sind Zustände, mit dem das Individuum
· unzufrieden ist und/oder
· keine Problemlösung kennt und/oder
· keinen Zugang zu Ressourcen hat, die der Problemlösung angemessen sind.

Soziale Probleme sind unerwünschte Auswirkungen struktureller und kultureller Gegebenheiten, besonders behindernde Machverhältnisse wie Erwerbslosigkeit oder Ausgrenzung. Soziale Probleme treten in zwei Dimensionen auf, entweder hat das Problem selbst eine soziale Dimension (z.B. Erwerbslosigkeit) oder es wird durch einen sozialen Mechanismus erzeugt (z.B. ungleicher Zugang zu Ressourcen) (vgl. STAUB-BERNASCONI 1995, 105ff).

Folgen wir zusätzlich den Dimensionen sozialer Ausgrenzung (vgl. 3.1.4; Abb. 8), wird die vielfache Möglichkeit des Betroffenseins Psychiatrie-Erfahrener unmittelbar klar.

Somit bleibt die Frage nach Arbeit im Sinne von Tätigkeiten, über die Identität und Zugehörigkeit entstehen und gefördert werden. Kann das Konzept der Zivilgesellschaft und mit ihr der Dritte Sektor, besonders auf der Mikroebene zu einer Lösung beitragen (vgl. 1.3)? Kann Freiwilligenarbeit (vgl. 1.4) eine Tätigkeitsalternative und eine Möglichkeit zur Teilhabe darstellen?

Verschiedene Forschungen belegen ihren Inklusionscharakter (vgl. 3.1.1; 3.1.2; 3.1.3). Außerdem lassen ihre Funktionen auf verschiedenen Ebenen (vgl. 1.4) viele Wirkungsmöglichkeiten zu. Jedoch kann soziale Ungleichheit auch in diesem Bereich reproduziert werden (vgl. 3.1.6).

Freiwilligenarbeit soll Erwerbsarbeit nicht ersetzen, sondern ergänzen – trotz ähnlicher Funktionen werden diese meist unterschiedlich gewichtet (vgl. 1.4; Abb.3).

Auch wenn KEUPP sich im Folgenden auf Heranwachsende bezieht, kann dies auch für Psychiatrie-Erfahrene gelten:

„Bürgerschaftliches Engagement muss als „Querschnittsaufgabe" betrieben werden, die „Übergänge" schafft: [...] durch spezifische Projekte des Ressourcenaustausches" (2000, 101f; Hervorhebungen im Original).

Er betont die Identitätsrelevanz erwerbsunabhängiger Tätigkeiten, die eng mit der Bedeutung der Erwerbsarbeit an sich verknüpft ist (vgl. A 1.1). Zentral sind das Gefühl des Gebrauchtwerdens, von Zugehörigkeit in Kombination mit dem Gefühl der Selbstbestätigung und der gesellschaftlichen Integration (vgl. KEUPP 2000, 70f). Neben bereits vorhandener Möglichkeiten (vgl. A 2.3) könnte Freiwilligenarbeit als alternative Beschäftigungsmöglichkeit in Frage kommen.

„Die mit Alltagsanforderungen verträgliche Normalform des freien Produzierens heißt GELINGEN. Niemand unter uns, der ins Gelingen nicht verliebt wäre. Nur ist das nicht genug, um eine Sache glücklich zu vollbringen, sie GUT ZU MACHEN in des Wortes doppelter Bedeutung; hier muß sich alles ineinander fügen, alles zusammenstimmen, alles „passen". […] Alle Verhältnisse anzuprangern, umzustürzen, die diesem Gelingen in den Arm fallen, die sein inneren Hemmnisse sinnlos vervielfachen, lohnt und adelt jede Mühe" (ENGLER 2006, 380; Hervorhebungen im Original).

Kann Freiwilligenarbeit im Sinne des „Gelingens" zur gesellschaftlichen Teilhabe beitragen?

Im folgenden Kapitel werden Methodologie und Fragestellung der Studie dargestellt, die diese Fragestellung in den Blick nimmt.

Kapitel B: Methodisches Vorgehen

Das vorangegangene Kapitel zum theoretischen Rahmen öffnet den Blick auf die relevanten Themenbereiche dieser Arbeit und verengt sie in Richtung der vorliegenden Studie. Das Forschungsinteresse ist es, Psychiatrie-Erfahrene als aktiv Tätige im Feld der Freiwilligenarbeit zu betrachten.

Im folgenden Kapitel beschreibe ich die Methodologie und das Forschungsfeld. Auf dieser Grundlage baut das Design der Studie auf, Erhebungsmethoden und Auswertungsschritte werden dargestellt.

Da es bisher keine Studie in diesem spezifischen Kontext gibt, wird eine erste Annäherung an das Feld durch Felderschließung in einer westdeutschen Großstadt verwirklicht. Diese Felderschließung folgt methodologisch dem Sozial-konstruktivismus. Sie zeigt erste Ergebnisse und auf dieser Grundlage entwickeln sich weitere Fragen. Im Sinne des Prozesscharakters von Forschung und Gegenstand werden die Erkenntnisse aus dem Feld modifiziert und die Perspektive des Subjekts als Ausgangspunkt genommen, begründet durch den Symbolischen Interaktionismus. Diese beiden Zugänge der Interpretativen Soziologie markieren die gegenstandsadäquate Methodologie, aus der heraus ich anschließend den Forschungsgegenstand und Forschungsfragen entwickle.

Nach der Beschreibung der Zielgruppe schildere ich den Zugang zu den InterviewpartnerInnen. Erhebungsinstrument der qualitativen Studie ist das problemzentrierte Interview.

Durch die Auswertung wird das erhobene Material schließlich nutzbar. Da meine qualitative Studie auf Kommunikation und Interaktion zwischen mir und den InterviewpartnerInnen beruht, betrachte ich in einem ersten Auswertungsschritt einzelne Sequenzen der Interaktionen mit der hermeneutischen Dialoganalyse. Zentrale Auswertungsmethode ist das Verfahren der Grounded Theory (GT). Da es sich um eine Studie handelt, die neue Zusammenhänge betrachtet, bietet sich diese an. Sie schließt das Theoretische Sampling ein, das in einer qualitativen Studie zweckmäßig ist. Mit dem Kodierverfahren der GT bilden sich Kodes und Kategorien heraus, die mit ihren Dimensionen, Verbindungen und Kontrastierungen schließlich zu den Schlüsselkategorien der Studie führen.

1. Gegenstandsadäquate Methodologie

> Der Test der Anwendbarkeit ist eine heilsame Verantwortung,
> welche die Wissenschaft in ihrem eigenen Interesse auf sich nehmen muß.
>
> WILLIAM I. THOMAS & FLORIAN ZNANIECKI (1965, 71)

1.1 Felderschließung in einer Großstadt: Sozialkonstruktivismus

Ausgangspunkt der vorliegenden Arbeit sind Bedingungen aus meiner Berufspraxis als Sozialpädagogin in der Sozialpsychiatrie. Für das Entwickeln von Forschungsinteresse kann ein Problem aus dem Praxisbezug – Soziale Arbeit im Arbeitsfeld Sozialpsychiatrie – relevant sein, für das bisher keine befriedigende Antwort gefunden wurde (vgl. STRAUSS & CORBIN 1996, 20f).

Als Sozialpädagogin in einer therapeutischen Jugendwohngruppe (TJWG) wird mir um die Jahrtausendwende deutlich, dass sich der Zugang zum Erwerbsarbeitsmarkt für Menschen mit Psychiatrie-Erfahrung kontinuierlich verengt. Der Arbeitsmarkt wird dichter, Anforderungsprofile verschärfen sich, und psychiatrieerfahrene Menschen haben oft krankheitsbedingte Lücken im Lebenslauf und sind (zeitweise) wenig belastbar. Somit sinken ihre Chancen auf Tätigsein. Dabei ist gerade das Tätigsein ein Grundbedürfnis jedes Menschen, mit Auswirkungen auf verschiedenen Ebenen, wie bereits dargestellt wurde (vgl. A 1.1; 1.2).

Eine Bewohnerin der TJWG hatte den Gedanken, dass sie eine Tätigkeit im Rahmen von Freiwilligenarbeit aufnehmen könnte, um eine sinnvolle Aufgabe zu haben. Andere Beschäftigungsmodelle waren bei ihr zu dieser Zeit nicht möglich, weil nicht finanzierbar bzw. nicht im Rahmen ihrer eigenen momentanen Möglichkeiten. Aufgrund akuter psychischer Krisen gelang es trotz mehrfacher Anläufe nicht, diese Idee zu verwirklichen. Für mich blieb die Frage, ob – und wenn ja inwiefern – benannte Ebenen (Selbstbewusstsein, Selbstwirksamkeit, Sinnhaftigkeit, freie Zeit nur spürbar in Abgrenzung zu nicht-freier Zeit, alltägliche Lebensführung, etc.), soziale Mitgliedschaften und soziale Integration durch Tätigsein in Freiwilligenarbeit erfahrbar und erreichbar sind.

Meine erste Idee für die Forschung war eine Panelstudie. Ziel war es, interessierte Menschen mit Psychiatrie-Erfahrung in Freiwilligenarbeit zu vermitteln und diese in Wellen zu befragen. So sollte der Prozess mit den individuellen Erfahrungen vor und während einer Tätigkeit sichtbar werden. Um die Idee auf ihre Verwirklichung hin zu prüfen, habe ich zunächst Kontakt zum Feld der Freiwilligenarbeit in einer westdeutschen Großstadt hergestellt.

Der Feldkontakt soll – neben der Ermöglichung der Forschung – auch zeigen, ob die Forschungsidee in der Praxis Früchte tragen kann. Das kann nur gelingen, wenn Einrichtungen und Träger von Freiwilligenarbeit Interesse an den Ergebnissen der Forschung zeigen. Diese Realitätsüberprüfung soll ausschließen,

„dass sozialwissenschaftliche Forschungsergebnisse auch im Alltag kaum wahrgenommen und benutzt werden, da ihre Fragestellungen und Ergebnisse häufig nicht zuletzt zugunsten der Einhaltung methodischer Standards zu weit von Alltagsfragen und –problemen entfernt bleiben" (FLICK 2005, 15).

Zur Felderschließung führte ich Expertengespräche. Das zusätzliche Wissen der Feldexperten des Freiwilligensektors in einer westdeutschen Großstadt verhalf mir zu einer umfassenden Einschätzung meiner Forschung. Daneben war für mich zentral zu erfahren, inwiefern sie eine Forschung im oben benannten Rahmen unterstützen wollen und können und ob ihnen ähnliche Projekte bekannt sind.

Neben mehreren persönlichen Gesprächen mit Freiwilligenkoordinatoren der Caritas (Zusammenschluss von Freiwilligenzentren (FWZ) der Caritas)[33], führte ich ein persönliches Gespräch mit der Koordinatorin Ehrenamt[34] des Sozialdienst katholischer Frauen (SkF) und dem Geschäftsführer der Inneren Mission[35] einer westdeutschen Großstadt. Überdies fand ein persönliches Gespräch mit einer Mitarbeiterin von FöBE[36] statt. Auch mit einer Freiwilligen-Agentur[37] kam es zum zweimaligen Austausch über Telefon bzw. Email.

Auf mehrere Versuche der Kontaktaufnahme (telefonisch und per Email) nicht reagiert hat eine Bürgerstiftung[38].

---

33 Siehe auch: www.caritas-f-net.de
34 Koordiniert die freiwillig Tätigen und die Einsatzstellen im Rahmen des SkF
35 Bei der IM wurde ich nach einer Email-Anfrage zu meiner Forschungsidee an den Geschäftsführer verwiesen. Das Gespräch war informativ und führte zu keiner weiteren Kooperation.
36 Verbund zur Förderung von Bürgerschaftlichem Engagement (FöBE). Hat am 1. Juli 1999 seine Arbeit aufgenommen. Das Projektbüro ist Partner für soziale Institutionen, Politik und Verwaltung, Betriebe und Medien, die Fragen zum Thema Bürgerschaftliches Engagement haben. Ihr Ziel ist die Weiterent-wicklung von förderlichen und attraktiven Rahmenbedingungen für Bürgerschaftliches Engagement. FöBE wird vom Sozialreferat gefördert. Sie sind an den Ergebnissen meiner Arbeit interessiert. Siehe auch: www.foebe-muenchen.de
37 Zentrale Informations- und Vermittlungsstelle in bürgerschaftliches Engagement. Sie vermitteln in mehr als 300 Organisationen, Verbände und Initiativgruppen. Siehe auch: www.tatendrang.de
38 Die Bürgerstiftung ist eine Initiative von Privatleuten, die 1998 aus dem Agenda 21-Prozess hervorgegangen ist. Sie unterstützt Projekte, die den Nachhaltigkeitszielen der Agenda 21 entsprechen. Siehe auch: www.bszm.de

Am intensivsten war die Zusammenarbeit mit Caritas. Ich bekam eine Adressliste mit einzelnen Einrichtungen, die Freiwillige beschäftigen. Zudem konnte ich die Caritas gegenüber diesen Einrichtungen als Kooperationspartner für mein Projekt benennen, was den Zugang erleichterte. So sprach ich mit MitarbeiterInnen dieser Einrichtungen (meist telefonisch) und erfuhr, ob es vorstellbar bzw. ob es bereits der Fall ist, dass Psychiatrie-Erfahrene dort freiwillig tätig sind. Neben der Erklärung meiner Forschungsidee fragte ich konkret, ob die jeweilige Stelle sich vorstellen kann, im Rahmen der geplanten Studie (Panelbefragung) mit mir zusammenzuarbeiten, das heißt dass interessierte Menschen mit Psychiatrie-Erfahrung dort freiwillig tätig sind.

Ergebnis dieser Felderschließung ist eine breite Zustimmung, Menschen mit Psychiatrie-Erfahrung mehr Möglichkeiten zu freiwilligem Engagement zu bieten. Aufgrund der Expertengespräche mit den Verantwortlichen verschiedener Träger und Organisationen einer westdeutschen Großstadt wird deutlich, dass großes Interesse an mehr Information zur benannten Zielgruppe besteht. Des Weiteren hörte ich, dass einige Einrichtungen bereits Menschen mit Psychiatrie-Erfahrung beschäftigen. Die meisten anderen Einrichtungen können sich vorstellen, ihr Angebot an freiwilliger Tätigkeit gerade für diese Zielgruppe zu öffnen bzw. erhoffen sie sich Unterstützung von einer Untersuchung zu diesem Thema.

Keine Zusammenarbeit im Rahmen meines Forschungsvorhabens kann sich das Team eines Alten- und Servicezentrum (ASZ) vorstellen, das vor allem psychisch instabile Menschen betreut. Ihnen ist aufgrund der Belastung durch diese Arbeit die psychische Stabilität von freiwillig Tätigen sehr wichtig, welche sie bei Psychiatrie-Erfahrenen so nicht vermuten. Der Bund Naturschutz erteilte meiner Anfrage per E-Mail ohne Angabe von Gründen eine Absage. Gerne unterstützen mein Projekt zwei andere ASZ der Caritas, lediglich einmal wird ein Stadtteilbezug der/des Freiwilligen gewünscht.

Ebenso vorstellbar ist die Zusammenarbeit für „Artists for Kids"[39], die besonders Bedarf bei Hausaufgabenbetreuung, Nachhilfe und Jugendarbeit haben. Erfahrung mit Kindern und längerfristiges Engagement wird gewünscht. Auch die Aids-Beratung ist offen für eine Zusammenarbeit, allerdings haben sie zurzeit eine freiwillig Tätige und daher gerade keinen Bedarf.

Neben diesen Kooperationspartnern der Caritas ist die Koordinatorin Ehrenamt des SkF sehr offen für eine Zusammenarbeit. Bei einem ausführlichen Gespräch erzählt sie von 25 Einrichtungen und Fachdienste, in die sie vermit-

---

39 Artists for Kids – Projekt für kreative Jugendhilfe: gemeinnützige GmbH, die Kinder und Jugendlichen in schwierigen Lebenssituationen zur Seite steht. Siehe auch: www.artists-for-kids.de

teln kann. Auch hat sie bereits Erfahrung mit psychiatrieerfahrenen Freiwilligen.

Die beschriebene Felderschließung ist durch den Sozialkonstruktivismus theoretisch fundiert. Dessen Forschungsperspektive zeigt, dass die soziale Wirklichkeit objektiv vorgefunden und gleichzeitig selbst geschaffen wird. Dabei wird besonders das Wissen, welches Wahrnehmung und Handlung strukturiert, betrachtet.

PETER BERGER und THOMAS LUCKMANN (vgl. 1969) entwickeln in ihrem Werk „die gesellschaftliche Konstruktion der Wirklichkeit" eine Soziologie des Alltagswissens. Darin verbinden sie die Phänomenologie von ALFRED SCHÜTZ (vgl. 2004a; 2004b) mit der Wissenssoziologie[40]. Sie haben sehr komplexe Bezüge, beziehen sich unter anderem auch auf GEORGE HERBERT MEADS Sozialpsychologie (vor allem Aspekte des Symbolischen Interaktionismus und der Sozialisation; vgl. B 1.2; 1934; 1969; 1992).

BERGER & LUCKMANN beantworten die Frage: „Wie ist es möglich, dass subjektiv gemeinter Sinn zur objektiven Faktizität wird?" (1969, 20) mit dem Modell eines Kreislaufs:

a) Die Aneignung von Wirklichkeit geschieht durch den Erwerb von Denk- und Wissenssystemen und deren Ausdeutung nach eigenen Relevanzen, die Externalisierung von Wissen.

b) Daraus folgt die Objektivation des Wissens, durch Handeln oder Äußern des subjektiven Sinns, z.B. durch Sprache. Mit einer intersubjektiven Äußerung von Wissen wird die eigene Perspektive zurück an die Gesellschaft gegeben.

c) Dies bewirkt wiederum eine Schaffung sozialer Wirklichkeit, der subjektive Sinn wird zu objektiver Faktizität. Dies ist schließlich die Internalisierung von Wissen (primäre und sekundäre Sozialisation) (vgl. BERGER & LUCKMANN 1969).

Im Anschluss daran setzt der Kreislauf bei a) wieder ein (vgl. Abb.10). Dieser Kreislauf stellt die Grundlage des Sozialkonstruktivismus dar.

---

40 Die Wissenssoziologie geht auf MAX SCHELER und KARL MANNHEIM zurück (vgl. TREIBEL 1997, 123).

Abb. 10: Kreislaufmodell des Sozialkonstruktivismus

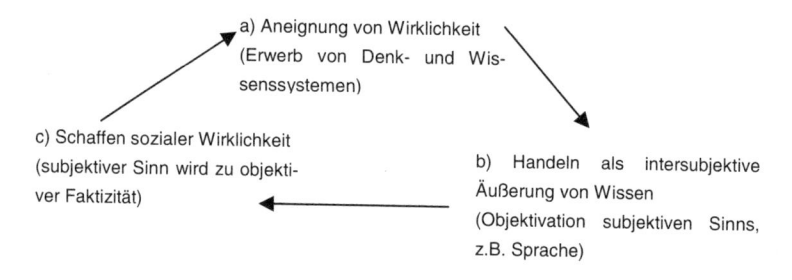

```
           a) Aneignung von Wirklichkeit
              (Erwerb von Denk- und Wis-
              senssystemen)

c) Schaffen sozialer Wirklichkeit
   (subjektiver Sinn wird zu objekti-        b) Handeln als intersubjektive
   ver Faktizität)              ←────────      Äußerung von Wissen
                                               (Objektivation subjektiven Sinns,
                                               z.B. Sprache)
```

Eigene Darstellung

Die subjektive Aneignung und objektive Wirklichkeit der Gesellschaft ist der Ausgangspunkt der Überlegungen von BERGER & LUCKMANN. Die Entstehung der Alltagswelt ist geprägt von Objektivationen. Wissensvorräte werden zu Alltagswissen und sind heterogen in der Gesellschaft verteilt (vgl. TREIBEL 1997, 122ff). Jedes Mitglied hat ein anderes Wissen, zwei Menschen können nicht dasselbe Wissen haben, da es immer subjektiv angeeignet werden muss.

Das für die vorliegende Arbeit interessante spezifische Alltagswissen hat folgende Grundlagen:

- In der Wirklichkeit der Alltagswelt wird Verhalten durch Wissen reguliert, das heißt durch Wesen und Struktur der Alltagswelt ebenso wie durch Bewusstsein und Funktionalität in der Alltagswelt (vgl. BERGER & LUCKMANN 1969, 21ff).
- Die gesellschaftliche Interaktion in der Alltagswelt gelingt vor allem über Reziprozität in vis-a-vis Situationen. Dabei ist die gesellschaftliche Interaktion durch Typisierung geprägt. Ein zusammenhängendes Set von Typisierungen kann zur Rolle werden (vgl. ebd. 31ff).
- Wird die Sprache und das Wissen in der Alltagswelt betrachtet, zeigt sich Sprache als wichtigstes Merkmal der Objektivation in der intersubjektiven Welt. Die Sprache ist Ursprung und Hauptbezugspunkt der Alltagswelt. Daneben existieren unterschiedliche Bedeutungen von Wissen: Das Alltagswissen ist eine relevante Struktur der Gesellschaft. Das Rezeptwissen ist ein gesellschaftlicher Wissensvorrat, bezieht sich auf Routineverrichtungen und beschreibt eine unterschiedliche Ausprägung des Wissens[41]. Dies hat den Vorteil, dass Energie für Innovationen oder Modifi-

---

41 Ein Beispiel ist der Umgang mit dem Telefon. Ich weiß wie ich ein Telefon benutzen kann

kationen frei ist. Ferner ist das Erfahrungswissen eine weitere Instanz des Wissens (vgl. ebd. 36ff).

Wie Prozesse des Verstehens von Handlungen ablaufen, arbeitete ALFRED SCHÜTZ (vgl. 2004a; 2004b) heraus. Jeder Mensch benutzt Typisierungen, schreibt sich selbst und anderen Menschen typische Motive und Identitäten zu. Zentral für dieses System von Konstruktionen typischer Aspekte ist unser Bezugsschema. Dies speist sich aus der eigenen und der vermittelten Welterfahrung (vgl. SCHÜTZ 2004a, 161). Es werden im alltäglichen Leben lediglich Aspekte erfasst, die biographische Situation des Einzelnen entscheidet dabei über deren Relevanz. Daraus entwickelt sich das Erkennen bestimmter Typiken (vgl. ebd. 162f).

Folglich erfasst jeder Mensch den anderen durch Typisierung, das heißt nur in Aspekten seiner einzigartigen Individualität und fragmentarisch dessen biographische Situation. Das Selbst des anderen Mitmenschen kann nur durch einen „Beitrag der Imagination hypothetischer Sinnvorstellung" (ebd. 169) erfasst werden. In den Konstruktionen des Common-Sense[42] Denkens erscheint die/der Andere als partielles Selbst, entsprechend nimmt jeder Mensch nur mit bestimmten Persönlichkeitsschichten an sozialen Wirkprozessen teil, als partielles Selbst des Ich. Die Typisierungen sind sozial abgeleitet und gebilligt, sie treten in Form von gesammelten Regeln und Anweisungen auf, die als selbstverständlich gelten und oft institutionalisierte Verhaltensstandards sind. Es ist eine zunehmende Anonymisierung der Konstruktionen nötig, um den Anderen und sein Verhalten zu erfassen (vgl. ebd. 170f).

Handlungen werden als typisch erkannt. Es wird auf allgemein anerkannte soziale Deutungsmuster zurückgegriffen, um sich das Handeln anderer zu erklären. Das Sinnverstehen im Common-Sense wird als sozialer Prozess mit vielen Vorraussetzungen beschrieben. Meist greifen wir auf Deutungsmuster zurück, die in unserer Sozialwelt bereits zur Verfügung stehen. Das Handeln des Menschen bewegt sich im Rahmen eines bestimmten Horizonts des Bekannten und Selbstverständlichen. Jede/r hat bestimmte Wahrnehmungsmuster und Handlungsrezepte zur Verfügung, die in unterschiedlichen Kontexten des Alltags angewandt werden, ohne sie zu hinterfragen.

---

und tue das nahezu täglich. Wenn es nicht funktioniert, kann ich es zwar nicht selbst reparieren, jedoch kann ich handeln und weiß, wen ich in einem solchen Fall benachrichtigen kann. „Diese ganze „Telefonkunde" ist Rezeptwissen, nur auf das gerichtet, was ich für praktische Zwecke heute und morgen wissen muß" (vgl. BERGER & LUCKMANN 1969, 44; Hervorhebungen im Original).

42 Common Sense: alltägliche Wahrnehmung / Erfahrung

Jedes Wissen ist institutionalisierte Problemlösung. Institutionalisierungsprozesse liegen als Handlungsentlastung vor. Dies bedeutet, dass wohl bekannte Handlungen reziprok typisiert werden und daraus Gewohnheiten und Habitus[43] entstehen (vgl. RICHTER 2002, 112f). Gesellschaft wird als subjektive Wirklichkeit im Individuum verankert, dazu bedarf es vieler Sozialisationsprozesse und Sozialisationsinstanzen. Wäre eine Gesellschaft wenig differenziert und einfach strukturiert könnte eine primäre Sozialisation (in der Familie) genügen. Aus dem theoretischen Rahmen (vgl. A) ist ersichtlich, dass in unserer Alltagswelt eine komplexe Sozialisation, inklusive sekundärer Sozialisation, notwendig ist (vgl. TREIBEL 1997, 122f).

Ein Beispiel zur vorliegenden Studie: eine Person möchte tätig sein, ist aber zurzeit wegen einer psychischen Erkrankung wenig belastbar. Die Frage ist, wie die soziale Wirklichkeit beschaffen ist und welche Institutionen es bereits gibt (entstanden durch Institutionalisierungsprozesse, beispielsweise Teilzeitbeschäftigung auf dem zweiten Arbeitsmarkt). Oder es muss eine Situation geschaffen werden, in der die betreffende Person eine Tätigkeit wahrnehmen kann, die ihrem derzeitigen Leistungsniveau Rechnung trägt – zum Beispiel Freiwilligenarbeit. Durch diese Tätigkeit wird wiederum eine neue Wirklichkeit geschaffen: Psychiatrie-Erfahrene als Freiwillige – dies stellt eine neue Institution dar.

Es ist klar geworden, dass der Rekurs auf Wissen soziologisch relevant ist, weil Wissen integraler Bestandteil des Handelns ist. Entäußerung von Wissen durch Handeln ist die kognitive Bezugnahme auf die Welt. Dadurch wird soziale Wirklichkeit durch Handeln geschaffen, diese dient wiederum als Grundlage der Orientierung in der Lebenswelt und strukturiert Handeln. Die Entstehung, Aneignung und Verwendung von Wissen ist in der Perspektive des Sozialkonstruktivismus entscheidend. Ergebnis des Prozesses ist das

---

43   BOURDIEU beschreibt sein Habitus-Konzept so: „Mein Versuch geht dahin zu zeigen, daß zwischen der Position, die der einzelne innerhalb eines gesellschaftlichen Raums einnimmt, und seinem Lebensstil ein Zusammenhang besteht. Aber dieser Zusammenhang ist kein mechanischer, diese Beziehung ist nicht direkt in dem Sinne, daß jemand, der weiß, wo ein anderer steht, auch bereits dessen Geschmack kennt. Als Vermittlungsglied zwischen der Position oder Stellung innerhalb des sozialen Raues und spezifischen Praktiken, Vorlieben usw. fungiert das, was ich Habitus nenne, d.h. eine allgemeine Grundhaltung, eine Disposition gegenüber er Welt, die zu systematischen Stellungnahmen führt – die dabei aber, weil sie ein Niederschlag des bisherigen Lebenslaufs ist, relativ unabhängig von der im fraglichen Zeitpunkt eingenommenen Position sein kann" (vgl. BOURDIEU 1989, 25). Das, was einen Menschen zum gesellschaftlichen Wesen macht, kommt im Habitus zum Vorschein: seine Zugehörigkeit zu einer bestimmten Gruppe und die Prägung, die er durch diese Zugehörigkeit erfahren hat.

Zustandekommen von „Konstruktionen erster Ordnung" (vgl. SCHÜTZ 1971)[44].

Das Sichtbarmachen von Konstruktionen erster Ordnung ist ein erstes Forschungsergebnis, es zeigt das Feld der Freiwilligenarbeit in einer westdeutschen Großstadt. Interessant für die vorliegende Arbeit ist (a) jener Wissensvorrat, der die Strukturen der Arbeitswelt bereits an die Fähigkeiten und Möglichkeiten der Menschen mit Psychiatrie-Erfahrung angepasst hat bzw. (b) welchen Wissensvorrat es bei Psychiatrie-Erfahrenen gibt, die bereits freiwillig tätig sind. Die Perspektive des Sozialkonstruktivismus führt einerseits zum Wissen in Bezug auf die Strukturen von Freiwilligenarbeit in einer westdeutschen Großstadt und macht zum anderen die Wichtigkeit des Wissens deutlich, das Tätige mit Psychiatrie-Erfahrung haben.

Im Laufe des Forschungsprozesses wird klar, dass meine erste Idee, eine Panelstudie (inklusive Vermittlung und Befragung interessierter Personen) durchzuführen, ohne Team, Kooperationspartner und/oder Stiftungsmittel in diesem Umfang nicht möglich ist[45].

Da durch die Felderschließung deutlich geworden ist, dass es bereits psychiatrie-erfahrene Menschen gibt, die freiwillig tätig sind, bietet es sich an, diese zu ihren Erfahrungen zu befragen, um festzustellen, welcher Wissensvorrat schon vorhanden ist.

Die Frage ist weiter – zurückkehrend zur auslösenden Situation in meiner Berufspraxis – ob es überhaupt Sinn macht (und wenn ja welchen), sich als Psychiatrie-Erfahrene/r freiwillig zu engagieren. Diese subjektive Perspektive wird im Folgenden mit einem weiteren Ansatz der Interpretativen Soziologie konkretisiert.

1.2 Perspektive der Tätigen: Symbolischer Interaktionismus

Die Perspektive der Tätigen lässt sich mit dem Symbolischen Interaktionismus (SI) theoretisch fundieren. 1892 gründete sich in Chicago ein Institut für Soziologie, dessen Interessens- und Forschungsschwerpunkt auf dem Alltag von Menschen lag. Die Theorie des SI ist im Kontext der Feldforschungen des Instituts entstanden. Der Begriff „Chicago School" hat sich nachträglich entwickelt.

44　Als Forscherin betrachte ich Handlungen und Konstruktionen erster Ordnung. Wenn ich Re-Konstruktionen erster Ordnung entwerfe (etwa in der Auswertung der Studie), sind dies Konstruktionen zweiter Ordnung.

45　Dementsprechend habe ich oben genannte mögliche kooperierende Einrichtungen und Träger informiert, dass sich mein Forschungsansatz wegen der Durchführbarkeit der Studie ändert und ich sie über folgende Ergebnisse informieren werde.

Grundlegend für diese Theorie ist der Pragmatismus[46]. Das Hauptinteresse des SI liegt – in Abgrenzung zu PARSONS Strukturfunktionalismus – auf dem Alltag des Menschen und ist eine Theorie der Interpretativen Soziologie. Der SI gründet besonders auf der Situationsdefinition von WILLIAM I. THOMAS: „Wenn die Menschen Situationen als real definieren, so sind auch ihre Folgen real" (1965, 114). Personen handeln danach, wie sie eine Situation definieren, erst die Deutung der sozialen Situation bestimmt das Handeln. Die Philosophie von GEORGE HERBERT MEAD (vgl. 1934; 1969; 1992) und seine Sozialisationstheorie[47] ist eine der Grundlagentheorien des SI. Der Begriff des SI wurde von seinem Schüler HERBERT BLUMER (vgl. 1981) erst nach MEADS Tod geprägt. MEAD sollte nicht als Vertreter des SI betrachtet werden. Er konzentriert sich auf Situationen interpersonalen Handelns (Intersubjektivität), dabei sind sein Bewusstseins-Begriff und der Ablauf von Bewusstseins-Prozessen entscheidend.

„Jener Mensch richtet sich nach den verschiedenen Reaktionsmöglichkeiten, die sich in den verschiedenen Reizen äußern, und gerade diese Fähigkeit macht sein Bewußtsein aus. [...] Die Fähigkeit zur Reflexion ist also die Grundvoraussetzung dafür, daß sich im sozialen Prozeß Bewußtsein entwickelt" (MEAD 1969, 242 und 252).

Dies vereint er in seiner Handlungstheorie mit folgenden Handlungsphasen:
· Der Handlungsimpuls ist die Situation eines Handlungskontextes zwischen dem Individuum und seiner Welt.
· Dabei ist die Wahrnehmung kein bloßes rezeptives, sondern aktives und selektives Geschehen des Wahrnehmenden.
· Die folgende Unterbrechung des Handlungsablaufs, in welcher Interpretation und Rollenübernahme erfolgen, ist die Manipulation oder Handlungshemmung. Hier entstehen Bewusstsein und Handlungsentscheidung.
· Beim anschließenden Handlungsvollzug kommt es zum tatsächlich ablaufenden Verhalten
(vgl. JOAS & KNÖBL 2004, 189f).

MEAD löst sich mit seiner Handlungstheorie vom Reiz-Reaktionsschema. Als Sozialbehaviorist möchte er Sozialität erklären Das menschliche Handeln beruht auf der Fähigkeit zu denken. Im Alltag kommt es zu verzögerten Re-

---

46 Der amerikanischer Pragmatismus wird etwa vertreten durch JOHN DEWEY, CHARLES S. PEIRCE und WILLIAM JAMES (vgl. z.B. RICHTER 2002, 53ff). Die Kernaussage ist, das Wissen bzw. Erkenntnis in konkreten Handlungs- und Problemsituationen entsteht.
47 Das „I", „me" und „self" bilden in MEADS Sozialisationstheorie die Identität einer Person. Dabei ist das „I" das impulsive Ich, während das „me" das reflektierte Ich meint – das „me" ist nicht übersetzbar und meint das sich selbst als Objekt erfahrende Ich. Das „self" ordnet die „me", es ist die gelungene Synthese von „I" und „me" (vgl. MEAD 1992, 216ff).

aktionen, während der Einzelne seine Handlungsbedingungen (z.B. Handlungskontext, Handlungsbedingung, der generalisierte Andere, gesellschaftliche Erwartungen, Bedürfnisse, Motive, Wünsche, etc.) erkennt. Der Mensch setzt sich mit diesen Komponenten auseinander. So entsteht im sozialen Handeln Bewusstsein, welches sich in der Sozialisation weiter entwickelt. Bei alltäglichen Handlungen oder häufig vollzogenen Handlungen kommt es zu einer Habitualisierung (vgl. RICHTER 2002, 72ff).

Folgende drei Prämissen, geprägt von MEAD und formuliert von BLUMER (vgl. 1981, 81ff), sind im SI grundlegend:
(1) Menschen handeln Dingen gegenüber auf der Grundlage von Bedeutungen, die diese für sie besitzen.
(2) Die Bedeutung der Dinge wird in der sozialen Interaktion ausgehandelt.
(3) Bedeutungen sind historisch wandelbar.

Diese Triade führt die Situationsdefinition (THOMAS) und die Bedeutung der symbolischen Interaktion (Handlungstheorie von MEAD) zusammen.

Entscheidend für den SI sind Symbole, die nach MEAD sozial definierte sind und deren Bedeutungen sich aus der Interaktion ergeben. Zentral ist das menschliche Sprachvermögen und die daraus folgende Entwicklung des Selbst (vgl. JOAS & KNÖBL 2004, 190f). GIDDENS unterstreicht diese Aussage: „Die Reflexivität als das wesentliche Merkmal der Spezies Mensch wäre ohne den sozialen Charakter der Sprache unvorstellbar" (1984, 21).

ANSELM STRAUSS (vgl. 1998) ist ein weiterer Vertreter des Symbolischen Inter-aktionismus. Vor allem in der Sozialpsychologie trägt er entscheidend zu Forschungen über Identitätsbildung und Identitätsentwicklung bei (vgl. JOAS & KNÖBL 2004, 207f). Ein zentrales Konzept seiner Arbeit sieht STRAUSS in dem

„der „ausgehandelten Ordnung" (negotiated order). Soziale Ordnung ist nach meiner Auf-fassung niemals selbstverständlich, sondern erfordert zu ihrer Etablierung, Aufrechterhaltung und ihrem Wandel immer wieder Aushandlungsprozesse, deren Art und Weise natürlich vom jeweiligen Kontext abhängig ist. Das ist ein ausgesprochen interaktionistisches Konzept; für die meisten soziologischen Theorien ist nämlich Ordnung das selbstverständlich Gegebene, die tun sich dann schwer damit, Chaos und Wandel zu erklären" (vgl. LEGEWIE & SCHERVIER-LEGEWIE 2004, Abs. 41; Hervorhebungen im Original).

Das heißt, dass die Studie (Interviews zu einem bestimmten Zeitpunkt) eine Momentaufnahme ist und keine immer gültigen Ergebnisse liefert, sondern wandelbare Bedeutungen aufzeigt. Neben dem Herausarbeiten der strukturellen Eigenschaften des Aushandelns ist der Kontext entscheidend, d.h. welche Bedingungen (und verschiedene Ausprägungen) hat das Aushandeln? Ergebnisse von Aushandlungen sind zeitlich begrenzt und müssen kontinuierlich überarbeitet werden. Soziale Wirklichkeit ist empirisch offen. Handlungsbedingungen werden durch soziale Interaktion geschaffen. Zentrale Frage ist, wie soziale Ordnung entsteht.

Wird die Felderschließung – begründet durch den Sozialkonsturktivismus (vgl. B 1.1) – mit der Perspektive des Symbolischen Interaktionismus verknüpft, komme ich zu folgendem Schluss: ich werde Interviews mit Psychiatrie-Erfahrenen führen, die sich freiwillig engagieren oder engagiert haben. Dabei geht es vor allem um die Art der Tätigkeit und die jeweiligen Erfahrungen rund um die Tätigkeit. Durch die drei oben genannten Prämissen sind Bedeutungen von Dingen für Menschen zu analysieren (z.b. welche Bedeutung hat die Freiwilligenarbeit). Außerdem ist zu betrachten, wie das Aushandeln in sozialer Interaktion diese Bedeutungen beeinflusst und ob bzw. welche Änderungen sich im Laufe des Lebens ergeben.

Der Schwerpunkt liegt auf der Aushandlung von Bedeutungen als kontinuierlicher Prozess. Dabei laufen Prozesse der Symbolinterpretation ab. Auf dem Hintergrund des Forschungsthemas ist zu analysieren, inwiefern bestimmte Erfahrungen und Bedeutungen mit der freiwilligen Tätigkeit oder/und mit der Psychiatrie-Erfahrung von Menschen zusammenhängen und welche Erwartungen an das Selbst, die Gesellschaft oder eine spezielle Gruppe damit verbunden sind oder eben nicht. Wie verhalten sich die AkteurInnen, da nicht vorgegebene Handlungsbedingungen relevant sind, sondern die Definition von Situationen? Was machen sie mit gesellschaftlichen Vorstrukturierungen und wie bauen sie diese in ihre eigene Strukturierungsleistung ein?

Handeln ist stets kontingent und flüssig, nicht determiniert (vgl. JOAS & KNÖBL 2004, 200). Der Symbolische Interaktionismus sieht das Subjekt als kompetenten und kreativen Handelnden sowie die Gesellschaft als Handlungsprozess mit fluiden Handlungsverflechtungen (vgl. GIDDENS 1984, 24).

1.3 Forschungsgegenstand und Forschungsfragen

Der Forschungsgegenstand lässt sich auf Erfahrungen mit Freiwilligenarbeit konkretisieren, und zwar aus der Perspektive von Tätigen mit Psychiatrie-Erfahrung.

Grundlegende Forschungsfrage ist, ob sich durch Freiwilligenarbeit die gesellschaftliche Integration und Teilhabe von Menschen mit Psychiatrie-Erfahrung verbessert. Abschließend steht die Frage, welche Handlungsoptionen für die Soziale Arbeit daraus folgen können.

Durch den theoretischen Rahmen (vgl. A) und die Felderschließung auf Grundlage des Sozialkonstruktivismus konnten bereits erste Fragen bezüglich des Forschungsfeldes beantwortet werden.
- Es gibt Institutionen, die ein Tätigsein von Psychiatrie-Erfahrenen möglich machen. Neben der Erwerbsarbeit kann das bspw. in verschiedenen Einrichtungen des sozialpsychiatrischen Angebots erreicht werden.[48] Ebenso zu bedenken sind Institutionalisierungen, die sich individuell als Tätigkeit eignen, wie ein Hobby und Mithilfe in der Familie oder im Freundeskreis. Eine weitere Möglichkeit ist der Bereich der Freiwilligenarbeit, in dem es bereits Tätige mit Psychiatrie-Erfahrung gibt.
- Wenn eine Person tätig sein möchte, sind diesem Bedürfnis Prozesse der Typisierung voran gegangen. Eine Typisierung als Ergebnis dieser Prozesse ist, dass es eine unverzichtbare Eigenschaft des Selbst ist, tätig zu sein, Arbeit zu haben, Struktur, etc. Diese Typisierung des Selbst gründet auch auf der heutigen Welterfahrung bezüglich der Erwerbsarbeitswelt und des Wertes der Arbeit (vgl. A 1.1; 1.2; 2.1; 2.2; 2.3), ebenso dargelegt in verschiedenen Forschungen (vgl. A 3.1.4; 3.1.5).
- Aus der Frage, welche Institutionalisierungsprozesse ablaufen und wie Psychiatrie-Erfahrene für das Problem, tätig zu sein, Lösungen suchen, kann die folgende Studie Antworten geben. Lassen sich aus den Aussagen der Interviewten Institutionalisierungsprozesse erkennen? Wie gestalten und zeigen sich aus deren Sicht Rahmenbedingungen der Freiwilligenarbeit in der Praxis?

Die Felderschließung lässt den Schluss zu, dass mein Forschungsansinnen mit der Realität im Praxisfeld vereinbar ist. Es ist möglich und/oder vorstellbar, dass psychiatrieerfahrenen Menschen in Freiwilligenarbeit tätig sind. Diese Erkenntnis führt zum konkreten Feldzugang: ich werde Personen mit Psychiatrie-Erfahrung suchen und interviewen, die bereits in Freiwilligenarbeit tätig sind oder waren.

Deren subjektive Perspektive lässt sich mit Forschungsfragen auf dem Hintergrund des Symbolischen Interaktionismus konkretisieren. Zentral ist dabei meine Haltung als Forscherin, die die Perspektive der Handelnden übernimmt und die Welt von ihren Standpunkten aus betrachtet. Neben der zentralen Forschungsfrage (vgl. oben) stehen folgende Fragen im Mittelpunkt:

- Wie gelingt der Zugang zu Freiwilligenarbeit?

---

48 Erster und zweiter Arbeitsmarkt, Integrationsfirmen, Ergotherapie, Tagesstätten, etc. (vgl. A 1.2; 2.3)

- Welche Einflüsse begünstigen oder beeinträchtigen die Aufnahme einer freiwilligen Tätigkeit?
- Welche Faktoren bestimmen, dass eine Freiwilligenarbeit als gelingend erlebt wird?
- Spielt die Psychiatrie-Erfahrung eine Rolle – bei den freiwillig Tätigen selbst sowie bei Mitarbeitenden oder dem jeweiligen Träger?

Die beiden beschriebenen methodologischen Zugänge der Interpretativen Soziologie haben den Prozess unterstützt, das zu beforschende Thema soweit einzugrenzen, dass es bearbeitbar ist. Der Sozialkonstruktivismus verweist auf jenen Wissensvorrat, der die Strukturen der Arbeitswelt bereits an die Fähigkeiten und Möglichkeiten von Psychiatrie-Erfahrenen angepasst hat – oder auch nicht – (vgl. A) bzw. welchen Wissensvorrat es bei freiwillig Tätigen gibt. Der Symbolische Interaktionismus betrachtet die Interaktion und besonders das Aushandeln von Bedeutungen. Dabei bezieht er den Prozess der Symbolinterpretation mit ein und konzentriert sich auf das Sinnverstehen.

1.4 Kriterien qualitativer Sozialforschung

Grundsätzliche Kriterien jeder empirischen Forschung sind Systematik, Nachvollziehbarkeit des Erkenntnisweges, methodische Kontrolle und kritische Reflexion (vgl. KRUSE 2008, 14).
Diese werden in der vorliegenden Studie erfüllt durch
- den systematischen Aufbau im Forschungsprozess (Felderschließung als erster Schritt des Prozesses vor den Interviews; vgl. B 1.1);
- die detaillierte Beschreibung des Forschungsprozesses, der Transparenz gewährleistet (vgl. B);
- die Zusammenarbeit mit anderen ForscherInnen (Doktorandencolloquium, Forschungs-Arbeitsgruppe), Präsentation auf Methodenworkshops und Tagungen;
- die Forschungsmethodik und Auswertungsverfahren (vgl. B 2; B3).

In Abgrenzung zum deduktiv-nomologischen Paradigma orientiert sich die Studie an der Intersubjektivität (anstatt Objektivität) und der reflektierten Subjektivität (anstatt Reliabilität und Validität), welche weitere Kriterien qualitativer Forschung sind (vgl. ebd.). Als Validitätsmaßstab ist die Offenheit zu verstehen, welche die Reflexion von Fremdverstehensprozessen und Befremdung der eigenen Kultur meint.
   Folgende Gemeinsamkeiten verschiedener theoretischer Positionen der qualitativen Sozialforschung sind für meine Studie bedeutsam:

- Das Verstehen als Erkenntnisprinzip, damit ist ein Verstehen von innen heraus gemeint.
- Die Fallrekonstruktion als Ansatzpunkt, das heißt ich setze am Einzelfall an und entwickle durch vergleichende bzw. allgemeine Aussagen schließlich Kategorien.
- Der Text als empirisches Material. Die Aussagen der Interviewten und deren Sinn können nur anhand von Texten, in meinem Fall Interviewtranskripte, in der notwendigen Ausführlichkeit rekonstruiert werden (vgl. FLICK 2005, 48ff).
- Die Offenheit gegenüber Untersuchungspersonen, der Untersuchungssituation und den einzelnen anzuwendenden Methoden. Die vorliegende qualitative Studie hat Explorationsfunktion, ist ein hypothesengenerierendes Verfahren und ich bilde keine Hypothesen ex ante.
- Den Prozesscharakter von Forschung und Gegenstand. Jede Veränderung und Verfeinerung der Fragestellung war für mich ein Erkenntnisfortschritt, ebenso wie die Arbeit an der Gliederung und deren Wandel im Laufe der Forschungsarbeit.
- Schließlich ist die Flexibilität entscheidend, um dem Prozesscharakter und der Reflexivität meiner Studie gerecht zu werden (vgl. LAMNEK 1995, 21ff).

Unterschiedliche qualitative Forschungsansätze gehen von denselben Annahmen aus. Realität wird interaktiv hergestellt und subjektiv bedeutsam, sie wird über kollektive und individuelle Interpretationsleistungen vermittelt und handlungswirksam. Die Kommunikation spielt daher in der qualitativen Forschung eine große Rolle. Strategien der Datenerhebung weisen methodologisch betrachtet selbst einen kommunikativen, dialogischen Charakter auf. So werden in der qualitativen Forschung Theorie-, Konzept- und Typenbildung explizit als Ergebnis einer perspektivischen Re-Konstruktion der sozialen Konstruktionen der Realität gesehen.

Methodologisch unterscheiden sich zwei grundlegend verschiedene Perspektiven der Re-Konstruktion:
(1) Der Versuch der Darstellung grundlegender allgemeiner Mechanismen, mit deren Hilfe Handelnde in ihrem Alltag eine gemeinsame soziale Wirklichkeit herstellen (Bsp. Ethnomethodologie[49]).

---

49 Der Hauptvertreter der Ethnomethodologie ist HAROLD GARFINKEL. In seinen „breaching experiments" (Krisenexperimenten) deckt er durch Störungen Selbstverständlichkeiten und Grundstrukturen des Handelns auf (vgl. GARFINKEL 1990, 36ff; JOAS & KNÖBL 2004 235ff).

(2) Eine „dichte Beschreibung"[50] der je subjektiven Wirklichkeitskonstruktionen (Alltagstheorien, Ereignisse, Biographien, usw.), deren Verankerung in kulturellen Selbstverständlichkeiten und Praktiken in lokalen und organisationsgeprägten Milieus (vgl. FLICK et al. 2005, 21f).

Untersuchungen des ersten Typs liefern Erkenntnisse über die Methode, mit denen Alltagshandelnde Gespräche führen, Situationen bewältigen, also allgemein soziale Ordnung herstellen. Untersuchungen des zweiten Typs liefern gegenstandsbezogene inhaltliche Informationen über subjektiv bedeutsame Verknüpfungen von Erleben und Handeln, über Auffassungen zu bestimmten Themen, über Lebensentwürfe, inneres Erleben und Gefühle. Die vorliegende Forschungsarbeit orientiert sich am zweiten Typ der Rekonstruktion.

Als Erhebungsmethode bietet sich das qualitative Interview an. KRUSE nennt drei Entscheidungsebenen der Interviewforschung, die sich im vorliegenden Forschungsprozess wieder spiegeln:
- Festlegung der Forschungsfrage und des Forschungsgegenstandes (vgl. B 1.3);
- Festlegung der Erhebungsmethode und des Analyseverfahrens (vgl. B 2; 3)
- Festlegung der zu befragenden Personen (vgl. B 2.1: Zielgruppe; B 3.2: theoretisches Sample) (vgl. KRUSE 2008, 34).

---

50 Die Bezeichnung geht zurück auf CLIFFORD GEERTZ (vgl. 1983); näheres zur „dichten Beschreibung siehe bspw. bei BARBARA FRIEBERTSHÄUSER 2006.

2. Erhebungsmethoden

> Für sein Tun und Lassen darf man keinen andern zum Muster nehmen;
> Weil Lage, Umstände, Verhältnisse nie die gleichen sind,
> und weil die Verschiedenheit des Charakters
> auch der Handlung einen verschiedenen Anstrich gibt.
>
> ARTHUR SCHOPENHAUER

2.1 Zielgruppe der Forschung

Bei meinen Überlegungen standen zunächst – begründet durch die Berufpraxis in einer therapeutischen Jugendwohngruppe – junge Erwachsene im Fokus. Da sich die Suche nach InterviewpartnerInnen mit Psychiatrie-Erfahrung schwierig gestaltete[51], erweiterte ich dieses Merkmal. Mein Anfangssample sind erwachsene Frauen und Männer mit Psychiatrie-Erfahrung im Großraum einer westdeutschen Großstadt, die Erfahrung mit Freiwilligenarbeit haben. *Freiwilligenarbeit* (vgl. A 1.4) ist damit ein zentrales Merkmal. Art und/oder Dauer des freiwilligen Engagements sind dabei nicht ausschlaggebend, auch wird nicht vorausgesetzt, ob die Tätigkeit aktuell oder bereits beendet sein soll.

Psychiatrie-Erfahrung als weiteres zentrales Merkmal wird mit diesem Begriff benannt und nicht weiter beschrieben (keine Nennung z.B. von Diagnosen, sonstigen Voraussetzungen bzw. Ausschlusskriterien). Die Entscheidung entstand aus der Überzeugung (begründet in der Berufspraxis), dass sich auf diese Bezeichnung Personen melden, die sich damit identifizieren. Die Vorgehensweise bestätigt sich, da alle Interviewten in irgendeiner Weise, meist mehrfache, klinische bzw. ambulante Erfahrung mit der (Sozial-)Psychiatrie haben – dies schließt in einem Fall auch Erfahrung mit einem Aufenthalt in einer psychosomatischen Klinik ein.

Ein weiteres wichtiges Merkmal ist die *Freiwilligkeit* für das Interview, belegt durch eigenes Melden bei der Forscherin (telefonisch, per Email). Der Aspekt, etwas von sich selbst aus mitteilen zu wollen, wird damit gewährleistet.

---

51 Hypothesen, wieso es schwierig war, InterviewpartnerInnen zu finden: Aufgrund des gesellschaftlichen Rufs der Psychiatrie kann dies für die/den Einzelne/n ein schambesetztes Thema sein. Die explizite Ausschreibung der Psychiatrie-Erfahrung als Bedingung für ein Interview beinhaltet auch die Gefahr der Stigmatisierung. Voraussetzung für die Eigendefinition als Psychiatrie-Erfahrene/r ist die Akzeptanz der Erkrankung und benötigt Selbstbewusstsein, dazu zu stehen und davon berichten zu wollen (vgl. B 2.2 Zugang).

Genauso wichtig ist das Merkmal der *Fremdheit*. Ich habe keine Person interviewt, die mir aus Arbeitszusammenhängen oder sonstigen Kontexten bekannt ist. Durch bereits vorhandene Beziehungen ist sonst die Vergleichbarkeit mit anderen, mir unbekannten Interviewten, nicht gewährleistet. Auch wollte ich Probleme in der Auswertung ausschließen, welche sich ergeben, wenn bereits geteiltes Wissen im Interview nicht expliziert wird, obwohl sich das Gespräch darauf bezieht. Denn die Auswertung kann lediglich am Text, der Kommunikation in Schriftform, entstehen. Zusätzlich wollte ich so bewusst die Schwierigkeit ausschließen, dass sich Personen aus aktuellen oder früheren Arbeitszusammenhängen zu einem Interview verpflichtet fühlten.

2.2 Zugang zu den Interviewten

Anhand der Forschungsfragen und des Forschungsgegenstands habe ich meine Zielgruppe der Studie bestimmt.

Um in Kontakt mit geeigneten und interessierten Personen zu kommen, sprach ich persönlich – nach telefonischer Terminvereinbarung – mit einem Mitarbeiter des Selbsthilfezentrums (SHZ) und dem Geschäftsführer eines Vereins von Psychiatrie-Erfahrenen. Über das SHZ bekam ich eine Liste mit verschiedenen relevanten Selbsthilfegruppen (SHG) und Daten der LeiterInnen. Nach telefonischen Gesprächen mit einigen SHG-LeiterInnen verbreiteten sie meine Interviewsuche in ihren Gruppen oder sprachen Personen gezielt an. Durch den Psychiatrie-Erfahrenen-Verein bekam ich die Gelegenheit, meine Interviewanfrage in ihrem Rundbrief abzudrucken, der an alle Mitglieder des Vereins (ca. 400) regelmäßig verschickt wird.

Weitere Kontakte zu InterviewpartnerInnen kamen über eigene Praxiskontakte zustande. KollegInnen im Arbeitsfeld Sozialpsychiatrie machten Aushänge oder/und sprachen direkt potentielle InterviewpartnerInnen an, ob sie Interesse an einem Interview haben.

Außerdem verschickte ich per Brief meine Interviewsuche an Einrichtungen der Sozialpsychiatrie, zum Teil persönlich adressiert an mir bekannte MitarbeiterInnen.

Aufgrund meines eigenen Arbeitszusammenhanges sind somit überwiegend Kontakte zu Personen entstanden, die selbst Verbindungen zu verschiedenen Einrichtungen im sozialpsychiatrischen Feld haben oder hatten. Dies lässt zwei Schlüsse zu: zum einen nutzen viele Menschen mit Psychiatrie-Erfahrung die Angebote des Arbeitsfeldes, zugleich habe ich jene Menschen, die dies nicht tun, vermutlich nicht erreicht mit meinen Anfragen – auch wenn sie eventuell freiwillig tätig sind.

Auf der folgenden Abbildung (vgl. Abb. 11) sind die Methoden der Kontaktaufnahme zu den InterviewpartnerInnen im Überblick zu sehen.

Abb. 11: Kontaktaufnahme zu den InterviewpartnerInnen

Methoden der Kontaktaufnahme

KollegInnen im Arbeitsfeld Sozialpsychiatrie

Persönliche Gespräche: mindestens vier Aushänge in verschiedenen Einrichtungen

Resultat: Drei Meldungen für Interviews

Persönliche Gespräche: mindestens fünf Personen werden persönlich angesprochen

Resultat: Drei Meldungen für Interviews

Ich verschicke sechs Briefe an mir bekannte Personen mit Bitte um Aushang einer Information plus Interviewanfrage

Resultat: Eine Meldung für Interview

Persönliches Gespräch mit Mitarbeiter SHZ

Ich telefoniere mit vier SHG-LeiterInnen > diese machen Werbung in ihren Selbsthilfegruppen

Resultat: Eine Meldung für Interview

Persönliches Gespräch mit Geschäftsführer MüPE e.V.

Ich setze schriftliche Anfrage in den Rundbrief

Resultat: Zwei Meldungen für Interviews

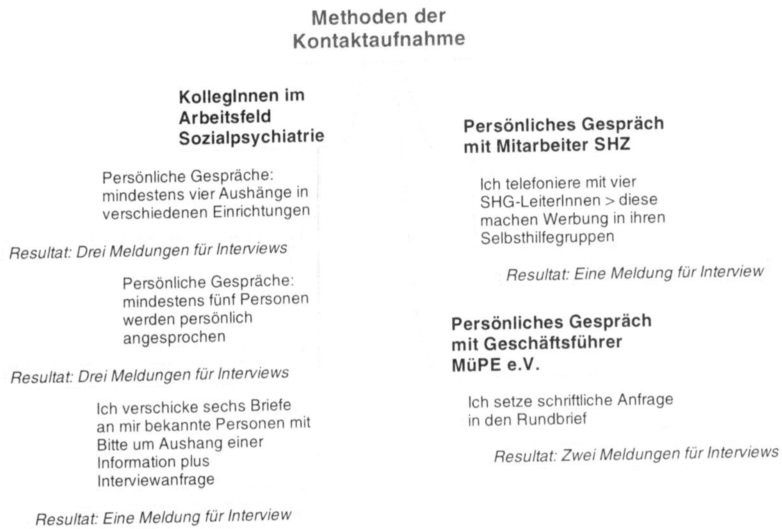

Eigene Darstellung

Die InteressentInnen meldeten sich entweder telefonisch oder per Email. Der weitere Kontakt war immer telefonisch, zunächst erkundigte ich mich nach ihrem Zugang zu meiner Anfrage und schilderte kurz mein Anliegen. Dabei gab ich erste Informationen zum Gespräch (Tonbandmitschnitt, Art der Gesprächsführung) sowie die Möglichkeit für offene Fragen. Die Termine sowie der Ort für das Treffen zum Interview wurden dann ausgehandelt. Ich bot immer an, das Gespräch bei den Interessenten zuhause zu machen (wegen eventuell auftretender Fahrkosten und des vertrauten Rahmens). Es meldeten sich überwiegend Menschen, die sich gerne verbal ausdrücken und einige, die bereits bei anderen Untersuchungen oder Studien mitgemacht hatten.

Ein potentieller Interviewpartner war zum ausgemachten Termin leider krank, da ich mich jedoch bereits am vereinbarten Ort befand (einer Tagesstätte), konnte dort ein anderer Gesprächspartner, mit dem ich bereits telefoniert, aber noch keinen Termin vereinbart hatte, spontan zum Interview einspringen. Möglich war dies, weil eine Mitarbeiterin dort sich erinnerte, dass der Betreffende von dem Kontakt zu mir erzählt hatte und mich darauf hinwies, dass er anwesend sei, falls ich Ersatz suche.

Es gab für die Interviews kein Entgelt, um das Kriterium der Freiwilligkeit zu unterstreichen – lediglich eine Interviewpartnerin fragte danach und vereinbarte trotz meiner Verneinung einen Termin zum Interview. Meine Praxisnähe erwies sich als Vorteil, um die nötigen Kontakte im sozial-psychiatrischen Feld herstellen zu können. Der persönliche Kontakt zu Einrichtungen und MitarbeiterInnen war meist ausschlaggebend dafür, dass sich Interessierte bei mir meldeten. Zum Beispiel erzählt Frau Seiler auf meine Nachfrage, wieso sie sich für das Interview bereit erklärt hat, folgendes:

„(lacht) Ja ich komm zum Streichen (-) und da seh ich dann die ganzen Utensilien Farben und so weiter und den Zettel mit dabei (lacht) na denk ich mir jaja Doro[52] (lacht) *[(lacht)]*du weißt schon wem du´s antun kannst (lacht). Nein des war einfach nur (-) ja vielleicht entsteht ja daraus was Gutes. (-) Ja des hat aber mit zu tun weil, weil ich die Doro auch schon lange kenne. *[Mhm]* Äh also auch wenn's ne andere Sozpäd gemacht hätte. Ähm wenn des (-) wenn ich des von der Uni gekriegt hätte na hätt ich's weggepfeffert. Dann (-) oder von ner Klinik oder von, ja sonst irgendwo, weil da hätt ich g´sagt hier (-) *(Geste Finger zur Stirn)* aber, des sin halt einfach für mich so Sachen wenn die Doro oder die Gudrun oder wer auch immer (-) mir so was gibt, dass äh die des auch aus dem Gedanken heraus machen, WARUM geben sies mir, sie könntens ja auch der (-) wem auch immer geben also, die denken sich auch was dabei und tun des net einfach so (-) äh verstreuen drum" (I9 Z. 1072ff).

Dennoch war es schwierig, überhaupt Menschen, die bereit zu einem Interview waren, zu finden. Ebenso meldeten sich keine jungen Erwachsenen, die zunächst Ausgangspunkt meiner Forschungsüberlegungen waren (der jüngste Interviewte ist 39 Jahre). Ein Überblick über die Interviewten findet sich neben den einzelnen Portraits (vgl. C 1) in den Abbildungen 13 und 14 im Anschluss an die Interviewportraits.

2.3 Problemzentrierte Interviews

Leitfadeninterview ist der Oberbegriff für eine spezifische Art der qualitativen Interviewführung[53]. Dabei wird ein Gespräch durch einen so genannten Leitfaden strukturiert (vgl. KRUSE 2008, 31). Das problemzentrierte Interview (PZI) nach WITZEL (vgl. 1985; 2000) ist eine Variante dieser Interviewart.

---

52 Mitarbeiterin einer Tagesstätte, die Informationszettel für meine Interviewsuche weitergegeben hat.
53 Für einen Überblick zu verbalen Daten in qualitativer Sozialforschung vgl. FLICK 2005, 117-197; KRUSE 2008, 28-32.

"Der Leitfaden hat nicht die Aufgabe, ein Skelett für einen strukturierten Fragebogen abzugeben, sondern soll das Hintergrundwissen des Forschers thematisch organisieren, um zu einer kontrollierten und vergleichbaren Herangehensweise an den Forschungsgegenstand zu kommen" (WITZEL 1985, 236).

Dieses Vorgehen gründet im Forschungsinteresse, zu meinem bestimmten Thema etwas in Erfahrung zu bringen und die Betroffenen zu Wort kommen zu lassen (LAMNEK 1995, 151). Dabei kann das Leitfadeninterview unterschiedlich starke Strukturierungs-niveaus haben. Je nachdem, wie dezidiert ein Leitfaden ausgearbeitet und gehandhabt wird, entsteht eine starke oder schwache Strukturierung des Gesprächsflusses (vgl. KRUSE 2008, 36). Mir diente er vor allem als Gedächtnisstütze, um sicher zu stellen, dass bestimmte Themen angesprochen werden, falls sie nicht von selbst thematisiert werden. Es ergab sich eine breite Variation der Strukturierung in den Interviews, die ich dem jeweiligen Gegenüber angepasst habe. Einige erzählten von sich aus sehr gern und ausführlich, andere wollten lieber gefragt werden. So sagt Herr Miehl, als ich nach ein paar einleitenden Worten frage, ob das soweit für den Einstieg in Ordnung ist: „Ja. (-) Also mir wär´s lieber wenn SIE fragen, weil ich bin kein großer Redner" (I2 Z. 18).

Je nach Interview stellte ich somit mal zu Beginn oder eher am Ende vermehrt Fragen, die sich aus dem Leitfaden oder dem bisherigen Interviewverlauf ergeben.

Zentrales Ziel der qualitativen Interviewforschung ist, dass die Relevanzen der Befragten abgebildet werden. Die Reflexion der eigenen Rolle lässt die Forscherin auf wechselnde Bedürfnisse des Gegenübers eingehen (vgl. KRUSE 2008, 33). Weiter trägt die spezifische Haltung der rekonstruktiven Sozialforschung, die Selbstzurücknahme und Selbstreflexivität, zur Entfaltung des subjektiven Relevanzsystems des Gegenübers bei. Das eigene Vorwissen ist reflexiv zu kontrollieren, da es sonst den Interviewfluss stören kann (vgl. ebd. 34). Durch Interviews ist es möglich, Kenntnisse über subjektive Bedeutungen und Erfahrungen von freiwillig Tätigen zu bekommen. Die Sinn- und Erfahrungshorizonte werden sichtbar und Bedeutungszuschreibungen sowie Situationsdefinitionen werden deutlich. Da es, wie oben beschrieben, keine Forschung zu diesem Thema gibt, bot sich eine möglichst offene Befragung mit Fokus auf das Thema Freiwilligenarbeit auf dem Hintergrund der Psychiatrie-Erfahrung an.

Begründet durch meine vorhandene Praxiskenntnis entschied ich mich gegen rein biographisch-narrative Interviews. Gerade in vielen (sozial-) psychiatrischen Zusammenhängen sind Betroffene wiederholt in der Situation, nahezu ihre ganze Biographie – besonders ihre so genannte Krankheitsbiographie – offen zu legen, meist vor völlig unbekannten Menschen und möglichst detailliert. Dabei habe ich in der Berufspraxis vielfach eine gewisse Automatisierung erlebt, durch die Wiederholung im fremden Rahmen wird die Krankheitsgeschichte als Lebensgeschichte abgespult, dagegen tritt die Lebensgeschichte als Erzählung in den Hintergrund[54]. Als ob ein Band liefe, dadurch ist wenig Authentizität und Emotion spürbar. Diese Situation wollte ich nicht (wieder-) herstellen und so meinen InterviewpartnerInnen die Wahl lassen, welche Aspekte ihrer Biographie sie wie ausführlich oder überhaupt erzählen möchten.

Die Wahl der Erhebungsmethode soll zudem gewährleisten, dass der Forschungsgegenstand angemessen erhoben wird. Da mich besonders die subjektiven Problemsichten und Bedeutungsmustern im Rahmen von Freiwilligenarbeit interessierten, auch um sie den theoretischen Vorannahmen gegenüber zu stellen (vgl. ebd. 30), entschied ich mich für das problemzentrierte Interview nach WITZEL (vgl. 1985; 2000) und folgte seinen Kriterien:

Das *Prinzip der Offenheit* ist ausschlaggebend, da „auf eine vorgängige explizite Hypothesenbildung ex ante verzichtet" (WITZEL 1985, 228) wird. Trotz existenter Vorannahmen soll vor der Datengewinnung kein Kategoriensystem stehen, die Daten sollen für sich sprechen und kausale Erklärungsmodelle werden abgelehnt.

Die *Problemzentrierung* meint zum einen die gesellschaftlich relevante Problemstellung und zum anderen die Strategie zur optimalen Explikation der befragten Individuen. Daraus ergibt sich „die Offenlegung und Systematisierung" (ebd. 230) des Wissenshintergrundes. Mein Kontextwissen durch die Berufserfahrung im sozialpsychiatrischen Arbeitsfeld und die eigene Erfahrung mit Freiwilligenarbeit kam mir hier zugute und verkürzte die Orientierungsphase. Die beschriebene Felderschließung (vgl. B 1.1) ergänzte dieses Wissen.

„Theoretisches Wissen entsteht in der Auswertungsphase durch Nutzen von „sensitizing concepts" (BLUMER 1954, 7), die in der weiteren Analyse fortentwickelt und mit empirisch begründeten Hypothesen am Datenmaterial erhärtet werden. Mit dieser elastischen Vorgehensweise soll gewährleistet werden, dass die Problemsicht des Interviewers/ Wissenschaftlers nicht diejenige der Befragten überdeckt, und den erhobenen Daten nicht im Nachhinein einfach Theorien „übergestülpt" werden" (vgl. WITZEL 2000, Abs. 3; Hervorhebungen im Original).

Die *Gegenstandsorientierung* steht für die (Weiter-) Entwicklung von Forschungsmethoden aus der Praxis heraus (vgl. WITZEL 1985, 232). Darauf

---

54 Im Gegensatz dazu hat GERHARD RIEMANN (1987) die Erfahrung gemacht, dass lebensgeschichtliches Erzählen im Rahmen von autobiographisch-narrativen Interviews auch dazu beitragen kann, die eingespielte Selbst- und Fremdreduktion auf die „Krankheitsgeschichte" zu überwinden.

begründe ich meine Entscheidung gegen rein narrativ-biographische Interviews, ebenso die unterschiedliche Handhabung von Nachfragen in den Interviews.

Die *Prozessorientierung* betont noch einmal den zirkulären Prozess der Theorie-generierung durch Vorwissen und Datengewinnung (wie beschrieben bei der Problemzentrierung). Induktion und Deduktion wechseln sich ab (vgl. ebd. 233). Auch für die Vertrauensbildung im Interview selbst gilt die Prozessorientierung, ebenso wie für die gesamte Gestaltung des Forschungsablaufs (ebd. 234).

Einen ersten Leitfaden erstellte ich nach der Felderschließung und anhand der Forschungsfragen. Nach den ersten beiden Interviews habe ich diesen verkürzt, da ich feststellte, dass ein weniger ausführlicher Leitfaden praktikabler ist (Leitfaden ist bei Autorin zu erfragen). Nach einer ersten Auswertung von zwei Interviews formulierte ich die Eingangsfrage für die weiteren Interviews präziser.[55] Dies wurde durch das aktive Bearbeiten meines Materials auf einem Methoden-Workshop[56] unterstützt. In den ersten beiden Interviews hatte ich als Einstieg nach der aktuellen/letzten freiwilligen Tätigkeit gefragt. Da sich im Rahmen der Themenzentrierung die Lebensgeschichte bezüglich der Freiwilligenarbeit als mitentscheidend zeigte, war im weiteren Verlauf der Studie dieser veränderte narrative Stimulus folgerichtig.

Als weiteres Teilelement des Interviews – neben dem Leitfaden als Orientierung – nutzte ich einen Kurzfragebogen (detaillierte Ausführung ist bei Autorin zu erfragen), der zur Ermittlung von Sozialdaten diente (vgl. WITZEL 2000, Abs. 6). Des Weiteren wird so das Interview von Nachfragen nach Daten entlastet. Ich ließ ihn am Ende der Interviews ausfüllen. Dadurch wurden beispielsweise Familienverhältnisse sichtbar, die im Interview nicht thematisiert wurden (Frau Seiler ist geschieden, Herr Nick hat zwei Brüder). Teilweise ergaben sich neue Erzählungen zu Lebensereignissen.

Die Interviews wurden mittels eines digitalen Aufnahmegeräts aufgezeichnet. Dieser Umstand wurde vor dem Interview am Telefon besprochen und von allen Befragten akzeptiert. In einigen Gesprächen kam die/der Interviewte darauf zu sprechen und war neugierig, wie das Gerät funktioniert und die Datei weiterverarbeitet wird – dies geschah sowohl zum Gesprächseinstieg als auch am Ende des Interviews. In diesem Zusammenhang wiederholte ich, dass das gesamte Gespräch wörtlich transkribiert wird, die Aufnahme

---

55 Stimulus: Ich habe Interesse an Ihren freiwilligen Tätigkeiten. Erzählen Sie mir, von Anfang an bis heute, was Ihnen alles dazu einfällt (wie es dazu kam, wie es weiterging, …).
56 Erster bundesweiter Methodenworkshop des Arbeitskreises „Rekonstruktiven Sozialarbeitsforschung und Biographie" 30.08.-01.09.2007 an der Evangelischen Fachhochschule Darmstadt/Studienstandort Hephata in Schwalmstadt/Treysa

dafür von mir persönlich gehört wird und sämtliche Namen und Orte bereits in diesem Schritt von mir maskiert werden.

Ab der ersten Kontaktaufnahme sowie vor und direkt nach den Interviews verfasste ich Prä- bzw. Postskripts mit Daten, Kontextinformationen sowie Eindrücken und Gedanken.

Ich habe alle Interviews vollständig und wortwörtlich transkribiert. Die Regeln zur Transkription habe ich im Rahmen eines Forschungsprojektes[57] erlernt und für meine Studie etwas modifiziert (detaillierte Transkriptionsregeln sind bei Autorin zu erfragen). Selbstverständlich sind sämtliche Namen, Orte und sonstige markante Details der Befragten bereits im Transkript maskiert, um die Anonymität der Interviewten zu wahren.

Die Interviews dauerten zwischen gut einer und zweieinhalb Stunden, der Mittelwert lag bei knapp zwei Stunden. Die Interviewdauer der Männern (fünf Interviews) und Frauen (vier Interviews) halten sich ziemlich genau die Waage.

Im folgenden Kapitel zu den Auswertungsverfahren betrachte ich in einem ersten Schritt Teile der Interaktion, bevor die Auswertung mit dem Verfahren der Grounded Theory beschrieben wird.

---

57 „Holocaust Education" an der Ludwig-Maximilians-Universität München

3. Auswertungsverfahren

> Am Anfang steht nicht die Theorie, die anschließend bewiesen werden soll.
> Am Anfang steht vielmehr ein Untersuchungsbereich –
> was in diesem Bereich relevant ist,
> wird sich erst im Forschungsprozess herausstellen.
>
> ANSELM STRAUSS & JULIET CORBIN (1996, 8)

3.1 Reflexion der Interaktionsprozesse im Interview

Im Anschluss an die beschriebenen Ansätze der Interpretativen Soziologie sind SozialwissenschaftlerInnen und Interviewte auch im Rahmen qualitativer Forschung Akteure im sozialen Raum, welcher durch ihre Anwesenheit konstituiert wird und das Verhalten aller Beteiligten bestimmt. Daher sind „Wahrnehmen und Interpretieren […] konstitutiv keine einsamen Akte" (JENSEN & WELZER 2003, Abs. 7). Wie für alltägliche Situationen gilt auch für die Interviewsituation, dass die Beteiligten „nicht *nicht* kommunizieren" (WATZLAWICK et al. 1972, 51, Hervorhebungen im Original) können.

„Trotz aller methodischen Kontrollen lässt sich nicht vermeiden, dass die Forschung und ihre Ergebnisse von Interessen, sozialen und kulturellen Hintergründen der Beteiligten mitbestimmt wird. Diese Faktoren spielen bei der Formulierung von Fragestellungen und Hypothesen ebenso eine Rolle wie bei der Interpretation von Daten und Zusammenhängen" (FLICK 2005, 15).

Darum schließe ich mich JENSEN & WELZER (vgl. 2003) an:

„Aus unserer Sicht ist es bei vielen Forschungsgegenständen und Fragestellungen, die sinnvollerweise qualitativ erschlossen werden, kontraproduktiv, sich an die Neutralitätspostulate der Methodenliteratur zu halten. Kommunikationstheoretisch basieren diese auf einem Missverständnis, wissenschaftshistorisch sind sie an einem Paradigma orientiert, das mit interaktiven Forschungsstrategien und ihrer Begründung nichts zu tun haben" (2003, Abs. 58).

Sie betonen für quantifizierende Forschungen die Wichtigkeit der Neutralität. Jedoch erfordern ungleiche Gegenstände methodisch und methodologisch unterschiedliche Zugänge.

„Mit dem Festhalten an methodisch unreflektierten Neutralitätspostulaten bleibt qualitative Sozialforschung hinter ihrem eigenen Begründungszusammenhang zurück. Unser Vorschlag, diesen Rückstand abzubauen, besteht im Kern nicht darin, den Forschern Selbstreflexivität abzuverlangen […], sondern die Reflexivität in die Methode selbst einzubauen" (ebd.).

Zur Feinanalyse ausgewählter Interaktionsprozesse nutze ich die hermeneutische Dialoganalyse nach JENSEN & WELZER[58] (vgl. 2003) an. Sie unterstützt das Kodierverfahren der Grounded Theory (vgl. B 3.2) und betrachtet die gemeinsam hervorgebrachte Interaktion. Im Interview wird nicht Wahrheit abgebildet, sondern Kommunikation – diese produziert erst die Daten (KRUSE 2008, 59). Deshalb analysiere ich zentrale Aussagen, (zunächst) unverständliche Textpassagen und Widersprüchlichkeiten in den Interviews detaillierter. Nicht alle Interviews sind mit dieser Methode vollständig analysiert worden, stattdessen sind einige spezifische Interviewsequenzen herausgegriffen worden.

Dieses Verfahren wird in der Darstellung der Auswertung (vgl. C) nicht als eigener Teil sichtbar. Im Folgenden stelle ich das Vorgehen kurz vor. Die hermeneutische Dialoganalyse von JENSEN & WELZER und birgt folgende Ebenen und Fragen:

Abb. 12: Ebenen der hermeneutischen Dialoganalyse

Ebene 0	Kontextklärung der zu untersuchenden Sequenz: „was ist passiert?"
Ebene 1	Paraphrase: „was sagt der Sprecher gemäß Wortlaut?"
Ebene 2	Explikation der Intention des Sprechers: „was will der Sprecher sagen?"
Ebene 3	Interaktionsrollen: „wie entwickelt sich situativ die Interaktion?"
Ebene 4	Motive hinter dem Interakt: „was bringt der Sprecher (nicht-intentional) zum Ausdruck?" Hier stehen alle Interakteure, also genauso die Interviewerin im Zentrum der Analyse.
Ebene 5	Struktur vorausgehender Kommunikationsfiguren: „gibt es eine verallgemeinerbare Struktur?"
Ebene 6	die Explikation allgemeiner Zusammenhänge: „gibt es Verbindungen zu Theorien?"

Eigene Darstellung; Quelle: JENSEN & WELZER 2003, Abs. 12, 13

Anhand dieser Ebenen habe ich verschiedene Interviewausschnitte und -sequenzen, die ich als sehr schwierig empfunden habe bzw. mir zunächst unklar waren, verknüpft. So stellen verschiedene Kommunikationsstörungen oder Unklarheiten auch eine Erkenntnisquelle dar. Die Sequenzanalyse half mit vor allem bei Stellen, an denen ich zunächst interpretativ nicht weiter kam. Auch war sie im Rahmen der Forschungs-Arbeitsgruppe (aus dem For-

---

58 Die beiden bezeichnen ihr Interpretationsverfahren als „pragmatische Weiterentwicklung der Objektiven Hermeneutik" nach OEVERMANN. Sie grenzen sich von seinem Verfahren z.B. dadurch ab, indem sie alle Interakteure betrachten und nicht von „objektiven" Motiven, sondern von „Motiven" sprechen (vgl. Ebene 4).

schungscolloquium) besonders praktikabel, um Interpretationen zu validieren oder zu erweitern.

Meine Rolle als Forscherin, die zugleich ihre Berufspraxis[59] in der Sozialpsychiatrie hat – quasi als Szenekennerin – birgt Vor- und Nachteile.

Der erste Vorteil ist beim Sample und dem Zugang ersichtlich, da ich ohne Kenntnis von Feld und KollegInnen noch mehr Schwierigkeiten gehabt hätte, InterviewpartnerInnen zu finden. Auch hat sich durch mein berufliches Wissen die Phase vor der Interviewforschung verkürzt. Durch meine langjährige Berufspraxis war ich mir sicher, auch eventuell heikle Situationen in den Interviews (eine Interviewte erzählte z.b. ausführlich von zwei Suizidversuchen) gut meistern zu können. Außerdem war durch meine Kenntnis bestimmter Begrifflichkeiten (Abkürzungen, Einrichtungen, Vereine) keine Nachfrage impliziert und ich musste mein Gegenüber im Redefluss nicht unterbrechen, um der Erzählung folgen zu können. Ein Nachteil kann sich daraus auch ergeben, da ich bei manchen Beschreibungen vielleicht dezidierter nachgefragt hätte, wenn ich ganz „fremd" im Metier gewesen wäre.

Um weiteren Nachteilen entgegenzutreten, habe ich mich an KRUSE orientiert, der die Unterschiede in Alltags- und Interviewkommunikation (vgl. 2008, 62) ebenso wie die Unterschiede im Beratungsgespräch zum qualitativ-offenen Interview (vgl. ebd. 63) herausgearbeitet hat. Damit habe ich die Interviews analysiert und folgende Schwierigkeiten festgestellt.

Während in der Alltagskommunikation beide Rederecht haben, die Kommunikation also dialogisch ist, so gestaltet sich die Interviewsituation per se eher monologisch. Das Rederecht liegt vor allem bei den Interviewten. In einzelnen Abschnitten mancher Interviews gelang es mir nicht, das Rederecht monologisch zu belassen, da etwa Fragen gewünscht waren oder mein Gegenüber innerlich abdriftete. Hier war ich gefordert, allmählich zu strukturieren, was jedoch dem Anspruch gerecht wurde, den Erzählfluss erneut zu stimulieren oder aufrechtzuerhalten.

Im Unterschied zum Beratungsgespräch ist die Erzählperson im Interview ein/e Informant/in, kein/e Hilfeempfänger/in. Damit konnte ich aus meiner Rolle, die ich sonst in der Berufspraxis habe, aussteigen und mich innerlich ein wenig zurücklehnen. Vor allem der Unterschied, Thematisierungswiderstände nicht bearbeiten zu müssen, war für mich deutlich spürbar. Auch dass es sich um einmalige Gespräche handelte, war ein Unterschied zu meiner Berufspraxis und erleichterte den Wechsel der Rolle. Ich durfte in

---

59 Ich habe mich bei der Interviewsuche und bei den vorhergehenden Telefonaten zum einen als Sozialpädagogin, die in einer Tagesstätte für Menschen mit Psychiatrie-Erfahrung arbeitet, vorgestellt. Weiter habe ich die Interviewsuche damit begründet, dass ich als Forscherin im Rahmen meiner Dissertation tätig bin.

erster Linie zuhören und hatte keinen Auftrag, Lösungsmöglichkeiten zu entwickeln. Auch als Forscherin machte ich gelegentlich Deutungsangebote. Laut WITZEL (vgl. 2000) sind diese zulässig und auch zweckdienlich, um bereits auftauchende Interpretationsideen im Interview zu prüfen.

Frau Fines etwa spricht über die Notwendigkeit, nach einer langen Krankheitsphase sich selbst und seine Fähigkeiten wieder auszutesten, eine „Standortbestimmung" (I3 Z. 891) vorzunehmen. Ich frage sie, ob eine freiwillige Tätigkeit so eine Testmöglichkeit sein kann, da diese Bedeutung latent und im Zusammenhang des Gesprächsmoments mitschwang, aber nicht explizit geäußert wurde.

„Ja, ABSOLUT. Ja. Des seh ich eigentlich noch als einen der Bereiche, wo des möglich is, ja. (-) Weil es gibt ja – also grad für psychisch Kranke – viel, viel, viel zu wenig Möglichkeiten, sich zu betätigen, ja. (-) Und, und, und des Ehrenamt hat halt noch den, den Vorteil, dass des eben nicht so spezialiSIERT is. Des heißt, die sind mit ganz normalen, gesunden Leuten auch zusammen. Des is ja n viel gesünderes Umfeld als wie wenn ich jetzt wieder nur unter psychisch Kranken bin, ja" (I3 Z. 893ff).

Interessant ist bei dieser Antwort, dass sie in diesem Zusammenhang das Miteinander im gesunden Umfeld betont – dieses taucht in ihrem Interview sonst nicht auf. Dennoch passt es in ihre Aussagen, da sie sich sehr nach dem Gesunden und „Normalen" sehnt. Ohne mein Deutungsangebot hätte ich diese Kategorie so nicht erheben können, da sie vermutlich nicht zur Sprache gekommen wäre.

3.2 Grounded Theory

Die sozialwissenschaftliche Theorie und Forschungsmethode der Grounded Theory (GT) wurde 1967 von den Soziologen BARNEY GLASER (vgl. 2005) und ANSELM STRAUSS (vgl. 1996; 1998) erstmals in der Monographie „The discovery of grounded theory" vorgestellt. Sie wird oft mit „gegenstandsverankerter Theorie" übersetzt. Zentral ist die Zirkularität von Datenerhebung und Auswertung. Die Hauptverfahren der GT sind dabei das Verfassen von Memos, theoretisches Sampling und Kodierverfahren. Beim Kodieren nach der von GLASER & STRAUSS (vgl. 2005) entwickelten Methode der GT ist die Entdeckung neuer Zusammenhänge zentral. Gerade wenn es um Handlungs- und Sinnzusammenhänge geht, bietet sich die GT zur Modell- und Theoriebildung an.

Ihre grundlagentheoretischen Bezüge gehen auf die Chicago School zurück, besonders auf den Symbolischen Interaktionismus (vgl. B 1.2). Der so fundierte Forschungsstil bietet eine systematische Reihe von Einzeltechniken an, mit deren Hilfe verbale Daten schrittweise kodiert werden können. Daraus entwickelt sich eine induktiv abgeleitete, gegenstandsverankerte Theorie über ein Phänomen (vgl. STRAUSS & CORBIN 1996, 8f).

„Durch den Kodiervorgang werden (1) generative Fragen weiterverfolgt wie auch generiert, (2) die Daten aufgebrochen, so daß der Forscher von der reinen Beschreibung zur Interpretation auf höheren Abstraktionsebenen gelangt. Der Kodiervorgang ist also das zentrale Verfahren, mit dem (3) eine Schlüsselkategorie (-kategorien) entdeckt werden kann und (4) folglich die Integration der ganzen Analyse eingeleitet wird. Der Kodiervorgang bringt (5) die gewünschte konzeptuelle Dichte" (STRAUSS 1998, 91; Hervorhebungen im Original).

Entscheidend ist, dass die Kodierungen sowohl in den untersuchten Daten als auch im damit verbundenen Kontextwissen gründen (vgl. ebd. 58). Somit wechseln sich Empirie und Theorie ab. Das induktive Vorgehen in diesem Verfahren bedeutet, nicht von der Theorie auszugehen. Es ist jedoch wichtig, sich über implizite Theorien bewusst zu sein und daraus Fragen an den Gegenstand zu entwickeln. Im Rahmen der vorliegenden Forschung wurde das durch schriftliches Erfassen meiner Vorannahmen verwirklicht.

Die Transkription als Voraussetzung für die Datenanalyse empfand ich bereits als einen wesentlichen Auswertungsschritt, um mich dem Material zu nähern. Neben den Prä- und Postskripts (vgl. C 2.3) war besonders das Verfassen verschiedener Memos (vgl. STRAUSS & CORBIN 1996, 169ff) hilfreich. „Memos stellen die schriftlichen Formen unseres abstrakten Denkens über die Daten dar" (ebd. 170). Ich verwendete unterschiedliche Formen von Memos, um eine analytische Distanz zum Material herzustellen.

Eine Memoart entstand unmittelbar während des Transkriptionsakts und konnte für die folgende Auswertung gut verwertet werden. Wichtig war mir dabei, meine sämtlichen Assoziationen zu der jeweiligen Stelle sofort zu notieren (daher auch der Titel der Memo-Datei, bspw. Allgemeine Assoziationen_I7). Sie beinhalten – gerade bei den letzten Interviews und mit bereits vorliegender Auswertung anderer Interviews – eine zunehmende Dichte und Tiefe. Im Nachhinein betrachtet geht manches schon in Richtung der Schlüsselkategorien.

Auch konnten während des Transkribierens Fragen oder Unklarheiten gleich markiert und aufgegriffen und in so genannten Planungsnotizen festgehalten werden. Diese beinhalteten über den ganzen Forschungsprozess hinweg Handlungsanweisungen an die eigene Person.

Daneben verfasste ich einige Memos, die vor allem theoretisch sensibilisierende zusammenfassende Texte enthielten (theoretische Notizen). Je nach Tagesform beinhalten die verschiedenen Memos Fließtexte oder auch Stichpunkte, immer jedoch mit Datum und gegebenenfalls Interviewnummer versehen.

Die Kode-Notizen (Kodierverfahren siehe unten) umfassten einen allgemeinen Teil mit Bedeutungen und Dimensionen. Darunter steht der individuelle Teil, das jeweilige Interview betreffend, auch mit wichtigen Zitaten versehen. Die Kode-Notizen waren beständig in Veränderung und Erweiterung oder Modifizierung begriffen, je nach Auswertungsschritt.

Für die weitere Auswahl der Stichprobe spielt nach der Festlegung der Zielgruppe (vgl. B 2.1) das Theoretische Sample eine entscheidende Rolle. Die Unterteilung in abwechselnde Phasen des Forschungsprozesses ist ein entscheidendes Kriterium des „Theoretical Sampling". So ausgewählte Vergleichsfälle verhelfen dazu, Kategorien und Hypothesen zu belegen bzw. differenziert herauszuarbeiten (vgl. STRAUSS & CORBIN 1996, 148ff; STRAUSS 1998, 70f). Diese Strategie im Forschungsprozess meint das schrittweise und theoretische Festlegen der Stichprobe, zu Beginn und während der Durchführung der Forschung, sie findet im Prozess von Erhebung und Auswertung statt. Es gab daher drei Erhebungsphasen. Die ersten Interviews fanden in der zweiten Jahreshälfte 2006 statt, weitere Mitte 2007 und schließlich die letzten drei im Mai 2008.

Um die Personenmerkmale der Stichprobe maximal zu variieren, wird sie (im Vergleich zur Zielgruppe) um zwei Merkmale erweitert. Um bei dem Geschlechterverhältnis der Interviewten die Waage zu halten, wird wegen eines leichten Männerüberschusses verstärkt nach Frauen gesucht. Da sich außerdem ein höherer Altersdurchschnitt zeigt als erwartet und bis zum sechsten Interview keine Personen unter 40 Jahren befragt werden konnte, wird verstärkt auf Jugend-WGs und KollegInnen zugegangen, die in diesem Bereich arbeiten. Zu berücksichtigen ist, dass manche Merkmale erst im Interview selbst zugänglich sind. Bei der vorliegenden Studie etwa, dass alle Befragten Erfahrung mit Erwerbsarbeit haben.

Wie beschrieben, befragte ich keine mir bekannten Personen. Durch meine Berufspraxis in einer Tagesstätte für Menschen mit Psychiatrie-Erfahrung ergaben sich dort interessante, informelle Gespräche zu meinem Forschungsthema. Einige BesucherInnen gehen einer Freiwilligenarbeit nach und erzählten davon. Diese alltäglichen Erkenntnisse sind nicht wissenschaftlich kontrolliert, führten jedoch zusätzlich zu einer Sensibilisierung der Forscherin für den Gegenstand.

Ungeachtet meiner Kenntnis vieler KollegInnen und der verstärkten Anfrage in diesem Feld, haben sich keine Jugendlichen oder jungen Erwachsenen mehr gemeldet[60].

Trotz des kleinen Samples (neun Interviews) weist die Studie eine aussagekräftige Breite in den Bereichen der Freiwilligenarbeit und eine Variation in den Diagnosen bzw. psychischen Erkrankungen auf. Das Sample stellt immer eine Gratwanderung zwischen einer offenen Perspektive (vorab möglichst wenig ausschließen) und forschungspraktischen Gesichtspunkten dar, das auch verschiedene Variationen eingrenzen kann. In vorliegender Studie haben sich insgesamt wenig Menschen gemeldet, einen interessierten Mann habe ich nicht mehr befragt, zum einen um die Ausgewogenheit der Geschlechter im Sample zu erhalten. Des Weiteren stellte er nach meinen Informationen (Telefon, Email) keine erwartbare Erweiterung oder Kontrastierung der Stichprobe dar.

Die „theoretische Sättigung" (STRAUSS & CORBIN 1996, 159) ist das Abbruchkriterium der Erhebung. Sie ist erreicht, wenn der zirkuläre Prozess der Datenerhebung und Datenauswertung keine neuen Aspekte bzw. entwickelte Kategorien oder Hypothesen keine weitere Validierung erwarten lassen. Dies ist auch eine intuitive Entscheidung und somit erkenntnistheoretisch und pragmatisch zu rechtfertigen. Die Relation zwischen Ressourceneinsatz und Erkenntnisgewinn ist ein mit entscheidendes Kriterium.

Das Theoretical Sampling ist also eine wichtige Generalisierungsstrategie qualitativer Forschung und wurde im Rahmen der Grounded Theory entwickelt.

„Bei dieser Form der argumentativen Verallgemeinerung im Prozess der Datenerhebung ist der Grundgedanke, dass vom Beginn der Datensammlung an das Material durch Kodierungen und Verfassen von Memos im Sinne induktiver Theoriebildung analysiert wird" (MAYRING 2007, Abs. 16).

Die Auswertung der Daten im Rahmen der Grounded Theory nimmt eine Strukturierung der Daten und Ebenen vor. Methoden sind dabei analytische Raster, um Distanz zwischen sich und – im vorliegenden Fall – das Interview zu bringen. Zunächst geht es um die Entfaltung des Einzelfalls, um dann mit weiteren Auswertungsschritten Vergleichbarkeiten und Unterschiede zwischen den Fällen herzustellen. Wie beim theoretischen Sample gilt auch für die Kodierverfahren das Prinzip der Zirkularität von Datensammlung und Datenauswertung. Die GT geht beim Einzelfall sequenziell vor und ist damit

---

60 Hypothese dazu – gründend auf der eigenen Berufspraxis und auf einem Telefonat mit einer Kollegin, die in einer therapeutischen Jugendwohngruppe arbeitet: bei den Jugendlichen und jungen Erwachsenen steht der Zugang zu einer Ausbildung und zur Erwerbsarbeit an erster Stelle.

rekonstruktiv. Es geht neben der notwendigen Reduktion der Datenfülle besonders um die Kontextualisierung – sowohl im Einzelfall als auch zwischen den Fällen. Die Auswertung umfasst verschiedene Ebenen, es werden „Was-" und „Wie-" Fragen gestellt. Entscheidend ist der Wechsel zwischen fallimmanenter und fallübergreifender Auswertung.

Der erste Schritt des Kodierverfahrens nach der GT ist das offene Kodieren. Der Zweck ist das Eröffnen der Forschung. Das ganze Material wird in sequenzieller Abfolge kodiert. Bei prägnanten Passagen schreibe ich Memos und unterbreche deshalb häufig den Kodierprozess. Das empirische Material wird detailliert analysiert und zugleich wird nach theoretischen Verallgemeinerungen und Generalisierungen gesucht (vgl. STRAUSS 1998, 95ff; STRAUSS & CORBIN 1996, 43ff). Dieses Vorgehen ist zunächst bei der Einzelfallanalyse sehr wertvoll, da sich Einzelaspekte wie Mosaikteile zusammensetzen und schließlich ein Bild ergeben, das komplexer ist als der erste Eindruck des Interviews. Gleichzeitig ist es wichtig, die theoretischen Vorannahmen und Ergebnisse aus der Interaktion mit zu bedenken. Dies lässt sich als Einzelforscherin durch Fragen an einzelne Textstellen und das Dimensionalisieren gut handhaben (vgl. STRAUSS & CORBIN 1996, 57ff). STRAUSS beschreibt das Dimensionalisieren als „ein grundlegendes Verfahren, um Unterscheidungen zu treffen, dessen Ergebnisse *Dimensionen und Subdimensionen* heißen" (1998, 49, Hervorhebungen im Original). Eigenschaften und Dimensionen der Konzepte und Kategorien werden so entdeckt. Während der Forschung war das Doktoranden-Colloquium bzw. die Kleingruppe eine große Hilfe beim Betrachten verschiedener Textstellen und Sammeln von Deutungsansätze und -ideen. So gelang es immer wieder, eigene Interpretationsansätze zu validieren.

Das axiale Kodieren beginnt erst im etwas fortgeschrittenen Forschungsprozess und kontrolliert die eigenen Referenzen. Mit einer extra Brille, dem Kodierparadigma (vgl. STRAUSS 1998, 56f), gehe ich noch einmal über das Material und komme zu einer intensiveren Analyse. Dabei frage ich nach Bedingungen, Interaktionen zwischen Akteuren, Strategien und Taktiken sowie Konsequenzen (vgl. STRAUSS 1998, 101ff; STRAUSS & CORBIN 1996, 75ff). So lassen sich Beziehungen zwischen den Kategorien als auch den Interviews herstellen, es wird nach den Bedingungen, Konsequenzen, etc. eines Kodes gefragt. So entstand ein wesentlich facettenreicheres Bild als durch das offene Kodieren, die ersten Beziehungen der Kategorien sowohl in den Einzelfällen als auch zwischen den Fällen wurden sichtbar. Als wesentliche Kategorien bei allen Interviewten zeigten sich die biographischen Aspekte. Ausschlaggebend für das Gelingen einer Freiwilligenarbeit ist bei den Befragten der Zugang zu Freiwilligenarbeit und die je individuelle Bedeutung und Erfahrung von Erwerbsarbeit und Psychiatrie-Erfahrung. Daraus lassen sich dann verschiedene Strategien (z.B. Tätigsein, Struktur) und Funktionen (z.B. Sinn, Anerkennung) der Freiwilligenarbeit bei den einzelnen Personen erkennen.

Schließlich folgt das selektive Kodieren, welches zentral für die abschließende Darstellung der Forschung ist. Es wird dabei systematisch nach der oder den Schlüsselkategorie(n) gesucht. Damit sind Phänomene gemeint, die in einem bzw. mehreren Interviews immer wieder auftauchen. Diese dienen als Richtschnur für die weitere Datenerhebung und vor allem werden die bis dato gefundenen Kategorien unter die Schlüsselkategorie subsumiert (vgl. STRAUSS 1998, 106ff; STRAUSS & CORBIN 1996, 94ff). Die Kategorien lassen sich alle unter der Schlüsselkategorie der Passung von Person und Freiwilligenarbeit subsumieren. Eine erste Idee, dass sich verschiedenen Typen von freiwillig Tätigen herausbilden, erfüllte sich nicht, gerade weil der Prozess und die Facetten der Passung individuell abhängig sind. Dafür kristallisierte sich ein Zusammenhang zwischen der Schlüsselkategorie mit ihren wichtigsten Kategorien und Identitätskonzepten heraus, was im Anschluss bei der Darstellung der Auswertung (vgl. C) sichtbar wird.

Im folgenden Abschnitt werden die interviewten Personen in Einzelportraits vorgestellt. So bleibt der einzelne Mensch auch in den weiteren Ausführungen der Kategorien präsent. Es ist aufschlussreich, die Zusammenhänge verschiedener Aussagen und ihrer jeweiligen Biographie zu sehen.

Kapitel C: Passungswege Psychiatrie-Erfahrener zu Freiwilligenarbeit

1. Lebenslinien der Interviewten

Im folgenden Kapitel stelle ich die Menschen vor, die meine Studie maßgeblich prägen. Im weiteren Verlauf der Arbeit werden Kodes und Kategorien (vgl. B 3.2) aus den Interviews zueinander in Bezug gesetzt, gruppiert und interpretiert. Neben dieser personenübergreifenden Beschreibung sind gerade die einzelnen Menschen mit ihren Lebensgeschichten entscheidend für die Ergebnisse meiner Studie – die jeweilige Passung zwischen Person und Freiwilligenarbeit. Um diesen Zusammenhang zu verdeutlichen, bekommen sie hier einzeln Platz. Im weiteren Verlauf verwende ich die (fiktiven) Nachnamen meiner InterviewpartnerInnen.[61]

Jedes Interview ist geprägt vom subjektiven Erleben und Erzählen des einzelnen Menschen. Diese Subjektivität ist für die Fragestellungen der vorliegenden Arbeit zentral. Auch die Raum- und Zeitkomponente ist wichtig. Das Interview ist eine Momentaufnahme und zeigt einen spezifischen Ausschnitt. Den Einfluss der wechselseitigen Interaktion zwischen Interviewten und Interviewerin habe ich schon dargestellt (vgl. B 3.1).

Die Problemzentrierung der Interviews – Fokus auf Freiwilligenarbeit und Psychiatrie-Erfahrung – spiegelt sich in den Portraits wieder. Soweit sie mir erzählt wurden, gebe ich die Biographie der Einzelnen wieder. Es werden bereits erste Passungsaspekte zwischen Person und Freiwilligenarbeit deutlich.

Die Gruppierung der Portraits in diesem Kapitel entstand durch eine erste inhaltliche Kategorienbildung und beantwortet die Frage: Ist Freiwilligenarbeit ein Lebensbegleiter der Interviewten oder findet Freiwilligenarbeit nach der Psychiatrie-Erfahrung statt?

Ein Ergebnis meiner qualitativen Studie ist, dass Freiwilligenarbeit lebensbegleitend sein kann, aber ebenso in einer späteren Lebensphase und/oder nach einer Psychiatrie-Erfahrung beginnen kann. Damit widersprechen die Interviewten der häufigen These, dass Freiwilligenarbeit mit einem Erwerbsarbeitsende vor dem „üblichen" Rentenalter nicht auftritt, wenn es vorher nicht bereits gelebt wurde (vgl. A 3.1.3).

Ich werde diese „Portraitgruppen" im Laufe der Auswertung, an Stellen, an denen es Sinn macht, als Vergleichskategorie heranziehen.

---

61 Selbstverständlich sind Eigennamen sowie Orte und andere entscheidende Details in der Darstellung maskiert bzw. verändert, um die einzelnen Personen zu schützen.

Im Titel der Portraits werden die Tätigkeitsfelder benannt. Damit wird die Vielfalt der Engagementfelder deutlich. Einleitend steht eine zentrale Aussage des Interviews. Das angegebene Alter der Interviewten entspricht dem Zeitpunkt des Interviews.

1.1 Freiwilligenarbeit als Lebensbegleiter

Bei diesen Menschen hatte die Freiwilligenarbeit bereits früh einen festen Platz in der Biographie und fand vor einer Psychiatrie-Erfahrung erstmals statt. Die Reihenfolge der Vorstellung orientiert sich an den mir erzählten Zeitdimensionen der Freiwilligenarbeit – wann sie begonnen hat. Die ersten beiden sind seit ihrer Jugend freiwillig engagiert – Herr Nick kontinuierlich, Frau Fines mit Unterbrechungen. Herr Tietz ist anhaltend in unterschiedlichen Projekten engagiert. Bei ihm ist es wegen wenig detaillierter Zeitangaben nicht möglich zu sagen, was zuerst war – die Freiwilligenarbeit oder die Psychiatrie-Erfahrung. Er ist jedoch einen Großteil seines Lebens freiwillig tätig, so dass die Freiwilligenarbeit bei ihm klar ein Lebensbegleiter ist. Frau Denk arbeitet zwar in der zweiten Lebenshälfte das erste Mal freiwillig, jedoch seitdem immer wieder und eindeutig vor ihrer Psychiatrie-Erfahrung. Herr Polt erwähnt kurz, dass er als Buchhändler schon ehrenamtlich Lesungen betreut hat – vor seiner Psychiatrie-Erfahrung, somit gehört er in diese Gruppe. Der größere Teil seines erzählten Engagements findet jedoch nach seiner Psychiatrie-Erfahrung statt, so markiert er auch den Übergang zur zweiten Gruppe (vgl. C 1.2).

1.1.1 Umweltschützer: Nicki Nick

„Da muss I jetzt (-) I fühl mi einfach so net richtig als Teil der Gesellschaft wenn ich da nicht irgendwo mitmache und so" (I7 Z. 513ff).

Herr Nick meldet sich auf einen Aushang im Kaffeehaus[62] per Email bei mir. Per Telefon vereinbaren wir zeitnah einen Termin und treffen uns auf seinen Wunsch im Kaffeehaus. Dort können wir in einem Nebenraum des Hauptcafés weitgehend ungestört miteinander sprechen, an einem Vierertisch über Eck sitzend und mit Getränken versorgt. Das Gespräch dauert knapp zwei Stunden.

Nicki Nick ist 39 Jahre (geboren 1969), ledig, hat keine Kinder und wohnt allein in einer Großstadt. Seine Eltern erwähnt er im Interview nur kurz, seine beiden Brüder tauchen nur im Kurzfragebogen auf, den er am Ende des Interviews ausfüllt.

---

62 Offenes Angebot, Tagescafé für Psychiatrie-Erfahrene mit verschiedenen Gruppenangeboten

Freiwilligenarbeit kennt er von Kindesbeinen an, obwohl er meint,

„früher war ich halt oft so halbherzig dabei, also Jugendgruppe von der Kirche oder also, als Kind halt auch oft so mit Kirchengemeinde, weil meine Mutter halt da stark involviert war und so aber (-) des war (3s) des aber ohne so tiefes Empfinden, so eher so gewohnheitsmäßig und (5s)" (359ff).

Er ist ein sehr scheues Kind und hat Schwierigkeiten in seinen sozialen Kontakten, im Alter von elf Jahren ist er das erste Mal bei einem Psychologen.

„Wenn früher Leute zu mir sagten, ich soll dann einfach mehr reden, oder frei heraus reden oder so, ich hab trotzdem die Erfahrung gemacht, wenn ich irgendwas gesagt habe, des war dann total daneben oder es hat dann schlechte Reaktionen heraus- hervorgerufen. Besonders Stiefvater fühlte sich oft so beleidigt und (3s) oder (-) Mitschüler ham mich dann ausgelacht oder so dann" (949ff).

Er macht 1986 seinen Hauptschulabschluss und schließt eine Ausbildung zum Buchbinder an. In diesem Beruf arbeitet er als Angestellter bis 1992 – er ist jetzt 23 Jahre alt. Herr Nick ist Mitglied in der Gewerkschaftsjugend (1988-1993), bei der IG Medien, bleibt dort bis zum Alter von 24, danach läuft dieses Engagement aus. „Während der Zeit bin ich, so mit 22 bin ich von den Eltern weggezogen, hab in ner betreuten Wohngemeinschaft gewohnt" (22f). Während seiner ersten Anstellung und als er noch bei der IG Medien war, zieht er in eine therapeutische Wohngemeinschaft für junge Erwachsene. Er macht mehrere Einzeltherapien und erfährt als junger Erwachsener erstmals von seiner Diagnose.

„Da (3s) ich war mal früher bei ner Psychologin gewesen [...] die verwendete den Begriff und hat es au gleichzeitig verurteilt. Die meinte vor allem [...] die Kinderpsychologie die wär drauf aus, dass die jetzt Kindern zum Beispiel gar nicht ehrlich sagt, was die für Probleme haben, sondern denken halt, die müssen das Positive herausheben und dann (-) aber sie dürfen nicht ehrlich sagen, wie, ja du hast leider Soziale Phobie oder so, du machst immer so nen total selbstunsicheren Eindruck und die Schwäche wär so stark sichtbar, so, aus der Befürchtung heraus, des könnte des Kind gar nimmer aushalten und so, und dann (-) sie hat des dann so begründet, aber I mein (-) I find au seitdem dass sie au recht hat, denn hätt ich damals des Wort gehört, I mein da wär die Klarheit da gewesen, (-) da (-) sonst wär des net immerzu in der Luft rum gehangen, was I wirklich habe, warum reagieren die Leute auf der einen Seite so aber auf der anderen Seite wird immer so getan als wär dann doch nichts, und sonst (-) [...] I hätt beinah nach ner Erklärung geschrieen, oder so, des war halt wirklich (-) eine drückende Situation gewesen, und dann und ich konnte selber Fragen nicht formulieren, was da an mir, mit mir los is (-) die ganzen Leut ham immer gesagt, so wie die Eltern auch, ja is doch gar nix, bist halt bisserl zu ruhig, müsstest halt mal mehr reden, aber sonst bist du a netter und lieber Junge oder irgendwie (-) hm und (-) da war der Begriff Soziale Phobie dann schon ne Erleichterung, hm, ein Begriff dass, des lasst sich so ganz einfach verwenden, so als Begründung auch, mag es noch so mehrere Variationen geben [...] Würd auch am liebsten sagen, des is ja total falsch, des immer so vorzuenthalten (-)" (886ff).

Später erwähnt er einen Aufenthalt in einer psychosomatischen Klinik, der Zeitpunkt bleibt jedoch unklar.

Herr Nick hat ein ausgeprägtes politisches Interesse, besonders für Umweltthemen und gegen Rechtsextremismus nimmt er wiederholt an Demonstrationen teil. Bei ihm ist Angst spürbar, er befürchtet für die Zukunft Horrorszenarien auf unsere Umwelt bezogen.

Nach der Anstellung als Buchbinder ist er ein Jahr als Industrie-Buchbinder angestellt und wird dann entlassen, die Firma muss Personalkosten einsparen. Im Alter von 25 Jahren tritt er der Partei „Die Grünen" bei und ist dort ein aktives Mitglied.

„Des hat mir halt auch mal eine Therapeutin wo ich damals hinging geraten, ich, dass ich jetzt, wenn ich mich so für Umwelt interessier, ob ich dann net zu ner Partei gehen will. Weil die Gewerkschaftsjugend, des war (-) doch eher am ablaufen gewesen. Ich war da selber au nimmer da oder so" (29ff).

Aus großer Sorge vor der drohenden Arbeitslosigkeit fängt er an, als Angestellter in der Gastronomie zu arbeiten und wird dort ein Opfer von Mobbing. Schließlich gelingt es ihm, sich aus diesem Angestelltenverhältnis und damit auch aus dem Zustand des Gemobbt-werdens zu lösen. Er findet über eine Zeitarbeitsfirma eine Anstellung als Produkthelfer im Kunststoffbereich. Diese Anstellung mündet schließlich in die heutige Festanstellung, er arbeitet wechselweise in Früh- und Spätschicht.

Zu dem Engagement bei den „Grünen" meint er:

„Es gelang mir also net so richtig organisatorisch mich da einzuarbeiten, und dann während der Zeit bin ich dann auch zur (-) erstmals, des war jetzt also vor (-) sechs Jahren, also mit 32 bin ich dann (-) da zur Castor-Blockade gefahren. Und (-) später dann mal (-) ste- stellte sich heraus, zumal ich die Leute vom Umweltverein Grüne Lunge ich schon länger kenne, dass mir des da noch eher gefällt, und dass ich da dann jetzt immer mit mithelfen beschäftigt war. Auf- und Abbau beim Straßen-Festival, die Wandernden Bäume und (-) so, ich dachte ich kann, ich müsst mich da entscheiden, da. (3s) Hab mich dann später mal durchgerungen da, bei den Grünen auszutreten und dann halt am selben Tag dann halt beim Umweltverein Grüne Lunge einzutreten und dann (-) so hat sich des dann ergeben" (48ff).

Nach dem Austritt bei den Grünen tritt er am selben Tag bei dem Verein "Grüne Lunge" ein, wo er bereits vorher in verschiedenen Projekten mitgearbeitet hat. Des Weiteren ist er in der Anti-Atom-Bewegung aktiv, seit seiner ersten Teilnahme an einer Castor-Blockade fährt er regelmäßig jeden Sommer und Herbst ins Wendland. Neben den Blockaden arbeitet er bei den Koordinationstreffen und in den verschiedenen Camps mit. Nach der bloßen Teilnahme „ging es halt dazu über, dass ich dann doch eher dann zum Basteln hinfuhr" (79f). Das bedeutet, dass er Kurse für Kinder, die im Camp sind, anbietet und aktionsbezogen mit ihnen bastelt, etwa Laternen für den traditionellen Umzug bevor der Castor rollt.

Ein prägendes Erlebnis, das er ausführlich erzählt, passiert im Rahmen einer Protestaktion auf einem Anti-Atom-Gipfel:

„Des führte dann zur Festnahme, und dann in Gewahrsamnahme und so. (-) Und (-) es war naTÜRlich nicht angenehm, aber es (-) ich hatte eigentlich au nie damit rumgehadert. Also des war halt die Aktion und (-) dann hat die (-) mein Onkel (-) der damals no als Rechtsanwalt arbeitete, hat mich dann vertreten. Und dann (-) die Verhandlung die war auch nicht alptraumhaft für mich, des war halt, irgendwie fand ich ne faire Atmosphäre, es war halt sehr (-) die Sache wurde zwar nicht eingestellt, und so, hat auch ziemlich gekostet. Bei mir über 900 Euro dann, musst ich zahlen, aber (-) gut hat aber strafmildernd gewirkt, dass ich halt Bedauern ausgedrückt habe für den Ärger und für die Hausbewohner, dass die sich verletzt fühlen mit der Blockade [...] und (-) also ich fand die Tonart also noch weitaus freundlicher, als man sie sonst früher, also privat erlebt hat, obwohl's dabei gar nicht um schlimme Sachen ging, schon gar nicht um ne Straftat. Und (-) in dem Fall da, hab ich dann so aus Überzeugung gehandelt, oder so" (106ff).

Herr Nick geht seinen eigenen Weg, bis er den geeigneten Rahmen für sein Engagement im Umweltschutz findet. Auch wird sein Wunsch nach Teilhabe deutlich (vgl. Eingangszitat), erst durch Aktionen fühlt er sich inkludiert in die Gesellschaft.

Zur Motivation seiner Interviewteilnahme sagt Herr Nick:

„Es gibt wohl so wie ich des auch aus m Aushang ableite, auch mehr Leute die jetzt dann irgendwelche so ihre Probleme so psychische Sachen des dann auch mit gesellschaftlichem Engagement verbinden und so (-) da dacht I (-) generell interessant und (3s). Hab oft irgendwie des Gefühl dass I mi jetzt irgendwie dann (-) dass ich mich selber so bemerkbar machen muss, so als jemanden der halt irgendwie dazu g'hört" (458ff).

1.1.2 Nachbarschaftshelferin: Michaela Fines

„Mir ging's drum ne sinnvolle Tätigkeit halt zu haben und dass ich n bisschen so beruflich vielleicht in dem drin bleib, wo ich vorher (-) jahrelang gearbeitet hab. Ja. (-) Und auch vor allem, um soziale Kontakte, also dass ich unter Leute komm" (13 Z. 192ff).

Ein Kollege eines Sozialpsychiatrischen Dienstes (SpDi) stellt den Kontakt zu Frau Fines her. Wir vereinbaren telefonisch ein Treffen für das Interview, es findet bei ihr zuhause statt, dauert fast zwei Stunden und wird von drei kurzen Anrufen, die sie entgegennimmt, unterbrochen.

Michaela Fines ist 41 Jahre alt, geschieden und hat keine Kinder. Sie lebt allein in einer kleinen Wohnung in W., dem Vorort einer Großstadt, und ist hier auch geboren und aufgewachsen.

Bereits früh ist sie in der Freiwilligenarbeit tätig, „bevor ich studiert hab und (-) für mich is des eigentlich auch n (-) normales (-) Betätigungsfeld" (393f). Sie arbeitet sehr lange als Jugendleiterin bei den Pfadfindern, betreut über den Kreisjugendring (KJR) Ferienfahrten und ist eine Zeitlang in der Bahnhofsmission tätig.

Nach dem Abitur beginnt sie Psychologie zu studieren und heiratet, die Ehe geht jedoch bald auseinander. Wegen der notwendigen Finanzierung ihres Lebensunterhalts beginnt sie neben dem Studium zu arbeiten. Es folgt eine mehrjährige Berufstätigkeit im kaufmännischen Bereich, was schließlich in die externe Abschlussprüfung zur Bürokauffrau durch die IHK[63] mündet. Dies ist nach sechsjähriger Berufserfahrung auch ohne Lehrzeit möglich. Zugleich wird die Doppelbelastung mit Arbeit und Studium zu hoch.

„Und hab halt immer noch versucht des Studium nebenher irgendwie auf die Reihe zu kriegen. Und des hat sich dann aber als unrealistisch rausgestellt, also des hab ich knapp vor dem Schluss aufgehört. […] außerdem festgestellt, dass des nicht unbedingt (-) für mich so nen acht Stunden Job (-) werden kann. Weil ich die Probleme nicht (-) so abgrenzen kann, dass es mich selber nicht (-) irgendwie belasten oder so. Ja, also des war mir dann ziemlich klar (-)" (296ff).

Frau Fines arbeitet danach meist in leitender Funktion in verschiedenen Büros. Mit 28 Jahren erkrankt sie zum ersten Mal an einer Depression, es folgen immer wieder (auch längere) Klinikaufenthalte. Sie versucht ihren kaufmännischen Beruf weiter auszuüben, ist teilweise angestellt, teilweise arbeitslos und macht einzelne Fortbildungen über das Arbeitsamt. Durch ihr Interesse am kaufmännischen Bereich beginnt sie das Studium der Betriebswirtschaftslehre (BWL). Zu dieser Zeit geht es ihr gesundheitlich so schlecht, dass sie wieder bei ihrer Mutter wohnt und von der Familie sehr unterstützt wird. Sie studiert zehn Semester BWL.

„Aber (-) des war für mich eigentlich mehr so n (-) Erprobungsfeld. Wie gut ich mich wieder konzentrieren kann, ähm, und ich hab jeden Tag mein Ziel gehabt, wo ich hinfahr und (-) hab dort gesehen wie viel ich schaff und wie viel ich nicht schaff. Also s Ziel war nicht unbedingt der Abschluss, weil da eigentlich schon klar war, dass ich in Rente kommen werde" (266ff).

Eine weitere schwere Depression erlebt sie bis zum Jahr 2001, im Zuge dessen wird ihr von Klinikseite geraten, ihre Berentung zu beantragen, sie ist 36 Jahre. Da sie immer gern gearbeitet hat und „also Arbeit is ja nich nur, um Geld zu verdienen sondern es hat ja viele andere Aspekte einfach" (320f), fällt ihr die Entscheidung dazu nicht leicht. Der Rentenantrag wird bewilligt, zunächst zeitlich befristet, seit etwa eineinhalb Jahren unbefristet. Die Erkrankung und Berentung wirken sich erheblich auf ihre Lebensplanung aus.

„Für mich warn da auch noch viele andere Fragen dabei, also ich wollt zum Beispiel immer gern Kinder und hab mich halt dann (-) durchgerungen zu der Entscheidung, dass ich des (-) sein lass. Auch aufgrund von der Erkrankung, wo ich teilweise eben selber auf Hilfe angewiesen war. Und mir dann gesagt hab, des kann ich nicht verantworten, da auch noch Kinder in die Welt zu setzen. Aber des

---

63 Industrie- und Handelskammer (IHK)

sind ja alles so Lebensentwürfe, die in sich zusammenbrechen. Ja. Und da IS erstmal nichts Neues da (-)" (350ff).

„So DIrekt nach der Berentung war da n Riesenloch. (-) Weil´s einfach SIEBEN FREIE Tage in der Woche sind, ja. Und des is (-) zuviel des Guten, ja" (768f).

Die Berentung bedeutet eine komplette Umgestaltung des Lebens, „JETZT (-) hab ich mich sehr gut eingerichtet in meim Rentnerdasein" (323). Sie nutzt wöchentlich das Angebot des studium generale an der Volkshochschule (VHS), geht jede Woche in einen Yogakurs und besucht alle drei Wochen einen Literaturkreis. Des Weiteren geht sie zum Babysitten zu FreundInnen, unterstützt ihre Mutter nach einer Hüftgelenksoperation und trifft hin und wieder FreundInnen.

Nach der Aufgabe früherer Lebensentwürfe entstehen erst allmählich neue Ideen. Allen voran nennt Frau Fines dabei die Freiwilligenarbeit, die sie bereits aus eigener Erfahrung kennt und nun wieder als Aufgabenbereich für sich entdeckt. Sie beschreibt

„des is auch Lebensqualität dann, ja. (-) Und ich kenn eben auch sehr viele, also sehr viele Leute in W., auch Problemfelder die´s gibt, weil ich eben hier aufgewachsen bin. (-) Und ähm (-) mir hat ja zum Beispiel der Sozialpsychiatrische Dienst da in W., der Herr Seeler, die ham mir ja SEHR viel geholfen. Und ähm, da war auch irgendwie so n Bedürfnis, sich dann eben auch (-) irgendwie, da mit einzubringen. Also weil ich glaub mir geht's jetzt eigentlich – gesundheitlich bin ich sehr zufrieden, und ähm, (-) ich hab bestimmt Kenntnisse und Fähigkeiten, die ich einsetzen kann, ne. Und dann möcht ich des eben (-) gerne auch in (-) in nem Bereich wo (-) wo Bedarf da ist und wo ich n Sinn dahinter seh und, und, und wo´s vielleicht eben dann mal nich aufs Geld drauf ankommt, also, ja (-)" (358ff).

Zunächst informiert sie sich über eine Freiwilligenagentur, dann ergibt sich jedoch über eine Bekannte in W. die Möglichkeit, sich vor Ort zu engagieren. Diese Bekannte kennt die Initiatorin eines geplanten Nachbarschaftshilfeprojektes in W. und spricht Frau Fines lange vor der Eröffnung an, ob sie Lust auf eine Mitarbeit habe.

„Nachdem ich ja die Zeit hatte und auch für mich ne Aufgabe gesucht hab, wie ich mich betätigen kann, war ich da von Anfang an dabei, also des hat so ne Vorlaufzeit von ungefähr eineinhalb Jahren gehabt. Da sind dann Treffen organisiert worden, da ham mer so grob n Konzept abgesteckt" (83ff).

Daraus entsteht ihre weitere Freiwilligenarbeit im neu eröffneten Büro der Nachbarschaftshilfe von März bis September dieses Jahres, ca. zwei Mal im Monat einen halben Tag. Das Büro hat drei Tage in der Woche halbtags geöffnet und es teilen sich acht Freiwillige diesen Dienst (Telefondienste, Kartei der Freiwilligen und Hilfesuchenden verwalten, Kontakte vermitteln, Fragen beantworten). Nach einem halben Jahr stellt sich heraus, dass aufgrund der vielen Wechsel in der Mitarbeit zu viele Lücken im Arbeitsablauf entstehen.

„Ja, und dann (-) hat sich so n Projektteam gebildet, und sie ham dann erstmal die Arbeit unter sich aufgeteilt. Des heißt, dass für vier Leute eigentlich (3) des Ehrenamt erstmal weggefallen ist, in der Verwaltung. (-) Weil die zuviel waren einfach. Also wir sind zwar jetzt noch auf der Liste für Urlaubsvertretung, und so was, aber (-) dieses Regelmäßige, des fällt erstmal weg" (419ff).

Obwohl Frau Fines seit der Planungsphase dabei war, ist sie unter den vier „Aussortierten", ohne dass ihr die Entscheidungskriterien klar sind. Trotz der Enttäuschung ist sie bereits auf der Suche nach einer neuen Möglichkeit zur Freiwilligenarbeit und meldet sich eventuell wieder bei der Freiwilligenagentur.

Die Passung zwischen ihr und der Freiwilligenarbeit zeigt sich darin, dass es ein normales Betätigungsfeld für sie ist sie und wird ebenso im Eingangszitat deutlich. Neben dem Gebrauch ihrer Fertigkeiten sind Sinn und Kontakt für sie ausschlaggebend.

Zu ihrer Motivation für das Interview sagt Frau Fines:

„Also, mich, mich interessieren eben (-) dadurch, dass ich selber mit diesem ganzen Problemfeld ja in Berührung bin, hab, hab ich auch immer wieder so Gedanken gehabt, was könnte man da besser machen, was könnte man verändern. (-) Und ähm (-) deswegen fand ich, find ich's auch wichtig, alle die sich mit so Themen beschäftigen, und da engagieren, zu unterstützen einfach. Ja. (-) Und ich, ich, mir geht's halt jetzt so gut, dass ich auch des Gefühl hab, ich kann da was dazu SAGen, einfach ja. Und ich weiß, dass es viele gern würden, aber gar nicht können. Und dann bin ich froh, wenn ich da vielleicht ein SPRACHrohr sein kann, was andere eben grad NICHT können, ja" (1022ff).

1.1.3 Friedensbewegter Künstler: Edgar Tietz

„Ich bin so ein Wanderer zwischen den Welten" (I4 Z. 402).

Herr Tietz meldet sich auf einen Aufruf im Rundbrief eines Psychiatrie-Erfahrenen-Vereins telefonisch. Wir vereinbaren einen Termin zum Interview, das bei ihm zuhause in M-ort, dem Vorort einer Großstadt stattfindet. Es dauert eine gute Stunde, am Ende des Interviews kommt seine Mutter in die Wohnung.

Edgar Tietz ist 61 Jahre, ledig (war zweimal verlobt) und hat keine Kinder. Er wohnt mit seiner Mutter in einer Wohnung. Seine Schwester lebt in Heilbronn und hatte früher zeitweise die rechtliche Betreuung für seine finanziellen Angelegenheiten übernommen.

Als seine Mutter mit ihm schwanger ist, stirbt sein Vater: „Is gefallen[64], auf dem Weg zur Professur, mit 22 Jahren, meine Mutter hat ihn zu Tode gepflegt" (105ff). Herr Tietz ist mit Kriegsende in Ostdeutschland geboren, sie sind dann nach Westdeutschland geflüchtet. Er macht an der Fachhochschule ein Diplom in Hochbau und sagt „da war ich auch nicht krank. Einmal

---

64 Sein Vater war zu dieser Zeit Soldat.

war ich krank" (941). Dies erwähnt er in Zusammenhang mit der Schule und dass er das allgemeine Abitur nicht hat, weil er einmal durchgefallen ist wegen Erkrankung – an was er erkrankt war wird nicht klar.

Er studiert auch ein wenig Kunstgeschichte und ist an einer Kunstakademie, wo er durchfällt und später zu alt ist. Im Interview bezeichnet er sich meist als Architekt, er besuchte eine Architekturklasse und arbeitet zwei Jahre als Architekt. Wegen Depressionen ist er nahe dran, vom Gerüst zu springen, als er Bauleitungen innehat. Zu dieser Zeit ist er ein halbes Jahr in einer therapeutischen Wohngemeinschaft eines größeren Trägers in einer westdeutschen Großstadt „so fing des an" (173).

„Ich war auch da in (-) da gab's doch dieses Sozialistische Patientenkollektiv, in Heidelberg, bei dem Huber. Die waren ein bisschen mehr modern, und hat dann den konservativen Psychiatern nicht gepasst" (707ff).

Das Sozialistische Patientenkollektiv (SPK) war in den Jahren 1970/71 im Rahmen der 68er Bewegung und der Psychiatrie-Reform ein Zusammenschluss aus Psychiatern, Therapeuten und Psychiatrie-Erfahrenen, die Therapie und Arbeit aus der Klinik heraus verlagert hatten und kollektiv in einem Haus wohnten. Aus dieser Bewegung gingen auch Teile der RAF hervor, wovon er sich distanziert, weil die „ham sich da mal verrannt. Aber mit Bomben geht's halt nicht, ge. Des wird alles nur schlimmer" (714f).

Nach seiner Arbeit als Architekt ist er 25 Jahre in der Schlösserverwaltung in einer westdeutschen Großstadt angestellt.

„Quer durch. Und dann wie I a paar Mal krank war, bin ich halt nicht weitergekommen. (-) Weil ich auch meine Meinung gesagt hab. (3s) Auch viel versucht hab, zur Kunst zu tun, aber nicht nur altes Zeug, sondern auch zeitgenössisch" (194ff).

Das Malen und Ausstellungen organisieren ist eine Konstante in seinem Leben, er erzählt von verschiedenen Projekten und zeigt mir im Verlauf des Interviews verschiedene Bilder, die er gemalt hat. Zum Teil leidet seine Erwerbsarbeit darunter, jedoch besucht der Abteilungsleiter seine Ausstellungen. Über die Anstellung sagt er,

„Es war keine schlechte Zeit, aber ich, ich war irgendwie (-) hatte diesen ganzen Bürokratismus total nimmer ausgehalten. Und dann hat mer des Projekt abgelehnt, was ich da, äh, äh, äh, (-) da war schon im Gespräch, dass ich Verwalter, dass ich da werde, aber des is schon (-) hat den Range eines Professors. […] Da hab ich auch zugesagt, auch wenn's mir da mal schlecht ging. (-) Es geht ja jedem mal schlecht" (563ff).

Unklar ist, ob er selbst kündigt oder gekündigt wird. Er betont jedoch, dass er bis vor drei Jahren hin und wieder etwas Berufliches gemacht hat. Ein zentrales Thema im Zusammenhang mit seiner beruflichen Tätigkeit ist, „da kriegt man auch nix geschenkt" (180), diese Aussage taucht mehrmals auf. Seinen

Lebensunterhalt finanziert er aktuell über seine Rente. Für finanzielle Angelegenheiten hat er eine gesetzliche Betreuung.

Zu Beginn unseres Gesprächs und ohne ersichtliche Veranlassung sagt er: „Andere Leut ham Angst vor mir, ich bin nicht schizophren. Zitter und andere Schwierigkeit, aber ich hör keine Stimmen, ich will niemand umbringen, ich hab die Sachen net" (15ff).

Herr Tietz erwähnt Klinikaufenthalte in der Psychiatrie, er hat zweimal eine umfassende Psychotherapie gemacht, nahm an Psychoedukation und einer Selbsthilfegruppe (SHG) für manisch-depressive Menschen teil.

„Und dann is halt Selbsthilfe auch ne gute Alternative zum Psychiater, die meisten ham nen Psychiater, da kannst die Ratschläge vergessen. Und die Leute die da in die Selbsthilfegruppe sind, die beschäftigen sich auch mit Medikamenten. Und sagen des vielleicht auch mal zu einem, die merken des, wenn der grad manisch is. Sagen se dann, du bist manisch" (155ff).

Herr Tietz macht kaum Angaben zu Jahreszahlen oder seinem Alter in verschiedenen Lebensphasen, es ist schwer, seine Erzählungen zeitlich zu rekonstruieren. Auch springt er beim Erzählen rastlos zwischen Themen hin und her, teilweise kann ich ihm gedanklich kaum folgen.

Seine vielfältige Freiwilligenarbeit findet besonders im künstlerischen und politischen Bereich statt. Er in der Friedensarbeit aktiv, neben der Teilnahme an Menschenketten organisiert er verschiedene Aktionen mit und verteilt Flugblätter, „hab mich da a bissel aufgearbeitet mitm Frieden" (107f). Anfang der achtziger Jahre malt er ein Bild, zum Thema Frieden, ein befreundeter Architekt kauft es ihm ab und er bekommt einen Auftrag für ein Farbkonzept – so verbindet sich seine Kunst mit der Erwerbsarbeit. Zeitweise ist er im Vorstand eines Kunstkreises, dieser arbeitet für ein Ausstellungszentrum in M-Ort. Außerdem ist er in der Delegiertenversammlung der Künstlerkasse. In diese beiden Ämter wird er vermutlich gewählt. In einer psychiatrischen Tagesstätte bietet er eine Gruppe an, in der über Texte gesprochen wird. Diese endet im Konflikt mit dem Team, da sich die Praktikantinnen wegen erotischer Texte angegriffen fühlten. Er beschließt, dass er in Zukunft für ein solches Engagement Geld haben möchte.

Vor fünf Jahren initiiert er eine Unterschriftenaktion, schreibt Briefe ans Ministerium, um die Forderung zu unterstützen, dass das Allgemeinkrankenhaus vor Ort eine psychiatrische Abteilung bekommt. Er arbeitet mit mehreren Engagierten zusammen, „wir ham auch erreicht, dass es nicht isoliert gemacht wird, sondern integriert ins Kreiskrankenhaus" (57f). Seine Motivation für ein „Vor-Ort" bleiben können bei psychischer Erkrankung ist, dass Betroffene so eher Besuch bekommen und die Öffentlichkeit, besonders im Ort, für Psychiatrie-Themen sensibilisiert wird.

Vor drei Jahren bietet er im Kaffeehaus[65] ein Jahr lang eine vierzehntägige Gruppe zum Thema zeitgenössische Kunst an.

„Ich war wie gesagt immer da, hab mich vorbereitet, und ich war dann auch einmal frustriert, weil, wie gesagt, mal kamen zwei Leute, dann war mer wieder acht Leute, und dann hab ich zwei Termine ausgemacht, so Besichtigungssachen. Einmal kam überhaupt keiner, des is mer halt zu blöd, da hab ich mich dann, wenn die Leut dann halt andere Probleme ham" (I4 Z. 474).

Er erhält eine Aufwandsentschädigung von 300 €, führt die Freiwilligenarbeit in diesem Rahmen nicht weiter. Er verfolgt verschiedene Aktionen von Kunst am Bau[66] und der Anti-Stigma-Kampagne (BASTA)[67]. Zurzeit ist er verantwortlich für die Pressearbeit im künstlerischen Bereich in der benachbarten Kirche, er hat guten Kontakt zu Pfarrer und Dekan. Über seinen derzeitigen Alltag sagt er:

„Ja, I gib zu I hab halt scho Phasen, wo I nix auf die Reihe bring. Ich wollt au immer Familie haben. (-) Ja, I hab Kontakte zu allen möglichen Leuten, in der Nähe wohnt der Dekan, da war ich auch schon mal wieder" (617ff).

Trotz seiner Aktivitäten in der Psychiatrie-Szene möchte er als Künstler und nicht als Psychiatrie-Erfahrener wahrgenommen werden.

Deutlich wird die individuelle Passung seines Engagements und seiner Leidenschaft für Kunst, Kunstgeschichte und Baugeschichte.

Sein Interesse für Friedensthemen hat mit dem Verlust des Vaters, der im Krieg gefallen ist, zu tun. Er selbst sieht seine psychische Erkrankung einerseits durch die familiäre Vorbelastung aufgrund von Kriegserlebnissen in zwei Weltkriegen und weil er ohne Vater aufgewachsen ist. „Sind alles so Auslöser, da kann man nicht recht sagen, die Gene sind vorbelastet. Also so im Krieg – Krieg is was anderes" (639ff).

Die Motivation für das Interview ist sein generelles politisches Interesse, er hat schon öfter bei Forschungen mitgemacht hat (vor allem im medizinischen Bereich). Sein vielfältiges und initiatives Engagement kommt im Eingangszitat zum Ausdruck.

1.1.4 Betreuende Wahlhelferin: Anna Denk

„Ah da bin ich dann aufgeblüht als Wahlhelfer [...] des hat mir Spaß gemacht und neben mir, die war stellvertretender Wahlvorstand, des war ne

---

65 Offenes Angebot, Tagescafé für Psychiatrie-Erfahrene mit verschiedenen Gruppenangeboten
66 Kunst-am-Bau-Programmen liegt ein Beschluss des Deutschen Bundestages vom 25.01.1950 zugrunde, der festschreibt, dass ein Teil der Bausumme öffentlicher Bauten für Kunst aufzuwenden ist (vgl. www.bundestag.de/bau_kunst/kunst_am_bau.html).
67 BASTA – Bündnis für psychisch erkrankte Menschen, ist Teil des weltweiten Programms „open the doors" der World Psychiatric Organizaiton (WPO). Sie richtet sich gegen Diskriminierung und Stigmatisierung Psychiatrie-Erfahrene (vgl. www.openthedoors.de).

sehr (-) nette aufgeschlossene Frau also, wenn keine Wähler da waren ham wir uns gut unterhalten [...] ne und ich, ja ich hatte halt des Gefühl ich bin wieder im Arbeitsleben und nich ehm (-) ja jetzt (-) bei den jungen Alten" (18 Z. 387ff).

Frau Denk spricht nach einem Aushang in einer Tagesstätte auf meinen Anrufbeantworter. Beim Rückruf ist eine ihrer ersten Fragen, ob es für das Interview Geld gibt. Das verneine ich, da ich die Arbeit selbst finanziere und mich bewusst gegen eine Entlohnung entschieden habe (vgl. B 2.2). Wir verabreden uns dennoch für das Interview, sie überlegt zunächst wegen des Ortes und entscheidet dann, dass wir das Gespräch bei ihr zu Hause machen.

Anna Denk ist 60 Jahre alt (Jahrgang 1946), ledig und hat keine Kinder. Sie wohnt allein in einer westdeutschen Großstadt, ihre Mutter ist in einem Pflegeheim wegen einer Demenzerkrankung. Ihren leiblichen Vater hat sie erst im Alter von 26 Jahren kennen gelernt. Sie hat zwei ältere Halbgeschwister, mit denen sie aufgewachsen ist, der Familienvater ist im Krieg gefallen.

„und mit elf hab da ich mich damals interessiert wo die Kinder herkommen und der stand (-) der na also der er's äh (-) der Vater meiner Geschwister, der stand mit auf m Grabstein von Großmutter mit drauf und dann hab ich meine Mutter konfrontiert, hab gsacht: Ich will jetzt wissen wer mein Vater is. Is ja gar nich möglich, dass der andere (-) mein Vater is und was MIR (-) dabei verloren gegangen is überhaupt n Vater zu haben, weil mein (-) österreichischen Vater hab ich nicht als Vater empfunden, [...] und (-) der hat mir auch gleich wieder eine reingewürgt. Der hat gesacht ich soll ihn NIE mehr besuchen kommen, weil sein Adoptivsohn, dass nicht wünscht. Und also (-) da war ich dann auch ziemlich sauer" (860ff).

Sie bezeichnet sich mehrmals als das schwarze Schaf der Familie, da sie etwas lebte, was noch nie vorher da war und auch, weil

„meine österreichische Abstammung hat mir nicht sehr viel Glück gebracht und in der Familie also gilt se als äh (-) ich mein die waren arisch rein ja, der erste Mann war bei der SS, also ich find des eher heute ne Schande ja und sie finden's halt toll, [...] aber des jedenfalls stand des immer im Raum, also dass ich auch minderrassich bin und (-) und dass des halt nix gscheits war mit dem Österreicher und also (-)" (845ff).

Beide Halbgeschwister leben mit ihren Familie in einer Kleinstadt in Westdeutschland. Ihr leiblicher Vater ist inzwischen verstorben. Dessen Adoptivsohn, den sie nicht kennt, war der Alleinerbe.

Frau Denk macht nach der Mittleren Reife eine Ausbildung zur Fremdsprachensekretärin und arbeitet bis 1975 zehn Jahre in diesem Beruf (unter anderem in der Schweiz, Österreich und Frankreich). Sie geht ein Jahr auf die Betriebliche Fachakademie (Wirtschaftszweig), macht das Abitur nach und entscheidet sich für das Medizinstudium, ihren Traumberuf. Bis 1986 studiert sie in zwei deutschen und einer österreichischen Großstadt. Da sie ihr Studium selbst finanziert, pendelt sie oft zwischen einer Stadt – wegen ihrer Arbeit im Krankenhaus dort – und dem Studienort, einer anderen Großstadt, hin und her.

„also ich war zwischen zwei Orten geteilt, des is nich gut (-) und und jeder hat mich angegiftet also meine Familie die (-) ähm (-) die ham mich auch moralisch nicht unterstützt (-) die ham also die Männer die studiert haben die also die sind Ingenieure geworden, aber ich war die erste Frau die überhaupt studiert hat. Also Frauen sollen sich der Familie widmen einen Halbtagsjob ausüben und sorgen äh das dafür (-) sind dafür verantwortlich das der Mann und die Kinder versorgt sind. Und des war halt, ja `s hat nich gepasst" (284ff).

Ihre Eltern verstehen nicht, wie sie in ihrem Alter das Abitur nachmachen und studieren kann. Leider hat sie das Studium nicht mit dem Examen beendet.

„Ne ich äh ich hab zwar also regelrecht und fertig und komplett studiert, aber ich hab das Abschlussexamen nicht, bin dann zweimal operiert worden und ich war ausgepowert äh ich hab des selbst finanziert und ich hab da jahrelang also neben Studium gearbeitet, phh konnte einfach nich mehr [...] es is, ich hab's sehr schwer verkraftet, dass ich's nicht fertig gebracht hab und dass ich den Beruf nich ausüben konnte. Ich konnte auch lange Zeit nich da überhaupt nicht darüber reden" (230ff).

Frau Denk verliert ihren Job und ist arbeitslos, im Zuge dessen verschuldete sie sich und verliert beinahe ihre Wohnung, die Räumungsklage mit fristloser Kündigung (2001) wird vor Gericht abgewendet. Zu dieser Zeit bekommt sie keine staatliche Unterstützung, da ihre Mutter durch Ersparnisse gesetzlich zu ihrer Unterstützung verpflichtet ist. Deswegen bricht in dieser Phase zeitweilig der Kontakt seitens ihrer Familie ab. Als die Mutter selbst ins Heim kommt, erlischt diese Verpflichtung. Ihren Lebensunterhalt bestreitet sie aktuell durch ALG II[68].

„Mit den 347 Euro lebt ma zwar nicht reich, aber man lebt gesichert und ich bin SEHR dankbar dafür dass so was gibt ja und ich möchte schon bisschen noch was also sonst bin ich ganz energisch und aktiv auch wieder und ich möchte auch was für andere tun. Also (-) in (-) gewissen Grenzen und in gewissem Rahmen" (212ff).

Mit der Freiwilligenarbeit hat sie vor zehn Jahren begonnen. Zunächst betreut Frau Denk einmal pro Woche eine Dame, die nach einem Schlaganfall im Rollstuhl sitzt. Die Aufgabe ist spazieren gehen, jedoch will die Dame lieber im Café sitzen und Kuchen essen. Dieses Engagement beendet sie selbst. Sie kann sich die Cafébesuche nicht jede Woche leisten (zu der Zeit arbeitslos)

---

68 Zum 1. Januar 2005 wurden Arbeitslosenhilfe und Sozialhilfe von einer neuen Sozialleistung abgelöst, der Grundsicherung für Arbeitsuchende, Arbeitslosengeld (ALG) II. Diese Leistung ist im SGB II verankert und kann auch ergänzend zu ALG I oder anderem Einkommen bezogen werden.

und außerdem belastet sie der gesundheitliche Zustand der Frau sowie der anderen Heimbewohnerinnen.

Um aus der Arbeitslosigkeit zu kommen, macht sie wiederholt eine Fortbildung über das Arbeitsamt, der Absprung ins Berufsleben klappt jedoch wegen des Alters nicht. Stattdessen hat sie mehrfach „bei Wahlen Bundestag-, Landtag- und Kommunalwahlen […] als Wahlhelfer mitgemacht, weil ich politisch interessiert bin und weil ich auch immer ein bisschen Geld gebrauchen konnte ja" (46ff). Das war

„äh (3s) ja (lacht) vor meinem psychiatrischen Coming Out äh also ich hatte dreimal drei schwere Depressionen […] in drei Jahren nacheinander und also ich war da auch suizidal das war eigentlich das ehm (-) ja das (-) was den (-) Psychiatern zu schaffen gemacht hat" (51ff).

Frau Denk ist wegen ihrer Erkrankung ab 2004 mehrfach in der Psychiatrie, meist geschlossen untergebracht. Sie unternimmt zwei Suizidversuche, aus einem resultiert eine körperliche Behinderung (80% GdB).

„Und das ist jetzt wieder vorbei seit zwei Jahren und jetzt hab ich äh also ich bewege mich wieder zur Normalität zurück so empfinde ich's wenigstens und dann hab ich im (-) Anfang März das bei der Kommunalwahl versucht, also ob ich überhaupt einsatzfähig bin und leistungsfähig und das ging sehr gut" (58ff).

Sie möchte auch in Zukunft gerne als Wahlhelferin arbeiten, wenn sie gesund ist. Sie berichtet in dem Zusammenhang von einem anderen Mieter in ihrem Haus, der auch als Wahlhelfer angemeldet war und dann wegen Erkrankung absagen musste.

„Ich hab die zwei Tage geschafft und bei mir im Haus wohnt ein Mann […] und den hab ich dann noch gesehen wo ich am zweiten Tag zurückgekommen bin ne und dann hat er gesagt: Ja sie haben's geschafft. Und (lacht) da war ich ganz glücklich, ja für ihn war's schade aber, doch und da hab ich hab ich gedacht na ja irgendwas muss ich tun das gibt mir Auftrieb ich fühl mich da besser und n bisschen Geld extra is (-) is auch sehr schön" (421ff).

Als weitere Freiwilligenarbeit plant sie aktuell die Ausbildung zur Seniorenbegleiterin bei der Caritas. Sie war auf der Infoveranstaltung und zwei Tage vor dem Interview bei einem Schnuppertag, gerne möchte sie weiter machen. Die Plätze sind begrenzt, es heißt erst einmal abwarten. Falls es nicht klappt, hat sie sich fest vorgenommen, es im nächsten Jahr noch einmal versucht.

Ihre individuelle Passung mit der Freiwilligenarbeit ist auch das Resultat eines Lernprozesses. Durch die Erfahrungen ihrer psychischen Erkrankung geprägt meint sie

„Ich bin eigentlich nich so fürsorglich ja äh sonst aber (-) nach dem Erlebnis also des war ich war n anderer Mensch und mein Leben war völlig anders. Ja (-) also dadurch hab ich jetzt mehr Verständnis […] (I8 Z. 194ff) […] ich denk dass viele alte Menschen auch allein sind und dass des schon was ausmacht, wenn jemand regelmäßig kommt und ma vielleicht auch mal sacht ja ähm, finden sie sich überhaupt noch zurecht" (177ff).

Das Eingangszitat bringt auf den Punkt, was ihr das Engagement als Wahlhelferin gibt.

Eine Besonderheit im Interview ist die sehr ausführliche Schilderung eines Konfliktes mit der Schwester. Die beiden sind charakterlich sehr gegensätzlich und geraten immer wieder in Streit. Es geht um ein österreichisches Kochbuch, das ihrer Mutter gehört und diese ihr versprochen hat, dass es an sie weitergeht. Stattdessen hat es ihre Schwester an sich genommen, als die Mutter ins Heim kommt, und will es ihr lange Zeit nicht geben. Mittlerweile hat Frau Denk das Kochbuch „und sie hat's mir geschickt ja aber (-) der Kontakt is (-) Sense (-)" (881). Ich habe es während des Interviews kurz in der Hand.

Ihre Motivation, sich bei mir für das Interview zu melden, ist zunächst, sich dabei ein wenig Geld zu verdienen – sie hat einige Male bezahlte Untersuchungen mitgemacht. „Ja also des und da hab ich gemerkt, dass es mir gut getan hat so n längeres Gespräch zu führen. Und zwar ich will des (-) also mit ner neutralen Person will ich des" (1996ff) Und sie schließt, bezogen auf den Konflikt mit ihrer Schwester und das Kochbuch: „Ich bedanke mich auch, weil des Buch lag mir auf m Herzen" (2295).

1.1.5 Literat: Heinz-Rüdiger Polt

„Tuat a guat. Wenn mer sagt I bin der Suchtl von A-Stadt g´wesen (-) und plötzlich werd ma literarisch (-) HOCH ei´g´schätzt. (4s)" (I6 Z. 181)

Herr Polt meldet sich auf einen Aushang in einer Tagesstätte bei mir und wir vereinbaren telefonisch einen Termin. Er möchte das Interview gerne in der Tagesstätte machen, die in D-Stadt liegt. Wir sitzen dort in einem Gruppenraum an einem größeren Tisch über Eck, das Gespräch dauert etwa eineinhalb Stunden.

Heinz-Rüdiger Polt ist 51 Jahre (Jahrgang 1955), ledig und hat keine Kinder. Er wohnt allein in D-Stadt. Seine Eltern sind beide verstorben, Geschwister hat er keine.

Er macht die Ausbildung zum Buchhändler, da er immer schon von Büchern fasziniert war, und arbeitet auch in dem Beruf. „Weil des is ja des is ja praktisch a Wunschtraum (-) als Kind scho. […] da war des höchste a irgendwann a Buch z´schreiben" (262f). Dann beginnt er zusätzlich das Abitur nachzumachen, währenddessen erkrankt sein Vater schwer an Krebs. Deshalb bricht er die Schule ab und pflegt ihn. Sein Vater stirbt 1982. Herr Polt arbeitet danach als Buchhändler weiter.

Als seine Mutter 1994 stirbt – er ist 39 Jahre – beginnt seine Suchtkrankung.

„I war dann der einzige und (-) ja (-) und des is mer dann irgendwie bin I dann nimmer z´rechtkemma so mit der Familie verlieren." (102ff). „Selber bei mir war's der Alkohol (-) weil mei Mutter is damals auf äh ah sehr unseriöse Art und Weise umkemma [...] zwei so Gauner ham halt dann g´wart bis I mal in Urlaub bin [...] und ham dann mei Mutta packt dann und zum Notar g´schleppt und äh auf d´Bank g´schleppt und ham ihr da s Grundstück und des Haus abg´schwatzt. Und mei Mutter war so psychisch labil und labil oder was, ge. Und wia I dann z´ruckkemma bin a paar Tag später liegt´s blau im Bett und tot, ge" (89ff).

Er verliert neben seiner Mutter auch Haus, Grundstück und den Halt, wird alkoholabhängig und lebt bis 1997 als Stadtstreicher[69] in A-Stadt. „Des san halt Verluste, ge. (3s) Des bleibt halt, ge (5s)" (645f).

Kontakte zu früheren Freunden und auch zu Verwandten gehen wegen der Suchterkrankung in die Brüche.

„Dann ham die Verwandten no g´sagt, ja mei der war immer scho bled und so. Alles werd g´stricha, koa Kontakt mehr. (3s) Dann steht mer halt wirklich aloa da. (3s) NAJA, hab mi halt nomal derrappelt" (452ff).

Er deutet an, dass er schon vor dem Verlust der Mutter mehr Alkohol als üblich getrunken hat,

„Ja I hab au hat au keiner was g´sagt, wenn I was trunken g´habt hab, dann bin I erst furt g´ganga. [...] War dann erst am Schluss, wie I dann nimmer reden wollt. Da war's anders. Aber so kann I mi net erinnern, dass – mei Mutter hat g´sagt, du Heinz, I moan, du trinkst zurzeit recht vui. Ah na, die hat mi no nie b´soffen g´sehn oder zumindest hat se´s net g´merkt. Des is vererbt von meim Vater. Der hat a trinke kenna, dem hat mer a nix ang´merkt" (539ff).

Eventuell ist ein Alkoholkonsum in gewissem Umfang zuhause auch üblich gewesen. „Ja und dann hab I mi irgendwie wieder aufg´rappelt, also des war so 97ge (-) rum und 2000 habe I dann äh nomal a zwoate Therapie g´macht" (111ff).

Er lernt die Tagesstätte kennen, „des is wia mei zwoate Familie da hab I (-) da kann I sei wia I will a mittlerweile scho alls paletti, was will ma mehre, san ja nette Leut" (117f). Dort wird sein literarisches Wissen und Können bemerkt und er hält im Rahmen der Tasgesstätte eine erste Lesung.

Er beginnt in einem Gebrauchtwarenhaus im Zuverdienst zu arbeiten, „da hab I die (-) die Bücher unter mir" (9f). Neben dem Zuverdienst – vier Stunden pro Woche, 4 Euro Stundenlohn – ist seine Lebensunterhalt zurzeit über ALG II gesichert.

Sein Engagement in der Tagesstätte hat er auf einen Lesekreis und Philosophie-Runden ausgeweitet. Lesungen macht er dort fünfmal im Jahr, Dauer etwa 15 Minuten, „ziemlich anspruchsvolle Sachen a" (80f).

---

69 Diesen Begriff verwendet er selbst wiederholt so im Interview.

Bereits seit sechs Jahren ist er freiwilliger Mitarbeiter in der Bücherei, außerdem stellt er dort bei Lesungen Stühle auf, kümmert sich um den Rahmen und betreut die Literaten.

Dazu hat er selbst zwei öffentliche Lesungen gegeben, die eine gründliche Vorbereitung erforderten und recht erfolgreich waren. Neben ausführlichen Zeitungsartikeln (auch überregional) erfährt er Anerkennung über Personen, die seine Lesungen besuchen (Eingangszitat). Diese sind aus der Literaturszene, „so eine hoch literarische (-) würdig Mamsell" (830), oder dem öffentlichen Leben „da san dann die ganzen Lehrer vorn und der ehemalige Landrat" (179f). Mit dem ehemaligen Landrat ist er zwischenzeitlich befreundet.

Nach dem Verlust früherer Kontakte „muss ma halt neue Netze knüpfen" (623), und das gelingt ihm ganz gut, auch durch seine Freiwilligenarbeit. Dennoch sieht er eine Gefahr, dass Freiwilligenarbeit ausgenutzt werden kann und differenziert sie gegenüber anderen Tätigkeiten:

„Die au ehrenamtlich ihr Zeug g´macht ham und Kirch und (3s) des is scho a Gefahr, find I, also dass mer da (-) äh (4s) oder so im Verein, des mog I a net, (-) des is net meins (-)" (341ff).

„Aber I find liaber sollt der ehrenamtlich was macha als wia, nen, dass da für n ein Euro Job irgendwelche äh Kinkerlitzchen da macha, also" (382f).

Herr Polt blickt ein wenig wehmütig auf die Stadtstreicher-Zeit zurück, die er literarisch sehr genossen hat – er betont hier den Aspekt der Freiheit, die ihm sehr wichtig ist – aber er geht nicht mehr nach A-Stadt.

„Jaja, jaja, (-) s wissen a a paar Leit wies mer geht und so. (-) Bloß I kann nimmer hi´geh, weil dann sagt der ander, hey von dir krieg I no zwei Mark (lacht) und I scham mi a (-) und I scham mi a total" (470ff).

Eine Veränderung merkt er an „Ich bin viel freier, des merken´s ja selber, und des ähm, des is einfach (-) da konn I so sei wia I bin. […] Also des is scho (-) mei da bist a anerkannt" (491ff).

Hier wird die Anerkennung als ein zentraler Aspekt benannt, der für ihn wichtig ist und aus dem er Selbstbewusstsein zieht. Dies wird auch bei seiner Erzählung deutlich, als es um seinen Aufsatz zu Goethes Faust 1 geht, der in der Anna Amalia Bibliothek in Weimar stand (ist leider bei dem Brand 2004 auch zerstört worden).

„Weil vom Selbstbewusstsein her hab I´s daheim ja net so guat g´habt, ge. Von die Eltern her (-) MEI MUTTER hat des mit dem Aufsatz no knapp erlebt, als der rauskemma is, der Aufsatz, des hat´s mer (-) irgendwie a Freindin hat´s g´habt, die´s g´lesen hat, als I dann mal dahoam war, na hat´s g´sagt, stell der vor, da war jetzt die Frau da, die hat´s Abitur und alls, und die hat dein Aufsatz da g´lesen, (-) du die hat a net (-) die hat g´sagt, die hat da A NET durchblickt, sog amal, des gibt´s ja garnet. (-) So lang hats dauert, ge. Früher hams immer g´moant, an leichten Schatten, ge. (-) Des is einfach (3s) [hat gut getan?] Absolut, jaja. Nur spät halt (-) weil des von meim Papa (-)" (296ff).

Sein Vater war zu dieser Zeit schon verstorben, dessen Anerkennung wäre ihm auch sehr wichtig gewesen. Seiner Bindungslosigkeit durch die Verluste und Lebensbrüche steht die Literatur als eine Konstante in seinem Leben gegenüber, die Sicherheit bedeutet und die er mit Leidenschaft verfolgt. Auch kann er neue Netzwerke knüpfen.

Die Motivation für das Interview wird nicht explizit angesprochen. Deutlich wird, dass er sehr offen mit seinen Erlebnissen und dem Thema Sucht umgeht, auch daraus erhält er Selbstbewusstsein und kann so sein wie er möchte.

Während des Interviews erzählt er immer wieder begeistert von früheren Treffen mit verschiedenen AutorInnen und seiner Leidenschaft besonders für Goethes Faust 1.

Zusammenfassend betrachtet, lassen sich bei den beschriebenen Personen, bei denen Freiwilligenarbeit als Lebensbegleiter gesehen werden kann, folgende erste Aspekte festhalten:
Bei Herrn Nick ist das Suchen und Finden einer passenden Tätigkeit, ausgehend vom Thema Umweltschutz hin zur geeigneten Organisation sichtbar, was sein Leben bisher entscheidend mitprägt (biographische Passung der Freiwilligenarbeit). Frau Fines bezeichnet Freiwilligenarbeit als „normales Betätigungsfeld", sie ist vorwiegend im sozialen Bereich tätig, was ihren Interessen entspricht. Herr Tietz steckt seine Energie in verschiedene Projekte und macht den Anschein, dass für ihn ein Leben ohne freiwillige Engagements gar nicht denkbar ist. Bei Frau Denk ist die Freiwilligenarbeit in ihrer zweiten Lebenshälfte ein entscheidender Lebensbegleiter. Dabei ist neben der Sinnfindung das Aktiv-Sein und ihr politisches Interesse ausschlaggebend, schließlich ist auch die Entlohnung nicht ganz unwichtig. Die große Leidenschaft bei Herrn Polt ist, seit er denken kann, die Literatur, und in jeder Tätigkeit die sich darauf bezieht, geht er auf – ob im beruflichen oder privaten Lebensbereich.

1.2 Freiwilligenarbeit nach der Psychiatrie-Erfahrung

Die Menschen im folgenden Abschnitt haben die Freiwilligenarbeit nach der Psychiatrie-Erfahrung für sich entdeckt. Auch hier ist die Reihenfolge der Differenzierung geschuldet, wie viel Zeit nach der Psychiatrie-Erfahrung vergangen ist. Herr Miehl hat seine Tätigkeit gleich nach der Psychiatrie-Erfahrung aufgenommen und sowohl er als auch Frau Becht sind beide in Engagements tätig, die mit der Psychiatrie-Erfahrung unmittelbar zu tun haben, daher werden sie zuerst vorgestellt. Herr Sohlegang und Frau Seiler kommen erst deutlich nach ihrer Psychiatrie-Erfahrung zur Freiwilligenarbeit und sind nicht im Zusammenhang mit ihrer Erkrankung tätig.

1.2.1 Handwerklicher Vorstand im Verein für Psychiatrie-Erfahrene: Thomas Miehl

„Bei mir war des so, ich war insgesamt fünf Mal in der Psychiatrie. [...], des vierte Mal war mit Polizeieinsatz unter verschärften Bedingungen. Dann hab ich gedacht, äh so geht's net weiter" (I2 Z. 146ff).

Der Kontakt zu Herrn Miehl entsteht über den Interviewaufruf im Rundbrief eines Psychiatrie-Erfahrenen-Vereins. Herr Miehl meldet sich telefonisch bei mir und wir vereinbaren zeitnah einen Termin für das Interview. Es findet in einem kleinen Gruppenraum in einer Tagesstätte für Psychiatrie-Erfahrene statt und dauert etwas mehr als eine Stunde.

Thomas Miehl ist 44 Jahre alt, ledig und hat keine Kinder. Er ist im Allgäu geboren und lebt die ersten fünf Jahre dort. Er wächst dann in Niederbayern auf und lebt seit vielen Jahren in einer westdeutschen Großstadt, zurzeit wohnt er allein in einer Wohnung. Er hat einen Bruder, der auch hier lebt und zu dem er Kontakt hat, zu den in Bayern wohnenden Eltern besteht ebenfalls sehr guter Kontakt.

Er ist gelernter Elektriker, hat an der Abendschule (Fachoberschule) das Abitur nachgemacht und im Anschluss Versorgungstechnik studiert. Effektiv hat er vier Semester studiert, bis zum sechsten war er immatrikuliert. Er meint heute, dass damals die psychische Erkrankung bereits begonnen hatte. Rückblickend beschreibt er, dass er sich beim Lesen von Büchern von einer Seite auf die andere nichts mehr merken konnte. Dies sieht er als ein erstes Symptom einer beginnenden Erkrankung. Er bricht das Studium ab, fährt zunächst Taxi, bekommt dann eine Anstellung und erkrankt das erste Mal an einer Psychose. „I bin manisch-depressiv" (348).

Zunächst hakt er dies als einmalig ab, findet eine neue Stelle und muss bald wieder in die Psychiatrie. „...hab halt immer wieder versucht Fuß zu fassen, nicht so abzudriften, und bin halt immer wieder in die Krankheit rein gekommen" (338ff). Herr Miehl durchlebt drei Psychosen, die jeweils mit einem Klinikaufenthalt verbunden sind. Bei seiner vierten Psychose 2001 muss er eine Zwangseinweisung erfahren (Eingangszitat) und merkt, dass es so nicht mehr weiter gehen kann.

Er ist erleichtert, als im Anschluss daran sein Rentenantrag bewilligt wird. „Kann jetzt net sagen, dass es mir seitdem wirklich besser geht, aber ma hat halt den Druck nimmer, mit arbeiten und (5s)" (344). Er erwähnt eine Schwerbehinderung mit 60%.

Auch nach seiner Berentung ist er ein fünftes Mal wegen einer weiteren Psychose in der Psychiatrie. Seine letzte psychotische Krise bewältigt er im Krisenhaus[70], diese ist weniger intensiv „War dann nach wenigen Tagen des Gröbste vorbei und dann war I no weiter in der Tagklinik" (153f).

Durch die wiederholten Klinikaufenthalte und sämtliche rechtliche Belange, die damit verbunden sind (Zwangseinweisung, Kündigungsschutz bzw. betreffende Fristen in der Erwerbsarbeit) stellt er fest, dass er viele Informationsdefizite hat und mehr wissen möchte, vor allem über seine Rechte. Aus diesem Grund wird er 2001, nach dem Erlebnis der Zwangseinweisung, Mitglied im Q.-Verein[71]. Aufgrund seiner handwerklichen Fähigkeiten ist er dort schnell zuständig für die in den Räumlichkeiten des Vereins anfallenden handwerklichen Dinge. Vor zweieinhalb Jahren wird er angesprochen, ob er sich zur Wahl für den Vorstand des Vereins stellen möchte. Fünf Personen mit Psychiatrie-Erfahrung teilen sich gleichberechtigt den Vereinsvorstand und haben die Verantwortung an den Geschäftsführer abgeben. Wenn dieser ausfällt, geht die Verantwortung wieder auf die Vorstände über. Nach reiflicher Überlegung – „Es is halt scho a hohe Verantwortung" (135) – stellt er sich zur Wahl und wird in den Vorstand gewählt.

„Für mich war da des Positive, dass ich ja in der Psychiatrie selber sämtliche Erfahrungen gemacht hab. (-) Dass, der Gedanke, man kann selber was mit verändern oder Beiträge einbringen oder so was" (141ff).

Alle zwei Wochen findet eine zwei- bis dreistündige Vorstandssitzung statt. Als die Sekretärin erkrankt ausfällt, springt er ein und macht die Sekretariatsarbeit. Diese vier Tage pro Woche mit je zwei Stunden Arbeit sind ihm auf Dauer jedoch zuviel.

Eine weitere Freiwilligenarbeit bekommt er über eine Freiwilligenagentur. Als Hausmeister arbeitet er zweimal pro Woche einen halben Tag in einem Wohnheim.

„Des ging zwei drei Monate gut, und dann (-) war bei mir zwei Monate total aus." (384f) „Ja, ich hab dort angerufen, die Chefin, und dann hab I g´sagt, I komm nimmer, (-) des hat einfach kein Sinn. (3s) Ma is einfach net BELASTBAR" (388f).

---

70 ambulantes psychiatrisches Krisenzentrum; in akuten Krisenfällen Möglichkeit zum stationärem Aufenthalt bis zu zehn Tagen
71 Interessensverein von und für Menschen mit Psychiatrie-Erfahrung

Wegen einer asthmatischen Erkrankung und chronische Rückenprobleme nimmt er regelmäßig Arzttermine (z.B. wöchentlich Termine beim Lungenarzt) wahr. Außerdem macht er zweimal in der Woche Ergotherapie. „Mir reicht es jetzt zum Beispiel, wenn I a paar Stunden so unterwegs bin, des reicht mir schon, da bin ich schon – da muss I mi nachmittags hinlegen und (-) fertig" (367ff).

Neben den Kontakten zu seiner Herkunftsfamilie ist er „sehr viel im Freundeskreis" (354), wobei er Bekanntschaften mit Psychiatrie-Erfahrenen kritisch sieht, da „jeder seine Empfindlichkeiten" (467f) hat. Durch verschiedene Erfahrungen ist er in den letzten Jahren in diesen Kontakten eher verschlossener geworden ist, „einfach um mich zu schützen" (475).

Sein Beitritt zum Q.-Verein und sein folgendes Engagement in dessen Vorstand sowie bei anfallenden Tätigkeiten (Reparaturen, Sekretariat) zeigt eine klare Passung zu eigenen Erfahrungen als Betroffener in der Psychiatrie, unter anderem wegen seines Informationsdefizits und dem daraus entstehenden Leidensdruck.

„Für mich, für mich is der Q.-Verein halt insofern (-) a gewisser (-) a gewisser Rückhalt. Also dass halt, die Gesetze wo´s jetzt gibt, dass wenn mer no´mal so was passiert, dass I halt da konkret was machen kann. [...] Dass mer einfach Kontakte hat, die wieder Kontakte ham. Wissens, dass mer (-) net (-) da bist so gesehen ne arme Sau. (3s)" (302ff).

Wissen und Kontakte geben ihm mehr Macht in der sonst eher machtlosen Position als akut Betroffener in der Psychiatrie, durch Beteiligung übernimmt er Verantwortung und möchte durch seine Mitwirkung Veränderungen bewirken.

Bei der anderen Freiwilligenarbeit sind seine handwerklichen Fähigkeiten und sein Wille, aktiv tätig zu sein ausschlaggebend. Letztlich geht diese Tätigkeit über die Grenzen seiner Belastbarkeit. Eine These ist, dass Herr Miehl durch die erhöhte Verletzbarkeit aufgrund der bipolaren Störung über einen bestimmten Zeitumfang hinaus (ob Erwerbsarbeit oder Freiwilligenarbeit) nicht belastbar ist. Er hat gelernt, auf seine Grenzen zu achten, ob im Umgang mit anderen Menschen, beim Tätigsein oder bei eigenen Alarmzeichen für eine erneute Krise, z.B. achtet er auf ausreichend Schlaf. Auch bei der Entscheidung, ob er sich zur Wahl für den Vorstand stellt, wägt er die Belastung, auch durch die Verantwortung, sorgfältig ab.

Seine Motive für das Interview sind, neben gesellschaftlichem und politischem Interesse

„weil ich jemand, der über des Thema Psychiatrie-Erfahrene schreibt, au einfach unterstützen will." (614f). „Also es geht auch darum, mal zu reflektieren für mich, was hab I denn jetzt in den letzten drei vier Jahren erlebt" (619f).

1.2.2 Handarbeitende Betroffenen-Vertreterin: Berta Becht

„I hab gern g´strickt und hab des g´lesen, und dann war der Gedanke da, DES war was für mi" (I1 Z. 418).

Der Kontakt zu Frau Becht entsteht durch ein Telefonat mit der Leiterin einer Selbsthilfegruppe (SHG) für Menschen mit Psychiatrie-Erfahrung. Sie spricht zwei Teilnehmerinnen der SHG an und Frau Becht zeigt Interesse. Über ein Telefonat verabreden wir uns für das Interview. Es findet bei ihr zuhause im Wohnzimmer statt, dauert fast zwei Stunden und wird durch einen kurzen Anruf unterbrochen.

Frau Berta Becht ist 58 Jahre, ledig, hat keine Kinder und wohnt allein in einer Wohnung in D-Stadt. Sie ist hier in Oberbayern als Einzelkind aufgewachsen, ihre Mutter war nicht verheiratet, sie lebt bis zu ihrem 25. Lebensjahr (1973) in der Heimatstadt. Die engsten Bezugspersonen sind in dieser Zeit ihre Mutter und ihre Großtante, die sie Oma nennt. Alle drei Frauen sind begeisterte Strickerinnen, „stricken kann I eigentlich scho, soweit äh soweit I zurück denken kann" (155f). Nach der Volksschule macht sie eine Ausbildung zur Kontoristin (heute Einzelhandelskauffrau). Gerne hätte sie die Mittlere Reife gemacht, was ihr von der Mutter nicht gestattet wurde, ihr Berufswunsch war OP-Krankenschwester. Lesen war zunächst zuhause nicht erlaubt – „reine Zeitverschwendung" – (1438), stattdessen stand die Handarbeit im Mittelpunkt. Als ihr Berufsschullehrer wegen Schwächen in der Interpunktion nachfragt, ob sie nicht liest und erfährt, dass sie nicht darf, findet ein Gespräch mit der Mutter statt. Frau Becht wird anschließend Mitglied im Bücherbund und liest seitdem sehr gerne.

In ihrer Heimatstadt ist sie Vollzeit in einem Elektroinstallationsbetrieb mit Ladengeschäft angestellt. 1973 wechselt sie ihre Arbeitsstelle, zieht nach N-Stadt, ebenfalls Oberbayern, und arbeitet in einer Personalabteilung. Bis zu ihrem 40. Lebensjahr ist sie durchgängig angestellt, Ende 1988 wird sie wegen organischer Erkrankung (Magendurchbruch) krankgeschrieben und ist ab 1990 wegen Erwerbsunfähigkeit berentet. Ihre Mutter ist bereits körperlich behindert, als sie noch in N-Stadt lebt, Frau Becht fährt regelmäßig zu ihr und unterstützt sie.

Im Jahr 1998 löst Verfolgungswahn eine Flucht von N-Stadt aus, „durch die Psychose bin ich in B. gelandet" (108). Sie hinterlässt keine Nachricht und fährt auf Umwegen in eine Ferienwohnung ins benachbarte Ausland. Als sie nach vier Wochen zurück in Deutschland ist, wird sie wegen einer Gehirnhautentzündung in B-Stadt (Großstadt in der Mitte von Deutschland) in eine Klinik eingeliefert, dort wird auch eine Psychose diagnostiziert. Ihre Mutter hat in der Zwischenzeit eine Vermisstenanzeige aufgegeben. Frau Becht ist knapp zwei Jahre in B-Stadt. 1999 kehrt sie in ihren Heimatort D-Stadt zurück, da die Mutter einen Schlaganfall hat. Ihre Mutter lebt zu diesem Zeitpunkt bereits in einem Altenheim, Frau Becht kümmert sich täglich um sie (besuchen, füttern, einkaufen). Ihre Mutter verstirbt im Januar 2001 an den Folgen eines weiteren Schlaganfalls.

Neben oben genannten Erkrankungen hat Frau Becht außerdem Osteoporose, Rheuma, Gicht, Lungenemphysem und COPD[72]. Wann diese Krankheiten entstanden sind, wird nicht benannt.

Nach dem Tod der Mutter nimmt Frau Becht auf Anraten ihres Psychiaters wöchentlich an der SHG für Psychiatrie-Erfahrene teil und besucht hin und wieder die Tagesstätte im Ort. Anfang 2002 kauft sie einen Computer, der ihr aber nicht die gewünschte Ablenkung bringt. Im Dezember 2001 liest sie einen Artikel in der Zeitung, dass die Handarbeitsgruppe des Bayerischen Roten Kreuzes (BRK) TeilnehmerInnen sucht, die gerne Handarbeiten verrichten.

Sich daran erinnernd organisiert sie sich über eine Bekannte in ihrem Wohnhaus, die beim BRK arbeitet, den Zugang zu dieser Gruppe. Ab Frühjahr 2002 ist Frau Becht aktive Teilnehmerin in dieser Gruppe, die sich jeden Monat einen Nachmittag trifft, z.B. Socken strickt, Topflappen häkelt oder Kränze in der Weihnachtszeit bindet. Den Großteil der Tätigkeit, insbesondere das Stricken von Socken, macht sie die ganze Woche über. Diese Tätigkeit zieht sich durch ihr Leben, Frau Becht hat sie in ihren Tagesablauf integriert und nennt es unter anderem auch ihren „Morgenrhythmus" (327).

„Weil I des so FRÜH gelernt hab, is des für mich ne Spielerei, bei der ich mich entSPANNen kann" (158f).

„I hab mi g´sundheitlich, oder vom psychischen her (-) oftmals durch des Stricken wieder aufgebaut" (854f).

Sie hat im letzten Jahr 84 Paar Socken gestrickt, pro Paar benötigt sie etwa vier Tage. Neben der Hauptaktivität des Strickens finden über das Jahr verschiedene Märkte statt, auf denen die hergestellten Produkte verkauft werden. Hier steht Frau Becht auch am Verkaufsstand. „Ohne die ehrenamtliche Tätigkeit (-) käm I mir ziemlich sinn- äh sinnlos vor" (831f).

Ein weiteres Engagement ist die Betroffenen-Vertretung beim Gemeindepsychiatrischen Verbund (GPV)[73], dazu ist sie über die SHG gekommen. Die Sitzungen des GPV finden monatlich statt, es geht um Fallbesprechungen und Beschlüsse sowie um themenbezogene Inhalte. Leider hat sie über die SHG zurzeit kein Stimmrecht, auch wenn es alle TeilnehmerInnen begrüßen, dass sie da ist.

---

72 Chronisch obstruktive Bronchitis
73 Der Gemeindepsychiatrische Verbund (GPV) ist ein Teil der Psychosozialen Arbeitsgemeinschaft (PASG) des Stadtteile oder Landkreise. Er ist ein Zusammenschluss von Einrichtungen, Diensten, Selbsthilfegruppen und Vereinigungen, die an der psychiatrischen Versorgung beteiligt sind. Seine Aufgabe ist die Koordination einer individuellen, klientenbezogenen, möglichst wohnortnahen Versorgung. Neben Diskussion allgemeiner Themen gibt es immer wieder einzelne konkrete Fallbesprechungen.

Frau Becht geht wöchentlich in eine Tanzgruppe (Folklore), „da geh mer dann bloß net hin wenn Bastelgruppe is, weil die hat Vorrang" (702f), sowie zur Osteoporose-Gymnastik, diese Gruppe hat auch Selbsthilfe-Charakter. Wegen ihrer Osteoporose geht sie viel spazieren, hin und wieder mit zwei Frauen ein Stück Weges. Mit dem Rauchen hat sie aufgehört, was positive Auswirkung auf ihre chronische Bronchitis hat.

Frau Becht, die während ihres Berufslebens keine Zeit für Freiwilligenarbeit hatte, hat sich den Zugang zu ihrem Engagement selbst organisiert. Sie war nicht auf der Suche nach einer Tätigkeit, dennoch wird bei ihrer Erzählung klar, dass sie Leerräume zu überbrücken und nach einem Sinn gesucht hat, gerade nach dem Tod ihrer Mutter, der sie viel Zeit und Pflege widmete. Durch den Zeitungsartikel inspiriert, wird sie aktiv und findet dort neben Kontakten vor allem die Möglichkeit, ihre Fertigkeit Stricken sinnvoll einzubringen. Die Passung zwischen ihrer Lebensgeschichte und der Freiwilligenarbeit ist deutlich. Neben Sicherheit und Konstanz der biographisch positiv besetzten Tätigkeit birgt diese auch salutogenetische Aspekte. Dazu wird ihr das tägliche Stricken möglich gemacht, „I bin scho froh, dass I´s Material net zahlen muss, weil dann kannt I mer des scho wieder net leisten" (860f).

Auch das Engagement im GPV passt zu ihren eigenen Erfahrungen, sie übernimmt dadurch eine Sprachrohr-Funktion für andere Betroffene.

„Genau, sag mer mal so, weil I hab's schon mal mit g´macht, I woaß wia des is und der IS aber grad in dem Zustand, der in dem Zustand is, der woaß des net in Worte zu kleiden" (1115ff).

Des Weiteren ist ihr wichtig, Menschen ohne Psychiatrie-Erfahrung zu vermitteln, wie es einem Menschen geht, der in einer akuten psychischen Krise ist:

„Und äh (-) des kann oaner, der schon mal a bißl Abstand davon hat, und unter Anführungszeichen mit Medikamenten normal is, der kann des mit – kann des besser Gesunden überliefern, als wia der Betroffene, der jetzt grad in dem Zustand is." (1107ff).

Ihrer Handlungen gründen im ihr eigenen Aktiv-Sein (Bewegung, Selbstorganisation des Zugangs zur Freiwilligenarbeit, Vertreterin im GPV).

Zur Motivation für das Interview sagt Frau Becht:

„Wia mir des die Frau Haindling g´sagt hat, wenn jetzt jeder sagt, na, um Gott´s willen, bloß des net, wie sollen dann die Leute (-) äh den Doktortitel überhaupt machen. (-) Ma muss au jemand die Chance geben, dass er des verwirklichen kann. (-) War vielleicht jetzt einfacher, weil sie a Frau san, mit einem Mo hätt I in dem Fall mehr Probleme. (4s) Probieren kann man´s ja mal (3s)" (1566ff).

Die Aussage „probieren kann man´s ja mal" spiegelt ein zentrales Lebensmotto wieder – dies bildet eine Klammer am Anfang und Schluss des Interviews (vgl. auch Zeilen 21 und 1396).

1.2.3 Lebensmittelexperte: Manfred Sohlegang

„Ja nun gut, des war halt so – des hat sich so ergeben, der Herr Fuisler[74] hat g´sagt, ob I da net Lust hab, und und und da mitarbeiten (-) und I wollt mi ohnehin a bißl integrieren wieder, bißl raus aus dieser (-) aus diesem eintönigen hier. Und mit Damen hab I´s immer zu tun g´habt, früher im Verkauf" (I5 Z. 6ff).

Der Kontakt zu Herrn Sohlegang entsteht über einen Kollegen, der in einer Tagesstätte meine Interviewanfrage verbreitet. Bei einem Anruf von Herrn Sohlegang werden Fragen und Rahmenbedingungen sowie mögliche Zeiten für das Interview geklärt. Er möchte das Gespräch gerne in der Tagesstätte führen. Da bereits zwei weitere Interviewtermine an einem Tag vereinbart sind und drei Interviews hintereinander zuviel erscheinen, machen wir aus, dass ich ihn wegen eines konkreten Termins noch einmal anrufe. Am Tag der beiden Interviews in der Tagesstätte ist der erste Interviewpartner krank. Eine Mitarbeiterin weiß von Herrn Sohlegang, dass wir im Kontakt stehen, und weist mich auf seine Anwesenheit hin. Er ist gleich bereit, spontan mit mir zu sprechen.

Manfred Sohlegang ist 64 Jahre, ledig und hat keine Kinder. Er lebt allein in einer Wohnung in D-Stadt. Das Interview findet in der Tagesstätte in einem Gruppenraum statt, wir sind dort bis auf eine kurze Unterbrechung durch eine Mitarbeiterin (Frage wegen Mittagessen) ungestört, es dauert knapp eineinhalb Stunden.

Er wächst als jüngerer von zwei Brüdern auf einem Hof (Landwirtschaft) in der Gegend auf, sein Vater hat einen kleinen Laden.

„I hab an Bruder g´habt, der war, der war ja unmöglich. […] Wissen´s I bin mer da vorkommen wia so a, wia so a großer Teppich, ge. Pflegeleicht und strapazierfähig, wissen´s, so a guater Teppich" (183ff).

„Hat d´Mutti zu mir g´sagt, ja, sie du der G´scheitere. Und dann, dann, dann is mir der Ding, der Slogan eing´fallen: der G´scheitere gibt so lang nach, bis er der Dumme is. So is des dann – I hab halt dacht, des muaß so sein. […] I bin ja kurz in der Hierarchie vorm Hund no komma, ge (lacht)" (197ff).

Nach der Volksschule macht er eine Maurerlehre, ist auf der Berufsschule und übt dann diesen Beruf aus. Wegen körperlichen Erkrankungen (Gicht und Rheuma) hört er vor seinem 30. Lebensjahr auf als Maurer zu arbeiten und sattelt um. Er baut sich einen eigenen Obst- und Gemüseladen auf, macht nebenbei Abendkurse in Buchführung und Bilanzziehung und ist damit selbständig. Zu dieser Zeit hat er eine längere Beziehung mit einer Frau, die er in der Großmarkthalle kennen lernt. Diese Beziehung hält nicht. In einem etwas

---

74 Mitarbeiter der Tagesstätte

unvermittelten Übergang erzählt er, dass sein Bruder sich umgebracht hat, nachdem die Mutter verstorben ist.

„Der hat da an Neid g´habt, weil I immer fröhlich und guat drauf war, und er hat des net amal versucht. Und wia dann d´Mutti weg war, da hat er niemand mehr g´habt, ge, [...] da war er dann total aufg´schmissen" (344ff).

Neben dem Verlust seiner Familie gibt es Probleme mit dem Erbe, da er mit seinem Bruder, der sich umgebracht hat, eine ungeteilte Erbengemeinschaft hatte. Sein Bruder vermacht seinen Erbteil an einen Fremden. Wegen der gerade vollzogenen Existenzgründung (sein Laden), verkauft Herr Sohlegang einen Teil des Erbes (Pferde) als finanzielle Unterstützung.

Er arbeitet viel in seinem Laden, mit Öffnungszeiten von Montag bis Samstag, teils auch sonntags nach der Kirche – „die Sperrzeit bißl strapaziert" (436). Seine Fähigkeiten reizt er aus, benutzt seinen Charme, „diesen Mischmasch aus Gag und Realem, a richtige Mischung" (568) und hat auch eine große Resonanz. Er gestaltet interessante Schilder und beschreibt seinen Laden auch als „Theater".

In den 70er Jahren kandidiert er für den Gemeinderat, was er vor allem macht um „zu demonstrieren, dass I integrationsfähig bin" (916), da er vom Listenplatz her nicht wirklich eine Chance hat. Ende der 80er Jahre rechnet sich der Laden nicht mehr, so dass er ihn 1990 aufgibt. Herr Sohlegang verkauft seinen Erbteil.

„War a schöner Batzen. Hat aber nicht wirklich glücklich gemacht. Ich hab des g´wusst, des macht mich nicht glücklich. Des Geld interessiert mich nicht. Mir geht, mir geht des, des Grundstück ab." (475ff).

Er macht mehrere Computerkurse und erzählt von zunehmenden Alkoholproblemen. „A richtige Bindung hab I au net g´habt, des G´schäft war dann weg au, und da war der Lebenssinn halt au weg" (870). Durch die Suchterkrankung rutscht er weiter ab und sieht sich „schon am absteigenden Ast" (823). Für zwei Jahre bekommt er einen gesetzlichen Betreuer. Erst nach mehreren Jahren macht er einen Entzug und meidet fortan Lokalitäten, in denen Bier ausgeschenkt wird, geht mehr in Cafes. Er lernt die Tagesstätte kennen und „des war halt praktisch für mich eine Auffangstation" (487f).

Über einen Mitarbeiter der TS kommt er schließlich auf die Idee zu seiner Freiwilligenarbeit (vgl. Eingangszitat) bei Tischlein-deck-dich, einer Essensausgabe für Bedürftige (Sozialhilfe-EmpfängerInnen und arbeitslose Menschen). Dort ist er zwei Jahre (2003-2005) an zwei Tagen pro Woche beschäftigt.

„Des war vor allem der Punkt, net in den tristen Alltag einzutreten." (665f).

Die Sortierung und das Einräumen der Lebensmittel an einem Abend dauert gut zwei Stunden, die Tätigkeit rund um den Verkauf am folgenden Vormittag etwa drei Stunden. Es ist anstrengend, da der Raum über eine

Treppe zu erreichen ist und folglich alles nach oben getragen werden muss. Da er ein Kavalier ist, lässt er die Damen, die dort vor allem arbeiten, nicht viel tragen und strengt sich sehr an. „Geld gab's keins, na. Man hat sich a bißl mitnehmen können." (122). Aufhören muss er schließlich wegen der Diagnose Darmkrebs, bei folgender Operation wird auch ein Nabelbruch entdeckt, den er sich vermutlich bei seiner Freiwilligenarbeit zugezogen hat.

Neben diesen Erkrankungen hat er außerdem Diabetes, was er gut im Griff hat und lediglich Tabletten nehmen muss. Als positiv an seiner Tätigkeit bei Tischlein-deck-dich empfindet er,

„In einem Pulk von Menschen zu sein, wo ich weiß, ich werde nicht schikaniert und ich werde – es is a einigermaßen guate Atmosphäre. Atmosphäre is ziemlich, is ja des A und O von an – wenn mer unter Leute is" (252ff).

Auch ist er der Meinung, „wenn I was Positives leiste, dann hoff ich auf a positive (-) äh (-) auf a positives Echo, und so, ge." (287f). Ob er ohne die Erkrankung heute noch dort arbeiten würde, dazu macht er widersprüchliche Angaben:

„Und äh da, wie g´sagt, (-) I hätt, I wär immer noch dabei, wenn die Erkrankung net g´wesen wär" (35f).

„Also im Nachhinein tät I jetzt nicht mehr einsteigen, weil des zu stressig gewesen wär. Wissens, immer des punktuelle, da anfangen und da aufhören, des (-) des is ma dann nimmer so g´wohnt, weil mer sagt, ich machs gern, aber un- un- irgendwie so trainiert auf Zeit, und dann noch der Druck" (166ff).

„Wenn I dann net glei an Nabelbruch g´habt hätt, dann wär's net so schlimm g´wesen. Aber mei – I bereu´s net, und, und, man kennt mehr Leute" (296f).

Sein Lebensunterhalt ist derzeit über Rente finanziert, sein Alltag spielt sich von Montag bis Freitag ab mittags in der Tagesstätte ab.

Seine Passung mit der Freiwilligenarbeit ist einerseits klar über die ehemalige Erwerbsarbeit bestimmt, andererseits über den Integrationswillen (vgl. Eingangszitat). Wichtig ist ihm auch eine positive Verbindung mit anderen Menschen.

Die Motivation für das Interview wird nicht thematisiert. Herr Sohlegang erzählt gerne von sich und ist auch erfreut für den erkrankten Interviewpartner eingesprungen. Außerdem betont er im Interview mehrfach, dass er gerne mit Damen zu tun hat.

1.2.4 Vielfältig Engagierte: Tini Seiler

„Ja ich mach's einfach weil's mir Spaß macht und weil ich raus komm und (-) Leute kennen lerne (-) ja, des is eigentlich so" (I9 Z. 578f).

Frau Seiler bekommt meine Interviewanfrage über eine Mitarbeiterin einer Tagesstätte und spricht auf meinen Anrufbeantworter. Beim Rückruf vereinbaren wir einen Termin, sie möchte das Gespräch gerne in einem Raum der Tagesstätte führen. Interessanterweise sitzen wir beide beim Interview am Boden – zwar sind Stühle im Raum und Frau Seiler nimmt zunächst auch auf einem Platz. Ich setze mich, orientiert an der Lage einer Steckdose für mein Aufnahmegerät, auf den Boden, während ich das Gerät einstelle. Frau Seiler schließt sich mir einfach an und so sitzen wir uns die nächsten eineinhalb Stunden auf dem Teppichboden schräg gegenüber.

Tini Seiler ist 54 Jahre alt (geboren 1953), hat keine Kinder und wohnt allein in einer westdeutschen Großstadt. Am Ende wird durch den Kurzfragebogen klar, dass sie ein Adoptivkind ist und zwei Halbgeschwister hat, wovon sie nur ihren Bruder im vergangenen Jahr kennen gelernt hat. Auch vermerkt sie hier, dass sie geschieden ist.

1969 macht sie die Mittlere Reife, danach die Ausbildung zur Arzthelferin und ist von 1970 bis 2002 in diesem Beruf angestellt, davon ein Jahr in Österreich.

„Nur (-) äh durch des dass ich früher sehr viel gearbeitet hab, also ich hab früher (-) so zwischen 50 und 60 Stunden (-) in der Woche gearbeitet, weil ich hatte noch zwei Lehrlinge, und wir hatten auch sonntags Sprechstunde, ich hab also von Montag bis Freitag in der Praxis auch gewohnt, da war ich gar nicht zuhause, und da hatt ich eben auch keine Freunde, gar nix" (525ff).

Nebenbei macht sie außerdem die Ausbildung zur Heilpraktikerin, was bedeutet, dass sie drei Jahre lang dafür am Freitag, Samstag und Sonntag nach der Arbeit in die Schule geht.

Frau Seiler ist 1976 das erste Mal in einer psychiatrischen Klinik, damals wird bei ihr eine „selbstbestrafende Persönlichkeitsstörung" (Autoalgolaknie) diagnostiziert. Heute wird in den Akten eine „Borderline-Persönlichkeitsstörung" angegeben. Ihr ist jedoch wichtig, dass bei ihr die Selbstbestrafung im Vordergrund steht. 1980 macht sie drei Jahre lang eine Einzelanalyse, daran anschließend eine zweijährige Gruppenanalyse. Anfang der 1990er Jahre ist sie in einer psychiatrischen Klinik zur stationären Langzeittherapie. „Und da muss ich sagen da ham (-) da bin ich auch n ganz schönen Schritt weiter gekommen" (819f).

Da sie sehr gerne und kontinuierlich erwerbstätig war, ist die Kündigung vor sechs Jahren ein tiefer Einschnitt in ihrem Leben. Wegen eines Stellenwechsels ist sie in der Probezeit, als eine Schulteroperation nötig wird. „Bin ich gekündigt worden und dann (3s) bin ich erstmal in einen tiefen tiefen tiefen tiefen Keller gefallen" (204f). Es folgt ein Aufenthalt in der Psychiatrie.

„Dann bin ich so allmählich (-) auch mit Hilfe der Ergo[75] und dem BEW[76] bin ich dann (-) irgendwie raus gekommen und dann hab ich eben letztes Jahr die Anja

---

75 Ergotherapie, näheres siehe A 2.3
76 BEW = Betreutes Einzelwohnen

getroffen von dem Verein „Helfende Hände"[77] und seitdem mach ich des. (-) Hab nen Minijob, gehe also (-) anderthalb Tage in ner Praxis arbeiten" (207ff).

Sie finanziert ihren momentanen Lebensunterhalt durch ALG II und den erwähnten Minijob.

„Des is dieser Minijob, (lacht) der Minijob. Ich kann mich kaputtlachen. (-) Also (hustet) müssen Sie sich mal vorstellen (-) ähm da is dieses Minigehalt 200 €. (-) Von diesen 200 € zieht mir des Sozialbürgerhaus 80 € ab. (-) Dann hab ich noch 120 €. (-) Und von den 120 € bezahl ich 50 € für meine Fahrkarte. (-) Hab ich also einen Reingewinn von 80 € (3s)" (311ff).

Der Verein "Helfende Hände" vermittelt verschiedene Engagements, die man sich selbst aus dem Angebot aussuchen kann, besonders in soziale Einrichtungen, „ähm (-) ja des kommt, des entspricht eher meinem Naturell." (401f). Neben aktuellen zeitbegrenzten Projekten gibt es dauerhafte Angebote, Betreuungsaufgaben genauso wie handwerkliche Tätigkeiten. Sie kam durch Zufall dazu – oder wie sie sagt „Glücksfall" (382). Die Tagesstätte hatte jemanden über den Verein engagiert, Frau Seiler ist zu der Zeit in der TS und spricht mit dieser Person über ihr Engagement und den Trägerverein. Ihr Interesse ist geweckt, sie meldet sich rasch und bekommt Gelegenheit zu einem ausführlichen Vorstellungsgespräch.

Seitdem arbeitet sie dort mit, sowohl in projektbezogenen als auch dauerhaften Engagements. Zum Beispiel unterstützt sie einen Naturschutz-Verein und eine globale Ärzteorganisation bei verschiednen Ständen auf Märkten und Festivals – Standauf- und –abbau, als auch Mitarbeit am Stand. Für Handwerkliches ist Frau Seiler schnell zu begeistern, sie hat in unterschiedlichen sozialen Einrichtungen bereits Instandhaltungen (tapezieren, streichen, …) vorgenommen. Auf einer Veranstaltung arbeitet sie bei einer Brotbackaktion mit Kindern, außerdem betreut sie seit vier Monaten am Wochenende einen zuckerkranken Menschen. Wichtig bei allen Engagements ist ihr, „dass wenn ich da helf dann hat's wirklich nen SINN" (408f). In Planung ist „eine Weiterbildung (-) und zwar is des für (-) äh Kinder die trauern mit Pf- mit Pferden" (136f).

Der Zusammenhang mit ihrer Biographie ist deutlich.

„Ich habe weder Familie noch Freunde ich bin wirklich (-) allein. […] Und äh dieses Ehrenamtliche (-) ähm hat mich zumindest aus meim Loch (-) zuhause gebracht. (-) und des is wichtig weil vorher war ich dann doch (-) mehr in Krankenhäusern wie zuhause oder wenn ich zuhause war dann bin ich also auch keinen Schritt vor die Tür gegangen, also. Ähm ich denke mir ich hätte zu dem Zeitpunkt durchaus (-) hm verhungert oder wie auch immer (-) nja gut des is jetzt krass ausgedrückt, aber so in der Richtung" (504ff).

Passend ist bei ihr auch der Zeitpunkt für den Einstieg in die Freiwilligenarbeiten.

---

77 Verein, der verschiedene Freiwilligenarbeiten vermittelt

"Ja und seitdem bin ich hier in in der Arbeitslosigkeit gelandet und hab mich jetzt halt auch mit dem ehrenamtlichen (-) und dass ich hier auch sehr viel in der (-) Ergotherapie bin und die dem dem Behandlungsdienst für Frauen angebunden is. (-) Äh bin ich da also jetzt äh (3s) einigermaßen stabil. Weil vorher war ich also regelmäßig irgendwo in der Klinik ne (-)" (268ff).

Auf die Frage wieso sie sich bei mir für das Interview gemeldet hat, nennt sie mehrere Gründe. Zum einen war ausschlaggebend, dass ihr eine Mitarbeiterin der Tagesstätte einen Zettel mit meiner Interviewsuche hingelegt hat. Auf Schreiben oder Anfragen von Institutionen für Untersuchungen reagiert sie dagegen nicht (vgl. B 2.2). Außerdem betont sie „Ich find auch so was interessant, Interesse einfach" (1078).

Zusammenfassend betrachtet, lassen sich bei den beschriebenen Personen, bei denen Freiwilligenarbeit nach der Psychiatrie-Erfahrung stattfindet, folgende erste Aspekte festhalten:
Bei Herrn Miehl etwa resultiert das Engagement direkt aus seiner Psychiatrie-Erfahrung, auch die Betroffenen-Vertretung von Frau Becht steht in diesem Zusammenhang. Ihre zentrale Freiwilligenarbeit – die Handarbeit – ist zeitlich deutlich nach ihrer Psychoseerfahrung und gleicht ihre Leere aus, die nach dem Tod der Mutter, die sie gepflegt hat, eintritt. Genauso ist bei Herrn Sohlegang die Psychiatrie-Erfahrung nicht der direkte Grund seiner Freiwilligenarbeit, jedoch knüpft er mit ihr an die nicht mehr vorhandene Erwerbsarbeit an. Bei Frau Seiler sind Zeitpunkt der ersten Psychiatrie-Erfahrung und Beginn der Freiwilligenarbeit weit auseinander, finden dennoch zeitlich nacheinander statt und damit ist sie in diese Gruppe einzuordnen. Auch bei ihr ist es eine Kompensation nach dem Verlust der Erwerbsarbeit.

Die beiden vorgestellten Gruppen werden in den nächsten Kapiteln immer wieder zum Vergleich oder zur Kontrastierung verschiedener anderer Kategorien herangezogen. Wenn also im Anschluss von den beiden Portraitgruppen die Rede ist, so meine ich damit die eben getroffene Einteilung.

1.3 Schlussfolgerung aus den Einzelfällen für die weitere Auswertung

Für die Schlüsselkategorie der Passung zwischen Psychiatrie-Erfahrenen und Freiwilligenarbeit sind als erstes die verschiedenen Motive sowie die Arten des Zugangs zur Freiwilligenarbeit bedeutungsvoll – sie werden in Kapitel C 3.1 näher betrachtet und analysiert. Des Weiteren zeigen sich bei den Interviewten besonders der Stellenwert von Erwerbsarbeit und Psychiatrie-Erfahrung in Zusammenhang mit der Freiwilligenarbeit (vgl. C 3.2 und 3.3).

Es werden einzelne Strategien sichtbar, die zusammen mit den Teilidentitäten Erwerbsarbeit und Psychiatrie-Erfahrung in verschiedene Funktionen der Freiwilligenarbeit münden. Diese stelle ich schließlich als identitätsrelevante Aspekte der Freiwilligenarbeit meiner Interviewten vor.

Dadurch wird sichtbar, wie die Interviewten durch die Freiwilligenarbeit ein Stück weit Normalität in ihrem Leben herstellen können – es kann Inklusion stattfinden.

Zunächst jedoch rekurriere ich im nächsten Kapitel (vgl. C 2) auf die oben angeführten Forschungsergebnisse, sofern sie nicht in der weiteren Auswertung sinnvoll sind. Ich habe oben einige Studien vorgestellt, die mit ähnlichen Fragestellungen arbeiten, aber eben nicht meine Zielgruppe erfassen – Psychiatrie-Erfahrene. Daher ist ein erster Abgleich sinnvoll, bevor ich detailliert in die Auswertung gehe. Dazu gehe ich kurz auf empirische Gemeinsamkeiten und Unterschiede ein.

Abb. 13: Graphische Übersicht der Portraitgruppe: Freiwilligenarbeit als Lebensbegleiter

Interview/ Name/ Datum	Alter	Familien- stand	Ausbildung/Beruf	Lebens- unterhalt	Psychia- trie- Erfahrung	Art Freiwilligen- Arbeit(en)	Dauer Frei- willigenarbeit
I7 Nicki Nick April 2008	39	Ledig	Hauptschulabschluss; Ausbildung und Anstel- lung als Buchbinder bis 1993; Angestellter in Gastronomie; bis heute Angestellter als Pro- dukthelfer im Kunst- stoffbereich	Erwerbsein- kommen	Soziale Phobie seit der Kind- heit/ Jugend	Gewerkschaftsjugend; Die Grünen; Grüne Lunge; Castor-Blockaden	Seit der Jugend kontinuierlich Dauer und Frequenz je nach Phase und Projekt
I3 Michaela Fines Nov. 2006	41	Ge- schie- den	Allgemeines Abitur; Studium Psychologie; Ausbildung und Anstel- lung als Bürokauffrau; 10 Semester Studium BWL	EU-Rente seit 2001 wegen psychischer Erkrankung; Grund- sicherung	Depressio- nen seit 1993	1. früher: Ju-gendleiterin Pfadfinder; KJR (Ferienfahr- ten); Bahnhofsmission; 2. heute: Ver-waltung Nach- barschaftshilfe	1. Dauerhaft vor erstem Studium 2. Planung und Orga ab 2004; dann 7 Monate

Interview/ Name/ Datum	Alter	Familien- stand	Ausbildung/Beruf	Lebens- unterhalt	Psychia- trie- Erfahrung	Art Freiwilligen- Arbeit(en)	Dauer Frei- willigenarbeit
I4 Edgar Tietz Nov. 2006	61	ledig	Mittlerer Reife, Fachabitur; Diplom Hochbau; Studium der Kunstgeschichte; 2 J. Arbeit als Architekt; 25 J. Angestellter bei Schlösserverwaltung	Rente	Bipolare Störung seit jungem Erwachsenenalter	1. Aktionen während der Friedensbewegung; Unterschriftenaktion: Psychiatrie ins Allgemeinkrankenhaus; Pressearbeit für Ortskirche; Vorstand in Kunstkreis; Delegiertenversammlung Künstlerkasse; 2. Zeitgenössische Kunst-Gruppe im Kaffeehaus angeboten; Gruppe über Literatur sprechen in der Tagesstätte vor Ort	1. verschiedene Projekte; 2. Gruppe im Kaffeehaus ein Jahr lang, alle zwei Wochen; Gruppe in der Tagesstätte etwas länger als ein Jahr, wöchentlich
I8 Anna Denk Mai 2008	60	Ledig	Mittlere Reife; Ausbildung und Anstellung als Fremdsprachensekretärin; Betriebliche Fachakademie; 6 Jahre Studium der Medizin	ALG II	Depressionen 80% GdB	1. Betreuung alter/ behinderter Menschen 2. Wahlhelferin	1. ca. sechs Monate wöchentlich 2. wenn Wahlen sind
I6 Heinz-Rüdiger Polt Feb. 2007	51	Ledig	Berufsschule; Abitur Münchenkolleg abgebrochen; Ausbildung und Anstellung als Buchhändler bis 1994	ALG II Zuverdienst, vier Stunden/Woche	Suchterkrankung	Bücherei Lesungen Lesekreis	Bücherei seit sechs Jahren; Lesungen ca. 5-7 pro Jahr

Abb. 14: Graphische Übersicht der Portraitgruppe: Freiwilligenarbeit nach der Psychiatrie-Erfahrung

Interview/ Name/ Datum	Alter	Familienstand	Ausbildung/ Beruf	Lebensunterhalt	Psychiatrie-Erfahrung	Art Freiwilligenarbeit(en)	Dauer Freiwilligenarbeit
I2 Thomas Miehl Nov. 2006	44	Ledig	Ausbildung und Anstellung als Elektriker; Fachabitur (Abendschule); sechs Semester Studium Versorgungstechnik; Taxifahrer	EU-Rente seit 2001 wegen psychischer Erkrankung; Berufsunfähigkeitszusatzrente	Bipolare Störung, fünf Psychosen; erste Krise während des Studiums; 60% GdB	1. Hausmeistertätigkeit im Wohnheim 2. Vorstand Q.-Verein	1. Sommer 2006, ca. drei Monate, wöchentlich 2. Seit über zweieinhalb Jahren, zwei- bis vier-wöchentlich
I1 Berta Becht Aug. 2006	58	Ledig	Berufsschule; Ausbildung und Anstellung als Kontoristin bis zur Rente	EU-Rente seit 1988 wegen körperlicher Erkrankung	Einmalige Psychose 1998	1. Handarbeitsgruppe, gemeinnütziger Verkauf 2. Beisitzerin im GPV	Seit Anfang 2002; beides monatliche Treffen

Interview/ Name/ Datum	Alter	Familien- stand	Ausbildung/ Beruf	Lebens- unterhalt	Psychiatrie- Erfahrung	Art Freiwilligen- arbeit(en)	Dauer Freiwilligenarbeit
I5 Manfred Sohlegang Feb. 2007	64	Ledig	Berufsschule; Ausbildung und Anstellung als Maurer bis Alter 30; bis 1990 selbständig (Obst- und Gemüseladen)	Rente	Suchterkranku ng	Mitarbeit bei Tischlein-deck- dich (Tafel)	Drei Jahre lang, zweimal pro Woche
I9 Tini Seiler Mai 2008	54	Ge- schieden	Mittlere Reife; Ausbildung und Anstellung als Arzthelferin bis 2002	ALG II Minijob in Arztpraxis (1,5 Tage/ Woche)	Persönlich- keitsstörung seit 1976	v.a. Handwerkliches über „Helfende Hände"; Aktionen bei Festivals; in der Betreuung Kranker	Projektphasen bspw. bei Festivals; regelmäßig in der Betreuung

2. Erste Ergebnisse und Rekurs auf relevante Forschungen

Die Portraits zeigen erste Zusammenhänge zwischen den Personen und ihren Freiwilligenarbeiten. Im Folgenden werden zunächst empirische Gemeinsamkeiten und Unterschiede der gesamten Untersuchungsgruppe dargestellt und mit relevanten Forschungsergebnissen (vgl. A 3.1) verglichen.

Die Ergebnisse der vorliegenden Arbeit mit anderen Forschungsergebnissen zu vergleichen, birgt zwei Schwierigkeiten: zum eine variieren die unterschiedlichen Definitionen der Freiwilligenarbeit (vgl. A 1.4 und 3.1), zum anderen gibt es bisher keine Ergebnisse, die sich direkt auf Psychiatrie-Erfahrene im Zusammenhang mit Freiwilligenarbeit beziehen. So werde ich im Folgenden (C 2) Ergebnisse bzw. bestimmte Faktoren, die sich ähneln, im Zusammenhang mit meiner Interviewgruppe betrachten.

Neben demographischen Daten werden die Psychiatrie-Erfahrung und mögliche Dimensionen sozialer Ausgrenzung betrachtet. Schließlich wird der Rahmen der Freiwilligenarbeit in den Blick genommen: Bereiche und Art der Tätigkeiten, institutionelle Einbindung, die Dauer bzw. Frequenz etc.

Auf die Schlüsselkategorie der Forschung, die Passung zwischen Psychiatrie-Erfahrenen und Freiwilligenarbeit, gehe im folgenden Kapitel (vgl. C 3) ein.

2.1 Lebensdaten

Die *Altersspanne* der Interviewten bewegt sich zwischen 39 und 64 Jahren, der Durchschnitt liegt bei 52,6 Jahren.

Betrachtet man im Vergleich die Grafik der Altersgruppen des Freiwilligensurvey (Abb. 15), scheint der Altersdurchschnitt diese durchaus zu repräsentieren[78]. Gerade bei den Altergruppen zwischen 40 und 69 Jahren – dies entspricht fast der Alterspanne der vorliegenden Arbeit – ist ein Anstieg zu sehen, besonders signifikant bei den 60-69jährigen Freiwilligen (vgl. A 3.1.3).

---

78 Trotz verstärkter Bemühungen ist es nicht gelungen, jüngere Menschen als InterviewpartnerInnen zu gewinnen (vgl. B)

Abb. 15: Altersgruppen / Freiwilligensurvey

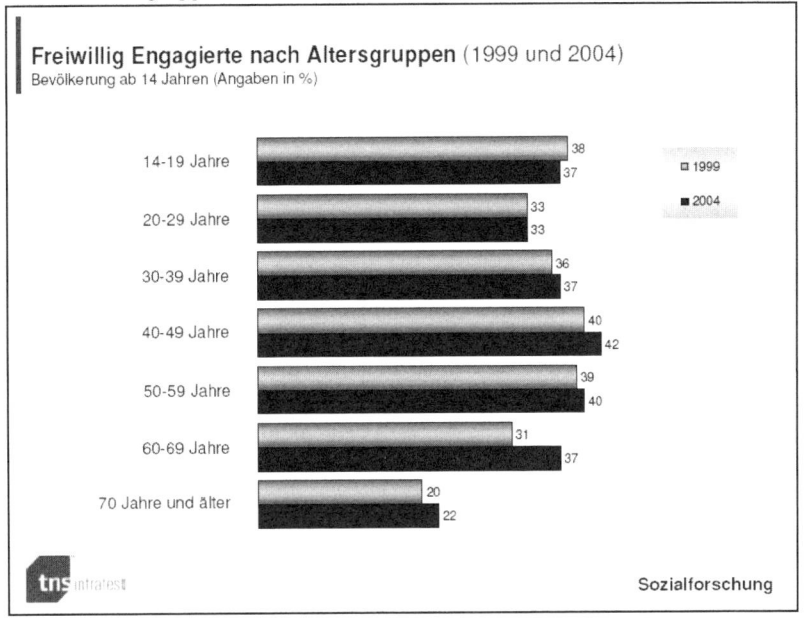

Freiwillig Engagierte nach Altersgruppen (1999 und 2004)
Bevölkerung ab 14 Jahren (Angaben in %)

Altersgruppe	1999	2004
14-19 Jahre	38	37
20-29 Jahre	33	33
30-39 Jahre	36	37
40-49 Jahre	40	42
50-59 Jahre	39	40
60-69 Jahre	31	37
70 Jahre und älter	20	22

Abbildung entnommen aus: GENSICKE 2005, 67

Der *Familienstand* und die *Wohnsituation* sind bei den Interviewten fast identisch – alle Interviewten sind ledig bzw. geschieden (Frau Fines, Frau Seiler) und haben keine Kinder, ferner wohnen sie allein in einer Wohnung (lediglich Herr Tietz wohnt mit seiner Mutter zusammen). Die eigene *Herkunftsfamilie* spielt eine unterschiedlich große Rolle im Leben der Interviewten. Während Frau Fines, Herr Miehl und Herr Tietz gute Kontakte zu Eltern und Geschwistern haben, sind diese bei Frau Becht, Herrn Sohlgang und Herrn Polt bereits verstorben. Von wenig oder eher belastendem Kontakt sprechen Frau Seiler (sie ist adoptiert) und Frau Denk, während Herr Nick seine Eltern nur ganz kurz erwähnt, seine Brüder sind für mich nur aus dem Kurzfragebogen ersichtlich.

Werden, neben der Familie, die weiteren *Netzwerke* der Interviewten betrachtet, so ergibt sich ein differenziertes Bild. Außer Herrn Miehl und Frau Fines, die von Freunden erzählen, benennen die anderen Interviewten zwischenmenschliche Kontakte („Bekannte" oder Professionelle) meist im Rahmen von institutionalisierten Netzwerken (Frau Becht, Herr Sohlegang, Herr Nick) oder sind dabei, sich gerade wieder Netzwerke außerhalb von Institutionen aufzubauen (Herr Polt, Frau Denk).

Kontakte mit sozialpsychiatrischen Netzwerken bestehen bei allen. Es handelt sich um Tagesstätten, Sozialpsychiatrische Dienste, Selbsthilfegruppen, sonstige offene Angebote und teilweise auch klinische Netzwerke (Krisenhaus, PsychiaterInnen), bei den meisten auch um mehrere der genannten Stellen. Für die Mehrzahl sind diese Kontakte zu teils professionellen Netzwerke, aber auch die Kontakte mit anderen Psychiatrie-Erfahrenen, die sie dadurch haben, sehr wichtig. Da mein Zugang in allen Fällen über derartige Netzwerke zustande kam, ist diese Gemeinsamkeit wohl auch diesem Faktor geschuldet und auf diesem Hintergrund zu betrachten.

Alle Interviewten haben einen *Bildungsabschluss* und mehrjährige *Erfahrung mit Erwerbsarbeit*. Meist haben sie eine oder mehrere Ausbildungen bzw. Studiengänge absolviert. Dieser Punkt ist wichtig, da manche Psychiatrie-Erfahrene – auch aufgrund ihrer Erkrankung – in ihrem bisherigen Leben keinen Bildungsabschluss erreichen konnten und/oder nicht erwerbstätig waren.

- Die höchsten Bildungsabschlüsse der Interviewten sind Abschluss der Berufsschule (4), Mittlere Reife (1) sowie das (Fach-)Abitur (4). Herrn Miehl, Herrn Tietz und Frau Denk gelang das Abitur nach einer Ausbildung auf dem zweiten Bildungsweg, Herr Polt musste diesen eingeschlagenen Weg wegen der Erkrankung des Vaters abbrechen.
- Die Ausbildungen zeigen ein breites Spektrum (Kontoristin; Elektriker; Bürokauffrau; Maurer; Buchhändler; Buchbinder; Fremdsprachensekretärin; Arzthelferin; Heilpraktikerin). Die letztlich ausgeübten Berufe gleichen fast den Ausbildungen.
- Folgende Studiengänge haben die Befragten absolviert: Versorgungstechnik (6 Semester; ohne Abschluss); Psychologie (alle Semester, ohne Abschlussprüfung); Betriebswirtschaftslehre (10 Semester, ohne Abschluss); Hochbau (Diplom); Kunstgeschichte (Nebenfach); Architekturklasse; Kunstakademie; Medizin (alle Semester, ohne Abschlussprüfung). Es wird eine hohe Abbruchquote sichtbar, die verschiedene Gründe hat (vgl. Portraits).
- Neben den Berufen sind/waren die Interviewten auch noch anderweitig erwerbstätig: Taxifahrer; selbständig mit Ladengeschäft (Obst und Gemüse); angestellt in der Gastronomie; Produkthelfer im Kunststoffformenbau.

Mit Ausnahme von Herrn Nick, der erwerbstätig ist, sind zum Zeitpunkt des Interviews alle anderen nicht oder nur geringfügig erwerbstätig. In den meisten Fällen sind körperliche (Frau Becht, Frau Seiler) oder psychische Erkrankungen (Herr Miehl, Herr Sohlegang, Herr Polt) der Grund für das Ende der Erwerbstätigkeit. Alle haben mehrfach Versuche unternommen, wieder Fuß im Erwerbsleben zu fassen, oft verbunden mit Zeiten der Arbeitslosigkeit und diversen Rehabilitations- und Fortbildungsangeboten der Arbeitsämter.

Die Finanzierung des Lebensunterhalts hängt in Deutschland mit der Erwerbstätigkeit zusammen, die in der Interviewgruppe nur Herr Nick mit einer festen Anstellung und ausreichendem Lohn ausübt. Obwohl alle über einen Bildungsabschluss und Ausbildung(en) verfügen, werden zwei Gruppen sichtbar. Die einen beziehen Rente (Herr Sohlegang, Herr Tietz, Frau Becht, Herr Miehl, Frau Fines). Die andern stehen dem Arbeitsmarkt noch zur Verfügung, beziehen zurzeit ALG II (Herr Polt, Frau Denk und Frau Seiler). Herr Polt arbeitet vier Stunden pro Woche im Zuverdienst, Frau Seiler hat eineinhalb Tage in der Woche einen Minijob.

„Der erste Freiwilligensurvey von 1999 gab den Anstoß, die Beteiligung und das Engagement von Arbeitslosen zu erleichtern. Die Enquete-Kommission „Zukunft des Bürgerschaftlichen Engagements" sorgte für eine entsprechende Gesetzesänderung mit dem Ergebnis, dass sich Arbeitslose seit 2002 zeitlich unbegrenzt engagieren können, ohne ihre Arbeitslosenunterstützung zu verlieren" (vgl. Gensicke 2005, 45f).

Betrachtet man die Grafik des *Erwerbsstatus* im Freiwilligensurvey (vgl. Abb. 7; A 3.1.3), so fällt im Abgleich mit den Interviewten auf (vgl. Abb. 13 und 14; Tabelle Interviewte), dass sich bis auf Herrn Nick alle entweder in der Kategorie Rentner/ Pensionäre (5) oder Arbeitslose (3) – im Sinne der Erwerbsarbeit – einordnen lassen. Dies ist eine erste Besonderheit, da gerade diese Gruppen laut Freiwilligensurvey im Schnitt am wenigsten freiwillig tätig sind.

Da die Kategorie der Erwerbsarbeit sich im Laufe der Forschung als sehr bedeutsam heraus kristallisiert hat, werde ich auf diese noch ausführlich eingehen (vgl. C 3.2) und auch weitere Thesen relevanter Forschungen (vgl. A 3.1) dort verbinden.

Strukturelle und kulturelle Faktoren (Alter, Erwerbstätigkeit, Familienstatus, Freundeskreis) haben laut dem Freiwilligensurvey unterschiedlichen Einfluss darauf, ob sich ein Mensch freiwillig engagiert. Zwei Punkte sind besonders entscheidend: die Größe des Haushalts und die Höhe des Haushaltseinkommens. Beim ersten Punkt trifft dies vor allem bei Männern zu: je größer der Haushalt (Kinder) desto eher ist er in Freiwilligenarbeit, bei Frauen ist das nicht signifikant bzw. umgekehrt: umso mehr Kinder, desto unwahrscheinlicher sind sie in Freiwilligenarbeit. Die Höhe des Haushaltseinkommens ist besonders für Frauen eine Voraussetzung, dass sie sich freiwillig engagieren (vgl. PICOT & GENSICKE 2005, 291ff).

Bei meiner Untersuchungsgruppe sind diese Faktoren nicht ausschlaggebend, da sie sich trotz geringem Einkommen und ohne eigene Familie engagieren. Dagegen fallen die mittleren bis hohen Bildungsabschlüsse – trotz manches Abbruchs – ins Auge. Hier finden sich die Interviewten in der Beurteilung des Freiwilligensurvey wieder:

„Der Bildungsstatus, eine weitere wichtige Schichtvariable, zeigt einen deutlichen und zunehmenden Zusammenhang mit dem Auftreten von freiwilligem

Engagement. Ein höherer formaler Bildungsabschluss ist inzwischen bei Frauen und Männern mit erhöhter Wahrscheinlichkeit von freiwilligem Engagement verbunden" (PICOT & GENSICKE 2005, 292).

2.2 Psychiatrie-Erfahrung

Die Art der psychischen Erkrankung, deren Dauer, Verlauf oder Ausmaß waren als Kriterium nicht ausschlaggebend für das Sample. Auf den Aushängen, Infoblättern und verbal habe ich bei der Interviewsuche den Begriff „Psychiatrie-Erfahrung" verwendet (vgl. B). Auch wenn ich das theoretische Sample danach nicht ausgerichtet habe, sind die Diagnosen der Interviewten breit gestreut.

Die erwähnten Diagnosen verteilen sich wie folgt (Anzahl in Klammern): Depression (2), Suchterkrankung (2), Psychose (1-2), bipolare Störung (1-2), Persönlichkeitsstörung (1), Angststörung (soziale Phobie) (1). Bei Herrn Tietz wurde nicht ganz klar, ob bei ihm eine Psychose, eine bipolare Störung oder beides diagnostiziert wurde, da er im Rahmen seiner Erzählungen beides erwähnt.

Die Art der psychischen Erkrankungen spielt im Rahmen meiner Studie keine Rolle, da kein Zusammenhang zwischen der Erkrankungsart und der Freiwilligenarbeit (Bereich, Frequenz, etc.) sichtbar wird.

Allerdings sind die individuellen Erfahrungen im Zusammenhang mit der Psychiatrie-Erfahrung für die Interviewten und damit auch für ihre Passung zur Freiwilligenarbeit mitbestimmend. Dies ist eine weitere Hauptkategorie meiner Forschung, auf die ich später detailliert eingehen werde (vgl. C 3.3).

Neben den benannten Diagnosen wird in allen Interviews deutlich, dass oft weitere psychische Beeinträchtigungen auftreten, etwa depressive Episoden sowie selbstgefährdendes und/oder selbstverletzendes Verhalten. Fast alle Interviewten berichten von suizidalen Krisen und/oder Selbsttötungsgedanken, der umfassende Charakter einer psychischen Erkrankung wird deutlich. Psychische Erkrankungen und Krisen schränken oft den kompletten Alltag ein. Die berichteten Klinikaufenthalte reichen vom einmaligen Aufenthalt in der Psychosomatik, einmaligem Aufenthalt in der Psychiatrie bis hin zu längeren Klinikaufenthalten im Rahmen spezifischer Therapieprogramme (bis zu sechs Monate) oder mehrfachen Klinikaufenthalten, auch auf Akutstationen (in der Regel geschlossene Unterbringung), teilweise haben Interviewte Zwangseinweisung erlebt.

Im Zusammenhang mit der Psychiatrie-Erfahrung geben ein Teil der Interviewten an, Medikamente zu nehmen. Da dies für meine Forschung nicht relevant ist, ist dieser Aspekt nicht explizit erhoben worden. Die Wirkung von Psychopharmaka ist bei jedem Menschen sehr unterschiedlich, viele können die Leistungsfähigkeit, Konzentration, etc. einschränken oder müde machen. Medikamenteneinnahme kann ausschlaggebend dafür sein, wie eine Person die eigene Belastbarkeit einschätzt. Mehrere der Interviewten erwähnen Psychopharmaka im Zusammenhang mit ihrer Stabilität, nämlich dass diese sie dabei positiv unterstützen.

Da die meisten der Interviewten Erfahrung mit Psychotherapie haben, bringen sie eine gewisse Reflexionsfähigkeit mit. Mit ihrer Meldung für das Interview geht außerdem ein Sendungsbewusstsein einher, welches zum Teil ja auch als Grund angegeben wird (vgl. Portraits). Ich gehe davon aus, dass ich mit meiner Interviewanfrage die interessierten, eher engagierten Psychiatrie-Erfahrenen erreicht habe. Sie verfügen über Selbstbewusstsein und Mitteilungsbedürfnis, und trauen sich in ein dyadisches Gespräch mit einer unbekannten Person.

2.3 Dimensionen sozialer Ausgrenzung

Die Fragestellung nach Teilhabe oder im Fall der vorliegenden Arbeit nach einer verbesserten Möglichkeit zur Teilhabe setzt die Exklusion aus bestimmten gesellschaftlichen Prozessen voraus. Ist dies bei den Interviewten überhaupt der Fall?

Werden die sechs Dimensionen sozialer Ausgrenzung (vgl. Abb. 8) mit den Interviews der Studie verbunden, so ergibt sich folgendes Bild:
- Eine *Ausgrenzung am Arbeitsmarkt* hat bei allen Interviewten zeitweise stattgefunden oder dauert weiter an. Bis auf Herrn Nick hat keine/r eine feste Anstellung. Selbst bei ihm wird Angst deutlich, da er Erwerbslosigkeit und prekäre Beschäftigung kennt (vgl. Portrait C 1.1.1). Der Minijob (Frau Seiler) und der Zuverdienst (Herr Polt) markieren ebenso die prekäre Anbindung an das Beschäftigungssystem. Der damit oft einhergehende Statusverlust wird teilweise beschrieben.
- Die *ökonomische Ausgrenzung* hängt mit der ersten Dimension zusammen. Bis auf Herrn Nick können die Interviewten ihren Lebensunterhalt nicht mehr innerhalb des regulären Erwerbsystems bestreiten. Die meisten sind damit von Leistungen des Sozialstaats abhängig (vgl. Abb. 13 und 14; Tabelle Interviewte). Der Bezug von Sozialleistungen bewegt sich in einer westdeutschen Großstadt und Umgebung (im deutschlandweiten Vergleich seit Jahren preislich weit oben bzgl. Wohn- und Lebenshaltungskosten) sicher nah an der Armutsgrenze. Während Frau Denk sich nicht arm fühlt, solange sie ein Dach über dem Kopf hat bzw. in ihrer Wohnung bleiben kann, erzählt Frau Fines, dass sie beim Kauf einer Fahrkarte für den öffentlichen Nahverkehr genau plant, was sie alles auf einem Weg erledigen kann, um die Kosten gering zu halten und nur ein-

mal stempeln zu müssen. Meist ist ihr Radius auf Fahrradstrecken eingeschränkt.
- *Kulturelle Ausgrenzung* erfahren die Interviewten vielfach. Ein Teil musste schon frühzeitig das gesellschaftlich anerkannte Lebensziel und Verhaltensmuster der Erwerbstätigkeit aufgeben (vgl. C 3.2). Durch ihre Psychiatrie-Erfahrung sind sie immer wieder Stigmatisierungen ausgesetzt (vgl. C 3.3).
- Bei allen ist die Reduzierung von Sozialkontakten – in psychischen Krisen verstärkt – ein deutliches Anzeichen für die *Ausgrenzung durch gesellschaftliche Isolation*. Da der Kontakt vielfach im institutionellen Bereich der Sozialpsychiatrie stattfindet, kann auch von einer Milieubildung in diesem Rahmen gesprochen werden.
- Die *räumliche Ausgrenzung* wird vor allem dann sichtbar, wenn sich Benachteiligte in ähnlicher sozialer Lage auf ein bestimmtes Gebiet konzentrieren und damit isoliert sind. Dies war so bei meinem Sample nicht festzustellen. Allerdings ist es aufgrund der finanziellen Lage für die meisten sehr aufwändig, ihren Stadtteil oder Ort öfter zu verlassen – auch das spielt, gerade in der so flexiblen Welt (vgl. SENNETT 2006) heute eine wichtig Rolle für die Teilhabe an gesellschaftlichen Prozessen.
- *Politisch-institutionelle Ausgrenzung* zeigt sich bei beschränkten oder verwehrten Zugängen zu Bildungs-/Ausbildungseinrichtungen, Arbeits- und Sozialämtern sowie öffentlichen oder privaten Dienstleistungen – dies ist vor allem bei Migranten- oder Asylbewerberstatus der Fall. Für Psychiatrie-Erfahrene zeugt etwa der ganz aktuelle Beschluss, dass HausärztInnen pro Quartal nur noch 30 Minuten pro PatientIn abrechnen dürfen, von einer solchen Ausgrenzung. Die Rede- und Behandlungszeit ist damit massiv eingeschränkt. Gerade wenn Psychiatrie-Erfahrene auf einen Therapie- oder Klinikplatz warten (durchschnittliche Wartezeiten von 2-6 Monaten), ist die/der HausärztIn oft eine der wenigen Stützen, um diese Zeit zu überbrücken.

„Zusammenfassend lässt sich ein deutlicher Unterschied zwischen Merkmalen materieller und in diesem Sinne objektiver Versorgungslücken einerseits und Marginalisierungsempfinden andererseits feststellen. Die subjektive Einschätzung, nicht mehr voll der Gesellschaft zugehörig zu sein, ist auf Lebenssituationen konzentriert, die neben extremer Benachteiligung auch Identitätsverlust und Abkopplung von einem als durchschnittlich akzeptierten Lebensstandard bedeuten: Teilhabechancen werden insbesondere bei Langzeitarbeitslosigkeit, bei der Dauerhaftigkeit prekärer Lebensbedingungen und bei Krankheit als massiv eingeschränkt wahrgenommen" (BÖHNKE 2006, 133).

Anhand dieses Überblicks sind mehrfache Dimensionen der Ausgrenzung bei den befragten Psychiatrie-Erfahrenen zu sehen. Die (psychische) Gesundheit als Kriterium ist eine wesentliche Voraussetzung für die Teilhabe am gesellschaftlichen Leben und fördert Teilhabechancen (vgl. A 3.1.4), andererseits ist ihr Fehlen oft eine entscheidende Ausgrenzungsdimension.

Trotz vielfachen Ausgrenzungserfahrungen sind die Interviewten als Tätige in Freiwilligenarbeit – wie stellt sich der Rahmen dar?

2.4 Rahmen der Freiwilligenarbeit

Die Interviewgruppe ist in unterschiedlichen *Bereichen* von Freiwilligenarbeit tätig, auch die institutionelle Einbindung variiert. Eine Ähnlichkeit besteht hier, denn das Gesamtbild macht deutlich, dass die Freiwilligenarbeit der befragten Psychiatrie-Erfahrenen nicht in den „typischen" Bereichen und institutionellen Zusammenhängen stattfindet, die verschiedene Untersuchungen erhoben haben – dies wird im Folgenden Abschnitt gezeigt.

Außer Herrn Sohlegang haben alle Befragten Erfahrungen in unterschiedlichen Feldern der Freiwilligenarbeit, somit ist die Anzahl der Tätigkeiten höher als die Anzahl der Interviewten. Frau Seiler ist beispielsweise über eine einzelne Organisation tätig, jedoch in ganz unterschiedlichen Arbeitsbereichen und Projekten. Der Freiwilligensurvey spricht in diesem Zusammenhang von verschiedenen Datensätzen – dem Personen-datensatz und dem Tätigkeitendatensatz (vgl. GENSICKE 2005, 55). In diesem Abschnitt werde ich die Ergebnisse auf der Grundlage des Tätigkeitendatensatzes darstellen.

Die Enquete-Kommission teilt die Engagementbereiche in folgende Felder auf: Politisches Engagement; soziales Engagement; Engagement in Vereinen, Verbänden und Kirchen; Engagement in öffentlichen Funktionen; Formen der Gegenseitigkeit; Selbsthilfe; sowie bürgerschaftliches Engagement in und von Unternehmen (vgl. ENQUETE-KOMMISSION 2002a, 64ff). Meines Erachtens sind hier manche Ebenen vermischt – etwa die Art der Tätigkeit (sozial) und die Ebene der institutionellen Einbindung. Zwar wird angemerkt, dass mit Engagement in Vereinen, Verbänden und Kirchen besonders Vorstandstätigkeiten, Geschäftsführungs- und Leitungsaufgaben gemeint sind. Dennoch kann dies auch ein soziales oder politisches Engagement sein. Außerdem erfolgt im so benannten Bereich der Selbsthilfe keine klare Trennung zwischen „bloßer" Teilnahme – die keine Freiwilligenarbeit darstellt – und dem direkten Engagement in der Selbsthilfe (Interessensvertretung Betroffener, Leitung einer Gruppe, etc.).

Die Aufteilung des Freiwilligensurvey in folgende 14 Bereiche scheint mir plausibler (vgl. Abb. 16). Im Bereich Sport und Bewegung gibt es demnach deutschlandweit die meisten Freiwilligen.

Abb. 16: Engagementbereiche / Freiwilligensurvey

Engagement in verschiedenen Engagementbereichen (1999/2004)
Bevölkerung ab 14 Jahren (Angaben in %, Mehrfachnennungen)

Sehr große Bereiche

- Sport und Bewegung
  11% / 11%

Große Bereiche

- Schule und Kindergarten
  6% / 7%
- Kirche und Religion
  5.5% / 6%
- Freizeit und Geselligkeit
  5.5% / 5%
- Kultur und Musik
  5% / 5.5%
- Sozialer Bereich
  4% / 5.5%

Mittlere Bereiche

- Feuerwehr und Rettungsdienste
  2.5% / 3%
- Berufl. Interessenvertretung
  2.5% / 2.5%
- Politik und Interessenvertretung
  2.5% / 2.5%
- Umwelt- und Tierschutz
  2% / 2.5%
- Jugendarbeit und Bildung
  1.5% / 2.5%
- Lokales Bürgerengagement
  1.5% / 2%

Kleinere Bereiche

- Gesundheitsbereich
  1% / 1%
- Justiz und Kriminalitätsprobleme
  0% / 0.5%

tns infratest   Sozialforschung

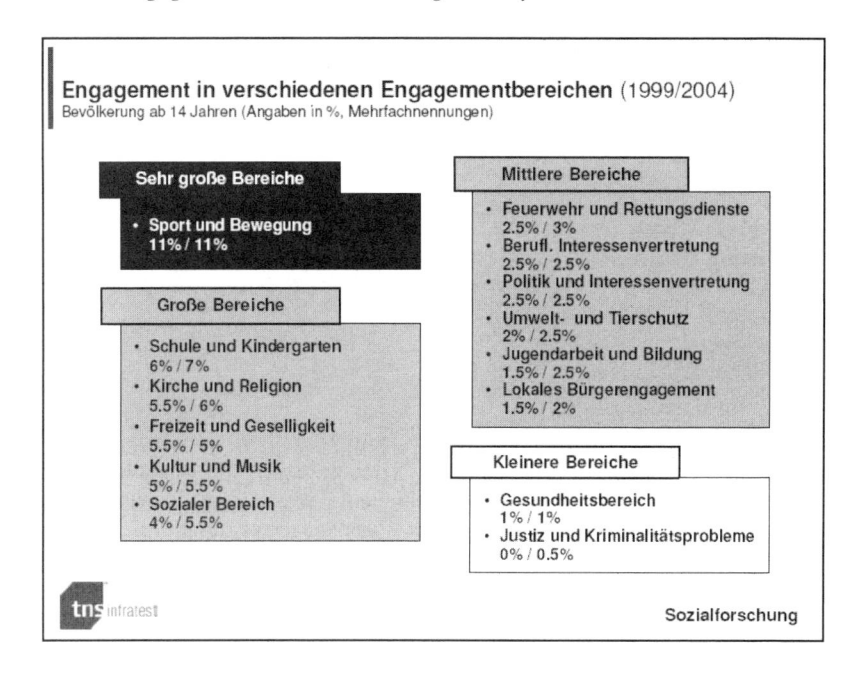

Abbildung entnommen aus: GENSICKE 2005, 26

Verglichen mit den Freiwilligenarbeiten meiner Studie ergibt sich folgendes Bild – die Reihenfolge ist an den Prozentzahlen von 2004 orientiert:

- Sport und Bewegung: Keine Nennung in den vorliegenden Interviews (0)
- Schule und Kindergarten: Keine Nennung (0)
- Kirche und Religion: Pressearbeit (kultureller Bereich) für die Ortskirche (1)
- Kultur und Musik: Vorstand in einem Kunstkreis; Mitarbeit in einer Bücherei; öffentliche Lesungen (3)
- Soziales: Hausmeistertätigkeit in Wohnheim; Mitarbeit in der Bahnhofsmission; drei Gruppenangebote in tagesstrukturierenden Einrichtungen der Sozialpsychiatrie; Mitarbeit bei Tischlein-deck-dich; Projekte bei Globale Ärzte; handwerkliche Arbeit in verschiedenen sozialen Einrichtungen (mehr als 6)
- Freizeit und Geselligkeit: Handarbeitsgruppe (1)
- Freiwillige Feuerwehr und Rettungsdienste: Keine Nennung (0)
- Berufliche Interessenvertretung: Delegierter der Künstlerkasse (1)

- Umwelt- und Tierschutz: Mitarbeit bei „Grüne Lunge"; Teilnahme (Castor-Blockaden) und Mitarbeit (Camps) der Anti-Atom-Bewegung; Projektunterstützung bei Aktionen eines Naturschutz-Vereins (3)
- Politik und Interessenvertretung: Mitarbeit bei „Die Grünen"; Beisitzerin im Gemeindepsychiatrischen Verbund; Vorstand im Q.-Verein; Aktionen während der Friedensbewegung; Unterschriftenaktion für Psychiatrie in Allgemeinkrankenhaus; Mitarbeit in der Gewerkschaftsjugend (mind. 6)
- Jugend- / Bildungsarbeit für Erwachsene: Jugendleiterin bei den Pfadfindern; Betreuung von Ferienfahrten beim Kreisjugendring (2)
- Lokales bürgerschaftliches Engagement: gemeinnütziger Verkauf (vgl. Freizeit und Geselligkeit); Verwaltung Nachbarschaftshilfe; Wahlhelferin (3)
- Gesundheit: Betreuung von alten/kranken Menschen (2)
- Justiz und Kriminalitätsprobleme: Keine Nennung (0)

Die deutschlandweit meistgenannten Bereiche (Sport/Bewegung, Schule/Kindergarten) sind in meiner Studie nicht erhoben worden. Dass der Bereich Schule/Kindergarten von den Interviewten nicht genannt wird, ist meines Erachtens gut nachzuvollziehen, da sie keine eigenen Kinder haben. Die Aufteilung in verschiedene Bereiche der Freiwilligen-arbeit zeigt, dass es im Sample einen deutlichen Schwerpunkt im sozialen und politischen Bereich (je 6 oder mehr) gibt, gefolgt von den Bereichen Kultur und Musik, Umwelt- und Tierschutz sowie lokalem bürgerschaftlichem Engagement (je 3). Dies ist eine Besonderheit meiner Interviewgruppe im Vergleich zu dem Datensatz des Freiwilligensurvey.

Ein zentraler Unterschied fällt beim Betrachten der *Organisationsformen* (vgl. Abb. 6; A 3.1.3) in Bayern auf (Ergebnis deutschlandweit ist fast identisch): die Freiwilligenarbeit der Interviewten findet nahezu ausschließlich bei Selbsthilfegruppen/ Initiativen oder Projekten, in sonstigen selbstorganisierten Gruppen und Verband/ Gewerkschaft/Partei statt. Bei der institutionellen Einbindung setzen die Interviewten damit, ähnlich wie bei den Bereichen, andere Schwerpunkte als es der generelle Trend der Freiwilligen in Deutschland zeigt. Gerade Vereine und Kirchen, die sonst den größten Zulauf an Freiwilligen verzeichnen, scheinen die befragten Psychiatrie-Erfahrenen nicht anzusprechen.

Der *zeitliche Rahmen* (Frequenz) der Freiwilligenarbeit ist bei den Interviewten sehr heterogen (vgl. Abb. 13 und 14; Tabelle Interviewte). Damit liegen sie wiederum auf der Linie der Ergebnisse des Freiwilligensurvey. Auch hier ist zu sehen (vgl. Abb. 17), dass die beiden Werte, die die Pole bilden (einmal im Monat/seltener – täglich oder mehrmals pro Woche) auch die je höchsten Werte haben.

Abb. 17: Zeitlicher Rahmen / Freiwilligensurvey Bayern

Zeitliche Verpflichtung der freiwilligen Tätigkeiten in Bayern
Alle freiwilligen Tätigkeiten (Angaben in %)

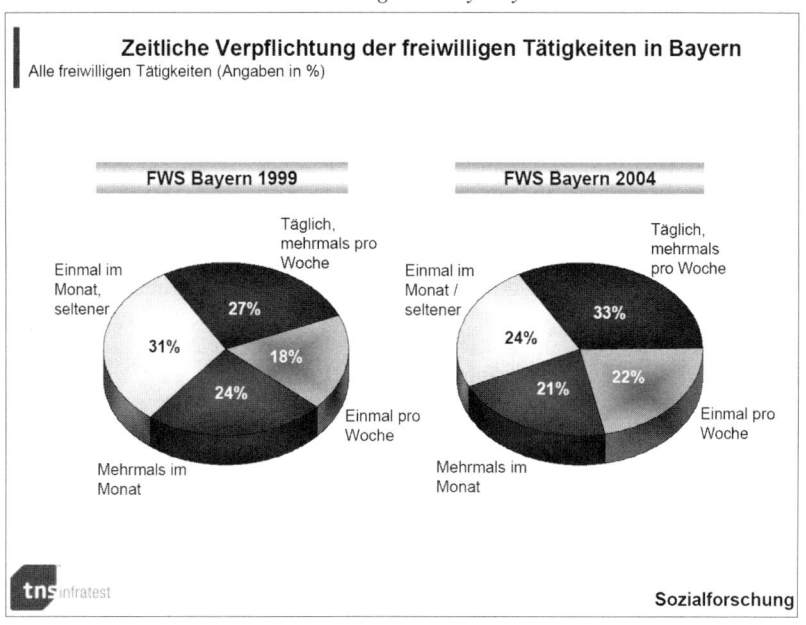

FWS Bayern 1999
- Einmal im Monat, seltener: 31%
- Täglich, mehrmals pro Woche: 27%
- Einmal pro Woche: 18%
- Mehrmals im Monat: 24%

FWS Bayern 2004
- Einmal im Monat / seltener: 24%
- Täglich, mehrmals pro Woche: 33%
- Einmal pro Woche: 22%
- Mehrmals im Monat: 21%

tns infratest Sozialforschung

Abbildung entnommen aus: GENSICKE ET AL. *2005, 10*

Eine Unterteilung in langfristige und kurzfristige Freiwilligenarbeit ist auch möglich. Beispielsweise sind sowohl Herr Sohlegang als auch Herr Nick über mehrere Jahre freiwillig engagiert (also langfristig). Während Herr Sohlegang jedoch wöchentlich zwei Mal regelmäßig und kontinuierlich bei Tischlein-deck-dich arbeitet, ist Herr Nick je nach Jahreszeit (wenn der Castor rollt) auch mal eine Woche am Stück aktiv, während im Winter eher wenig bis keine Aktivität stattfindet. Auch hier gibt es einen Rhythmus im Engagement, der jedoch eher dem politischen Rahmen geschuldet ist. Diese Dimensionen liegen meist in der Art und im Inhalt der Freiwilligenarbeit begründet. Zugleich kommen sie damit unterschiedlichen Personen zugute – jede/r Freiwillige hat die Möglichkeit, sich auch an der für ihn passenden Zeit, Umfang und/ oder Frequenz der Freiwilligenarbeit zu orientieren.

Eine interessante Form der Freiwilligenarbeit stellt Frau Seiler vor. Sie bekommt die Angebote für ihre Arbeiten zwar über eine Organisation, diese bietet jedoch verschiedene Tätigkeiten an (im Rahmen von sozialen Einrichtungen und Projekten). Diese sind lang- oder kurzfristig, manche sind abhängig von Festivals (zweimal im Jahr), manche sind einmalig und andere wiederum regelmäßig, etwa Betreuung eines kranken Menschen wöchentlich.

Somit kann sie sowohl über Inhalt als auch Rahmen jedes Mal neu entscheiden.

Auch Herr Tietz fühlt sich wohl, wenn er verschiedene Arten – inhaltlich und zeitlich – von Freiwilligenarbeit ausführen kann. Allerdings betätigt er sich in der Regel selbständig oder nur zeitweise in einer bestimmten Organisation oder Einrichtung – jedoch nicht wie Frau Seiler über ein Vermittlungsbüro.

Dagegen betätigen sich Frau Fines und Herr Nick je nacheinander und längerfristig in ihren unterschiedlichen Engagements.

Frau Becht tätigt den größten Teil ihrer einen Freiwilligenarbeit (Stricken) in eigener, freier Zeiteinteilung und strukturiert darüber gerade die Zeit, die nicht im Rahmen des freiwilligen Engagements strukturiert ist (vor allem zuhause).

Welche Person also wie viel Struktur (oder wenig Struktur), auch im Sinne einer niedrigen Frequenz oder einem geringen Erwartungsdruck braucht – wird im Einzelfall entschieden.

Neben langjährigem Engagement in einer Freiwilligenarbeit (Herr Sohlegang, Frau Becht) stehen viele unterschiedliche Projekte (frei: Herr Tietz, organisiert: Frau Seiler). Ebenso ist bei manchen ein regelrechter Passungsprozess/Weg nach Interessensgebiet zu sehen (Herr Nicki).

Das *Verständnis* der Freiwilligenarbeit äußert sich auch in der Verwendung der Begrifflichkeiten (vgl. A 1.4). In den meisten Fällen benennen die Befragten ihre Freiwilligenarbeit als ehrenamtliche Tätigkeit, der Begriff Ehrenamt (ohne Tätigkeit) wird kaum verwendet. Frau Seiler äußert sich zum Beispiel kritisch:

„Nä, ich denk mir des ehrenamtliche äh (-) wenn des nich äh (-) manchmal so n negativen Touch hätte von anderen Sachen die da so ehrenamtlich gemacht werden, find ich des (-) gehört einfach zur Gesellschaft dazu. (-) [*Was wär n negativer Touch zum Beispiel?*] Naja, sie wissen schon die ganzen äh Oberbosse und so von wegen ehrenamtlich und dann kassieren, und (-) die arbeiten auch so schwarz nebenbei und alles immer unter der Kappe Ehrenamt, des, da krieg ich dann (-) so n Hals und des mein ich, weil (-) ja gut ehrenamtlich äh (-) ich weiß nicht seit wann´s diesen Begriff gibt, aber äh (-) wenn mich ne Institution fragen würde ob ich da und da helfen kann, und die wüssten dass ich handwerklich gut bin dann mach ich des, ich schreib mir des net hier drauf ehrenamtlich, also. Für mich is des irgendwie (-) normal sag ich. Wenn mich jetzt hier ne Frau vom Tagescafe fragen würde, ham se schon gemacht, ob ich ihr beim Tapezieren oder beim Streichen helfen kann, na sag ich is ja kein Problem (-) sagst mir wann und dann mach ich des. [*Mhm*] Also (-) dafür könne die vielleicht äh mir paar Socken stricken oder irgendwas" (I9 Z. 554ff).

Allerdings werden auch ganz explizit andere Begriffe verwendet, Herr Sohlegang meint auf die Frage, wie er seine Tätigkeit nennt, etwa: „Des würd ich (-) ja (-) Integrations-, Integrationshilfe (3s) *[Okay]* Integration, Integration und Kontakt" (I5 Z. 411f). Wichtig ist in diesem Zusammenhang, dass der

Begriff „Integration" im Interview bis zu diesem Zeitpunkt von mir nicht verwendet wurde. Er selbst benutzt den Ausdruck bereits ganz zu Beginn: „I wollt mi ohnehin a bißl integrieren wieder" (I5 Z. 6; vgl. Eingangszitat Portrait; C 1.2.3).

Herr Nick bezeichnet sein Engagement als „Aktivismus" (I7 Z. 854), was bei seiner Art der Freiwilligenarbeit (politische Arbeit, Protest, Aktionen auf Festival, Gruppenangebote für Kinder bei Camps im Rahmen der Castor-Transporte) auch stimmig ist.

Die Entscheidung, für die vorliegende Arbeit den Begriff der Freiwilligenarbeit zu verwenden, habe ich aus theoretischer Perspektive getroffen (vgl. A 1.4).

Für meine weitere Auswertung werde ich die Ergebnisse aus dem TAURIS-Projekt (vgl. A 3.1.5) mit einbeziehen. Lassen sich aus meiner Studie ebenso Schlüsse auf das Kohärenzerleben der Interviewten oder verbessertes psychisches wie psychosoziales Befinden durch das Tätigsein in der Freiwilligenarbeit ziehen? Da es sich um einmalige Interviews handelt (keine mehrfache Erhebung im Sinne einer Verlaufsstudie) kann ich nicht in dem empirischen Rahmen wie NITSCHE & RICHTER (vgl. 2003) auf Prozesse schließen.

Die Merkmale einer Tätigkeitsgesellschaft von WOUTERS (vgl. 2005) werde ich ebenso wie die festgestellten Ausschlusstendenzen von MUNSCH (vgl. 2003; 2004; 2005) im Auge behalten (vgl. A 3.1.6).

2.5 Zusammenfassung C 2

Das Alter der Interviewten korrespondiert mit den Daten des Freiwilligensurvey, hier ist der Anstieg des Engagements bei den Altersgruppen 40 – 69 Jahren überproportional. Bei den Daten aller Interviewten fällt besonders aus, dass sie fast alle allein wohnen und alle keine LebenspartnerIn und Kinder haben. Die Herkunftsfamilie spielt eine je unterschiedlich große Rolle in ihrem Leben. Dies ist auch bei den Netzwerken – Freundeskreis und sozialpsychiatrische – der Fall. Eine klare Tendenz ist allerdings, dass Kontakte zu anderen Menschen häufig über institutionalisierte Zusammenhänge bestehen. Alle Interviewten haben einen (oder mehrere) Bildungsabschlüsse und mehrjährige Erfahrung mit Erwerbsarbeit, die meisten mit Phasen der Arbeitslosigkeit, einige mit Abbrüchen bei Studiengängen. Betrachtet man den Erwerbstatus der Interviewten, so fällt auf, dass bis auf einen (Festanstellung auf dem ersten Arbeitsmarkt) alle entweder in Rente sind oder ALG II (ein Minijob, ein Zuverdienst) beziehen.

Die Psychiatrie-Erfahrung spielt bei allen Interviewten eine Rolle, da psychische Erkrankung ein großer Einschnitt in das Leben darstellt. Obwohl es für das Sample nicht ausschlaggebend war, wird eine große Breite von Diagnosen sichtbar. Auch weitere Begleiterscheinungen psychischer Erkrankung, die den Alltag des einzelnen Menschen beeinträchtigen, werden häufig erzählt. Da die Teilidentität Psychiatrie-Erfahrung (ebenso wie Erwerbarbeit) eine wichtige Kategorie in dieser Studie darstellt, wird auf sie im weiteren Verlauf detailliert eingegangen (vgl. C 3.3).

Werden die Interviews mit den Dimensionen der Ausgrenzung (vgl. Abb. 8) verbunden, wird bei den Psychiatrie-Erfahrenen eine Ausgrenzung in nahezu allen Dimensionen deutlich. Die Ausgrenzung am Arbeitsmarkt und die ökonomische Ausgrenzung sind zentral und wirken auf die anderen Dimensionen. Besonders deutlich sind die kulturelle Ausgrenzung und die gesellschaftliche Isolation aufgrund der psychischen Erkrankung.

Angesichts der Größe des Samples zeigt sich eine erhebliche Breite verschiedener Freiwilligenarbeiten, im Vergleich zum Freiwilligensurvey werden eher untypische Bereiche beschrieben. Während der Bereich Sport gar nicht und Kirche nur einmal auftaucht, liegt ein deutlicher Schwerpunkt auf den sozialen und politischen Bereichen. Auch die institutionelle Einbindung repräsentiert nicht die deutschlandweiten Ergebnisse, Vereine und Kirchen sprechen die Interviewten kaum an. Diese Ergebnisse zeigen, dass der Wertewandel und mit ihm die Kategorie Selbstentfaltung und Engagement (vgl. A 3.1.1) bei den Engagementbereichen und der Organisationsform zunehmend wichtig ist – dies wird im Anschluss auch bei den Motiven deutlich (vgl. C 3.1.1).

Beim zeitlichen Rahmen mit Dauer, Frequenz (regelmäßig – nicht regelmäßig), kurz- und langfristigen Engagements, etc. zeigen die Interviewten ein großes Spektrum an Möglichkeiten. Hier konnte keine Tendenz festgestellt werden, die Betonung liegt auf den vielfältigen Gestaltungsmöglichkeiten.

3. Bestimmende Passungsaspekte der Interviewten und ihrer Freiwilligenarbeit(en)

Die Schlüsselkategorie der vorliegenden Forschung ist die Passung zwischen Psychiatrie-Erfahrenen und Freiwilligenarbeit. Sie setzt sich aus den Kategorien des Zugangs zur Freiwilligenarbeit, der Teilidentitäten Erwerbsarbeit und Psychiatrie-Erfahrung sowie verschiedenen identitätsrelevanten Aspekten von Freiwilligenarbeit zusammen. Bei gelingender Tätigkeit kann so Kohärenz entstehen. Entscheidend ist dabei immer die jeweilige Lebensgeschichte und Erfahrungen der/des Interviewten. Auf diese Ergebnisse gehe im folgenden Kapitel (vgl. C 3) ein.

Im Zusammenhang mit dem Zugang zur Freiwilligenarbeit sind die Motive ausschlag-gebend. Außerdem wird der Prozess des Zugangs im Folgenden genauer betrachtet. Werden der Handlungsimpuls und die Umsetzung des Zugangs allein oder mit Unterstützung verwirklicht?

3.1 Zugangswege zu Freiwilligenarbeit

Wie gelingt den Interviewten der Zugang zu Freiwilligenarbeit, welche Bedingungen, Strategien und Interaktionen sind im vorliegenden Material sichtbar?

Zunächst werde ich die verschiedenen *Motive* der Interviewten betrachten, sie ordnen und mit bisherigen Forschungsergebnissen vergleichen.

Eine Bedingung für den Zugang ist der Handlungsimpuls zur Freiwilligenarbeit. Dieser kann, basierend auf den Motiven, selbst aus der Person entstehen. Auch kann von außen eine Anregung kommen, durch Interaktionen mit Freunden, Bekannten oder Personen im sozialpsychiatrischen Netzwerk – oder der Zufall spielt eine Rolle. Die Interviewten bewegen sich auf einem Kontinuum zwischen den beiden Polen *individueller Impuls* und *Anregung von außen*.

Erst nach der Entwicklung von Motiven und deren Impuls kann die *Umsetzung des Zugangs* folgen. Diese ist abhängig von verschiedenen Entscheidungsprozessen, vom Abwägen der Vor- und Nachteile oder entsteht aufgrund früherer Erfahrungen. Auch hier ist zu dimensionalisieren – hat die Person den Zugang *allein* verwirklicht oder *Unterstützung von außen* bekommen?

Damit sind – nach den generellen Motiven (3.1.1) – zwei Phasen des Zugangs zu unterscheiden: Erstens der Impuls für die Freiwilligenarbeit (3.1.2, 3.1.3) und zweitens die konkrete Umsetzung des Zugangs zur Freiwilligenarbeit (3.1.4, 3.1.5).

3.1.1 Motive der Interviewten

Die Motive für eine Freiwilligenarbeit sind bei den Interviewten etwas unterschiedlich. Allerdings wird das Motiv, *(mehr) Kontakt mit anderen Menschen zu bekommen*, von fast allen explizit benannt und ist für die meisten Interviewten das zentrale Motiv.

Ferner sind folgende Motive in den Interviews zu finden:
- Politisches Interesse: Herr Nick, Herr Tietz, Frau Denk, Herr Miehl, Frau Becht
- Kulturelles Interesse: Herr Tietz, Herr Polt
- Hobby/Leidenschaft mit Tätigsein verbinden: Herr Tietz, Herr Polt, Frau Becht
- Tätigsein (Erwerbsarbeitsnähe/Aktivität/Tagesstruktur): Frau Fines, Frau Denk, Frau Becht, Herr Sohlegang, Frau Seiler
- Wissensdefizit: Herr Miehl
- Freiwilligenarbeit als Lebensbegleiter („gehört dazu"): vgl. erste Portraitgruppe
- Die Gemeinde/das Umfeld/andere Psychiatrie-Erfahrenen unterstützen: Frau Fines, Herr Polt, Frau Denk, Herr Miehl, Frau Becht
- Eigene Erfahrung (Krankheit, Alleinsein) motiviert zum Helfen anderer: Frau Denk
- Monetärer Anreiz: Frau Denk

Als weiters zentrales Motiv ist bei den Psychiatrie-Erfahrenen meiner Studie das Tätigsein zu erkennen.

Im Freiwilligensurvey von 2004 (vgl. GENSICKE 2005) gab es vier mögliche Antworten auf die Frage, welche Motive dem freiwilligen Engagement zugrunde liegen (vgl. Abb. 5, A 3.1.3). Die Gesellschaft mitzugestalten und Kontakt mit anderen zu bekommen sind dort die wichtigsten Beweggründe für Freiwilligenarbeit, jedoch auch ein gewisses Pflicht- und Gemeinschaftsgefühl ist aus den Antworten zu sehen (Aufgabe, die gemacht werden muss oder für die sich nur schwer jemand findet). Als viertes Motiv wird benannt, das Engagement auch eine Form von politischem Engagement ist.

Im Vergleich zu den Motiven des Interviewmaterials fällt auf, dass diese sich nicht so ohne weiteres in die vier Antworten einordnen lassen. Während das zentrale Motiv des sozialen Kontaktes dort auch als am wichtigsten benannt wird, lässt sich das zweite zentrale Motiv der Interviewten, das Tätigsein, in keines der vier Motive des Freiwilligensurvey einordnen.

Außerdem kann das Handeln eines Menschen von verschiedenen Faktoren beeinflusst sein. Daher ist es angemessen, von übergreifenden Motivgruppen auszugehen, wie das etwa KISTLER et al. (vgl. 2001) tun. Auf dem Hintergrund quantitativer Studien zu Motiven und Erwartungen Bürger-

schaftlichen Engagements formulieren sie fünf Motivgruppen, in welche die Motive der Interviewten besser eingeordnet werden können *(kursiv)*:
- Altruistische Gründe: Pflichterfüllung, Gemeinwohlorientierung *(Gemeinde/Umfeld/ Psychiatrie-Erfahrene unterstützen; eigene Erfahrung motiviert zum Helfen anderer)*
- Gemeinschaftsbezogene Gründe: Kommunikation, soziale Integration *(Kontakt zu anderen Mensche; kulturelles Interesse)*
- Gestaltungsbezogene Gründe: aktive Partizipation und Mitbestimmung *(politisches Interesse; Betroffenen-Vertretung)*
- Problemorientierte Gründe: Bewältigung eigener Probleme, Veränderung gesell-schaftlicher Missstände *(Wissensdefizit, monetärer Anreiz)*
- Entwicklungsbezogene Gründe: personal growth, Selbstverwirklichung *(Hobby/ Leidenschaft; Tätigsein; Freiwilligenarbeit als Lebensbegleiter)*

(vgl. KISTLER et al. 2001, 35f).

Die Zuordnung mancher genannter Motive ist sogar zu mehr als einer Motivgruppe möglich – *Freiwilligenarbeit als Lebensbegleiter* etwa könnte auch bei den altruistischen Motiven stehen, wenn sie beispielsweise im Sinne der christlichen Ethik als Lebensbegleiter für ein gutes (christliches) Leben verstanden wird. Im Zusammenhang mit den Erzählungen der Interviewten passen sie in meinen Augen allerdings besser zu den entwicklungsbezogenen Gründen.

Deutlich zu sehen ist die Mischung aus selbstentfaltungsbezogenen und gemeinsinnigen Gründen für die Freiwilligenarbeit. Die ENQUETE-KOMMISSION „Zukunft des Bürgerschaftlichen Engagements" Deutscher Bundestag stimmt damit überein:

„Demnach sind Gemeinwohlorientierung und das Interesse an Selbstentfaltung keine einander widersprechenden, konkurrierenden Werte, sondern werden von den Engagierten miteinander verbunden und bilden ein gemeinsames Motivbündel für Engagement. Entgegen der These, Selbstentfaltungswerte führten zu Egoismus und gesellschaftlicher Bindungslosigkeit, lässt sich aus dem Wunsch, gemeinsam mit anderen etwas für andere und für sich selbst zu tun, bürgerschaftliches Engagement zwanglos motivieren" (2002a, 115).

3.1.2 Eigener Handlungsimpuls

Wie kommt es bei den einzelnen Interviewten zum Handlungsimpuls, eine Freiwilligenarbeit aufzunehmen? Für die fünf Personen, bei denen die Freiwilligenarbeit ein kontinuierlicher Lebensbegleiter ist (vgl. erste Portraitgruppe), kann ein Wiederanknüpfen (z.B. nach einer Psychiatrie-Erfahrung) einfacher sein. Für sie ist es ein gewöhnliches Betätigungsfeld, diese Möglichkeit des Tätigseins ist ihnen bekannt und vertraut und sie tragen mit eigenen Impulsen zum konkreten Zugang bei.

Herr Tietz setzt immer wieder seine Motive im Bezug auf künstlerische Projekte in die Tat um und initiiert Ausstellungen.

Frau Denk erzählt die Situationen, wie sie als Wahlhelferin und in der Betreuung tätig geworden ist, als selbständig, sie erwähnt keine weitere Person oder Organisation.

„Das nächste was ich auch am Telefon erwähnt hab, äh ich hab bei, bei Wahlen Bundestag-, Landtag- und Kommunalwahlen hab ich als Wahlhelfer mitgemacht, weil ich politisch interessiert bin und weil ich auch immer ein bisschen Geld gebrauchen konnte ja" (I8 Z. 45ff).

Auch die sechsjährige Freiwilligenarbeit von Herrn Polt in der Bibliothek lässt nicht erkennen, dass von außen jemand dazu beigetragen hat. Aufgrund seiner Ausbildung zum Buchhändler und seiner Literaturaffinität ist davon auszugehen, dass er aus eigenem Impuls heraus dort vorstellig geworden ist. Herrn Polts Motivation für sein Tun ist seine kulturelle Leidenschaft, die er sowohl im Beruf – früher und heute im Zuverdienst – als auch in seinen freiwilligen Engagements verwirklichen kann. Zum Stellenwert seiner Tätigkeit sagt er:

„Des g´hört zum Leben dazu (-) bei mir." [Die Lesungen.] „JA. Weil des is ja des is ja praktisch a Wunschtraum (-) als Kind scho. Früher wie I da Comics g´lesen hab oder meine ersten Biacherl und Jerry Cotton und Bravo und da war des höchste a irgendwann a Buch z´schreiben. Des war für mi also scho (-) als Kind in meim Jahrgang wo bist keiner mit mir abg´ebn, da hams mir a Ritterburg hi´gstellt und a paar Comics und na hams g´sagt da spui a mal. (-) Des hat's damals net g´eben. Da werd mer halt dann irgendwie (-) bin dann in Musik nei und Kunst hab I a scho g´macht da und (-) einfach kulturell" (I6 Z. 260ff).

Frau Fines wird von einer Bekannten auf die Neuinstallierung der Nachbarschaftshilfe in ihrem Ort aufmerksam gemacht, sie war jedoch zu diesem Zeitpunkt schon aktiv auf der Suche nach einer Freiwilligenarbeit und hatte bereits Kontakt zu einer Freiwilligenagentur aufgenommen.

Herr Miehl wird über eine Freiwilligenagentur als Hausmeister und für handwerkliche Aufgaben in ein Wohnheim vermittelt, die erste Handlung startet er jedoch selbst, indem er bei der Freiwilligenagentur vorstellig wird. Noch deutlicher ist seine Eigenmotivation in Bezug auf sein bestehendes Engagement. Wegen seiner Zwangsbehandlung im Krankenhaus bemerkt er die mangelnde Kenntnis seiner Rechte als Psychiatrie-Erfahrener. Durch den Leidensdruck und seinen Mangel an Information wendet er sich im Anschluss an den Klinikaufenthalt an den Q.-Verein und wird dort Mitglied. Später wird er gefragt, ob er für den Vorstand kandidieren möchte.

Hier findet ein Übergang vom individuellen Impuls zum Anstoß von außen statt – beides gründet in den einzelnen Motiven der Interviewten.

Es wird deutlich, dass nicht jede/r, die/der Motive für eine bestimmte Freiwilligenarbeit hat, auch alles selbst organisiert und umsetzt. In diesem Fall bekommt Herrn Miehl mit dem Anstoß von außen die Möglichkeit, die nächste Stufe der politischen Partizipation[79] zu gehen – vom Mitentscheiden zum Selbstverwalten.

Herr Nick markiert zusammen mit Herrn Miehl den Übergang zur anderen Gruppe, die eher Anregung von außen bekommt.

Die Idee, einer Partei beizutreten, stammt von Herrn Nicks damaliger Therapeutin und geht seinem aktuellen Engagement voraus. Mit dem Wechsel von der Partei zum Umweltverein kommt er seinen eigenen Interessen jedoch näher (individueller Passungsweg). Freiwilligenarbeit ist für ihn ein Lebensbegleiter. Außerdem hat er Interesse an Politik, besonders an Umweltthemen. Die konkrete Anregung für eine Freiwilligenarbeit wurde also von außen an Herrn Nick herangetragen, allerdings war er bereits als Jugendlicher in der Gewerkschaft aktiv. Der Anstoß von außen kam zum richtigen Zeitpunkt und passte zur damaligen Situation. Über aktive Parteimitgliedschaft lernt er die Organisation kennen, für die er heute arbeitet und erlebt seinen ersten Castor-Protest mit. Über mehrere Jahre hinweg und durch Beteiligung an verschiedenen Aktionen und Bündnissen sucht er seine individuelle Passung und findet sie immer wieder zeitweise. Zum Zeitpunkt des Interviews fühlt er sich bei dem Umweltverein „Grüne Lunge", bei dem er seit einiger Zeit tätig ist, bisher am besten aufgehoben. Die Idee zum Wechsel in seine aktuelle Freiwilligenarbeit hat er also selbst.

3.1.3 Anregungen von außen

Bei Herrn Miehl und Herrn Nick ist also eine Mischung aus eigenem Handlungsimpuls und Anregung von anderen Personen sichtbar. In diesem Abschnitt schließen sich vor allem Interviewte an, die vorher kaum oder gar nicht in freiwilligem Engagement tätig waren.

Herr Sohlegang bringt es gleich zu Beginn des Interviews auf den Punkt, dass ein Mitarbeiter der Tagesstätte ihn zum Engagement bei Tischlein-deckdich angeregt hat (vgl. Eingangszitat Portrait C 1.2.3).

Wie Frau Becht als Vertreterin in den Gemeindepsychiatrischen Verbund (GPV) kommt, ist nicht eindeutig. Sie erwähnt jedoch, dass sie über die Selbsthilfegruppe (SHG) teilnimmt. Vermutlich wurde dort nach einer Vertreterin gesucht. Auch wenn sie mit dem Gedanken spielt, nicht mehr in die SHG zu gehen, hat sie sich bereits erkundigt, ob und wie sie weiterhin als Beisitzerin beim GPV bleiben kann, eventuell könnte sie auch über die Tagesstätte dort teilnehmen.

Die Idee für seine ersten Lesungen entstand bei Herrn Polt zusammen mit den MitarbeiterInnen der Tagesstätte: „Die ham dann mitg´kriegt der kennt sie aus mit Büchern […] und dann is des a no ganga" (I6 Z. 118).

---

[79] Determinanten politischer Partizipation – 4 Stufen: 1. Informieren 2. Mitwirken 3. Mitentscheiden 4. Selbstverwalten (vgl. LÜTTRINGHAUS 2003, 124)

Bei den aufgeführten Interviewten sind es durchweg Personen in sozialpsychiatrischen Netzwerken, die den Anstoß geben. Dazu zählt auch der Verein von Psychiatrie-Erfahrenen von Herrn Miehl, dessen Mitglieder ihn für das Amt im Vorstand innerhalb des Vereins ansprechen.

Neben diesen Netzwerken (Tagesstätte, SHG, offene Angebote, Betroffenen-Vereine, TherapeutInnen, Wohnformen, etc.) können ebenso Menschen aus dem sozialen Umfeld (Familie, Freunde, Bekannte) Psychiatrie-Erfahrene auf die Möglichkeiten der Freiwilligenarbeit aufmerksam machen.

Frau Fines hatte selbst die Idee, sich wieder freiwillig zu engagieren, und war schon in Kontakt mit der Freiwilligenagentur. Zusätzlich weist eine Bekannte sie auf das neu geplante Nachbarschaftshilfeprojekt vor Ort hin. Hier ist eine Mischform aus eigener Idee und Anregung von außen sichtbar. Ihre Bekannte wusste von der Suche nach Freiwilligenarbeit, ihre früheren Engagements waren auch bekannt. Es ist also denkbar, dass die aktive Suche von Frau Fines der Auslöser war, dass ihr über das startende Projekt berichtet wurde.

Öffentlichkeitsarbeit und Werbung der Träger, die freiwilliges Engagement anbieten, oder der direkte Kontakt mit anderen Freiwilligen, sind weitere Zugangswege.

Frau Becht liest einen Artikel zum Weihnachtsverkauf vom Bayerischen Roten Kreuz in der Zeitung und bei dem Aufruf, dass sie Leute für die Handarbeitsgruppe suchen, denkt sie, das wäre etwas für sie (vgl. Eingangszitat Portrait). „Äh, des is mir eigentlich per Zu – da hat der Zufall nachg´holfen" (I1 Z. 415). Frau Denk erzählt zu ihrer geplanten Freiwilligenarbeit:

„bei meinen Zeitungs- akribischen Zeitungslektüren hab ich n Artikel gefunden vom evangelischen Bildungswerk und die bieten da ne Ausbildung zur Seniorenbegleitern an [...] und da war äh also die Informationsveranstaltung die war völlig überlaufen, weil die des zum ersten Mal in der Süddeutschen hatten [...] und da war es schon n Kampf auf die Liste zu kommen für für den Schnuppertag also die hatten so n Einführungstag (-)" (I8 Z. 89ff).

Auch bei Frau Seiler spielte der Zufall eine Rolle:

„Ähm des war eigentlich ganz kurios und zwar hat des Tagescafe hier (-) jemanden gesucht (-) und zwar heißt des „Gutes Tun" (-) in Berlin und da gibt's hier in L. einen (-) Pendant das heißt „Helfende Hände." Und des ham die irgendwo im Internet gefunden, ham da hin geschrieben (-) und dann kam eine (-) und da war ich auch zufällig da. Und dann hat die mir erzählt was sie so alles macht, und (-) des is aber nur wieder für soziale Einrichtungen. Also dieses ehrenamtliche is nich so dass ich jetzt äh (-) bei Privatleuten geh, sondern (-) diese „Helfenden Hände" (-) helfen anderen Institutionen. Und dann kam die und so bin ich auf die Idee gekommen und bin heute auch eine (-) „Helfende Hand"" (I9 Z. 26ff).

Bei diesen Frauen spielt die Zeitungslektüre bzw. der direkte Kontakt mit freiwillig Tätigen eine große Rolle. Dies setzt eine Offenheit für Neues und

173

Lust, tätig zu werden, voraus. Ansonsten hätten sich die drei Frauen nicht angesprochen gefühlt oder nachgefragt.

Die beiden Portraitgruppen unterscheiden sich in diesem Punkt recht deutlich. Wie erwartet, fällt es den Personen, die sich bereits länger bzw. öfter in ihrem Leben engagiert haben, leichter, eigene Handlungsimpulse in Richtung Freiwilligenarbeit zu entwickeln und umzusetzen. Bei den Psychiatrie-Erfahrenen, die erst nach ihrer Erkrankung tätig werden, überwiegt die Anregung von außen. Einzige Ausnahme ist Herr Miehl, der aus seinem eigenen Impuls heraus den Zugang zu seinem Engagement selbständig verwirklicht. Bei ihm ist auch ein klarer Bezug zwischen Tätigkeit und Psychiatrie-Erfahrung zu sehen. Aufgrund seines eigenen Wissensdefizits über die Rechte bei einer Zwangseinweisung und deren Folgen tritt er überhaupt erst mit dem Q.-Verein in Kontakt.

Die Interviewten verbinden also in den meisten Fällen ihren eigenen Impuls (vgl. 3.1.2), der sich aus ihren Motiven ergibt (vgl. 3.1.1), zum Teil mit einer Anregung von außen. Dies verdeutlicht Abb. 18: Rechts sind die Motive (vgl. 3.1.1) zu sehen, von denen der Kontakt zu anderen und das Tätigsein zentral sind. Ein oder auch mehrere Motive sind bei jeder/m Interviewten vorhanden. Wenn der Handlungsimpuls nicht komplett allein umgesetzt wird (vgl. 3.1.2), dann spielen unterschiedliche Anregungen eine Rolle (Abb. linke Seite). Diese erfolgen besonders aus den sozialpsychiatrischen Netzwerken heraus, aber auch der Zufall bzw. eine Bekannte unterstützen die Handlungsimpulse der Interviewten (vgl. 3.1.3).

Abb. 18: Freiwilligenarbeit als Möglichkeit

```
                    Freiwilligenarbeit als
                         Möglichkeit


        Anregung von außen                    Eigene Motive

   Sozialpsychiatrische Netzwerke        Kontakte zu anderen Menschen bekommen
                  Tagesstätte            Tätigsein (Erwerbsarbeitsnähe, Aktivität, Tagesstruktur)
            Selbsthilfegruppe            Politische Interesse
              offene Angebote            kulturelles Interesse
                  Therapeutin            Hobby/Leidenschaft mit Tätigsein verbinden
          Betroffenen-Netzwerk           Freiwilligenarbeit als Lebensbegleiter
             Sozialer Nahraum            Gemeinde/Umfeld/ Psychiatrie-Erfahrene unterstützen
                                         monetärer Anreiz
                     Bekannte            Wissensdefizit
                       Zufall

              Zeitungsartikel
 Anwesenheit bei Tätigkeit anderer
```

Eigene Darstellung

Wird die Entwicklung einer Idee in Richtung Freiwilligenarbeit konsequent weiter verfolgt, so ist der nächste Schritt die Umsetzung des Zugangs. Wie wird dieser konkret erreicht? Hier zeigt sich ebenso eine Dimensionalisierung zwischen Eigenorganisation und Fremdorganisation. Die beiden Pole bilden einerseits die aktive eigene Umsetzung des Zugangs und andererseits die Unterstützung durch andere Personen.

3.1.4 Eigene Umsetzung des Zugangs

Aus verschiedenen Angeboten oder Möglichkeiten eine Freiwilligenarbeit auszuwählen, ist ein erster Schritt. Den geht beispielsweise Herr Nick, der seine Zugänge zu den Organisationen und ebenso die Teilnahme an den Anti-Atom-Aktionen selbständig verwirklicht. Herr Tietz war in verschiedenen freiwilligen Engagements tätig, so dass sich bei ihm beide Zugangswege, je nach Engagement, finden. Unabhängig organisierte er beispielsweise eine Unterschriftenaktion für die Psychiatrie vor Ort: „Wir ham auch erreicht, dass es nicht isoliert gemacht wird, sondern integriert ins Kreiskrankenhaus" (I4 Z. 57f). Auch Frau Denk beschreibt die Umsetzung ihrer Freiwilligenarbeiten als autonom. Bei der Betreuung der Rollstuhlfahrerin erwähnt sie den Träger des Pflege-heims, über den sie sich vermutlich damals den Zugang organisiert hat. Seine Lesungen – ob in der Tagesstätte oder im öffentlichen Rahmen seines Wohnorts – erarbeitet und hält Herr Polt natürlich selbst.

Ebenso nimmt Frau Fines die Umsetzung des Zugangs selbst in die Hand, auch wenn sie anfangs Hemmungen hat:

„Also was für mich schWIErig oder, zumindest ne Hemmschwelle war, des war dieser erste Kontakt, den herzustellen. Also des war glaub ich so ne Versammlung, im (-) Gemeindezentrum, und da kannt ich halt überhaupt niemanden, wie ich hingegangen bin. Und des is mir erstmal, glaub ich (-) schwerer gefallen, hm, wie früher zum Beispiel. Also weil ich (-) mit Sicherheit da noch MEHR verunsichert bin, wie, wie ich früher einfach war. (-) Und des wird aber einfach, wenn man diese, diese, diese An-, Anlaufschwelle irgendwie überschREItet, (-) äh beim zweiten Mal is schon einfacher, und beim dritten und beim vierten Mal freut man sich schon drauf" (I3 Z. 980ff).

Trotz größerer Unsicherheiten nach der Psychiatrie-Erfahrung kann sie auf frühere Erfahrungen freiwilliger Engagements zurückgreifen, was ihr bei der Überwindung dieser ersten Schwelle hilft.

Frau Seiler vereinbart selbst einen Termin bei der Organisation „Helfende Hände", den sie dann wahrnimmt. Auf der Grundlage dieses Erstgespräches bekommt sie in der Folge Angebote für verschiedene Engagements (per Email). Dabei wird auf ihre Fähigkeiten und Interessen Rücksicht genommen und sie kann sich aussuchen, für welches Angebot sie tätig wird. Sie kann jetzt im Rahmen des Netzwerks der Organisation selbständig Engagements auswählen.

Eine Bedingung für die Umsetzung der Freiwilligenarbeiten ist, dass der Ort der Freiwilligenarbeit auch aufgesucht wird. Frau Becht etwa bittet in diesem Zusammenhang eine Nachbarin um Unterstützung.

Eine eigene Umsetzung des Zugangs kann auch im Rahmen von Netzwerken entstehen, etwa durch ein Angebot in einer sozialpsychiatrischen Einrichtung – die Lesungen von Herrn Polt oder die Gruppenangebote von Herrn Tietz. Auch die Betroffenenvertretung im GPV von Frau Becht passt in diese Dimension, ebenso wie die Beteiligung an politischen Aktionen von Herrn Nick – den Zugang verwirklicht er selbst und ist im Rahmen von Netzwerken aktiv.

Auch im sozialen Nahraum findet Aktivität der Interviewten statt. Frau Fines engagiert sich ganz bewusst beim Aufbau und im Büro der Nachbarschaftshilfe, und Frau Denk bietet sich punktuell als Wahlhelferin an.

Herr Miehl schildert seine Entwicklung vom Mitglied zum Vorstand:

„Bei dem Q.-Verein bin ich Mitglied seit (-) 2001. Und im Vorstand bin ich seit (-) drei Jahre – na, zwei- zweieinhalb Jahr. [...] Ja mei, net jedes Mitglied (-) also da is scho a Mangel, weil ma (3s) ?Zeit? opfern, und au Verantwortung irgendwo. Bin ich angesprochen worn, ob I des net machen wollte. (-) Dann bin I gwählt worn" (I2 Z. 117ff).

Beim ihm tendiert die Umsetzung im Rahmen des Amtes schon zur Unterstützung durch andere, in dem Fall den anderen Vereinsmitgliedern, die ihn nicht nur vorschlagen, sondern auch wählen. Der Zugang zu einem Amt im

Rahmen von Freiwilligenarbeit erfolgt meist über Wahlen und kann nicht vollends selbst verwirklicht werden.

In diesem Beispiel und auch im Folgenden bei Frau Becht wird das Zusammenspiel von eigener Umsetzung und der Unterstützung von anderen beim Zugang deutlich.

3.1.5 Unterstützung beim Zugang

Neben der eigenen aktiven Rolle ist zusätzlich die aktive Unterstützung von anderen Menschen – in der Regel aus dem sozialen Umfeld oder den professionellen Netzwerken – ausschlaggebend.

Herr Sohlegang wird von den MitarbeiterInnen der Tagesstätte im Zugang zur Freiwilligenarbeit unterstützt. Sie machen den Vorschlag für das Engagement bei Tischlein-deck-dich und organisieren auch das Vorstellungsgespräch dort. Über die Wirkung dieser Unterstützung macht er widersprüchliche Aussagen. Seine Ambivalenz zwischen der eigenen Entscheidung und einem „sich verpflichtet fühlen" der Einrichtung gegenüber wird hier deutlich.

„Äh, hat er mi da empfohlen, ob I da mitmachen will. Also im Nachhinein tät I jetzt nicht mehr einsteigen, weil des zu stressig gewesen wär. Wissens, immer des punktuelle, da anfangen und da aufhören, des (-) des is ma dann nimmer so g´wohnt, weil mer sagt, ich machs gern, aber un- un- irgendwie so trainiert auf Zeit, und dann noch der Druck (-) Zeitdruck" (I5 Z. 166ff).

Diese Aussage unterstreicht er, wenn auch mit einem spaßigen Ton:

„Ja, da, da, da war I ja schon fast gezwungen, weil ja von der Ehre – I bin da ja von der Tagesstätte hingeschickt worden, so, und" *[Ah, okay, da hatten Sie sozusagen einen Auftrag?]* „Ja, ja, klar, der – welchen Depp von der Tagesstätte hams jetzt da hing´schickt – des is bloß Spaß, gell – und da natürlich, kann I da, kann I da net äh klein beigeben. (-) Und (-) da, des, ja, des hab I scho drinne g´habt, des hab I scho durchgezogen" (I5 Z. 378ff).

Allerdings macht er die Freiwilligenarbeit bei Tischlein-deck-dich fast zwei Jahre lang. An anderen Stellen wird klar, wie viel Spaß und Freude ihm diese Tätigkeit gemacht hat, da sie viele Parallelen zu seiner geliebten Selbstständigkeit in früheren Jahren aufweist. Gleichzeitig zeigen seine Aussagen, wie schmal der Grat zwischen Freiwilligkeit und Zwang – hier im Sinne von Verpflichtung der Tagesstätte gegenüber – sein kann. Gerade bei ihm wird deutlich, wie ausschlaggebend die Sinnhaftigkeit der Tätigkeiten für die einzelne Person beim Zugang ist. Wäre es nicht diese spezifische Tätigkeit in der Lebensmittelbranche gewesen, dann ist zu vermuten, dass Herr Sohlegang dort nicht zwei Jahre regelmäßig tätig gewesen wäre. Er sagt auch klar, dass eine freiwillige Tätigkeit beispielsweise im sozialen Bereich für ihn nicht vorstellbar ist.

Wie oben gezeigt, ist bei Herrn Miehl neben seinem autonom organisierten Zugang zum Q.-Verein für sein Vorstandsamt letztendlich auch die aktive Unterstützung des Netzwerks notwendig – sie schlagen ihn zur Wahl vor und wählen ihn (vgl. 3.1.4).

Frau Becht beschreibt die Verknüpfung ihres eigenen Handlungsimpulses sowie die folgende Umsetzung beispielhaft. Sie organisiert sich sehr selbstbewusst und gekonnt den Zugang und die nötige Unterstützung:

„Und dann hab I mal den Artikel in der Zeitung g´lesen, kurz vor Weihnachten eben wegen dem Weihnachtsmarkt. (-) Und äh, da is eben dann unter anderem drin g´standen dass die dringend Leute suchen würden. (-) Naja. (-) Dann hab I erst net g´wußt wann und wo des is, und wie I des ab jetzt macha kannt, ma kennt ja d´Leit net. Und ähm (-) dann is mer eing´falln im Erdg´schoß wohnt a Frau die arbeitet beim Roten Kreuz und die kannt I ja mal frogn. Und dann bin I zu der, na hat´s g´sagt kei Problem I schau nach, wann die Bastelgruppe wieder da is, und dann sag I´s eane. Guat, dann hat se mer des gsagt, dann hab I – hat Sie mir erklärt wo ihr Büro is. I soll dann um die und die Uhrzeit hinkommen, und Sie geht dann mit mir zu der Bastelgruppe. (-) Ja, und des hat se dann g´macht und dann hat se mir der Frau Willer vorg´stellt. (-) Und des erste war, wia I g´sogt hob, dass I Socken strick, war, „kenna Sie häkeln a?" war die erste Frage. Hab I g´sagt, des kann I a (lacht). Ja, dann hab I am Anfang Topflappen g´macht und (-) äh und (4) wie g´sagt. Die ham zwar eine die au strickt, aber (-) die hat halt an Mo und Familie und äh die strickt schee a und guat aber (-) äh die hat bei weitem net die Zeit wia I (-)" (I1 Z. 395ff).

Die folgende Abbildung 19 zeigt die soeben beschriebene Umsetzung des Zugangs zur Freiwilligenarbeit: links zu sehen die eher aktive autonome Rolle, weiter unten übergehend zu Netzwerken und sozialem Nahraum. Auf der rechten Seite ist schließlich die konkretere Unterstützung durch andere Menschen dargestellt.

Abb. 19: Umsetzung Zugang

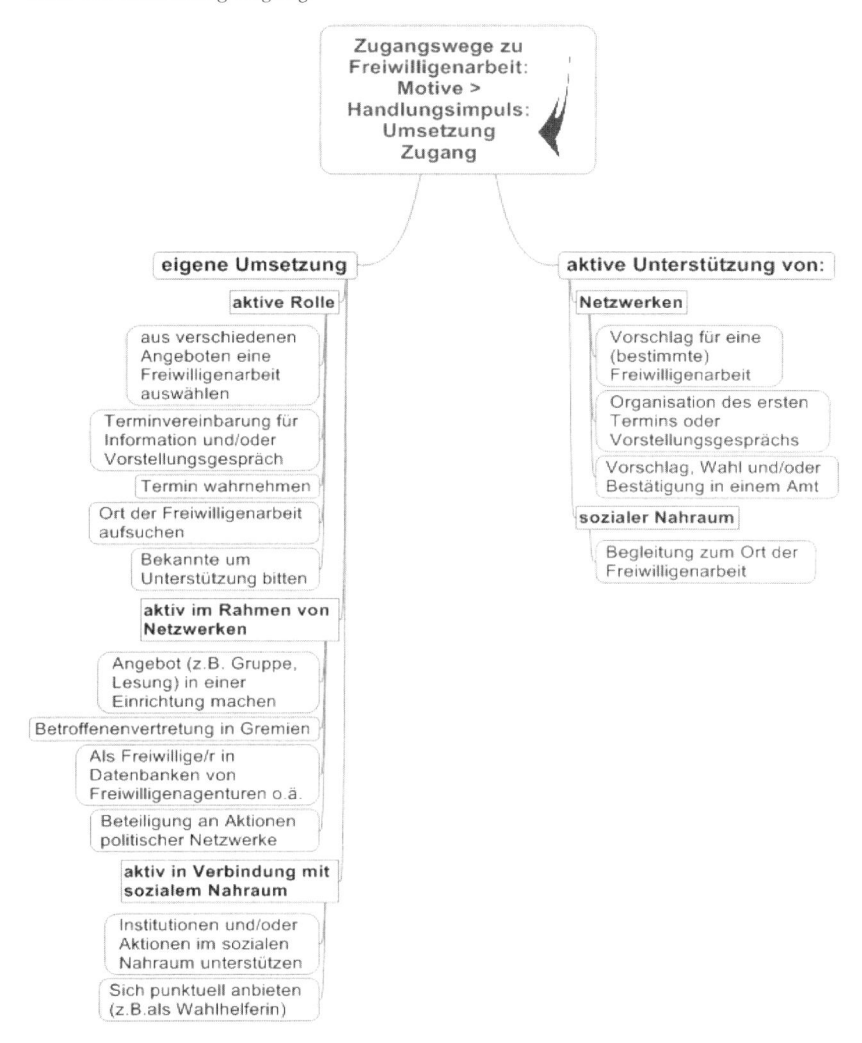

```
                    Zugangswege zu
                    Freiwilligenarbeit:
                        Motive >
                    Handlungsimpuls:
                       Umsetzung
                         Zugang
```

eigene Umsetzung

aktive Rolle
- aus verschiedenen Angeboten eine Freiwilligenarbeit auswählen
- Terminvereinbarung für Information und/oder Vorstellungsgespräch
- Termin wahrnehmen
- Ort der Freiwilligenarbeit aufsuchen
- Bekannte um Unterstützung bitten

aktiv im Rahmen von Netzwerken
- Angebot (z.B. Gruppe, Lesung) in einer Einrichtung machen
- Betroffenenvertretung in Gremien
- Als Freiwillige/r in Datenbanken von Freiwilligenagenturen o.ä.
- Beteiligung an Aktionen politischer Netzwerke

aktiv in Verbindung mit sozialem Nahraum
- Institutionen und/oder Aktionen im sozialen Nahraum unterstützen
- Sich punktuell anbieten (z.B. als Wahlhelferin)

aktive Unterstützung von:

Netzwerken
- Vorschlag für eine (bestimmte) Freiwilligenarbeit
- Organisation des ersten Termins oder Vorstellungsgesprächs
- Vorschlag, Wahl und/oder Bestätigung in einem Amt

sozialer Nahraum
- Begleitung zum Ort der Freiwilligenarbeit

Eigene Darstellung

Bei diesen unterschiedlichen Zugangspfaden wird deutlich, dass es nicht um eine zufällige Passung zwischen Person und Freiwilligenarbeit geht – wie etwa bei manchen Maßnahmen, die das Arbeitsamt vermittelt. Dort wird oft in ein Projekt vermittelt, weil gerade Plätze frei sind. Mitentscheidend für die Motive, den Handlungsimpuls und Umsetzung des Zugangs zur Freiwilligenarbeit ist die Frage nach dem Sinn, die Motivationen und Fähigkeiten, ebenso wie Vorlieben und Abneigungen.

Frau Fines meint, dass manch einem Psychiatrie-Erfahrenen ein Anstoß von außen gut tun kann:

„Aber, weiß nicht, vielleicht bräucht es dann schon mal so nen Rempler, am Anfang, dass einer sich in Bewegung setzt. Also grad bei (-) also ich hab des oft festgestellt, dass so (-) so´n Kick bei manchen Kranken (-) ganz gut is. Also dass die wirklich dann mal was in Bewegung setzen" (I3 Z. 988ff).

Der Mensch als soziales Wesen trifft wenige Entscheidungen total unabhängig. Durch den Kontakt zu anderen Menschen ist jede/r auch von anderen beeinflusst. Daher sind für den Impuls als auch die Umsetzung des Zugangs zur Freiwilligenarbeit oft Mischformen aus Eigenanteilen und Anregungen anderer üblich (vgl. Abb. 18 und Abb. 19).

3.2 Zusammenfassung C 3.1

„Die Hauptsache jedoch, die die eine Tätigkeit von der anderen unterscheidet, besteht in der Verschiedenheit ihrer Gegenstände. Verleiht doch gerade der Gegenstand der Tätigkeit ihre bestimmte Gerichtetheit. Nach der von mir vorgeschlagenen Terminologie ist der Gegenstand einer Tätigkeit deren tatsächliches Motiv. Natürlich kann er sowohl stofflich als auch ideell sein, sowohl in der Wahrnehmung gegeben sein als auch nur in der Phantasie, nur in Gedanken existieren. Die Hauptsache ist, daß dahinter immer ein Bedürfnis steht, daß er immer dem einen oder anderen Bedürfnis entspricht" (LEONTJEW 1982, 101f).

Ausschlaggebend für den Zugang zu Freiwilligenarbeit sind bei allen Interviewten die Motive. Sie sind sehr unterschiedlich und in der Regel haben alle Interviewten mehr als ein Motiv. Diese können eher eigensinnig oder gemeinsinnig sein, meist stellen sie eine Mischform aus beidem dar. Das zentrale Motiv für Freiwilligenarbeit, welches von allen genannt wir, ist der Kontakt zu anderen Menschen.

Bei der Entwicklung des Impulses, freiwillig tätig zu sein, spielt die Erfahrung eine klare Rolle. Personen, die bereits freiwillig tätig waren, greifen viel leichter auf diese Möglichkeit des Tätigseins zu.

Wenn es um die konkrete Umsetzung des Zugangs geht, sind dagegen andere Einflüsse wichtig. Zum einen schildern die Interviewten eine generelle Offenheit gegenüber dem Tätigsein. Des Weiteren spielt der Zeitpunkt (ich bin bereits auf der Suche nach einer Tätigkeit, oder ich fühle mich gesund und tatkräftig) eine Rolle. Wichtig ist, dass die Person eine Vorstellung hat, wie der Zugang umzusetzen ist und der Wille, dies zu tun. Entscheidend ist letztlich, wie der Kontakt zu anderen Menschen ist, die einen entweder beim Zugang unterstützen oder einem im Rahmen der Freiwilligenarbeit beggenen.

Im Gegensatz zum Handlungsimpuls als ersten Schritt des Zugangs gibt es bei der Umsetzung kaum Unterschiede zwischen den Portraitgruppen. Die Personen beider Portraitgruppen mischen Eigenanteile und Unterstützung von außen. Auffällig ist, dass die meisten Interviewten den zweiten Schritt – den konkreten Zugang – selbständig gehen, die Hilfe von außen dominiert nicht.

Ein erstes Ergebnis ist, dass der Handlungsimpuls der wichtigste Schritt ist. Eine zweites Ergebnis schließt an: Der Zugang wird dann gut verwirklicht, wenn die Umsetzung aktiv selbst in die Hand genommen und organisiert wird – auch mithilfe anderer Personen. Aber die eigenen Motive und der erste Handlungsimpuls sind zunächst ausschlaggebend für den weiteren Zugangsweg.

Die Portraits und die Darstellung der Zugangswege machen die individuelle Passung zwischen Person und Freiwilligenarbeit bereits sichtbar. Im Anschluss werden die individuellen Motivgeflechte detailliert betrachtet. Welche persönlichen Erfahrungen und Prozesse haben die befragten Psychiatrie-Erfahrenen gemacht, um freiwillig tätig zu werden? Welche spezifischen Einflüsse spielen in diesem Rahmen eine Rolle?

Der weiteren Auswertung vorangestellt wird eine Einführung in Identitätsaspekte und Identitätsmodelle, da sich diese während des Auswertungsprozesses als entscheidend herauskristallisiert haben. Im Rahmen der theoretischen Vorarbeit (vgl. A) wird mehrfach die identitätsstiftende Funktion von Arbeit betont. Da es jedoch keine Forschung zu Psychiatrie-Erfahrenen als Tätige in Freiwilligenarbeit gibt, ging ich offen an die Interviews und deren Auswertung. Mit fortgeschrittener Auswertung wurde die Nähe der Kategorien zu Identitätsaspekten sichtbar. Daher habe ich mich entschieden, diese theoretischen Aspekte für die Darstellung zu verwenden und verknüpft mit den Kategorien des Interviewmaterials darzustellen.

Exkurs: Identitätskonzepte

Der Begriff „Identität" leitet sich vom lateinischen „identitas" ab, was Wesenseinheit oder Wesensgleichheit bedeutet. Nach dem Verständnis von LOTHAR KRAPPMANN (vgl. 1969) wird Identität über Sprache vermittelt. Sein Identitätsmodell geht auf MEAD und den Symbolischen Interaktionismus zurück (vgl. B 1.2). Neben dem reflexiven Subjektverständnis stellt diese Methodologie bezüglich der Identität des Menschen einen sozialwissenschaftlichen Konstruktivismus dar. Auf diesem Hintergrund sind zahlreiche Studien entstanden[80], die Menschen in Auseinandersetzung und Aushandlungsprozessen mit den gesellschaftlichen Anforderungen zeigen.

„Identität hat deshalb von allem Anfang an Arbeitscharakter, lebt von einem Subjekt, das sich aktiv um sein Selbst- und Weltverhältnis zu kümmern hat. Es entwirft und konstruiert sich seine Selbstverortung, es bedarf der Zustimmung der anderen zu seinen Entwürfen und Konstruktionen. Das wußten die modernen Identitätstheoretiker auch schon vor Erikson. Von Hegel bis Mead wurden Identitäten als Konstruktionen betrachtet, die auf wechselseitige soziale Anerkennung angewiesen sind. Diese Identitätskonstruktionen bedürfen der sozialen Validierung, wenn sie ihren Produzenten Zugehörigkeit und Respekt erbringen wollen" (KEUPP et al. 2006a, 27).

Wenn Menschen miteinander kommunizieren, entsteht ihre Identität in jeder Situation neu. Das Ergebnis verknüpfter Interaktionsprozesse ist die Ausbildung einer individu-ellen Identität. Das Individuum muss im Rahmen dieser Prozesse außerdem mit den – oft normierten – Erwartungen von außen umgehen (z.b. der Zuschreibung „psychisch krank") und diese integrieren oder nicht integrieren.

Ein weiterer Identitätstheoretiker, ERIK H. ERIKSON (vgl. 1973), hat psychoanalytisch und sozialpsychologisch geprägte Identitätsvorstellungen. Ein Kernproblem der Identität sei, trotz verschiedener Einflüsse des Lebens Gleichheit und Kontinuität aufrechtzuerhalten. Dazu muss das Ich subjektives Vertrauen in die eigene Kompetenz aufbauen. In seiner Theorie der Persönlichkeitsentwicklung ist das Finden der Identität Teil der Krise der Adoleszenz. In dieser Phase werden entscheidende Facetten des Selbstkonzeptes aufgebaut. Kommt es hier zu Unausgewogenheiten und Unverträglichkeiten, so spricht ERIKSON von der Rollendiffusion.

---

80 Zwei Beispiele: THOMAS, WILLIAM I. & ZNANIECKI, FLORIAN (1958): The Polish Peasant in Europe and America. Vol. I and Vol. II. New York: Dover Publications. WHYTE, WILLIAM F. (1996): Die Street Corner Society: die Sozialstruktur eines Italienerviertels. Berlin: de Gruyter.

In Zeiten sozialer und wirtschaftlicher Unsicherheit scheint das von ERIKSON favorisierte Sich-Festlegen (Achievement) auf eine selbst erarbeitete Identität nicht mehr so funktional zu sein. Stattdessen finden – angelehnt an JAMES E. MARCIA – folgende Kriterien im Umgang mit der Identität mehr Anklang:
- das Offenhalten der eigenen Identität (Diffusion),
- die Übernahme von Traditionen (Foreclosure) und
- das Neu-Infragestellen bereits getroffener Festlegungen (Moratorium) (vgl. KEUPP et al. 2006a, 80ff; 118).

KARL HAUßER (vgl. 1997) widmet sich ERIKSON und der Selbstkonzeptforschung. Er begreift Identität als einen selbstreflexiven Prozess des Individuums. Eine Person stellt Identität her, wenn sie innere, äußere, aktuelle oder erinnerte Erfahrungen über eine Situation hinaus verarbeitet und generalisiert. Dabei spezifiziert er die allgemeine Triade psychischer Funktionen auf die eigenen Fähigkeiten als Identitätsgegenstand. So entwickelt er die Triade der fähigkeitsbezogenen Identität:
(a) Das Fähigkeits-Selbstkonzept ist die kognitive Komponente und referiert auf die Fragen: wer, was, wie bin ich?
(b) Das Fähigkeits-Selbstwertgefühl ist die emotionale Komponente. Es entwickelt, stabilisiert und verändert sich durch Verdichtung von Selbstwahrnehmung und Bewertung einzelner Aspekte des Selbstkonzepts.
(c) Die motivationale Komponente der Identität ist die Fähigkeits-Kontrollüberzeugung. Die beiden Pole sind einerseits die Haltung, dass ich eine Situation gestalten kann, und andererseits die Haltung, dass ich meiner Lage vollkommen ausgeliefert bin (vgl. HAUßER 1997, 127f).

Die meisten der genannten Konzepte gehen davon aus, dass sich Identität besonders von der Kindheit bis zur Adoleszenz entwickelt und als stabile Größe bestehen bleibt. Dagegen geht das *Modell der alltäglichen Identitätsarbeit* (vgl. KEUPP et al. 2006a; STRAUS & HÖFER 1997) davon aus, dass Identität ein *lebenslanger Prozess* ist. Auch bietet KEUPP in Bezug auf frühere Identitätskonzepte heterogene Diskurse und Typologien an.

Identität ist ein retrospektiver und prospektiver Prozess (vgl. KEUPP et al. 2006a, 192ff). Des Weiteren wird Identität als Konfliktaushandlung (vgl. ebd. 196f) und Ressourcenarbeit (vgl. ebd. 198ff) beschrieben.

Das Subjekt reflektiert alle sich selbst betreffenden Erfahrungen. Diese führen zu den *situationalen Selbstthematisierungen* und ziehen vier Konstruktionen nach sich:
- *Teilidentitäten* entstehen über die Reflexion situationaler Selbsterfahrungen und deren Integration.
- Das *Identitätsgefühl* entsteht aus den Teilidentitäten und der zunehmenden Generalisierung der Selbstthematisierung (Verdichtung biographischer Erfahrungen und Bewertungen).

- Die *biographische Kernnarration* entsteht ausgehend vom bewussten Teil des Identitätsgefühls und dessen narrativer Verdichtung in der Darstellung der eigenen Person (gegenüber sich selbst und anderen).
- Diese drei Ergebnisse der Identitätsarbeit münden in die *Handlungsfähigkeit*. Sie besteht aus inneren und äußeren Komponenten und bezeichnet die Funktionalität der Identitätsarbeit für das Handeln des Subjekts (vgl. ebd. 217).

Im vorliegenden Interviewmaterial zeigt sich die Relevanz von Erfahrungen vor allem in Kategorien, welche auf die je individuelle Bedeutung der *Erwerbsarbeit* und der *Psychiatrie-Erfahrung* verweisen. Diese beiden Kernpunkte sind entscheidende Identitätsaspekte der Interviewten – die so genannten *Teilidentitäten*. Es gibt fünf zentrale Erfahrungsmodi von Teilidentitäten: Kognitive, soziale, emotionale, körper-orientierte und produktorientierte Standards (vgl. ebd. 219). Zwischen diesen sind Ambivalenzen möglich, womit erneut die Prozesshaftigkeit der Identität betont wird.

Zusätzlich werden im individuellen Tätigsein der Freiwilligenarbeit unterschiedliche Strategien und Funktionen sichtbar, die ihrerseits wieder mit Aspekten der Identität korrespondieren. Sie werden abschließend als *identitätsrelevante Aspekte der Freiwilligenarbeit* der Interviewten dargestellt.

3.3 Teilidentität Erwerbsarbeit

Alle Befragten sind oder waren erwerbstätig (vgl. C 2.1). Fast alle Interviewten thematisieren von sich aus ihre Teilidentität als Erwerbstätige/r, obgleich mein Fokus und Erzählstimulus auf dem Thema Freiwilligenarbeit und daneben auf der Psychiatrie-Erfahrung lag.

„Die Betrachtung von Arbeit – und im engeren Sinne Erwerbsarbeit – als zentralen, wenn nicht wesentlichsten Stützpfeiler von Identität war ein über lange Zeit unhinterfragter Konsens der Leistungsgesellschaft" (Keupp et al. 2006a, 111).

Trotz – oder gerade wegen – steigender Erwerbslosigkeit ist das Thema Erwerbsarbeit weiterhin prägend für die Identität jedes Menschen (vgl. A 1.1; 1.2).

Zunächst werden allgemeine Bedeutungen und Erfahrungen der Interviewten in Bezug auf Erwerbsarbeit beschrieben (vgl. C 3.2.1).

Anschließend habe ich die Interviewten in zwei Gruppen unterteilt: Personen, die mit dem Erwerbsleben abgeschlossen haben und berentet sind (vgl. C 3.2.2), sowie Personen, die noch oder teilweise erwerbstätig, noch nicht berentet sind bzw. wieder erwerbstätig sein wollen (vgl. C 3.2.3).

Schließlich wird dargestellt, ob und wenn ja welcher Zusammenhang für die Befragten zwischen Erwerbsarbeit und Freiwilligenarbeit besteht (vgl. C 3.2.4).

3.3.1 Allgemeine Bedeutungen und Erfahrungen

Die Sozialisation in der Herkunftsfamilie schließt den Aspekt der Arbeit mit ein. Wie dort Erwerbsarbeit gesehen und gehandhabt wird, prägt in der Regel die Familienmitglieder. Fast alle Interviewten erzählen vom Umgang mit Arbeit in der Familie oder der Art der Erwerbstätigkeit mindestens eines Elternteils, wie zum Beispiel Frau Denk: „Meine Mutter war ne sch also wirklich (-) schwer arbeitende Frau und (-)" (I8 Z. 2262).

Auch die eigene Berufsbiographie ist zentral, etwa eine Arbeit im Ausland ist prägend:

„Ich hab mich damals in K. beworben und dann hat der gsacht: Wir ham auch noch was in Lausanne und. Oder ich hab mich in Lausanne auch beworben und na hat er gsacht: Na gehens doch nach Lausanne, wenn's Lust ham, sie können ja hinterher immer noch (-) zu uns kommen. Und dann gab's halt beides nich mehr ne irgendwann, aber dann hatt ich meine Auslandserfahrung und war happy" (I8 Z. 2270ff).

Auch während des Studiums arbeitet sie, die vorher schon berufstätig war. Es ist ein gewohntes Handeln für sie und sichert ihre Existenz. Allerdings überfordert sie sich damit.

„Und ja und des war halt, also des hat mich unglücklich gemacht, dass ich soviel Zeit auf Arbeit auf arbeiten verwenden musste und dann bin ich (-) also ich glaub Medizin studieren und arbeiten des schaffen nur wenige. Da hat mir auch die Körperkraft nich ausgera- gereicht. Zu mir hat dann ma ne Ältere, äh die hat hier Medizin studiert, […] die hat gsacht: Du du machst den Eindruck (-) die war Bibliotheksaufsicht und ich bin da in die Bibliothek zum Lernen gegangen. Die hat gsacht: du machst den Auf- Eindruck als ob du körperlich überanstrengt bist. Na hab ich gsacht: des bin I a. Und des war ich wirklich über lange Zeit. Und deswegen hab ich des dann auch nimmer geschafft. Des is zum Schluss, also des war zu lang, (-) ich war ausgepowert. Also ich hatte zwar noch den Wunsch aber nich mehr so den eisernen Willen" (I8 Z. 2121ff).

Eine Außenwahrnehmung bestätigt ihre Eigenwahrnehmung der Überarbeitung. Diese negative Folge von Erwerbsarbeit ist mit bedingt durch ihre Funktion der Existenzsicherung. Ihre Überarbeitung bewirkt dann, neben dem Beenden des Studiums ohne Abschluss, dass sie im Anschluss nicht mehr arbeiten kann.

„Ja ne und die Familie also is wirklich (-) erbost auf mich, weil des is auch, also des war mir auch sehr peinlich, meine Mutter. Äh ich hab dann Sozialhilfe beantragt, ich KONnte nicht mehr arbeiten und äh dann hat mich die amtsärztlich untersuchen lassen diese Frau am Sozialamt und die haben mich für ein halbes Jahr arbeitsunfähig geschrieben, es war wirklich so. Und dann is meine (-) und dann hab ich keine Arbeit mehr gekriegt" (I8 Z. 935ff).

Frau Denk kennt negative Folgen von Arbeitslosigkeit aus früherer Zeit. Als sie in einer Wirtschaftskanzlei ihre Stelle verliert und das Sozialamt verzögert Geld auszahlt, verliert sie deshalb beinahe ihre Wohnung. Sie nimmt sich einen Anwalt (sie hat eine Rechtschutzversicherung) und schafft es, ihre Wohnung zu behalten.

Sie hat neben diesen exemplarischen negativen Erfahrungen aber auch positive Assoziationen mit Erwerbsarbeit (Auslandserfahrung, Kontakte).

Bei einigen Interviewten spiegeln sich die positiven Aspekte auch in dem Wunsch wieder, noch erwerbstätig zu sein und trotz fortgeschrittenen Alters und/oder Behinderung noch nicht mit dem Erwerbsleben abschließen zu können oder zu wollen. Frau Fines etwa hat sich mit dem Thema Erwerbsarbeit intensiv auseinandergesetzt und ihr fällt das „Rentnerdasein" nicht leicht, auch wenn sie sich nun darin eingerichtet hat.

Bedingt durch ihre Depressionen kennt sie Zeiten der Arbeitslosigkeit, benennt aber auch allgemeine negative Aspekte der heutigen Erwerbsarbeit.

„Und dann zum Beispiel wo ich auch merk, des is so im Freundeskreis, wo viele verunsichert, des is, dass oft zum Beispiel Arbeitsverträge grade noch Zeitverträge sind. Und dass es ständig, man weiß nicht wies weiter geht. Also, man kann überhaupt kein annähernden Zeitraum mehr überBLICKen, oder so, ja. Dann die, die – (-) bei vielen sind so soziale Kontakte viel schwächer geworden, weil erwartet wird, dass nach´m Arbeitsplatz umgezogen wird, und (-) also die, diese ganzen Bezüge fallen immer mehr auseinander. Und, und der DRUCK im Arbeitsleben (-) muss SCHON ganz schön zugenommen haben. Also, viele erzählen schon, dass sie da nen deutlichen Unterschied merken, die letzten Jahre. (-) [...] dass in der Firma nur noch mit Ellbogen, jeder gegen jeden. Mein Vertrag wird verlängert, deiner nicht. So geht's dann ab, ja. (-) Und des is ja wirklich kein Klima, in dem man LEBEN kann, ja. (-) und des scheint schon also (-) immer mehr Leut auch zu betreffen" (I3 Z. 695ff).

Herr Nick hat persönlich Erfahrung mit den bereits benannten, aktuell veränderten und unsicheren Beschäftigungsstrukturen in Deutschland (vgl. A 1.2).

„So, aber dann kam halt der Vorfall, ich hatte in ner industriellen Buchbinderei gearbeitet, hatte Handwerksbuchbinder gelernt, aber kam in Industriebuchbinder unter wo ich halt mit Maschinen nicht so zurecht kam und (-) ich bin dann gekündigt worden, auch weil allgemein (-) die Produktion da war Unzufriedenheit, da ham viele Leute da was falsch gemacht oder so und (-) die Stimmung war da schlecht gewesen, und so dass dann, dass ich da halt gekündigt wurde und ich hatte halt vorschnell so (-) Arbeit in ner Wirtschaft angenommen, um nicht zu lange arbeitslos zu sein. [...] aber des war dann irgend so n Ausbeuterverhältnis, waren absolut unregelmäßige Arbeitszeiten, [...]. Erst nach n Jahr praktisch später zu kündigen. Des war halt auch insgesamt a schlimmes Lebens- äh inhalt äh abschnitt Lebensabschnitt gewesen, weil des halt wirklich mit Mobbing verbunden war und weil ich da diese Schwäche habe, mich einfach nicht richtig wehren zu können" (I7 Z. 374ff).

Da er schon einmal drei Monate arbeitslos war und die Zeit als sehr lang empfunden hat, wird er diesmal aktiv und geht in einem ihm unbekannten Aushilfsbereich arbeiten. Es fällt ihm schwer und dauert lange Zeit, sich aus diesem ungesunden Arbeitsverhältnis zu lösen. Danach fasst er jedoch erneut

Fuß im Erwerbsleben und bekommt über eine Zeitarbeitsfirma schließlich eine feste Anstellung.

Bisher sehr viel gearbeitet in ihrem Leben hat Frau Seiler, allerdings war neben der Erwerbsarbeit kaum Zeit für soziale Kontakte. Die Erwerbsarbeit hat für sie eine Überlebensfunktion.

„Ununterbrochen, JA. Ich hatt nebenbei meine Heilpraktikerausbildung gemacht (-) da hab ich drei Jahre lang Freitag Samstag Sonntag nach der Arbeit bin ich dann in die Schule gegangen. (-) Ja ich hab schon viel gemacht" (I9 Z. 229ff).

„Nur (-) äh durch des dass ich früher sehr viel gearbeitet hab, also ich hab früher (-) so zwischen 50 und 60 Stunden (-) in der Woche gearbeitet, weil ich hatte noch zwei Lehrlinge, und wir hatten auch sonntags Sprechstunde, ich hab also von Montag bis Freitag in der Praxis auch gewohnt, da war ich gar nicht zuhause, und da hatt ich eben auch keine Freunde, gar nix" (I9 Z. 526ff).

„Wenn ich die Arbeit nicht gehabt hätte vorher (-) ähm (-) wär ich bis heute gar, wär ich jetzt gar nicht so alt geworden wie ich bin. Und des is reiner Selbsterhaltungstrieb" (I9 Z. 889f).

Ihr fällt die Umstellung in die Arbeitslosigkeit extrem schwer, „weil ich des einfach (-) weil wenn man vorher 360 Prozent gearbeitet hat und dann von heut auf morgen (-) auf MINUS 360 kommt, des is ähm (-) des is der Wahnsinn, ne" (I9 Z. 276ff).

Frau Fines formuliert ähnlich, dass sieben freie Tage zuviel des Guten sind (vgl. Portrait).

Die Schwierigkeit, ohne Erwerbsarbeit eine Tagesstruktur aufrecht zu erhalten bzw. sich eine neue aufzubauen, wird deutlich. Fallen feste Strukturen einer vorgegebenen Tätigkeit weg, ist die Eigenleistung des Subjekts gefordert, das jedoch zunächst mit der Verarbeitung des Verlusts zu kämpfen hat. Die Aufgabe früherer Ziele (z.B. Erwerbsarbeit) muss erst bewältigt werden, bevor neue Ziele (z.B. Freiwilligenarbeit) gewählt und aufgebaut werden können.

Damit liegen folgende Dimensionen der allgemeinen Bedeutung von Erwerbsarbeit vor:
- die Sozialisation in der Herkunftsfamilie;
- die eigene Berufsbiographie mit sämtlichen Erfahrungen wie Auslandserfahrung, positiven Zuschreibungen (Kontakt, Tätigsein), aber auch Belastungen (Studium und Beruf; Überarbeitung, Mobbing);
- negativ erlebte Folgen, wenn es einen Bruch in der Erwerbsbiographie gibt (Arbeitslosigkeit), besonders zu viel Zeit, die nicht strukturiert ist und die Verarbeitung des Verlusts der Arbeitstätigkeit;
- die Funktionen von Erwerbsarbeit sind vor allem Existenzsicherung, Kontakte mit anderen und Tätigsein. In einem Fall hat sie sogar Überlebensfunktion.

Zusammengefasst bilden die Aussagen der Interviewten die zunehmend unsichere Beschäftigungslage in Deutschland ab. Gleichzeitig wird die sehr hohe Bedeutungszuschreibung der Erwerbsarbeit sichtbar.

In den folgenden beiden Abschnitten wird die Gesamtgruppe der Interviewten anhand des Kriteriums Erwerbsarbeit und dem Merkmal Berentung – Nicht-Berentung dazu näher beschrieben. Entscheidend ist also, ob der Lebensunterhalt durch eine Rentenzahlung (vgl. 3.2.2) oder über ein anderes Einkommen (vgl. 3.2.3) bestritten wird.

Dabei spielen die Dimensionen (a) Alter und (b) Aussagen und/oder Habitus bezüglich der Berentung bzw. Erwerbslosigkeit eine Rolle – hat sich die/der Interviewte damit abgefunden, dass sie/er berentet ist bzw. welche Bedeutung hat die Erwerbsarbeit?

Es entsteht eine dreidimensionale Matrix mit dem benannten Merkmal und den Dimensionen (vgl. Abb. 20).

3.3.2 Abgeschlossenes Erwerbsleben

Für fünf Personen lässt sich ein Ende des Erwerbslebens aus dem benannten Merkmal ablesen. Die Personen dieser Gruppe sind aus unterschiedlichen Gründen und in verschiedenen Altersstufen berentet. Dabei zeigen sie einen unterschiedlichen Umgang mit dem Rentenstatus.

Frau Becht etwa kann schon seit längeren Jahren nicht mehr arbeiten. „Also I hab bis Ende 88 g´arbeitet, und dann war I krank g´schriebn. Aber I hab die Rente aufgrund organischer Erkrankung bekommen" (I1 Z. 75f). Zum Zeitpunkt des Interviews ist Frau Becht bereits viele Jahre berentet. Sie wirkt auf mich eher älter, als sie tatsächlich ist, und hat den Habitus einer Rentnerin. Auch setzt sie sich nicht mehr mit dem Gedanken auseinander, noch einmal erwerbstätig zu sein und äußert auch nicht den Wunsch oder die Sehnsucht danach. Dieser Teil des Lebens ist für sie abgeschlossen.

Sie ist wegen organischer Erkrankung, Herr Miehl wegen seiner psychischen Erkrankung nicht mehr erwerbsfähig. Auf meine Frage: „Fehlt Ihnen des manchmal auch, dass Sie nicht arbeiten gehen können?" antwortet er sehr entschieden: „NEIN! Ich bin Gott froh, dass I da raus bin (3s)" (I2 Z. 689). Hier wird sehr deutlich, dass er sich durch die Erwerbsarbeit eingeengt fühlt und diese vor allem seine Belastungsgrenzen klar überschreitet (vgl. Portrait C1.2.1; C 3.3.1). Die beiden haben sich klar mit ihrem Rentenstatus abgefunden.

Herr Sohlegang ist aufgrund seines Alters (64 J.) und den körperlichen Erkrankungen berentet, es fällt ihm jedoch schwer, das zu akzeptieren. Er trauert seinem Erwerbsleben als Selbständiger nach, das bei ihm positiv besetzt ist:

„AAH ja, ich bin innerlich total zerrissen, ge. Ich bin innerlich total zerrissen, weil des, des is net diese Erfüllung, des andere is weg, des kann ich net mehr erreichen, da komm ich auch nicht mehr hin, und will auch, hab auch diese gewissen Lethargie schon, und diese gewisse – nja, des Gesundheitsbild is ja net unbedingt ideal. [...] Wenn mer drüber nachdenkt, wie schön des war, ge, des Positive, au wenn mer da verdammt viel gearbeitet hat, des, des war schon hart, des hab I überbrückt, bzw. des hab ich, des hat mer nix ausg´macht, weil des hat sich wieder, des hat sich wieder kompensiert (-) Durch des Positive, sei´s des Materielle oder auch des Soziale, ge" (I5 Z. 582ff).

Bei Herrn Tietz sind die Gründe für die Berentung (Alter, Erkrankung) ähnlich, allerdings wird bei ihm nicht deutlich, wie er mit dem Abschluss der Erwerbstätigkeit umgeht, da er es nicht thematisiert.

Frau Fines ist – trotz ihres jungen Alters (41 J.) – schon längere Zeit berentet und hat sich damit soweit eingerichtet. Es ist ihr sehr schwer gefallen, das Ende ihres Erwerbslebens zu akzeptieren (vgl. Portrait). Ihre Aussagen dazu sind auch ambivalent – vergleichbar mit Frau Denk, die allerdings noch nicht den Status „berentet" hat (vgl. C 3.2.3).

Neben dem Ringen um Akzeptanz, dass das Erwerbsleben beendet ist (Frau Fines, Herr Sohlegang), wird ein weiterer Identitätsprozess sichtbar. Je klarer sich eine Person selbst über das Ende ihres Erwerbslebens ist, desto weniger ist es ein Thema, das in dem Interview überhaupt zur Sprache kommt oder ausführlich verhandelt wird.

Frau Becht etwa hat gern und selbstverständlich gearbeitet, aber da sie seit mehr als 15 Jahre berentet ist, akzeptiert sie ihren Rentenstatus, sie hat kein Bedürfnis, dies zu thematisieren.

Das Ende des Erwerbslebens zu verarbeiten und zu integrieren hängt nicht mit dem Alter zusammen. Diese Bewältigung fällt Herrn Sohlegang ebenso wie Frau Fines schwer. Umgekehrt kann ein Mann im besten Erwerbsalter (Herr Miehl, 44 J.) dies gut bewältigen und für sich annehmen.

3.3.3 Erwerbstätig bzw. auf der Suche nach Erwerbsarbeit

Herr Nick ist angestellt als Produkthelfer in der Kunststoffbranche und arbeitet dort in Früh- und Spätdienst. Dagegen haben Frau Seiler, Herr Polt und Frau Denk keine feste Anstellung, bekommen Arbeitslosengeld (ALG) II und stehen somit dem Arbeitsmarkt generell zur Verfügung. Damit bewegen sie sich auf dem Kontinuum zwischen den beiden Polen Erwerbsarbeit und Berentung näher am Pol Erwerbsarbeit.

Frau Seiler hat einen Minijob in einer Arztpraxis, arbeitet eineinhalb Tagen die Woche und bemüht sich weiter um Arbeit: „Aber jede Bewerbung die ich loslass (3s) zu überqualifiziert, äh keine Ahnung wahrscheinlich is es des Alter (-) aber des sacht ja keiner" (I9 Z. 212f).

Herr Polt arbeitet vier Stunden pro Woche im Zuverdienst in einem Gebrauchtwarenhaus. Ob es noch weiter gehen soll Richtung Erwerbsleben – wenn ja wohin bzw. wenn nein warum – wird von ihm nicht thematisiert.

Frau Denk möchte gerne noch arbeiten und hat über das Arbeitsamt Fortbildungen gemacht. Diese Aussage schränkt sie jedoch später im Interview, auf meine Frage, wie sie ihr Erwerbsleben sieht, wieder ein:

„Also ich merk auch, dass ich äh (-) Lust hab was zu, was zu tun, was zu arbeiten. Ähm ich hab ziemlich viel orthopädische Beschwerden. Ich bin 80% schwerbehindert *(räuspert sich)* und äh könnte gar nicht mehr ganztags arbeiten, aber halbtachs könnt ich schon und also im Büro ne sitzende Tätigkeit" (I8 Z. 63ff).

„Ich seh's als abgeschlossen, weil ähm (-) also wo ich arbeitslos es is (-) es is im letzten Jahr besser geworden, aber (-) Also in der Tagesstätte is eine Frau, die arbeitet jetzt dort als 1-Euro-Job. Die hat n abgeschlossenes Studium. Und ich bin nicht bereit und ein 1-Euro-Job muss man annehmen was die eim anbieten. Und das will ich nicht, also ich will ne Arbeit (-) die ich n bisschen aussuchen kann, die mir gefällt, ich will NICHT irgendeinen Job den ich annehmen muss, weil mir s (-) die mir sonst äh des Arbeitslosengeld kürzen. Und deswegen seh ich eigentlich nur noch ne äh n Minijob als Möglichkeit oder stundenweise" (I8 Z. 1276ff).

Wie bereits erwähnt, sind sich Frau Denk und Frau Fines von ihrer Ambivalenz im Wunsch nach Erwerbstätigkeit sehr ähnlich. Einerseits erkennen beide ihre gesundheitlichen Einschränkungen an und haben teilweise leidvolle Erfahrungen im Erwerbsleben gemacht. Andererseits ist der Wunsch nach Erwerbsfähigkeit und Erwerbstätigkeit sehr groß. Identität als Konfliktaushandlungsprozess wird bei diesen beiden sehr deutlich.

In der folgenden Abbildung (vgl. Abb. 20) werden die Interviewten anhand ihres Einkommens bzw. Leistungsbezugs beschrieben. Dies geschieht im Zusammenhang mit der Bedeutung von Erwerbsarbeit. Diese lässt sich bei der ersten Gruppe (linke Seite der Abb.) neben dem Alter auch daran bemessen, inwiefern sich die betreffende Person mit ihrem Rentenstatus abgefunden hat.

Die andere Gruppe (rechte Seite) ist nicht berentet, wenn auch nur einer zurzeit in Vollzeit erwerbstätig ist. Auch hier ist, neben dem Alter, die Bedeutungszuschreibung der Erwerbsarbeit eine ausschlaggebende Dimension.

Die Darstellung von oben nach unten orientiert sich jeweils an der Dimension, inwiefern die Interviewten ihren Status annehmen können und wollen.

Während Frau Becht und Herr Miehl den Rentenstatus akzeptieren, tut sich Herr Sohlegang – trotz seines Alters und der Erkrankungen damit schwer.

Herr Nick ist erwerbstätig und für Frau Seiler hat Erwerbstätigkeit eine hohe Bedeutung, immerhin ist sie noch in einem Minijob tätig.

Bei Herrn Tietz und Herrn Polt wird die jeweilige Bedeutung des Merkmals (Rente bzw. Erwerbsarbeit) nicht deutlich.

Frau Fines und Frau Denk sind dagegen beide sehr ambivalent. Sie sind noch im Prozess, ob sie ihren Status (Berentung – Nicht-Berentung) so akzeptieren oder nicht.

Abb. 20: Einkommen: Berentung – Nicht-Berentung

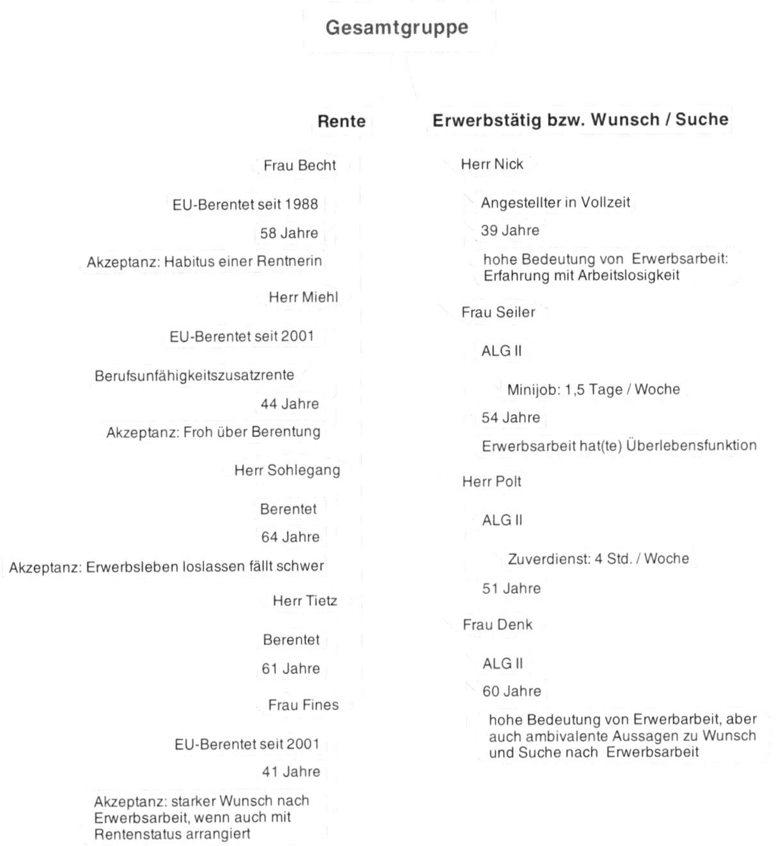

Gesamtgruppe

Rente	Erwerbstätig bzw. Wunsch / Suche
Frau Becht	Herr Nick
EU-Berentet seit 1988	Angestellter in Vollzeit
58 Jahre	39 Jahre
Akzeptanz: Habitus einer Rentnerin	hohe Bedeutung von Erwerbsarbeit: Erfahrung mit Arbeitslosigkeit
Herr Miehl	Frau Seiler
EU-Berentet seit 2001	ALG II
Berufsunfähigkeitszusatzrente	Minijob: 1,5 Tage / Woche
44 Jahre	54 Jahre
Akzeptanz: Froh über Berentung	Erwerbsarbeit hat(te) Überlebensfunktion
Herr Sohlegang	Herr Polt
Berentet	ALG II
64 Jahre	Zuverdienst: 4 Std. / Woche
Akzeptanz: Erwerbsleben loslassen fällt schwer	51 Jahre
Herr Tietz	Frau Denk
Berentet	ALG II
61 Jahre	60 Jahre
Frau Fines	hohe Bedeutung von Erwerbarbeit, aber auch ambivalente Aussagen zu Wunsch und Suche nach Erwerbsarbeit
EU-Berentet seit 2001	
41 Jahre	
Akzeptanz: starker Wunsch nach Erwerbsarbeit, wenn auch mit Rentenstatus arrangiert	

Eigene Darstellung

Beim Vergleich der beiden Gruppen (vgl. Abb. 20) mit den Portrait-Gruppen sind Übereinstimmungen sichtbar.

Frau Becht, Herr Miehl und Herr Sohlegang nehmen ihre Freiwilligenarbeit nach dem Ende des Erwerbslebens und nach ihrer Psychiatrie-Erfahrung (vgl. C 1.2) auf. Frau Seiler, die erst im späteren Lebensabschnitt freiwillig tätig wird, hat noch einen Minijob und ist nicht berentet. Bei den Interviewten, die Freiwilligenarbeit als Lebensbegleiter sehen (vgl. C 1.1), hängen das Engagement und das Ende des Erwerbslebens nicht zusammen (Herr Nick, Frau Fines, Herr Tietz, Frau Denk und Herr Polt).

In den vorliegenden Forschungen (vgl. A 3.1) wird häufig die Aussage getroffen, dass der Zugang zu Freiwilligenarbeit vor allem dann schwierig ist, wenn eine Person arbeitslos wird, die vorher nicht freiwillig tätig war. Dies widerlegen meine Interviewten teilweise. Frau Becht, Herr Miehl, Herr Sohlegang und Frau Seiler gelingt auch nach dem Ende des Erwerbslebens der Zugang zu Freiwilligenarbeit.

3.3.4 Verhältnis Erwerbsarbeit – Freiwilligenarbeit

Eine meiner Forschungsfragen ist, ob Freiwilligenarbeit – kurzfristig oder längerfristig – ähnliche Funktionen wie Erwerbsarbeit haben kann. Zudem ist allen Interviewten das Thema Erwerbsarbeit sehr wichtig.

Deshalb wird im folgenden Abschnitt das Verhältnis der beiden Arbeitsarten zueinander betrachtet. Gibt es inhaltliche Verbindungen, ähnliche Motive oder Handlungen, welche Aussagen treffen die Interviewten?

Folgende drei Punkte sind in Abb. 21 dargestellt.

(a) Eine *inhaltliche Verbindung* zwischen der Erwerbsarbeit und der Freiwilligenarbeit ist bei Frau Fines, Herrn Sohlgang, Herrn Tietz und Herrn Polt deutlich zu erkennen.

Frau Fines verbindet ihre Erwerbsarbeit buchstäblich mit ihrer Freiwilligenarbeit im Büro der Nachbarschaftshilfe. Sie möchte etwas tun um beruflich „drin" zu bleiben, (vgl. Eingangszitat Portrait C 1.1.2), obwohl sie berentet ist. Ihre Ambivalenz dem Erwerbsarbeitsende gegenüber wird hier erneut deutlich.

Herr Sohlgang beschreibt das ähnlich klar und richtiggehend emotional:

„Des hat natürlich, des hat a große Rolle g´spielt. Wenn I da jetzt Branchenfremd g´wesen wär, dann hätt ich bei Tischlein-deck-dich nicht gearbeitet." (I5 Z. 535ff)

„I hab da sowieso kei Angst g´habt, weil des is ja mein Beruf. Jetzt wieder was anfangen, wo mich ja an meinen Beruf erinnert, des is psychologisch auch des Richtige – hab ich für mich gedacht. So, oh, da hab ich wieder mit den Dingen zu tun (-) die mir so Spaß g´macht ham. Da hab I dann Tränen in den Augen, ge." (I5 Z. 717ff)

Ganz ähnlich Herr Tietz, der sein Interesse an Kunst und Bau sowohl mit der Erwerbsarbeit als auch mit einigen seiner freiwilligen Engagements verbinden kann.

Bei den drei Interviewten ersetzt die Freiwilligenarbeit die Erwerbsarbeit.

Herr Polt versteht sich als Literat durch und durch, was an seinem Beruf (Buchhändler) und seinen Freiwilligenarbeiten (Buchhandlung, Lesungen) deutlich wird. Auch in seiner Zuverdienststelle im Gebrauchtwarenhaus ist er für die Bücherabteilung zuständig. Er wirkt damit sehr kohärent in seinen Tätigkeiten.

Da er noch im Zuverdienst tätig ist, kombiniert er diese Erwerbsarbeit mit seiner Freiwilligenarbeit.
(b) Bei Herrn Miehl und Frau Seiler gleichen sich die beiden Arbeitensarten zwar nicht inhaltlich, jedoch entspringt das handwerkliche Tun bei Herrn Miehl sowie das helfende und handwerkliche Tun bei Frau Seiler zum Teil *ähnlichen Handlungen und Motivationen* wie zuvor in ihrer Erwerbsarbeit.
(c) Frau Denk benennt im Eingangszitat ihres Portraits (C 1.1.4) klar die Verbindung zwischen Erwerbsarbeit und Freiwilligenarbeit. Ihr geht es weniger um den Inhalt der Tätigkeit als um das *Tätigsein an sich*. Das Gefühl und die Bedeutung des Tätigseins, „wieder im Arbeitsleben" zu sein, sind hier zentral.

Abb. 21: Verbindung Erwerbsarbeit – Freiwilligenarbeit 1

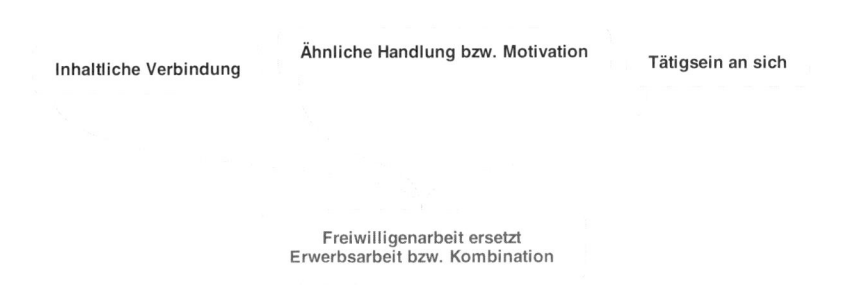

Inhaltliche Verbindung	Ähnliche Handlung bzw. Motivation	Tätigsein an sich

Freiwilligenarbeit ersetzt Erwerbsarbeit bzw. Kombination

Eigene Darstellung

Eine weitere Kategorie beim Vergleich der beiden Arbeitsarten, welche die Interviewten thematisieren, ist der *Druck* (vgl. Abb. 22). Arbeit hat bei den Interviewten zwei Dimensionen, die diese Kategorie näher beschreiben: Existenzsicherung und Leistungserbringung. Diese beiden Dimensionen können durch ihre Funktion bei einer/m ArbeitnehmerIn das Gefühl des Drucks erzeugen, da beide Dimensionen an Erwartungen geknüpft sind, sich selbst und anderen gegenüber (Erwartungsdruck).

Frau Becht sieht einen klaren Unterschied zwischen den beiden Arten der Arbeit:

„Ja, aber (-) Frau Dischler, es is so, wenn I im Berufsleben steh, (-) und I muaß a gewisse Leistung erbringen, is des ganz was anderes, als wia wenn I meine Socken strick. I kann mer des einteilen wia I mog, wenn I die Woch sag I hab jetzt kei Lust, I strick net, dann bin i bei dem Treffen genauso herzlich willkommen, als wenn I zehn Paar Socken abgeb. Ich steh ja unter keinem Druck" (I1 Z. 1147ff).

Sie verspürt also bei ihrer Freiwilligenarbeit, im Gegensatz zur Erwerbsarbeit, wenig Leistungsdruck. Das Ansprechen der Interviewerin mit Namen passiert hier das einzige Mal im ganzen Interviewverlauf und verleiht ihrer Aussage zusätzlich Gewicht.

Dagegen ist bei Herrn Miehl auch in seinen Freiwilligenarbeiten ein gewisser Druck vorhanden. Seine Hausmeistertätigkeit wird ihm nach zwei Monaten zuviel, er muss aufhören. In seiner Funktion als Vorstandsmitglied hat er bei den Vorstandssitzungen und Versammlungen des Q.-Vereins anwesend zu sein. Als er einmal (entschuldigt) von der Mitgliederversammlung fernbleibt, entsteht eine Diskussion, ob das in Ordnung geht (I2 Z. 408ff). Zum anderen ist er durch sein Amt mitverantwortlich für die Situation des Vereins (vgl. Portrait C 1.2.1), auch finanziell, was zusätzlich Druck ausübt. Dennoch kann er den Druck in diesem Zusammenhang meist gut aushalten, er identifiziert sich mit dem Verein und kann sich einbringen.

Bei der Frage an Frau Fines, ob der Einstieg in Freiwilligenarbeit ähnlich schwierig nach einer Psychiatrie-Erfahrung ist wie ins Berufsleben, meint sie

„Also ich fand´s jetzt nich so, weil da nicht dieser, dieser Druck is. Und dieses Bewusstsein, ich mach des heute, und wenn's mir nicht passt, dann hör ich wieder auf. Da is nicht dieses, erstens nix existenzielles dahinter. Und dann auch nicht diese Erwartungshaltung von der ANDeren Seite. Sondern da is ja eher so, dass man sagt, man freut sich über alles was kommt, aber man hat nicht die Erwartung, des und des MUSS kommen, ja" (I3 Z. 904ff).

Hier wird ein weiterer Unterschied zur Erwerbsarbeit benannt. Im Gegensatz dazu ist Freiwilligenarbeit nicht mit Existenzsicherung verbunden. Gleichzeitig unterstreicht dies implizit, dass diese nur geleistet werden kann, wenn die Existenz gesichert ist.

Frau Fines ist damit ähnlicher Meinung wie Frau Becht, allerdings nicht in letzter Konsequenz. Während Frau Becht sich noch willkommen in der Gruppe sieht, auch wenn sie nicht tätig ist, so klingt bei Frau Fines eher das Beenden der Freiwilligenarbeit als Konsequenz an, wenn sie sich dem Erwartungsdruck nicht gewachsen fühlt.

Herr Sohlegang sieht es nahezu als Bedingung an, dass in der Freiwilligenarbeit weniger Druck vorhandenen ist: „Weil dann – wenn ma da schon freiwillig arbeitet, und kriegt no Druck auch, na hat ma da natürlich keine Lust mehr" (I5 Z. 74f).

Abb. 22: Verbindung Erwerbsarbeit – Freiwilligenarbeit 2

```
                    ┌─────────────────────────┐
                    │ Grund für Druck in der Arbeit │
                    └─────────────────────────┘
                       /                \
        ┌──────────────────┐      ┌──────────────────┐
        │ Existenzsicherung │      │ Leistungserbringung │
        └──────────────────┘      └──────────────────┘
              /                              \
   ┌────────────────────┐      ┌──────────────────────────────────┐
   │ Nur bei Erwerbsarbeit │      │ Bei Erwerbsarbeit und Freiwilligenarbeit │
   └────────────────────┘      │ möglich - Wahrnehmung unterschiedlich │
                               └──────────────────────────────────┘
```

Eigene Darstellung

Als weitere Kategorie stellt sich die Frage nach der *Gewichtung* von Freiwilligenarbeit und Erwerbsarbeit *zueinander* – gibt es für die Interviewten Unterschiede zwischen den beiden Arbeitsarten (vgl. Abb. 23)?

Herr Sohlegang meint dazu: „Ja freilig! Des is ganz was anders. Mit Selbstständigkeit, da kann ma seine Fähigkeiten total ausreizen. Total ausreizen, und wo, wo, wo – da is ja nach oben kein Limit, wissen´s" (I5 Z. 550f). Das kann im Umkehrschluss bedeuten, dass man genau das in der Freiwilligenarbeit nicht kann bzw. dass er das nicht kann. Gründe dafür sind seine gesundheitlich Einschränkung und seine Wahrnehmung, dass die Tätigkeiten gewissen Einschränkungen unterliegen. Im Gegensatz zur Selbst-ändigkeit seines eigenen Ladengeschäftes ist er bei Tischlein-deck-dich in einem Rahmen tätig, der von außen bestimmt ist. Andererseits hat er sich in seiner Freiwilligenarbeit so eingesetzt, dass er sich dabei körperlich verletzt hat. Auch wenn er seine Fähigkeiten in seiner Wahrnehmung nicht so ausreizen konnte wie zuvor in der Erwerbsarbeit, fehlte es ihm nicht an Einsatz.

Frau Becht dagegen reizt ihre Fähigkeiten voll aus, in der Handarbeit und auch zeitlich. Sie erweitert diese sogar in ihrer Freiwilligenarbeit, z.B. lernt sie, wie man Kränze bindet.

Für beide – Herrn Sohlgang und Frau Becht – ist also die Dimension des „Gefordert-sein" ausschlaggebend in der Gewichtung der beiden Arbeitsarten.

Für Herrn Nick ist ein Unterschied der beiden Arbeitsarten, dass er sich im freiwilligen Engagement mehr zutraut trotz seiner sozialen Phobie – bspw. eine kurzzeitige In-Gewahrsamnahme, die er gut meistert. Dagegen findet er aus dem Mobbing-Verhältnis seiner Aushilfsarbeit nur schwer einen Weg.

„Also gegenüber Ärger bei anderen Leuten I mein (-) und vor allem des is irgendwie so der krasse Gegensatz zu solchen Polit-Aktionen, und (-) aber da hab ich die einfachsten Dinge nicht zurecht gebracht, nur sehr zaghaft mich dann Mal gewehrt, irgendwas angesprochen, wo was zum Himmel gestunken is, wo ein anderer (-) I würd sagen jeder normale Mensch, der wär dann ausgeflippt oder so. […] Und dann des war halt dann alles nicht der Fall gewesen und (-) als I dann aufhörte, und von selbst gekündigt hatte, des (-) ja (-) da kam ich dann einfach dann erstmal in die Partei gar nicht mehr so richtig rein. […] Und (-) aber (-) mir fiel da der Einst- der Wiedereinstieg in der Partei recht schwer" (I7 Z. 373ff).

Vermuten lässt sich, dass es ihm in einem weniger hierarchischen Rahmen, wie es die Freiwilligenarbeit mit sich bringt, im Gegensatz zur klaren Hierarchisierung in der Erwerbsarbeit leichter fällt, sich durchzusetzen. Außerdem wird deutlich, wie Probleme in der Erwerbsarbeit seinen Einsatz in der Freiwilligenarbeit eingeschränkt haben. Solange in der Erwerbsarbeit alles gut läuft, hat er eher Kapazitäten für freiwilliges Engagement und Aktivismus.

Der gegenseitige Einfluss der Tätigkeiten wird hier als Dimension deutlich. Sie wirkt sich auf das Selbstvertrauen und die Ressourcen einer Person aus.

Herr Nick fasst das Verhältnis Erwerbsarbeit – Freiwilligenarbeit für sich so zusammen:

„Also beides gleichzeitig wichtig, I mein (-) Arbeit is (-) is net bloß ja wie wegen des Verdienst wichtig, sondern (-) weil ich des halt au wichtig finde, dass mer halt (-) halt was arbeitet, dass mer was verdienen soll also, für sich selbst auskommen muss, und (-) hm (-) dass wer imstande is zu arbeiten, wer Arbeit hat, dass der sollte des besser auch, oder […] für mich is es schon also persönlich wichtig, dass I einfach dann so n Unterhalt zu verdienen, ja, wie g´sagt, und (3s) […] Ja, würde sagen, dass I (-) der Stellenwert is ungefähr gleich, also fuffzig zu fuffzig Prozent mal so ungefähr. (3s) Also I möcht mi net entscheiden müssen, ob I (-) welches (-) wenn I nur eins von beiden Sachen machen könnte, welches I dann nehmen würd" (I7 Z. 669ff).

Für ihn ist die Freiwilligenarbeit ein Lebensbegleiter, interessanterweise formuliert Frau Seiler, die erst spät mit Freiwilligenarbeit beginnt, das ähnlich: „Da seh ich kein – für mich sondern beides fünfzig fünfzig" (I9 Z. 542).

Damit benennen diese beiden die Bedeutung der unterschiedlichen Tätigkeiten zueinander.

Abb. 23: Verbindung Erwerbsarbeit – Freiwilligenarbeit 3

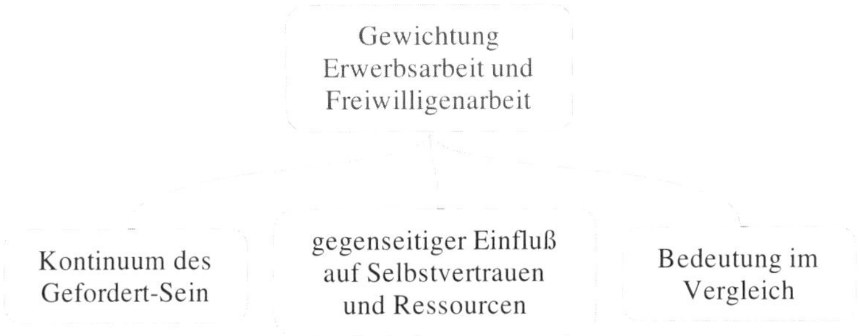

Gewichtung
Erwerbsarbeit und
Freiwilligenarbeit

| Kontinuum des Gefordert-Sein | gegenseitiger Einfluß auf Selbstvertrauen und Ressourcen | Bedeutung im Vergleich |

Eigene Darstellung

Bezogen auf das Verhältnis von Erwerbsarbeit zu Freiwilligenarbeit gibt es zwischen den beiden Portraitgruppen keine markanten Unterschiede.

3.4 Zusammenfassung C 3.3

Es gibt bei den Interviewten verschiedenen Dimensionen der allgemeinen Bedeutung von Erwerbsarbeit: Sozialisation, eigene Berufsbiographie, negative Folgen bei Bruch in der Erwerbstätigkeit und verschiedene Funktionen der Erwerbsarbeit (vgl. C 3.2.1).

Die Interviewten lassen sich anhand des Kriteriums der Erwerbsarbeit und des Merkmals Berentung – Nicht-Berentung in zwei Gruppen einteilen. Die Dimensionen Alter und Aussagen bzw. Habitus bezüglich des Merkmals sind hier bedeutsam. So ensteht eine Gruppe, die überwiegend mit ihrem Erwerbsleben abgeschlossen hat, und eine zweite, bei der weiterhin Erwerbstätigkeit besteht bzw. der Wunsch dazu da ist (vgl. 3.2.2).

Werden die Aussagen der Interviewten zu Erwerbsarbeit und Freiwilligenarbeit gewichtet, so ergeben sich drei Verbindungen. (1) Die erste Verbindung ist entweder im Inhalt bzw. der Handlung der Arbeit und dem Tätigsein an sich zu suchen. (2) Druck, meist in Form von Erwartungsdruck von anderen oder der Person selbst, entsteht häufig in Zusammenhang mit Arbeit. Dabei hat die Erwerbsarbeit die Funktion der Existenzsicherung, während Freiwilligenarbeit vor allem dann ausgeübt wird, wenn die Existenz gesichert ist. Leistungsdruck kann in beiden Arbeitsarten auftreten und wird unterschiedlich wahrgenommen. (3) Die Gewichtung und Bedeutung der beiden Arbeitsarten ist bei den Interviewten unterschiedlich. Die Erwerbsarbeit hat für die meisten Interviewten noch einen wesentlich höheren Stellenwert als die Freiwilligenarbeit. Fast allen fällt es sehr schwer, sich vom Gedanken erwerbstätig sein zu können, zu lösen. Obwohl alle Interviewten Tätigkeiten außerhalb des Lohnsektors kennen – gerade die der ersten Portraitgruppe teilweise fast lebenslang – ist diese Tendenz sehr deutlich. Lediglich Herr Miehl ist froh, dass er nicht mehr erwerbstätig sein muss, und Frau Becht ist schon so lange in Rente, dass dies in ihre Identität integriert ist (vgl. C 3.2.3)

Berufliche Tätigkeit ist also ein wesentlicher Bezugspunkt im Rahmen des Themas Freiwilligenarbeit. Ob diese die identitätsstiftenden Funktionen der Lohnarbeit für die Interviewten teilweise ersetzen kann, werde ich in Abschnitt C 3.4 näher darlegen.

Die Erwerbsverläufe fast aller Interviewten sind individuell und wenig formal. Es lässt sich kein linearer Zusammenhang zwischen Erwerbslosigkeit und Diffusion oder beruflicher Kontinuität und Achievement feststellen (KEUPP et al. 2006a, 120). Die Sinnstiftung oder Sinnfindung ist entscheidend im Tun der Interviewten. Solange die Erwerbsarbeit im Zentrum der gesellschaftlichen Organisation steht, stellt sie weiterhin die wesentliche Schnittstelle für Beteiligung an der Gesellschaft und deren Mitgestaltung dar (vgl. ebd. 123).

3.5 Teilidentität Psychiatrie-Erfahrung

Neben der Erwerbsarbeit betreffen psychische Erkrankungen und deren Folgen die Interviewten und beeinflussen viele Lebensbereiche. Durch diese Relevanz der individuellen Erfahrungen ist damit die Teilidentität Psychiatrie-Erfahrung eine entscheidende Kategorie.

Gleichzeitig haben Interviewte auch Lebensabschnitte ohne Psychiatrie-Erfahrung erlebt, so etwa Frau Denk, die sagt: „Und wissen se ich hatte n langes Leben, also bis 55 ohne Psychiatrie und für mich is des andere des Normale" (I8 Z. 1102f).

Im Gegensatz dazu lebt z.B. Herr Nick seit seiner Jugend mit den Einschränkungen einer sozialen Phobie. Er hat sich damit soweit gut arrangiert – vielleicht auch, weil er es nicht anders kennt und es für ihn ein vertrauter Zustand ist. Das lebenslange Aushandeln seiner Spannungszustände zwischen sozialen Ängsten und dem Wunsch nach Inklusion ist wesentlich für die Ausbildung seiner Identität.

Die zeitliche Dimension der Psychiatrie-Erfahrung im Verhältnis zur Lebenszeit ist bei den Interviewten sehr unterschiedlich und lässt sich anhand eines Kontinuums beschreiben. Herr Nick steht an einem Pol, da er seit jungen Jahren psychische Probleme hat, wohingegen Frau Denk erst seit ca. fünf Jahren mit Depressionen kämpft.

Die Dimension der Einschränkungen oder Krisen aufgrund der psychischen Erkrankung ist dabei individuell unterschiedlich. Herr Nick berichtet von anhaltenden Einschränkungen in seinem sozialen Leben. Frau Seiler oder Frau Denk beschreiben existenzielle Krisen (Suizidgedanken, Suizidversuche). Auch Frau Becht und Herr Miehl kennen durch ihre Psychose-Erlebnisse sehr krisenhafte Lebensphasen. Das Ausmaß und die Art psychischen Leidens werden immer subjektiv erlebt. Menschen haben unterschiedliche Coping-Strategien[81]. Eine Aussage, die eine Wertung abgibt, welche Art oder welcher Umfang einer psychischen Erkrankung nun unangenehmer oder krisenhafter sei, macht damit objektiv keinen Sinn. Anhand der benannten Dimensionen wird das breite Spektrum der Psychiatrie-Erfahrung, ihre möglichen Folgen und der je individuelle Umgang damit abgebildet.

Dieser je spezifische Umgang mit der Psychiatrie-Erfahrung wird von den Interviewten vor allem in Zusammenhang mit Erwerbsarbeit, sozialem Umfeld, Selbstbild und Freiwilligenarbeit beschrieben. So stehen diese Aspekte im Folgenden exemplarisch für alle Lebensbereiche, auf die die Teilidentität Psychiatrie-Erfahrung Auswirkungen hat.

3.5.1 Erwerbsarbeit und Psychiatrie-Erfahrung

Eine psychische Erkrankung bedeutet für den einzelnen Menschen eine erhöhte Belastbarkeit und Anfälligkeit in vielen Lebensbereichen, auch in der Erwerbsarbeit. Eine teils schwankende psychische Stabilität erschwert betroffenen Menschen den Alltag, weil dadurch Leistungsfähigkeit und Wahrnehmung wenig kontinuierlich sind.

In der heutigen Arbeits- und Leistungsgesellschaft treten immer häufiger – ob während der Ausbildung oder später in der Erwerbstätigkeit – Überbelastungen bis hin zu Erschöpfungszuständen durch die Bedingungen der Erwerbsarbeit auf. Wie beschrieben, sind psychische Probleme und Erkrankungen mittlerweile eine der häufigsten Ursache für Fehltage im Erwerbsleben oder frühzeitige Berentung wegen Erwerbsunfähigkeit (vgl. A 2.2).

Frau Becht ist von dem Zusammenhang nicht betroffen, da sie die Psychose nach ihrer Berentung erlebt. Den Gegensatz dazu bildet Herr Nick, der bereits während der Schulzeit mit psychischen Problemen kämpft. Die anderen Interviewten werden während ihres Erwerbslebens psychisch krank, Frau Becht und Herr Nick bilden also die Pole dieses Kontinuums.

Eine *psychische Erkrankung stellt eine Einschränkung* im Leben dar und damit auch im Erwerbsleben eines Menschen. In manchen Fällen ist ein Klinikaufenthalt nötig und die gewohnte Leistungsfähigkeit ist durch die psychische Krise beeinträchtigt oder instabil. Zentral für die Interviewten ist die *Anschlussfähigkeit an das Leben vor der Erkrankung* und damit auch ans Erwerbsleben.

---

81 Coping: bezeichnet die Gesamtheit aller Problemlösungen oder den Anstrengungen dazu, die eine Person unternimmt, um mit einer Lage, die ihre individuellen Anforderungskapazitäten überfordert, zu Recht zu kommen.

Herr Miehl bricht sein Studium wegen erster Anzeichen der psychischen Erkrankung (Konzentrationsstörungen) ab.

„Also und dann (-) bin I dann Taxi g´fahrn. (5s) Ungefähr (5s) hat au während der Studentenzeit viel Freiraum. Danach hab I den nimmer g´habt. Dann hab I wieder Fuß gefasst. Wobei die erste Stelle, die war (-) ziemliche Katastrophe, des war – da hatt ich dann die erste Psychose, des war quasi mündlich. […] (-) Und (-) hab halt immer wieder versucht Fuß zu fassen, nicht so abzudriften, und bin halt immer wieder in die Krankheit rein gekommen. Nach ´m ersten Mal konnt ma des no abhaken als einmalige Angelegenheit, dann hat mer halt wieder normal weiterg´macht. (-) Hab dann relativ schnell wieder a Stelle g´funden. (5s) Ja bis halt 2001, des war dann die vierte Psychose, da hab I dann g´merkt des geht einfach nimmer" (I2 Z. 33fff).

Eine Anstellung haben und arbeiten ist für ihn der übliche Verlauf einer Biographie. Sie bildet den Boden der *Normalität*. Er möchte erneut „Fuß fassen". Eine andere zentrale Funktion der Erwerbsarbeit, die Existenzsicherung, erzeugt auch Druck, wieder arbeiten zu müssen. Schließlich ist Herr Miehl froh, als der Rentenantrag bewilligt wird, weil dadurch dieser Druck wegfällt (vgl. Portrait; C 1.2.1). Sein Beispiel verdeutlicht die Verbindung des Gesundheits-Krankheits-Kontinuums (vgl. A 2.2; ANTONOVSKY 1981; 1997) mit der Erwerbsfähigkeit. Er hat den Willen zu arbeiten, wird aber immer wieder krank. Die wiederholte Arbeitsaufnahme nach den psychischen Krisen ist ein Mitauslöser für die psychotischen Folgeerkrankungen. Es ist eine Steigerung in Zeitfrequenz und Heftigkeit der Erkrankung zu sehen, bis er schließlich erwerbsunfähig berentet wird. Auch wenn es ihm psychisch nicht besser geht, ist seit der Berentung zumindest der Druck zur Existenzsicherung verschwunden.

Die Erwerbsfähigkeit hängt also klar mit der Gesundheit eines Menschen zusammen. Der Druck, durch Arbeit und Geldverdienen seine Existenz zu sichern, kann durch staatliche Sicherungssysteme teilweise kompensiert werden. Dies ist dann notwendig, wenn die Gesundheit eines Menschen durch Erwerbsarbeit gefährdet ist oder er wegen gesundheitlichen Einschränkungen (vorübergehend) nicht mehr erwerbsfähig ist.

Bei Frau Fines spielt die *Existenzsicherung* eine entscheidende Rolle in ihrem Leben.

„Des war ne sehr schwierige Zeit. Ich hab direkt nach dem Abitur geheiratet, und dann hab ich mit dem Psychologiestudium angefangen, und dann ging diese Beziehung auseinander. (-) Und dann hab ich unbedingt Geld gebraucht, dann hab ich s arbeiten angefangen. Und hab halt immer noch versucht des Studium nebenher irgendwie auf die Reihe zu kriegen. Und des hat sich dann aber als unrealistisch rausgestellt, also des hab ich knapp vor dem Schluss aufgehört" (I3 Z. 292ff).

Bereits vor ihrer Psychiatrie-Erfahrung gibt sie ein Ziel (Studienabschluss) zugunsten des Geldverdienens auf. Nach ihrer depressiven Erkrankung nutzt sie unter anderem auch das Hilfesystem, um beruflich wieder Fuß zu fassen.

„Ja, danach auch, es immer wieder versucht. Also ich hab dann noch gearbeitet, dann hab ich – teilweise war ich arbeitslos, dann hab ich Fortbildungen gemacht übers Arbeitsamt. Dann hab ich noch mal Studium angefangen, hab noch mal studiert. Des mit dem Abschluss hat dann nicht geklappt, weil ich da keine Kapazität hatte" (I3 Z. 257ff).

„Also ich hab, ich hab versucht ne Teilzeitstelle zu finden, hab in einem Jahr über 100 Bewerbungen geschrieben, mich – telefoniert, vorgestellt. (-) Keine Chance auf nen Job. Und des liegt aber nicht an irgend´ner Erkrankung oder sonst was, sondern des war so´n 400 Euro Job, wo ich mich beworben hab. Die ham mir dann gesagt, im Augenblick bewerben sich über 200 Leute auf EINE Stelle" (I3 Z. 1013ff).

Nach einer psychischen Krise wieder eine Stelle zu finden, ist wegen des Bruchs im Lebenslauf oft sehr schwer. Eine weitere Hürde auf dem aktuellen Arbeitsmarkt ist, dass es in manchen Branchen wenig offene Arbeitsstellen gibt.

Die zentrale Kategorie bis hierher ist der „Anschluss an das Leben vor der Krise". Dimensionen sind Normalität, Existenzsicherung und Folgen psychischer Erkrankung in der Erwerbsarbeit. Der Bruch markiert meist auch den Lebenslauf. Ohne die Krise wären die Menschen vermutlich einfach bei ihrer Anstellung geblieben.

Der Bruch aufgrund der Psychiatrie-Erfahrung zieht also meist den Verlust der Erwerbsarbeit, manchmal sogar die Berentung wegen Erwerbsunfähigkeit nach sich. Dann kann an das Leben vor der Krise nicht ohne weiteres angeschlossen werden. Die folgende Abbildung verdeutlicht diesen Zusammenhang (Abb. 24).

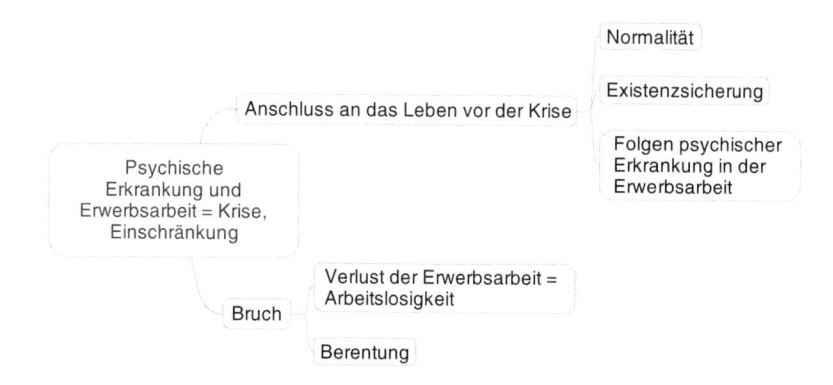

Abb. 24: Psychiatrie-Erfahrung und Erwerbsarbeit

```
                                                    Normalität

                  ┌ Anschluss an das Leben vor der Krise
                  │                                 Existenzsicherung
  Psychische      │
  Erkrankung und  │                                 Folgen psychischer
  Erwerbsarbeit = Krise,                            Erkrankung in der
  Einschränkung                                     Erwerbsarbeit

                  │      Verlust der Erwerbsarbeit =
                  │      Arbeitslosigkeit
                  └ Bruch

                         Berentung
```

Eigene Darstellung

Die Berentung birgt weitere Probleme, die bewältigt werden müssen.

„Hm. (-) Also es is ne Entlastung (-) weil dieser Druck Geld äh ranzuschaffen einfach wegfällt, ja. Dann fallen viele Problemwelten, die sich durchs Arbeitsleben ergeben einfach weg, ja. (-) Ähm (3) auf der anderen Seite war's für mich SEHR sehr schwer, weil ich immer SEHR gern gearbeitet hab, und ähm (-) also Arbeit is ja nich nur, um Geld zu verdienen sondern es hat ja viele andere Aspekte einfach. Ja. Und ich hab mir des überhaupt nicht vorstellen können. Ich wollte des eigentlich von mir aus nich. (3) Aber (-) also, JETZT (-) hab ich mich sehr gut eingerichtet in meim Rentnerdasein. Also ich mach viel an der Volkshochschule, viel Kurse und so was. Und hab also mir mein Leben (-) eigentlich komplett um- umgestaltet, ja. (-) Und des is erstmal sehr sehr schwer für mich (-)" (I3 Z. 316ff).

Die Bewältigung des Verlusts des Erwerbslebens ist nicht einfach. Neben dieser muss der betroffene Mensch seine Ziele im Zusammenhang mit der Erwerbsarbeit aufgeben. Erst die eigene und soziale Anerkennung der Erwerbsunfähigkeit ermöglicht einen Aufbau von neuen Zielen.

Herr Sohlegang wird in seiner zweiten Lebenshälfte suchtkrank. Das Ende des Obst- und Gemüseladens, seiner selbständigen Erwerbsarbeit, trägt wesentlich dazu bei.

„Wo mer gewisse Schicksalsschläge hinnehmen hat müssen, wo mer dann in den Alkohol reingerutscht is, ge. Ich hab des au wieder g´sehn, so peu a peu, ach ja, was san den drei vier halbe Bier, und auf einmal warn fünfe weg, ge, aber über den ganzen Tag. Bis abends, wo mer dann heimg´ganga is. Um fünfe hab I der Wirtin g´sagt, I drink jetzt drei, drei Überkinger, drei Wasser. Vorher hab I nie angefangen, dann hab I meine Kreuzworträtsel g´macht. Und dann am dritten Tag hab I g´sagt, ah ja, dann bringst mer halt a Halbe. Und die anderen, die von der

Arbeit g´kommen sind, die ihre zwei Halbe trinken, und die dann aber wieder g´ganga sind. Aber I bin halt um elfe no dag´sessen, ge. Hab ja nix g´habt, so (3s) zum Karten spielen g´ganga. Da bin I halt dann abg´rutscht, und so weiter. A richtige Bindung hab I au net g´habt, des G´schäft war dann weg au, und da war der Lebenssinn halt au weg, und, äh mit der Flasche (??) und au unter´m Tag net da, die san alle unterwegs (-) keine Chance mehr" (I5 Z. 859ff).

Da er keine Bindung und Arbeit mehr hat, sieht er keinen Sinn mehr in seinem Leben. Diese Leere füllt er mit Alkohol. Seine Erkrankung hängt sichtbar mit dem Verlust der Erwerbsarbeit zusammen und hat auch Einfluss auf sein Selbstbild (vgl. C 3.3.3).

Herr Tietz arbeitet 25 Jahre bei der Schlösserverwaltung und hält am Ende den „Bürokratismus" nicht mehr aus (vgl. Portrait; C 1.1.3). Ein Aufstieg in der Arbeits-hierarchie bleibt ihm, so vermutet er, wegen einiger Erkrankungen und seiner offenen Meinungsäußerungen verwehrt. Bei ihm zeigen sich unter Umständen *Folgen psychischer Erkrankung in der Erwerbstätigkeit*. Er weiß nicht, weswegen er für einen beruflichen Aufstieg nicht mehr tauglich war. Es kann an Folgen seiner Erkrankung gelegen haben (Fehltage). Deutlich wird, dass er einerseits gerne mit einem eigenen Projekt weitergearbeitet hätte, andererseits von den Abläufen und der Hierarchie genervt war.

Was das Thema der Stigmatisierung durch die Psychiatrie-Erfahrung angeht, wird Herr Sohlegang deutlich. Er meint, dass ein Einstieg ins Berufsleben nach einer Psychiatrie-Erfahrung schwierig ist.

„Ja, des is insofern schwierig, weil die, die NICHT in diesem, äh die des nicht durchgemacht haben, die ham ja Vorbehalte, da wird man ja mit Vorbehalt betrachtet. Ah ja, der war in der Klapsmühle, und so, des – da is mer stigmatisiert, zum Teil. [...] Ansonsten, ansonsten, des is halt schwierig, diese Vorbehalte, der war in der Klapsmühle und so weiter, dieses Denken und so. (-) Da hat mer scho viel Vorbehalte, wenn ma net wieder in den Kreis wieder aufgenommen wird, wo mer ja vorher auch war, die einen wieder akzeptieren. Wo´s halt nicht unbedingt äh, ein Vorsatz war, dahin zu kommen. Wo mer gewisse Schicksalsschläge hinnehmen hat müssen, wo mer dann in den Alkohol reingerutscht is, ge" (I5 Z. 847ff).

Erwerbsarbeit bedeutet also vor allem Integration in die Gesellschaft. Diese zentrale Funktion formuliert er hier treffend, auch in Verbindung mit der möglichen Exklusion durch Stigmatisierung (vgl. Eingangszitat Portrait; C 1.2.3).

Sehr eindrücklich beschreibt Frau Fines die Veränderung beim Arbeitstempo nach ihrer Psychiatrie-Erfahrung. Nach einer Psychiatrie-Erfahrung findet mit den Anforderungen der Arbeitswelt ein Suchprozess nach der neuen Passung zwischen der veränderten Leistungsfähigkeit und den Ansprüchen im Erwerbsleben statt.

„Die Schwierigkeit war, (-) für mich hauptsächlich die, dass des was ich gewohnt war, was ich KANN, (-) eben nicht mehr so funktioniert hat, wie ich´s gewohnt war. Des heißt, dass ich (-) viel weniger belastbar war. Des heißt, dass ich für

Arbeitsabläufe MEHR Zeit einplanen musste, auf einmal. Des heißt, dass mir, wenn ich nen schlechten Tag hatte, und mich nicht konzentrieren konnte, Fehler passiert sind, die (-) mir vorher NIE passiert sind. Und – da is ne Schwierigkeit selber überhaupt sich wieder einzuordnen. (4) Und was dadurch natürlich auch (3) schwierig is – also ich hab halt, ich hab halt zum Beispiel immer leitende Positionen in Büros gehabt. Und dann hab ich, ähm bei dem FTZ, bei dem Frauentherapiezentrum, die ham so nen Büroservice. Die ham so ne Möglichkeit, dass ma n paar Stunden was macht. Des hab ich gemacht, des war´n halt so absolute Aushilfstätigkeiten. Also da war ich (4) für meinen Begriff halt total UNTERfordert, auf der anderen Seite aber auch wieder GEfordert, weil ich die Konzentration nicht aufbringen konnte" (I3 Z. 850ff).

Trotz ihrer Berentung sucht sie weiter nach einem Job, zum Beispiel auf 400 Euro-Basis. Sie ist der Meinung, dass sie mit ihrer psychischen Erkrankung „eigentlich schon relativ offen umgehe. Also ich halt es nicht geheim dass ich krank bin. (-) Es is jetzt nicht so, dass wenn ich mich um eine Arbeitsstelle bewerbe, dass ich denen auf die Nase bind, dass ich psychisch krank bin. Wobei natürlich sofort die Frage kommt, ja warum sind Sie denn in Rente. (-) Und dann sag ich, ich hab ne Stoffwechselerkrankung. (3) Fertig." (I3 Z. 626ff)

Aus Angst vor negativen Zuschreibungen wegen der Psychiatrie-Erfahrung sieht so ihre Strategie aus. Dadurch lebt sie in der Arbeitswelt – wie viele Psychiatrie-Erfahrene – im Widerspruch zwischen dem Wunsch nach offenem Umgang mit der Erkrankung und dem Angeben einer anderen Erkrankung, die gesellschaftlich nicht tabuisiert ist.

Herrn Tietz sammelt bereits in den 1960er Jahren Psychiatrie-Erfahrung und war fast *durchgängig erwerbstätig*. Auch Frau Seiler hat ihr Leben lang gearbeitet und schreibt ihrer kontinuierlichen Erwerbstätigkeit sogar ihr Überleben bis heute zu. Sie ist jünger als Herr Tietz, bewirbt sie sich weiterhin auf Stellen und hofft auf eine Festanstellung, während er das gesetzliche Rentenalter beinahe erreicht hat. Seine Rolle als Erwerbstätiger ist altersbedingt zu Ende.

Ein direkter Zusammenhang zwischen psychischer Erkrankung und Erwerbsarbeit besteht für ihn nicht. Jedoch erzählt er: „ich hatte immer so Depressionen, wollt auch mal vom Gerüst springen, ich hab ja Bauleitung auch gehabt, da musst ich auch immer hochsteigen" (I4 175f). Durch die Arbeitssituation und deren Möglichkeit (hohes Gerüst) war er gefährdet, seine depressiven Gedanken unmittelbar in die Tat umsetzen zu können. Herr Tietz kämpft also früh gegen die Umsetzung der suizidalen Gedanken, was ihm gelingt. Auch erzählt er von manchen schlaflosen Nächten, die das Arbeiten am nächsten Tag erschwert haben.

Zwei Zusammenhänge von Erwerbsarbeit und Psychiatrie-Erfahrung sind deutlich geworden. Ein Mensch kann durch eine psychische Krise (zunächst) aus dem Erwerbsleben herausfallen oder wegen der Bedingungen im Erwerbsleben psychisch erkranken. Zwischen diesen beiden Polen bewegen sich die Einzelnen. In manchen Fällen kann es auch ein Zusammenspiel beider Faktoren sein.

Bei Frau Fines und Herrn Miehl ist die psychische Erkrankung der Auslöser für die Erwerbsunfähigkeit. Umgekehrt ist bei Herrn Sohlegang eher der Verlust des Geschäfts im Zusammenhang mit früheren Verlusten der Familie ein Mit-Auslöser für seine Suchterkrankung. Ein (Wieder-) Einstieg ins Berufsleben nach einer psychischen Erkrankung ist mit viel Passungsarbeit verbunden.

Tritt eine psychische Erkrankung wiederholt auf, besteht die Gefahr einer Chronifi-zierung. Daraus folgt in vielen Fällen eine dauerhafte Erwerbsunfähigkeit (Herr Miehl, Frau Fines, Frau Denk).

Andererseits ist es möglich, mit einer psychischen Erkrankung auf dem ersten Arbeitsmarkt tätig zu bleiben (Herr Nick, Herr Tietz, Frau Seiler).

3.5.2 Psychische Erkrankung und soziale Netzwerke

„Soziale Netzwerke beschreiben den Beziehungsraum, in dem Menschen leben und agieren. Je nach biografischer Lebenslage und Passung finden sich Freundes-, Partner-, Familien-, Arbeits- und die diversen Freizeitnetzwerke in untschiedlichen Konstellationen und Schneidungen. [...] Heute [gibt es] eine Vielzahl unterschiedlichster Netzwerkfigurationen, beispielsweise in Bezug auf die Abgrenzung/Nichtabgrenzung von Lebenswelten; die personelle Überschneidungen (geringe/hohe Multiplexität); das Neben-, Mit- oder Gegeneinander von Teilnetzwerken im biografischen Lebenslauf und die unterschiedlichen räumlichen Dimensionen der Teilnetzwerke" (vgl. STRAUS 2004, 6; Hervorhebungen im Original).

Da sich Identität im Austausch mit der Umwelt ausbildet, sind Reaktionen auf Aussagen und Verhalten eines Menschen entscheidend für sein Selbstbild und seinen Selbstwert. Das soziale Umfeld spielt eine wichtig Rolle. Sehr auffällig ist, dass alle Interviewten keine Kinder und keinen Lebenspartner haben (vgl. C 2.1).

Neben dem Beruf ist die Familie eine wichtige Säule der Identität. Bei den Interviewten kann lediglich der Zusammenhang mit der eigenen Herkunftsfamilie betrachtet werden, sofern Erzählungen dazu vorliegen. Wesentlich mitentscheidend ist das sonstige soziale Umfeld – neben der Familie also Freunde, Bekannte, alle Menschen, die einer Person im Alltag begegnen (z.B. Wohnumfeld), ebenso professionelle Netzwerke.

Wie die folgenden Beispiele und Aussagen der Interviewten zeigen, kann der soziale Kontakt als Belastung oder Unterstützung erlebt werden – dies ist wiederum abhängig von verschiedenen Dimensionen (Phase der Erkrankung, aber auch unterschiedliche Kontakte: Familie, Wohnumfeld, Selbsthilfe, Netzwerke).

Im *Kontakt mit anderen Personen* wird teilweise eine Wertung und Unterscheidung vorgenommen, wenn auch gleichzeitig relativiert wird.

„Dann kommt's natürlich unheimlich drauf an, mit WEM man zu tun hat. Es gibt Leute, die von ihrer Bildung und so und von ihren Erfahrungen, des einordnen können, und dann gibt's die, die eigentlich NUR Vorurteile ham. (3) Des kann man vielleicht nicht so pauschal beantworten. Aber es ist auf jeden Fall schwierig, also schwierig is es. Und man muss sich schon auch Gedanken machen, WIE viel erzähl ich WEM. Also." (I3 Z. 633ff)

„Aber ich muss ehrlich sagen, also bevor ich (-) selber krank geworden bin, kam ich da mit dem Umfeld in Berührung, und da hat ich auch nicht, (-) da hab ich auch nichts gewusst." (I3 Z. 652ff)

Kritisch wird der Umgang und die Auslegung von Krankheitsbegriffen betrachtet.

„Und was ich zum Beispiel auch feststelle, also wenn man zum Beispiel sagt man hat ne Depression – also Depression, des is ein Begriff, der hat eine BANDbreite, des is unglaublich. Der eine versteht unter depressiv, wenn er mal nen schlechten Tag hat, und schlecht aufgelegt ist und des is seine Vorstellung von einem, der depreSSIV ist. Aber dass, diese KRANKHEIT, wie die ausschaut, (-) dass des WELTEN sind, ja, also des kann man überhaupt nicht eigentlich unter einem Begriff abspeichern. (-) Äh, da, da sind halt dann auch riesige Missverständnisse einfach da." (I3 Z. 711ff)

Von außen ist eine psychische Erkrankung nicht sichtbar. Es müssen jedoch meist kontinuierlich verschiedene innere Spannungszustände verhandelt werden, was eine Einschränkung für die Person bedeutet. Aus diesem Grund sind *soziale Situationen* für Psychiatrie-Erfahrene manchmal eine zusätzliche *Belastung*, oft schwer auszuhalten oder zu bewältigen.

„Ja. (-) Ne soziale Phobie, des is oft des Problem, wenn ich sonst so irgendwie in die Gesellschaft nei geh, so dass ich mich da jetzt richtig da zu Wort melden oder so (-) I hab Angst, dass I mi da irgendwie blamier oder so." [Mhm.] „Ob hängt mir des Hemd raus oder is die Hose kaputt oder stehen die Haare wirr oder (-) also wirklich so alptraumhafte Vorstellungen und dass (-) und wenn ich was sage, vielleicht klingt des ja total lächerlich oder blödsinnig oder (-) nja, is halt so (-) ich bin sonst auch überhaupt auch im Umweltverein gut da bin ich sonst natürlich au generell als Ruhiger bekannt. (-) Oder ja (4s) also echt scheu oder so (5s)" (I7 Z. 484ff).

In akuten Krankheitsphasen ist es zudem schwierig, *überhaupt Kontakt* zu anderen Menschen *aufzunehmen*.

„Also was mir schon aufgefallen ist, des is ähm, (-) also in den Zeiten wo´s mir so richtig schlecht gegangen is, da is me ja irgendwie n ganz anderer Mensch. Also ich hab überhaupt nicht mehr geredet, ich bin nicht mehr auf Leute zugegangen, hab mich eigentlich so richtig vergraben. (-) Und ich hab gemerkt dass meine, meine Umwelt damit überhaupt nicht zurecht kommt. Weil die mich ganz anders gewöhnt waren. Und (räuspert sich) ähm (4) ja die, die wussten nicht, wie sie mit mir UMgehen sollen. Und des macht des ganze halt noch schwieriger, weil dann is jeder unsicher und (-) und ähm (5). Also ich denk mir, dass da einfach noch VIEL Aufklärungsarbeit notwendig wäre, was psychische Erkrankungen anbelangt. Und was ich so lese in den Zeitungen, is ja grad in den letzen Jahren, die psychischen Erkrankungen sind SPRUNGhaft nach oben gegangen. Ich glaub auch, dass mit der wirtschaftlichen Lage und mit allem des eher noch zunehmen WIRD. Und ähm (-) des wird (-) immer mehr Leute betreffen einfach, ja" (I3 Z. 663ff).

Neben der Unsicherheit auf beiden Seiten sind in ihren Augen auch die gesellschaftlichen Rahmenbedingungen schwierig. Frau Fines sieht einen deutlichen Zusammenhang zwischen der Individualisierung im globalisierten Kapitalismus und der steigenden Anzahl psychischer Erkrankungen und wünscht sich mehr Aufklärungsarbeit über psychische Krankheiten. Das Unverständnis anderer Menschen spürt sie deutlich.

„Bei mir is oft des Problem, dass die Leute überhaupt nicht verstehen, warum ich berentet bin. [...] dann versuch ich des halt – wenn's mir des wert ist – klar zu stellen, dass es eben (-) erstens Mal zeitlich bei mir eingeschränkt ist, wo ich was machen kann und dass des n GRUND hat, warum ich in Rente bin" (I3 Z. 780ff).

„Und ich muss mich rechtfertigen warum ich in Rente bin, ich muss mich rechtfertigen, (-) warum ich jetzt äh n studium generale mir leisten kann. Und, aber, so is des ne ganz komische Ebene, auf der sich des da abspielt" (I3 Z. 803ff).

Manche Interviewte haben *kein soziales Umfeld* oder die *Familie* hat große *Schwierigkeiten im Umgang* mit der psychischen Erkrankung. Beides ist nicht förderlich für die psychische Gesundheit.

„Und ne und was ich auch denk also durch meine psychin- psychische psychischen Probleme wo ich die Depressionen hatte da bin ich hier gesessen die Wohnung war (-) eingestaubt, also dick, monatelang, ich hab nur noch n Fernsehknopf betäticht und halt des ALLERnötigste das ich's tägliche Leben aufrecht erhalten konnte und des war auch weil ich so allein war also da kam niemand. Ich hab keine Angehörigen in L. [mh] und die wollten auch nich gerne viel Kontakt haben mit jemand der so abgesackt is ja" (I8 Z. 169ff).

Das *soziale Umfeld* kann aber auch Verständnis zeigen und *Unterstützung* bieten. Ganz häufig passiert dies durch die Herkunftsfamilie (Frau Fines, Herr Miehl, Herr Tietz). Für die Interviewten, bei denen keiner der Herkunftsfamilie mehr lebt (Frau Becht, Herr Sohlgang, Herr Polt) oder nur wenig bzw. belastender Kontakt besteht (Frau Seiler, Frau Denk), kann dieser Umstand dagegen zusätzlich destabilisierend wirken.

Unterstützung und Verständnis können auch Bekannte oder Freunde geben, wie beispielsweise bei Herrn Polt: „die Leit sagen au, dass du trunka hast des is, des is durchaus verständlich. Des sag´n au Leit, die normal san, ja doch es gibt kei Sünden" (I6 Z. 456ff). Zugleich nimmt das Umfeld manche Frühwarnzeichen nicht wahr oder beachtet sie nicht. „Ja I hab au, hat au keiner was g´sagt, wenn I was trunken g´habt hab, dann bin I erst furt g´ganga. [...] Aber so kann I mi net erinnern, dass – mei Mutter g´sagt hat, du Heinz, I moan, du trinkst zur Zeit recht vui" (I6 Z. 537f).

Die beiden suchtkranken Männer sind durch ihre Erkrankung im gesellschaftlichen Leben enorm eingeschränkt, etwa beim Einkauf oder in Restaurants, da hier immer „Gefahr" in Form von Alkohol droht.

„Des G´fühl des kommt innerhalb von von fünf Sekunden, kommt, des haut ein um. Einfach, des is ein Griff, wo mer vielleicht gar net bewusst is, und (-) na des is scho so dass I beim Lidl einfach vorbei geh und schau nach links rüber, ge des is. Inzwischen hab I mir´s o´g´wöhnt, dass I glei gar nimmer rüber schau" (I6 Z. 542).

Die *Vermeidung von belastenden Situationen* kann zum sozialen Rückzug beitragen und die gesellschaftliche Exklusion fördern.

Je nach *Wohnumfeld* muss sich die/der Einzelne überlegen, wie oder ob die Psychiatrie-Erfahrung eine Rolle spielt.

„Und zum Beispiel auch hier im Haus, hier wohnen neun Parteien, ja, die wissen NATÜRLICH dass ich in Rente bin, is auch klar weil ich jeden Tag daheim bin, ne. Aber (-) da hab ich halt ne Stoffwechselerkrankung, und damit is jeder zufrieden und somit (-) leb ich am besten, weil (4) wie gesagt, andere Sachen dann gar keine Rolle spielen, ja" (I3 Z. 639ff).

Das Wohnumfeld Stadt oder Land kann ausschlaggebend sein. Auf dem Land funktioniert die Kommunikation meist anders, da sich die Menschen eher kennen.

„Hat sich rum gesprochen. Der der frühere Pfarrer wußt es auch. Da war I im Krankenhaus, ja die Sekretärin fing dann an zu flüstern. Sind ja alles so Spießer, die die die Seidenmalerei macht, und für (??) fahren. (-) die meisten sind ja ziemliche Spießer. (4s) [...] wenn wirklich einer mal krank war, wurde so geflüstert (4s) Richtiges Spießervölkchen hier. [...] Ja, wissen eh ne ganze Menge. (-) Aber es gibt halt auch Leute, die waren schon drin und ham wieder Unterschriften g´sammelt für die Psychiatrie. Die meisten wissen des, dass des irgendwie notwendig is, dass jeder weiß, dass jeder, will damit nix zu tun haben, warum ausgerechnet ich. (-) Wenn ich meine Frau schlage, is längst nicht so schlimm, als wenn ich da (-) n Psychiater hab. Des is alles, alles, is doch in Ordnung, wenn ich die schlage. (6s) was hier für n Spießervölkchen lebt (-)" (I4 Z. 876ff).

Das Flüstern weist implizit auf das Tabuthema Krankheit bzw. Psychiatrie hin, Herr Tietz nimmt die Stigmatisierung so auch wahr.

Freundschaften zwischen Psychiatrie-Erfahrenen können angesichts des gegenseitigen Verständnisses für die psychische Erkrankung gut sein. Genauso kann diese *Selbsthilfe* jedoch auch belastend sein.

„Des is alles so a bißl (5s) *(schnauft laut aus)* Freundschaften oder Bekanntschaften mit Psychiatrie-Erfahrenen, des is a großes Problem. (7s) *[Nicht einfach?]* Nicht einfach. (-) Weil jeder seine Probleme und (??) hat. (5s) Jeder seine Empfindlichkeiten. (5s) [...] *[Hat sich für Sie selber was verändert, dass Sie sagen, ähm, (4s) keine Ahnung, sie sind offener oder weniger offen geworden?]* Verschlossener, eher verschlossener. (3s) Eindeutig. (5s) *[Mhm. (-) Können Sie beschreiben, warum? (3s)]* Ja, einfach um mich zu schützen. (7s) Ich erzähl Ihnen ein konkretes Beispiel, dann wird des vielleicht klarer. (3s) Folgendes war: der hat im Büro, im Verein, a super Psychose hing´legt. Und mir ham dann überlegt, der L. und no andere waren a da. Was machen wir mit dem. Dann ham mer a Taxi g´holt, (-) wir wissen uns net anders zu helfen, der (-) den müss´mer nach R.[82] bringen. Vor allem (-) der hat immer geredet davon, wenn mal was is, bringt´s mich da naus, bringt´s mich zum Z. Der is also Privatpatient, da is der Oberarzt, kennen Sie den? Des war a Schuldirektor. (4s) Dann hat des ach (-) Stunden gedauert, (-) Stunden gedauert, bis mer den soweit g´habt ham, dass er nach R. fahrt. (3s) Dann hat er g´sagt, er will net mit m Taxi, sondern mit der S-Bahn fahren. Dann ham mer den zur S-Bahn nausbracht – ein Theater ohne Ende. Des glaubst net. (4s) Und da hab I mir g´schworen, so was mach ich NIE MEHR wieder. NIE MEHR WIEDER. (3s) Dann ham mer den also nach R. nausbracht, nach sechs sieben Stunden, so was. (-) Und hinterher war er uns so böse, dass der heute mit uns kein Wort mehr redet. [...] (3s). Der redt – der schaut mi net a mal mer an. (5s) Da muss ma sich einfach schützen" (I2 Z. 462ff).

Auch zwischen Psychiatrie-Erfahrenen kann der Grat zwischen Hilfe und Zwang schmal sein. Hilfe kann soziale Kontakte belasten, was umgekehrt einen Schutzreflex, wie bei Herrn Miehl, hervorruft – er wird verschlossener statt offener. Auch Herr Tietz erwähnt im Zusammenhang mit Selbsthilfegruppen – die er generell positiv bewertet – dass er es jedoch auch oft als belastend empfindet, die Probleme anderer zu hören.

Kurz möchte ich an dieser Stelle auf die *professionellen Netzwerke* eingehen. Alle Interviewten kennen (sozial-) psychiatrische Institutionen. Die Situation ist dort eine andere als im sozialen Umfeld. Tritt eine Person mit diesen Einrichtungen in Kontakt, dann ist von vornherein klar, dass eine psychische Erkrankung vorliegt. Dieses geteilte Wissen muss daher nicht explizit erklärt werden. Auch ist die Hemmschwelle in diesen Zusammenhängen oft niedriger als im sozialen Umfeld, da professionelle HelferInnen Erfahrung im Bereich der (Sozial-) Psychiatrie haben. In den Interviews wird mehrfach betont, dass ein vernetztes Hilfesystem als gesundheitsfördernd erlebt wird.

„Und (-) äh des sacht die Frau Doktor Schulz auch immer des findet sie irgendwie grandios dass ich immer da (-) dass ich immer da, dass da das muss alles irgendwie zusammenpassen. Also ich hasse des wenn der eine (-) sacht ja des muss ich tun und der andere sacht ja des is ja unmöglich des geht nicht weil (-) also des so kann man ein ein Psychiat- (-) Psychiatrie-Erkrankten Menschen nicht behandeln, des hab ich oft genug in Kliniken gesehen. Ähm wenn dann zum Beispiel Arbeitstherapie oder hm m m (-) Beschäftigungstherapie war, dann kam diese Beschäftigungstherapeutin und dann erzählte die nem Patienten des und des und dann sachte sie, die Patientin, ja der Arzt hatt aber des gesacht. Na hab ich g´sacht ja was is n DES. Des GEHT so net in der Klinik, dass die alle irgendwie GEGENeinander arbeiten. Und drum bin ich da immer sehr (-) drauf erpicht ähm auch die Ergotherapeutin so ein zweimal im Jahr kommt (-) die Betreuerin und die äh Ergotherapeutin und dann setz mer uns alle drei zusammen (-) äh was

---

[82] Psychiatrische Klinik

man noch tun kann oder (-) erWEItern oder was WICHtig is oder was NICHT wichtig is also (3s)" (I9 Z. 1030ff).

Frau Seiler ist dies auch deswegen so wichtig, da sie selbst betont, nicht viele Kontakte zu anderen Menschen zu haben (vgl. Portrait; C 1.2.4).

Alle befragten Psychiatrie-Erfahrenen haben keine Lebenspartner, eigenen Familien und Kinder. Fast alle wohnen allein und berichten von häufig auftretenden Gefühlen der Einsamkeit. Viele haben fast ausschließlich Kontakte in sozialpsychiatrische Netz-werke.

Der Kontakt mit anderen Menschen wird sehr unterschiedlich gestaltet. Freundschaftliche Selbsthilfe, also gegenseitige Hilfe, kann sowohl unterstützen als auch belasten, wenn die krisenhafte Situation der/des Betroffenen auch die/den Helfende/n betrifft, weil die Abgrenzung nicht ausreicht. In verschiedenen Phasen kann es wichtig sein, wenig Kontakte zu haben, um eine Über-forderung zu vermeiden. Dadurch haben viele Interviewte – oft in schmerzhaften Prozessen – sehr gut gelernt, wo die eigenen Grenzen liegen. Dies kann auch ein Vorteil sein, da sie gut erkannt werden. Gleichzeitig kann die Vermeidung von Kontakt wegen akuter Krisen auch zur Isolation beitragen.

Das soziale Umfeld ist je nach Art der Beziehung in Krisenzeiten Unterstützung oder auch Belastung. Das lässt sich in den meisten Fällen gut differenzieren. Wenn allerdings der Kontakt zur Familie belastet ist, birgt eine Distanzhaltung oft zusätzlichen Kraftaufwand, der wiederum belastet.

Das Wohnumfeld ist ein wichtiger Faktor, ob und inwiefern die Psychiatrie-Erfahrung thematisiert wird, ist häufig vom Gesellschaftsbild abhängig. Leider ist psychische Erkrankung weiterhin ein Grund zur Stigmatisierung.

Der Umgang mit der psychischen Erkrankung wirkt sich auf das Selbstbild aus und beeinflusst auch die Selbstsorge. Wie ist es den Interviewten möglich, ein kohärentes Selbst zu entwickeln?

3.5.3 Selbstbild Psychiatrie-Erfahrener

Die Interviewten gehen mit der psychischen Erkrankung, deren Akzeptanz oder Nicht-Akzeptanz als Teil des eigenen Lebens unterschiedlich um. Die Art der Integration der Erkrankung und die Folgen daraus haben Auswirkungen auf das Selbstbild.

Einige haben bereits längere Jahre, manche seit ihrer Jugend oder jungem Erwachsenenalter Psychiatrie-Erfahrung. Für andere dagegen ist ein Leben ohne Psychiatrie „normal" (vgl. oben Frau Denk).

Ausschlaggebend für die Bewältigung einer psychischen Erkrankung kann die Art, die Feststellung und der Umgang mit der *Diagnose* sein.

„Hätt ich damals des Wort gehört, I mein da wär die Klarheit da gewesen, (-) da (-) sonst wär des net immerzu in der Luft rum gegangen, was I wirklich habe, warum reagieren die Leute auf der einen Seite so aber auf der anderen Seite wird immer so getan als wär dann doch nichts, und so dann (-) also I hab mi wirklich jetzt (-) also I hätt beinah nach ner Erklärung geschrieen, oder so, des war halt wirklich (-) eine sehr drückende Situation gewesen, und dann und ich konnte selber Fragen nicht formulieren, was da an mir mit mir los is (-) die ganzen Leut ham immer gesagt, so wie die Eltern auch, ja is doch gar nix, bist halt bisserl zu ruhig, müsstest halt mal mehr reden, aber sonst bist du a netter und lieber Junge oder irgendwie (-) hm und (-) da war der Begriff Soziale Phobie dann schon ne Erleichterung, hm, ein Begriff dass, des lasst sie so ganz einfach verwenden, so als Begründung auch, mag es noch so mehrere Variationen geben, aber des is halt schon mal n Grund und [...] Würd auch am liebsten sagen, des is ja total falsch, des immer so vorzuenthalten (-)" (I7 Z. 895ff).

Eine Diagnose kann den permanenten Zustand der Ungewissheit beenden. Es fühlt sich oft besser an, einen Begriff und eine Erklärung für sein Verhalten zu haben – und eventuell daran zu arbeiten. Allerdings ist nicht jede Diagnose klar oder eindeutig bzw. trifft bei den Betroffenen auf Zustimmung. Sie ist letztendlich immer eine Zuschreibung von außen und benennt einen Krankheitsaspekt, also ein Defizit der Person gegenüber dem „Normalen". In der heutigen Gesellschaft schwingt oft ein „du bist so nicht in Ordnung" mit oder es wird von betroffenen Menschen meist so verstanden. Das Sprichwort „jeder ist seines Glückes Schmied" wird fälschlicherweise auch im Umkehrschluss verstanden, dass jede/r selbstverantwortlich für ihr/sein Schicksal ist.

Auf eine Nachfrage im Gespräch zu ihrer Erkrankung antwortet Frau Seiler nonverbal mit dem Zeigen ihrer Narben an den Armen und sagt:

„Natürlich lauf ich unter diesem (-) Pseudo-Ding und da krieg ich (-) SO einen Hals (-) und zwar (-) is des auch da gibt's ja auch wieder so zwei Unter- äh (-) Selbstbeschädigung (-) bei mir is es SelbstBESTRAFung. Na des is was ganz anderes. [*Okay, mhm.*] Und genau des is es. (-) Also ich hatte (-) wie ich's erste Mal in der Klinik war, 76, da gab's ja dieses (-) Wort Borderline ja überhaupt noch nicht. (-) Und vielleicht kriegen sie's raus, ich hab's auch bei google nich rausgekriegt und zwar lief ich unter damals unter dem griechischen Namen Auto- Au- Autoalgolaknie" (I8 Z. 758).

Frau Seiler betont die Diagnose am Beginn ihrer Erkrankung (Autoalgolaknie; selbstbestrafende Persönlichkeitsstörung), weil sie sich darin wieder findet. Durch die aktuelle Diagnostik – eine Borderline-Persönlichkeitsstörung wegen selbstverletzendem Verhalten – fühlt sie sich nicht in ihrer Person gesehen.

„Des is zwar drum (-) ich weiß auch nicht dieses äh (-) Borderline vor allen Dingen des (-) des kann mer überhaupt irgendwie nicht (-) ich hab da mal nachgelesen und ich (-) hab mich also nie (-) äh mit Büchern also äh der Uli Sachße hat ja n gutes Buch geschrieben über über ähm Borderline (-) ähm ich lese da überhaupt nichts drüber weil des (-) MEINE Krankheit is und ICH eben meine Form hab des so (-) und ich hab einmal da n bisschen beim Uli Sachße na hab I´s Buch zug´schlagen hab g´sagt verGIß es. (-) Is nich meins" (I8 Z. 800ff).

Es gibt unterschiedliche Wege, die Erkrankung – und damit in unserer Gesellschaft vor allem die Diagnose – in die Identität zu integrieren oder auch nicht.

In einem Interview wird ein Weg im Gesprächsverlauf exemplarisch nachvollzogen. Dies wird deutlich in der Annäherung an die Benennung der Erkrankung bis hin zum Begriff „Psychiatrie-Erfahrene". Frau Fines hat am Telefon vor dem Interview erzählt, dass sie Depressionen hatte. Im Interview (I3) beschreibt zunächst, dass sie „seit 93 mit der Krankheit beschäftigt" (Z. 233) ist, erzählt von „langen Krankenhausaufenthalten" (Z. 235), „da hat des angefangen" (Z. 255), und dass sie dann noch einmal „ziemlich schwer krank" (Z. 311) und „aufgrund der Erkrankung" (Z. 351) sehr eingeschränkt ist. Als ich im Interview nachfrage: „Des heißt ihre psychische Erkrankung war da *[Büro Nachbarschaftshilfe; Anmerkung Autorin]* gar nicht (-) bekannt?" (Z. 484), berichtet sie von einem späteren Zeitpunkt, als sie den anderen Freiwilligen in der Nachbarschaftshilfe erzählt, „dass ich mit Depressionen zu tun hatte und so" (Z. 486). Es wird eine deutliche Distanzierung zu ihrer psychischen Erkrankung sichtbar, sie ist erst kaum zu benennen und sie selbst hat keinerlei Einfluss darauf („zu tun hatte"). So drückt sie ihre Handlungsunfähigkeit und den Kontrollverlust gegenüber der Erkrankung aus, die ja auch ein Teil ihrer Person ist. Depressionen haben, vor allem bei schweren Depressionen, die sie erlebt hat, eben diese Auswirkung, dass sich die Betroffene, auch sich selbst und ihren Gefühlen gegenüber, hilflos und ausgeliefert fühlt. Im Laufe des Interviews benutzt sie den Begriff „Psychiatrie-Erfahrene" und schließt sich selbst mit ein.

Eine Identifikation mit anderen Psychiatrie-Erfahrenen kann für die Identität hilfreich sein.

„Glaub jeder Künstler is fast schon Psychiatrie-Erfahren. Die ganzen berühmten, ob des van Gogh o oder Kirchner ob des Bruce oder (??) is in der Psychiatrie gestorben. Ob des Schuhmann, die ganzen Leute halt. Tucholsky hat sich's Leben genommen. Klaus Mann hat sich's Leben genommen (3s)" (I4 Z. 786).

Die psychische Erkrankung kann das Erscheinungsbild einer Person prägen. Sie betrifft viele Lebensbereiche und formt den ganzen Menschen mit, beeinflusst das Innerste des Wesens und wird teilweise im Verhalten sichtbar. Da ich meine InterviewpartnerInnen lediglich einmal getroffen habe, sind meine Eindrücke nur eine Momentaufnahme. Herrn Tietz nahm ich als stimmungsschwankend und emotional wahr. Er schwankte zwischen seiner Leistung, die er extrem definierte, und zugleich seinen Grenzen, die ihm nicht alles möglich machen, was er gerne verwirklichen möchte.

„Ich hab schon irgendwie Sachen geleistet – nicht geschlafen, dann a paar mal ins Puff gegangen, um fünf nach Hause und um acht dann ins Büro. (-) Aber kein Verbrechen begangen. (-) Man kann ja net irgendwelche Freundinnen nachts raus ausm Bett holen, wenn man nicht schlafen kann" (I4 Z. 206ff).

„Aber I muss au aufpassen, I darf net zuviel machen. Und dann helf ich immer viele Leuten, des zieht mi au selber runter. Die ganzen Selbsthilfegruppen is keine tolle Sache, wenn es einem schlecht geht" (I4 Z. 506ff).

Die Autonomie ist ein wesentlicher Bestandteil des Selbstbildes. Gerade Psychiatrie-Erfahrene erleiden immer wieder Kontrollverlust, etwa durch Angstzustände und/oder Wahnvorstellungen. Der größte Eingriff in die Autonomie einer Person ist die *Zwangsbehandlung*.

Herr Miehl ist in Krisensituationen mehrfach selbst ins Krankenhaus gegangen. Bei der Selbsteinweisung behält er die Kontrolle, er schätzt selbst ein, wann er Unterstützung benötigt. Bei der Zwangseinweisung dagegen verliert er komplett die Kontrolle, er wird fremdbestimmt und beschreibt dies sehr eindrücklich. Eine derartige Zwangsmaßnahme hat massive, traumatisierende Auswirkungen auf einen Menschen. In der Klinik wird er „niedergespritzt mit allem was se (-) in der Apotheke hatten" (I2 Z. 740). Der gewaltige Eingriff wird in seiner Sprache deutlich. Er bekommt den Besuch der Richterin nicht mit, die den Beschluss zur Unterbringung[83] veranlasst. Dies widerspricht der gängigen Rechtsnorm und der Menschenwürde – er muss zu seiner Unterbringung selbst befragt werden. Als ich nachfrage, sagt er nur „Nix. Nix. Nix." (I2 Z. 742). Damit ist seine Zwangserfahrung noch nicht beendet. Acht Monate danach – er ist längst zuhause – bekommt er ein Schreiben von der Kfz-Zulassungsstelle, die Zweifel an seiner Fahrtüchtigkeit äußert. Obwohl im Zusammenhang mit seiner Einweisung das Fahren eines Autos keine Rolle gespielt hat, wird ihm sein Führerschein entzogen. Da er eine Medizinisch-Psychologische Untersuchung (MPU) nicht besteht und inzwischen wieder eine Psychose hatte, gibt es im Moment keine Chance, seinen Führerschein wiederzubekommen. Eine weitere MPU wäre möglich, kostet jedoch 350 Euro. Das fehlende Autofahren schränkt seine Autonomie massiv ein. „Ich komm mir vor wie amputiert" (I2 Z. 768).

Gesundheitliche Einschränkungen Psychiatrie-Erfahrener sind oft nicht sichtbar.

„Ich mein, des Problem is oft bei psychisch Kranken, die schaun halt ganz gesund aus. (-) Also (3) man muss ja sogar sagen, sogar Fachleute ham Schwierigkeiten, und brauchen oft lange Zeit, bevor sie überhaupt diagnostizieren können. Des is des und des, oder so, ja" (I3 Z. 809ff).

Die Außensicht unterscheidet sich in diesem Punkt deutlich vom inneren Erleben Psychiatrie-Erfahrener, die schnell an die Grenzen ihrer Belastbarkeit kommen.

„Und des is ja, mir reicht es jetzt zum Beispiel, wenn I a paar Stunden so unterwegs bin, des reicht mir schon, da bin ich schon – da muss I mi nachmittags hinlegen und (-) fertig" (I2 Z. 367ff).

---

83 § 12 PsychKG: Landesgesetz für psychisch kranke Personen; § 70 FGG

„Und was ich immer wieder feststell, zum Beispiel ich bin jetzt am Vormittag bei der, bei der Nachbarschaftshilfe im Büro, (-) und dann komm ich nach Hause, (-) und dann brauch ich fast den ganzen Nachmittag, um mich zu regenerieren. (-) Des sieht keiner. Also man sieht immer nur so (-) kleine Ausschnitte von so nem Leben, wie des eigentlich AUSschaut. Ja. Und äh (3) ja, aber wie gesagt, ich kann des den Leuten nicht verübeln, weil ich hätt mich da auch total verschätzt, bevor ich damit zu tun hatte" (I3 Z. 833ff).

Bei vielen Interviewten sind besonders die sozialpsychiatrischen Netzwerke wichtig, der Rückhalt zu bestimmten Personen (SozialarbeiterIn, PsychiaterIn) wird von fast allen betont. Dabei wird der Blick und die Einschätzung von außen kombiniert mit der eigenen Einschätzung und bekannten Frühwarnzeichen, eine Mischung aus Selbst- und Fremdwahrnehmung. Ausreichender Schlaf ist wichtig. „Ja, mit'm Schlaf muss I halt aufpassen. Das des net z'wenig werd. [...] Also wenn des unter vier Stunden is, dann (-) is Alarm, dann geh I ins Krisenhaus" (I2 Z. 549ff).

Zusätzlich zu der psychischen Erkrankung ist auffällig, dass fast alle Interviewten körperliche und/oder psychosomatische Erkrankungen haben. Diesen Zusammenhang habe ich aufgrund meiner Fragestellung nicht weiter bearbeitet.

Eine Ressource bei allen Interviewten ist die Fähigkeit, die eigenen Grenzen wahrzunehmen, sie anzupassen – etwa in einer Krisenphase – und immer wieder seine Selbstwahrnehmung mit der Wahrnehmung anderer, vertrauter Personen abzugleichen.

Das *Selbstbild* muss mit jeder Erkrankung *immer wieder erneuert* werden, dabei ist auch Anerkennung von außen wichtig.

„Aber zu – also da waren WELTEN zwischen dem was vorher war und was dann mit der Erkrankung auf einmal war. Und des is nich schwierig – äh des is nich einfach, auch für sich selber, (-) des auf die Reihe zu kriegen, weil ähm, (4) des Selbstbild ganz anders auf einmal is, und auch die ANERkennung. Wenn ich erzähl, ich hab heut drei Stunden kuvertiert, dann denkt sich jeder „mein Gott, zu was anderem is se nicht mehr zu gebrauchen". Des is n Unterschied oder, ob ich sag, ich hab heut ne Diplomarbeit abgetippt oder so was. Äh (3) ja also des is schon n Riesenproblem. Und was, das überhaupt n Problem in der Arbeitswelt ist, des is in dem Augenblick wo ich sag ich bin psychisch krank, find ich vielleicht noch in nem sozialen Bereich, die sich da drauf spezialisiert haben drauf, nen Job. Aber im freien Arbeitsmarkt auf KEINEN Fall. Überhaupt keine Chance" (I3 Z. 864ff).

Hier wird der Zusammenhang von Tätigkeit, Selbstbild und Anerkennung deutlich. Der Umgang mit Änderungen (eigene Maßstäbe, Leistungsfähigkeit) fordert die Anpassungsleistung der Person. Menschen verorten sich während oder nach einer psychischen Erkrankung immer wieder neu, oft mit verändertem Leistungsniveau, Können und Fähigkeiten. Durch frühere Erfahrungen und Kenntnisse fühlen sie sich einerseits unterfordert, aufgrund der neuen Situation und den veränderten Fähigkeiten, aber auch sehr herausge-

fordert – es liegen eben Welten zwischen dem Vorher und Nachher einer Erkrankung.
Der Glaube an Gott kann ein Teil des Selbstbildes sein. Was bedeutet das für die befragten Psychiatrie-Erfahrenen?
In jedem Interview taucht Gott in der umgangssprachlichen Verwendung auf – häufig mit den Worten „Gott sei dank", „ach Gott", „lieber Gott", „um Gottes willen" etc. Ein paar Interviewte sprechen darüber hinaus ihr Verhältnis zu Glaube und Kirche an.
Herr Polt ist schon früh bewusst aus der Kirche ausgetreten, da er sie als heuchlerisch empfand („Zauber, Zinnober") und sich nicht vorschreiben lassen wollte, „die Partei mit dem C im Namen" zu wählen. An Gott glaubt er weiterhin. „Also wia g´sagt I hab da gar koane Ängste. Der nimmt mi liebend gern *(lacht)*. Na aber Leit unterdrücken und so was, des is einfach (-)" (I6 Z. 979f). Er geht davon aus, dass seine zunehmend kritische Haltung der Kirche gegenüber von Gott mit der Aufnahme in den Himmel belohnt wird. Hier und im Zitat wird sein Wille zu Autonomie deutlich. Die Unterdrückung von Menschen verschlägt ihm die Sprache. Möglicherweise hat ihm seine freiheitliche Einstellung im Glauben auch bei der Bewältigung seiner Erkrankung geholfen.
Herr Sohlegang erzählt von seiner Operation wegen Darmkrebs:

„Wo (-) wo I g´sagt hab, wo I g´sagt hab, wo I g´sagt hab – mein Gott, hab I g´sagt, I könnt eigentlich an der Himmelstür, an der Himmelstür klopfen, ge. Ich geh von dem aus, dass ich da Einlass krieg. Und äh (lacht) und so hab I g´sagt, ah eigentlich kann I beruhigt (-) äh, entschlafen, oder, wie au immer, ge. Aber (-) I ja, der liebe Gott hat dann doch, vielleicht noch zu früh, vielleicht hier noch a bißl meine Akzente setzen, ge. (lacht) Ich bin so, so (-) I bin eigentlich a Frohnatur, wissen´s. Und äh I brauch aber au positive Reflexe." (I5 Z. 21ff)

Durch sein christlich geprägtes Menschenbild ist er sich sicher, dass er „hier" auf der Erde noch Aufgaben hat. Deshalb darf er noch bleiben und wird nicht von Gott in den Himmel gerufen. Gleichzeitig erwartet und erhofft er sich positive Rückmeldungen von der Umwelt.
Ein entscheidender Punkt für das Selbstbild, der schon mehrfach sichtbar wurde, ist die *Selbstsorge*. Der Umgang mit Frühwarnzeichen ist ein wichtiger Aspekt bei Psychiatrie-Erfahrenen. Ein häufig genanntes Beispiel ist die passende Menge Schlaf. Die Vermeidung bestimmter Fernsehsendungen, die nicht förderlich sind, gehört ebenso in die Selbstsoge (Frau Becht) wie Informationen, die für den Umgang mit der Erkrankung wichtig sind. Ob das über einen Verein geschieht, über professionelle Netzwerke (Sozialpsychiatrische Dienste, Ärzte, Tagesstätten) oder sonstige soziale Kontakte ist eine individuelle Passungsfrage der Interviewten zwischen ihren Bedürfnissen und Ressourcen.
Herr Sohlegang hat etwa aus Selbstsorge seine Freiwilligenarbeit beendet.

„Wissen´s ich bin allein stehend, wenn mir irgend a Finger bricht oder was, dann kann I mi ja net amal waschen oder so. Des is ja des Wesentliche. Drum kann I da nimmer voll reinpowern, ge. Und so als Randfigur, die dann da arbeitet, nix mehr heben kann (-) wurde scho gefragt, wann kimmst denn wieder – na, sag I, des geht nimmer, I kann des nimmer riskieren, erstens hab I (??) des kommt so anfallartig, ge, und, und, und vom Nabelbruch her, und des (??) mir mords die Mannsbilder, und habt´s nix mehr im Kreuz, ge, des is halt des (4s)" (I5 Z. 800ff).

Er kann nicht mehr wie früher aus vollen körperlichen Ressourcen schöpfen. Neben der Selbstsorge klingt auch Resignation an, da er laut seinem Männerbild kein ganzer Mann mehr ist, wenn er nicht zupacken kann. Als Randfigur, wie er sich dann sieht, fühlt er sich nicht mehr wohl.

Die wiederholten Passungsleistungen der Person an veränderte Umstände – im Innen und Außen – sind markant. Eigene Grenzen und Möglichkeiten werden fortlaufend in das Selbstbild integriert, das sich dadurch permanent wandelt. Der Verlust eines entscheidenden Identitätsaspektes (z.B. Erwerbsarbeit) kann zu einer Erkrankung (z.B. Sucht) beitragen und so das Selbstbild verändern.

Zentrale Kategorien, die Einfluss auf das Selbstbild Psychiatrie-Erfahrener haben, sind: (1) die Akzeptanz und der Umgang mit der Erkrankung, dies hängt teilweise mit der Diagnose und den Umständen zusammen, unter denen sie erfahren wurde; (2) signifikant ist das Thema Zwangsbehandlung; (3) gesundheitliche Einschränkung, die im Außen der Person oft nicht sichtbar, für die/den Psychiatrie-Erfahrene/n jedoch sehr spürbar, etwa durch geringe Belastbarkeit, ist, und die Leistungsfähigkeit mindert; (4) Glaube an Gott oder Religiosität allgemein kann, wenn sie positiv erfahren wird, eine Stütze für das Selbstbild sein, auch unabhängig von institutionalisierten Glaubensgemeinschaften; (5) durch die Erfahrungen im Rahmen der psychischen Erkrankung ist der Aspekt der Selbstsorge für viele Interviewte zentral und teilweise selbstverständlich geworden.

Wir haben verschiedene Verbindungen zwischen psychischer Erkrankung und Erwerbsarbeit, sozialen Netzwerken sowie Selbstbild und Selbstsorge gesehen. In welcher Beziehung steht die Psychiatrie-Erfahrung mit den Freiwilligenarbeiten der Interviewten?

3.5.4 Zusammenhang zwischen Psychiatrie-Erfahrung und Freiwilligenarbeit

Frau Denk begründet die *Motivation* zur geplanten Tätigkeit als Seniorenbegleiterin mit ihrer Psychiatrie-Erfahrung und stellt damit für sich einen Bezug her.

„Ich denk dass viele alten Menschen auch allein sind und dass des schon was ausmacht wenn jemand regelmäßig kommt und ma vielleicht auch mal sacht ja ähm finden sie sich überhaupt noch zurecht soll ma nicht in bisschen äh (-) des übersichtlicher machen oder irgendwas ja also. Ich hab heute wo SIE kamen hab ich also das so gemacht das es präsentabel ist. Also das ich mich nicht schämen muss. Und nee aber (3s) des gehört zur Selbstachtung des g´hört zur Selbstachtung und äh (-) also ich hab Zeiten ghabt wo ich in die Wohnung (-) NUR meine Schwester reingelassen hab und die war entsprechend entsetzt und sonst auch kein Nachbarn und nix, weil ich wollt die Fassade nach außen hin wahren" (I8 Z. 177ff).

Außerdem ist es für sie als ALG II Empfängerin – was sie aufgrund ihrer Psychiatrie-Erfahrung und Behinderung ist – immer schön, ein paar Euro dazu zu verdienen. Dies ist in einem bestimmten Umfang als *Aufwandsentschädigung* im Rahmen von Freiwilligenarbeit möglich.

Herr Sohlegang wäre ohne seine regelmäßigen Besuche in der Tagesstätte vermutlich gar nicht zu seiner Freiwilligenarbeit gekommen, hier gibt es eine indirekte Verbindung zwischen Psychiatrie-Erfahrung und Tätigkeit. Ein Mitarbeiter hatte die Idee und ihn bei der *Vermittlung* unterstützt. Herr Sohlegang verspürt durch den vermittelten Kontakt auch eine Art Auftrag im Namen der Tagesstätte. Meines Erachtens trägt dies – neben der Tätigkeit selbst, die ihm großen Spaß macht – dazu bei, dass er kontinuierlich dort hingeht. Es wird ein Teil seiner Person, in der Tagesstätte wird er auch darauf angesprochen bzw. die Menschen dort verbinden ihn damit, er wird als „der Engagierte" wahrgenommen. Durch ein zweites Interview dort und über kurze Gespräche mit anderen BesucherInnen und MitarbeiterInnen wird mir das ganz deutlich.

Bedingt durch unterschiedliche Tätigkeitsfelder, Dauer und Intensität der Freiwilligenarbeiten gehen die Interviewten in diesem Bereich sehr verschieden mit der *Thematisierung ihrer Psychiatrie-Erfahrung* um. Bei den beiden Betroffenen-Vertretern ist sie in diesen Engagements quasi Bedingung und Voraussetzung für die Mitwirkung. Es ist auch allen Beteiligten klar, dass eine Psychiatrie-Erfahrung vorliegt.

Herr Tietz bewegt sich als (betroffener) Künstler in der Psychiatrie-Erfahrenen Szene, ebenso ist er bei politischen Aktionen dabei. Die Gruppenleitung im Kaffeehaus ist auch eine Tätigkeit im Betroffenen-Bereich. So ist in vielen dieser Tätigkeiten die Psychiatrie-Erfahrung klar oder gar Voraussetzung. Seinem vielfältigen und langjährigen Engagement ist es vermutlich geschuldet, dass er als einziger Interviewter eine Abgrenzung zwischen engagierten und nicht-engagierten Psychiatrie-Erfahrenen vornimmt.

„In der Tagesstätte sind nur drei vier aktiv, die anderen (-) sind (-) zu bequem oder ham andere (-) wollen halt da billig essen oder a bißl wegfahren, so was, (-) […] Die wollen ja eigentlich auch dieses Risiko nicht, dass es ihnen schlecht geht, wenn sie sich für andere einsetzen. […] Gut, jeder kann's nicht (-) (I4 Z. 603ff).

Den Umgang mit der Information, dass sie psychiatrieerfahren sind, gestalten die Interviewten in ihren Tätigkeiten außerhalb der Psychiatrie-Szene unterschiedlich.

Herr Miehl teilt seine Psychiatrie-Erfahrung in der Freiwilligenarbeit als Hausmeister mit, auch auf Anraten der Freiwilligenagentur. Als er dann ausfällt, weil ihm die Belastung zu hoch ist und er schließlich ganz kündigt, weiß die Leiterin also schon Bescheid über seine Erkrankung. Trotzt des Rückschlags, dass er diese Arbeit aufgeben muss, ist das Ende stimmig. Er benennt sogar noch Verbesserungsvorschläge für den möglichen Nachfolger.

Frau Fines dagegen beginnt ihre Tätigkeit, ohne den Umstand ihrer Berentung offen mitzuteilen, und beurteilt dies als günstig.

„Erst dann diese Information kam, dass des eigentlich günstig war. (-) Weil ich festgestellt hab, wenn man (-) es sind einfach so viel Vorurteile, was psychische Erkrankungen anbelangt, ja. (-) Also, wenn mir Bleistift runter fällt, is des eben (-) weil ich krank bin, und jedem anderen passierts ebenso" (I3 Z. 613ff).

Sie möchte bestimmte Zuschreibungen der Außenwelt im Zusammenhang mit ihrer Krankheit vermeiden und befürchtet, dass sonst jeder Fehler auf die Psychiatrie-Erfahrung bezogen wird.

Die Psychiatrie-Erfahrung von Herrn Polt spielt insofern keine Rolle, da seine Leidenschaft, die Literatur, im Mittelpunkt des freiwilligen Engagements steht. Seit er freiwillig tätig ist, schläft er besser, empfindet es für sich sehr positiv und verknüpft es sogar mit einem Fachbegriff der Medizin und Psychologie: „Es hat sie ja rausg´stellt dass des äh a guate Therapie is" (I6 Z. 757).

Tatsächlich spielt die Psychiatrie-Erfahrung oft keine Rolle im freiwilligen Engagement (Herr Polt, Herr Nick, Frau Denk, Frau Seiler) – vielleicht auch, weil hier eben andere Themen und Aspekte im Mittelpunkt stehen und auch stehen dürfen. Die Person wird als Freiwillige/r mit ihren/seinen Fertigkeiten und Fähigkeiten wahrgenommen, nicht im Rahmen ihrer Erkrankung.

Interessant ist, dass in mehreren Interviews Gespräche auf der Metaebene entstanden, die sich um die generelle Frage drehten, ob die *Verknüpfung Psychiatrie-Erfahrener mit Freiwilligenarbeit sinnvoll* ist.

„Ich finds halt auch mal ne Möglichkeit, wo (-) die in Anführungsstrichen normale Welt auch mal überhaupt Gelegenheit hat, (-) Psychiatrie (-) patienten kennen zu lernen. Also des wär so n neutrales Beggegnungsfeld. Des gefällt mir auch so dran" (I3 Z. 931ff).

Neben der Freiwilligenarbeit als eigenem Erprobungsfeld werden hier ferner Effekte auf die anderen Freiwilligen angesprochen, nach dem Prinzip der Reziprozität: Die Gegenseitigkeit als ein Teil eines neutralen Begegnungsfeldes für Menschen mit und ohne Psychiatrie-Erfahrung.

Dabei war nicht gewiss, ob es besser ist, die beteiligte Institution über die Psychiatrie-Erfahrung zu informieren oder nicht. Sicher ist, dass die/der Freiwillige in diesem Punkt selbst entscheidet.

„Die da gezielt drauf anzusprechen, dass es doch auch gut wär, Psychiatrie-Erfahrene (3) zu beschäftigen. (-) Oder ob es besser ist, des gar nicht zu tun, ich bin mir da nicht sicher. (-) Weil des so ambivalent ist. […] Na, ich mein da kann man auf jeden Fall erstmal mit dem Betroffenen selber reden, wie er damit umgehen (-) umgehen möchte. Ob des für ihn n Problem ist oder nicht. (-) Und des is wahrscheinlich auch ne Einschätzungssache, wie SIE diesen Arbeitgeber einschätzen, wie wichtig ist des jetzt, ob des Psychiatrie-Erfahrene sind oder nicht. Also, des is glaub ich ne ziemliche Gefühl- Fingerspitzensache. Also, is n schwieriges Feld" (I3 Z. 964ff).

Auf die gesundheitliche Eignung und Voraussetzung für eine Freiwilligenarbeit bei Psychiatrie-Erfahrenen wird auch hingewiesen:

„Ich glaub halt dass da auch SEHR viel Rücksicht auf die – oder sehr auf die Pat- auf die Psychiatrie-Patienten gehört werden sollte, WO se sich vorstellen können, eingesetzt zu werden. Weil (3) vielleicht bin ich aufgrund meiner eigenen Erkrankung nicht so in der Lage, auf andere zuzugehen oder so. Da gibt's ja eben auch Tätigkeiten, wo ich des nicht muss. Und da müsste sicher ne gute Abstimmung erfolgen. (-) Also sicher (-) besser dreimal nachfragen als (-). Mhm. Also ich hab für mich selber auch erst mal entschieden, dass ich eben den Bürodienst sehr GERne mach, aber dass ich zum Beispiel so, Besuchsdienste und so was, im Augenblick für mich noch nicht möchte. Weil ich da (3) zu sehr auf nen anderen eingehen (-) müsste, oder mir dann des vorstelle, ja. Und des kann ich im Augenblick in dem Ausmaß noch nicht so, ja. Vielleicht kommt des später mal, ja. Es entwickelt sich ja auch (6)" (I3 Z. 945ff).

Die Interviews zeigen, dass Menschen, für die Freiwilligenarbeit nicht selbstverständlich ist, nach einer Psychiatrie-Erfahrung diese Idee entwickeln können bzw. dann die Zeit dazu erübrigen können oder möchten (vgl. zweite Portraitgruppe; C 1.2).

Bei der Verknüpfung von Psychiatrie-Erfahrung und Freiwilligenarbeit sind für die Interviewten folgende Dimensionen zentral:
· Motivation für die Tätigkeit kann durch die Psychiatrie-Erfahrung entstehen
· Vermittlung in Tätigkeit kann über soziale und/oder professionelle Netzwerke erfolgen
· Aufwandsentschädigung kann ein Anreiz sein
· Die Psychiatrie-Erfahrung wird ganz unterschiedlich in der Freiwilligenarbeit thematisiert. Bei einigen ist es durch den Engagementinhalt klar (Engagement im Bereich der Psychiatrie-Erfahrenen), manche sprechen die Psychiatrie-Erfahrung vor Aufnahme der Tätigkeit an, manche erst im Laufe der Tätigkeit und bei anderen ist sie im Rahmen der Tätigkeit überhaupt kein Thema.

3.6 Zusammenfassung C 3.5

In der heutigen individualisierten Gesellschaft kann der Einzelne seine Biographie immer weniger an der gesicherten Identität des Berufes oder traditioneller Geschlechterrollen orientieren. Der Lebenssinn wird zur Eigenleistung des Subjekts. Es braucht die Fähigkeit, sich selbst in seinen sozialen Welten zu organisieren. Gleichzeitig muss es die Komplexität der modernen Weltverhältnisse aushalten. Wie aus den Interviews deutlich wird, ist dies gerade mit einer psychischen Erkrankung besonders schwierig, da diese selbst meist schwerwiegende Auswirkungen auf die Identität hat. Häufige Folgen sind Rückzug, Kontaktabbrüche oder die fragmentierte Wahrnehmung der Realität. In der Folge muss der betroffene Mensch sein Selbstbild, seine Selbstwahrnehmung und damit auch Kontakte zu anderen Menschen wieder neu herstellen und sich einpassen.

Immer häufiger ist für den einzelnen Menschen – ob mit oder ohne Psychiatrie-Erfahrung – eine Perspektive der Selbstsorge (MICHEL FOUCAULT) oder eine Politik der Lebensführung (ANTHONY GIDDENS) gefordert, um die verschiedenen Fragmente für die eigene Identität verknüpfen zu können.

Dabei verweisen die Konzepte der Identitätsarbeit und der Zivilgesellschaft (vgl. A 1.3) aufeinander. Beide stellen die Frage, wie Menschen ihr Leben organisieren, ihre Identität finden und damit auch den gesellschaftlichen Rahmen bedingen.

Bei der Teilidentität Psychiatrie-Erfahrung ist die Verknüpfung mit der Teilidentität Erwerbsarbeit eine zentrale Dimension. Außerdem sind die sozialen Netzwerke und damit das Selbstbild bedeutsam für diese Teilidentität. Eine psychische Erkrankung bringt verschiedenen Phasen der Stabilität und Instabilität mit sich, die sich auf den gesamten Alltag und damit auch auf die Freiwilligenarbeit auswirken können. Neben beeinträchtigenden Aspekten bietet diese Erfahrung auch gute Möglichkeiten der Grenzziehung. Da viele Menschen mit Psychiatrie-Erfahrung gelernt haben – oft in wiederkehrenden und schmerzhaften Prozessen – auf ihre Belastungsgrenzen zu achten, sind sie darin meist geübt und können zum Teil recht klar ihre Möglichkeiten und Grenzen formulieren.

3.7 Identitätsrelevante Aspekte der Freiwilligenarbeit

Ausgehend von den unterschiedlichen Motivationen und in Verbindung mit den beschriebenen Teilidentitäten der Interviewten, ergibt sich ein detailliertes Bild, wieso eine Person im Rahmen ihrer spezifischen Freiwilligenarbeit tätig ist. Meist werden verschiedene Strategien innerhalb der Freiwilligenarbeit sowie verschiedene Funktionen der Tätigkeit sichtbar. Aus dem vollständigen Interviewmaterial münden diese schließlich in unterschiedliche identi-

tätsrelevante Aspekte: Autonomie, Lern- und Entwicklungsmöglichkeiten, Kontinuität, soziale Einbindung sowie Sinnhaftigkeit und Anerkennung.
Diese Kategorien wurden nach und nach aus dem Material heraus sichtbar und zeigen die Nähe zum Modell der alltäglichen Identitätsarbeit (vgl. Exkurs). Außerdem stimmen diese Kategorien auch großteils mit den Humankriterien guter Arbeit (vgl. WEHNER 2008; A 1.4; Abb. 3) überein.

3.7.1 Autonomie

Autonomie nach WEHNER (vgl. 2008; Abb. 3) schließt neben der *Übernahme von Verantwortung* auch das *Erleben von Selbstwert und Kompetenz* ein.

Ihr Gegensatz ist die Abhängigkeit – beispielsweise von Ärzten, Medikamenten, Netzwerken, Menschen, die sich kümmern. Diese Phänomene sind häufig in der Psychiatrie zu finden (vgl. A 2.1). Deshalb ist dieser Aspekt gerade für Menschen mit Psychiatrie-Erfahrung wichtig.

Exkurs zum Auto:
Interessant ist, dass in drei Interviews unabhängig voneinander und ohne Nachfrage meinerseits das Auto als Fahrzeug deutlich mit dem Gefühl der Freiheit assoziiert und erzählt wird. Das Auto steht für die Eigenschaft der individuellen Mobilität und damit für die Eigenständigkeit der Person, die das Auto fährt.

Diese Thematisierung geschieht zwar nicht in Zusammenhang mit Freiwilligenarbeit, aber die Eigenständigkeit ist eine wichtige Voraussetzung, um sich überhaupt zu engagieren. Allein die Zugangswege (vgl. C 3.1) verlangen eine gewisse Autonomie.

Frau Becht fährt seit ihrer Magenerkrankung nicht mehr Auto, ist früher viel gefahren und gerät regelrecht ins Schwärmen darüber. Genauso benennt Frau Denk das Auto als Freiheitsmetapher und ist der Meinung, Autofahren sei besser als Sex:

„Und ich hab'n Auto früher gehabt, und ich war absolut glücklich wenn ich Auto fahren konnte. Also des is FREIheit und ja ma is autonom, kann sich autonom bewegen und schnell und (-) Sex kam dann erst unter ferner liefen" (vgl. I8 Z. 529ff).

Der Führerscheinentzug von Herrn Miehl wegen seiner Psychiatrie-Erfahrung ist weiter oben schon beschrieben worden, seine Metapher für diese erlebte Freiheitseinschränkung ist „Amputation" (vgl. C 3.3.3).

Mitspracherecht und Einmischung lassen sich besonders dann verwirklichen, wenn eine Person das Gefühl hat, autonom und handlungsfähig zu sein.
Verantwortungsübernahme ist besonders bei den beiden Betroffenen-Vertretern zu sehen. Sie informieren sich selbst, aber auch andere Psychiatrie-Erfahrene über rechtliche, soziale und medizinische Aspekte im Zusammenhang mit der Erkrankung. Ferner übernehmen sie in einem größeren

Zusammenhang stellvertretend für andere Psychiatrie-Erfahrene Verantwortung und geben ihnen eine Stimme. Frau Becht beteiligt sich im Gemeindepsychiatrischen Verbund (GPV) mit ihrer Einschätzung als Betroffene und teilt ihre Meinung zu aktuellen Fragen mit:

„Ja, weil a Betroffener unter Umständen a mal was dazu sogn kann, (-) was normal eigentlich äh a Normaler nicht drüber sprechen kann. Da ham mer – a Beschwerdestelle gibt's ja jetzt auch in D., (-) äh des macht der Herr Walter, und (-) des is damals ang´sprochen worn, und des hat mir der Herr Weißler dann g´sagt, und dann hab I g´sagt, sie Herr Weißler, i hab des G´fühl, für an BeTROFFenen, aus der Psychiatrie, is des zu belasten. *[Mhm]* Des hat er dann a akzeptiert" (I1 Z. 1067ff).

Ihre Stimme im Gremium wird gehört, jedoch hat sie bisher kein Stimmrecht bei formalen Abstimmungen:

„Also die ham des zwar super g´funden, dass I da als Betroffene hi´komm. *(lacht)* […] sag mer mal so, äh jeder hat da so a Stimme und I krieg ja eh koane und der Dr. Latter meint, des steht mir AUCH zu" (I1 Z. 1085f).

Die eigene Psychiatrie-Erfahrung betont sie vor allem als Ressource und verbindet damit implizit ihre Verantwortung, sich im institutionellen Rahmen des GPV für andere, die akut erkrankt sind, einzubringen.

„Ja, sag mer mal so, (-) guat, I hab natürlich a massive Psychose g´habt, was allein die Flucht scho beweist. Und äh, (-) und äh (-) man kann sie nimmer an alle Details erinnern. (-) Aber im Großen und Ganzen woaß mer´s, man kann bestimmte Angstzustände nachempfinden, weil mer´s selber mal g´habt hat" (I1 Z. 1102ff).

Ihr Engagement im GPV ist eindeutig frei gewählt: „Ja, sag mer mal, in dem Verein scho. I stell mi jetzt net auf d´Straß für irgendwelche Interessen, aber (-) so lang´s mir Spaß macht, und I bin ja net g´zwungen dazu" (I1 Z. 1130ff). In diesem Zusammenhang wird die doppelte Funktion von Autonomie deutlich: erst die innere Autonomie zur Handlung kann im Außen zu Freiwilligenarbeit – aus sich heraus – führen.

Auch in ihrem anderen Engagement erlebt Frau Becht Autonomie im Innen, das eigene Einteilen, wann sie etwas und wie viel strickt. Auch im Außen ist die Autonomie sichtbar. Über die Einnahmen aus dem Verkauf kann die Handarbeitsgruppe, in der Frau Becht tätig ist, in einem bestimmten Rahmen verfügen: die Tätigen der Gruppe haben Mitspracherecht, an wen es gespendet wird bzw. für was genau es ausgegeben wird. Neben dem Erleben von Selbstkompetenz findet auch Partizipation statt.

Herr Miehls Motivation, beim Q.-Verein Mitglied zu werden, ist zunächst sein Bedürfnis nach Informationen, besonders über seine Rechte als Psychiatrie-Erfahrener, wenn es um akute Krisen geht. Er ist sich sicher, dass mit den neuen Informationen vieles bei seinen Klinikaufenthalten anders gelaufen wäre. Dann übernimmt er selbst schrittweise Verantwortung im

Verein, ganz praktisch als Zuständiger für Handwerkliches, aber auch jenseits seiner bisherigen Fähigkeiten als Vorstandsmitglied und bei der Vertretung für die Sekretärin. Er erfüllt damit die Determinanten politischer Partizipation und geht nacheinander die vier Stufen. Vom Informieren zum Mitwirken und schließlich zum Mitentscheiden und Selbstverwalten (vgl. LÜTTRINGHAUS 2003, 124; C 3.1.2).

Jede Verantwortungsübernahme wägt er kritisch ab, damit agiert er sehr verantwortlich und beachtet seine Grenzen. Er möchte als Vorstand möglichst nicht ausfallen. Überlastung und in der Folge Abbruch kennt er selbst aus seiner anderen Freiwilligenarbeit, der Hausmeistertätigkeit im Wohnheim. Selbst im Abbruch handelt er dabei verantwortlich, nämlich sich selbst gegenüber. Durch seine Selbstsorge – die Passung zum Engagement ist in diesem Fall nicht vorhanden – gibt er sich ebenso Selbstwert.

Auf meine Nachfrage nach Veränderungen durch die Freiwilligenarbeit, wird teilweise die Autonomie des Selbst betont, etwa von Herrn Polt: „Ijaa, des hab ich. Ich bin viel freier, des merken´s ja selber, und des ähm, des is einfach (-) da konn I so sei wia I bin. I I KO des a gar nimmer anders" (I6 Z. 489ff).

Weitere Beispiele für Verantwortungsübernahme sind der Einsatz von Herrn Nick für die Umwelt und gegen Atomkraft sowie von Frau Denk als Wahlhelferin in ihrem Stadtteil.

Folgende Aussage von Frau Fines zeigt – neben einem Plädoyer für die richtige Mischung aus Selbstbestimmung des Einzelnen und Motivation von anderen zum Tätigwerden – vor allem das *Selbstwerterleben*:

„Also mein, meine Erfahrung is, ähm vor allem was diesen Psychiatrie (-) Bereich anbelangt, (-) schon ne Tendenz auch da is den Leuten was überzustülpen. (3) Und äh, des is sicher gut gemeint aber, manchmal schon fast (3) zuviel des Guten. Weil da die Frage für mich is, in wieweit is jetzt der Patient überhaupt noch entscheidungsfähig, ja. (-) Ähm. (9) Also für mich steht da im Vordergrund, was is eigentlich gut. Und zwar gut für alle Seiten. Und da seh ich halt dieses ehrenamtliche Engagement wirklich von allen Seiten als gut an. Insofern würde ich sagen, wenn jemand erstmal mit nem KICK (-) so was ausprobiert, und dann feststellt des TUT mir gut, (-) dann war's den Kick wert. Ja. Also so würd ich's mal umschreiben" (I3 Z. 1074ff).

Der Selbstwert schließt das Selbstbild, die Selbstsorge und auch die Selbstwirksamkeit mit ein. Frau Denk spürt ihre Selbstwirksamkeit als Wahlleiterin. Sie ist aktiv, fühlt sich lebendig und nicht alt, hat Lust etwas zu tun und das Tätigsein gibt ihr das Gefühl, etwas geschafft zu haben (vgl. Eingangszitat Portrait; C 1.1.4).

Durch die guten Rückmeldungen bei ihren handwerklichen Tätigkeiten wird Frau Seiler immer wieder für ähnliche Arbeiten angefragt. Das lässt sie ihren Selbstwert erleben und zeigt zugleich ihre Kompetenzen auf. Außerdem ist bei ihr auch eine indirekte Übernahme von Verantwortung zu sehen, da sie sich bewusst im Rahmen einer Institution engagiert, die ihre Freiwilligen ausschließlich in soziale Projekte vermittelt. Das entspricht auch der Wertevorstellung von Frau Seiler.

Das *Kompetenzerleben* der Interviewten hängt vor allem mit ihren unterschiedlichen Ressourcen zusammen. Alle haben spezifische Fähigkeiten, Fertigkeiten und Wissen in unterschiedlichen Bereichen und setzen dies je gezielt ein. Außerdem erfährt der Mensch über das Aktiv-Sein im freiwilligen Engagement Selbstwirksamkeit. „Die Kartei ham wir selber aufgebaut, also anhand von den Leuten, die sich beworben haben" (I3 Z. 59f) – es werden also Erfolge sichtbar. Ein gewisser Level an Aktivität findet sich bei allen Interviewten in verschiedenen Lebenszusammenhängen und taucht speziell in den Freiwilligenarbeiten auf.

Herr Tietz zum Beispiel berichtet von seiner Gruppe, die er vierzehntätig geleitet hat.

„Ich hab da schon mal zeitgenössische Kunst unterrichtet, so mit Büchern und zwei Besuchen. Ich war wie gesagt immer da, hab mich vorbereitet, und ich war dann auch einmal frustriert, weil, wie gesagt, mal kamen zwei Leute, dann war mer wieder acht Leute, und dann hab ich zwei Termine ausgemacht, so Besichtigungssachen" (I4 Z. 473ff).

Auch mit seiner Unterschriftenaktion bewirkt er, dass es im Krankenhaus vor Ort eine psychiatrische Abteilung gibt.

Sein Wissen über Lebensmittel und seine Art, sich voll und ganz einzubringen, lässt auch Herrn Sohlgang über lange Zeit seine Kompetenzen in der Freiwilligenarbeit erleben.

3.7.2 Soziale Einbindung

In sozialen Kontakten und Interaktionen sind immer Aushandlungsprozesse entscheidend, auch die gemeinsame Bewältigung von Situationen und Belastungen. Dabei spielen das Selbstbild, die Teilidentitäten, aber auch die Macht eine Rolle. Geht ein Mensch in Kontakt, ist also immer ein „anderer" beteiligt. Wir bewegen uns zusammen auf einer möglichen Handlungsebene. Es kann viel – wenig – gar keinen Kontakt geben, der den Grad der Einbindung in die jeweilige Freiwilligenarbeit ausdrückt. Eine formale Einbindung kann trotzdem auch als Nicht-Einbindung wahrgenommen werden. Die Interaktionen können sowohl verbal als auch nonverbal erfolgen. Die Haltbarkeit der Kontakte ist auch unterschiedlich – lebenslang, neu, kurz.

In psychiatrischen Lebensgeschichten finden sich durch die krisenhaften Erkrankungen oft Erfahrungen von Distanz oder Isolation. Dagegen ist die soziale Einbindung immer ein erster Schritt in Richtung Teilhabe und damit auch Teil von Inklusion.

Frau Becht etwa ist durch ihr Engagement in der Handarbeitsgruppe des Roten Kreuz nicht nur dort eingebunden. Auch über verschiedene Reisen und Ausflüge wird sie von MitarbeiterInnen des Roten Kreuzes informiert, sie ist da „a bissl eingebunden" (I1 Z. 719). Für sie ist das Luxus, weil es Geld kostet. Hin und wieder aber leistet sie sich das. Im weitesten Sinn ist für sie sogar sozialer Kontakt Luxus!

Ein Teil der sozialen Einbindung bzw. eine Variante, um mit anderen in Kontakt zu kommen, kann das „Rauskommen" sein.

„Ja, raus zu kommen. Weil sonst äh (-) würd ich wahrscheinlich dann zusätzlich noch ne Krankheit entwickeln dass ich nimmer aus meiner Wohnung raus komm. (4s) *[Dann spielt der Kontakt zu anderen Leuten dann schon auch ne Rolle? Mit diesem raus kommen?* (-) *Also sie* (-) *mir fällt jetzt grad leider kein Beispiel ein, aber ich hab grad überlegt obs ne* (-) *obs ne Tätigkeit gibt, wo man jetzt gar nicht mit Menschen in Kontakt kommt, die könnte man ja auch tun wenn sie jetzt sagen raus kommen, also aus der Wohnung gehen.]* Ja des is ja (-) jetzt wenn ich hier die Türen streiche hab ich ja mit niemanden Kontakt, weil ich des am Wochenende mach. Weil des kann ich nich machen wenn die Frauen da äh des is klar, also hmm so viel Hühner auf auf einmal des äh des überleb auch ich nicht. Ja aber für mich is es wichtig raus zu gehen und einfach (-) mit n öffentlichen oder mitm Fahrrad hier HER zu fahren. Des reicht mir schon. Dann hab ich n Radio dann kann ich meine Klassikmusik so laut drehen bis die Wände wackeln, was ich zuhause nicht immer kann. Ja gut kann ich hier auch nicht weil hier auch einige Wohnungen sind aber bisschen lauter wie sonst. Des reicht mir schon. Ich muss gar nicht unbedingt n Kontakt haben weil ich hab den (-) ähm inzwischen (-) hab ich so hm (-) KANN ich mit Menschen nich mehr so. N Zeitlang ja aber dann (-) geh ich freiwillig weil s (-) geht einfach nich mehr, ich weiß nicht warum, vielleicht lern ich es wieder" (I9 Z. 906ff).

Herr Sohlegang spricht ja selbst von Integrieren, er hat von sich aus ein klares Bedürfnis nach Integration und benennt seine Freiwilligenarbeit auch als „Integrationshilfe und Kontakt" (vgl. C 2.4).

Auffällig stark ist das Inklusionsbegehren von Herrn Nick. Er scheint sich vor allem im Kontakt und in der aktiven Beteiligung im Kontext mit anderen Menschen wohl zu fühlen (vgl. Eingangszitat Portrait; C 1.1.1). Bei ihm geht es sogar über das Wohlfühlen hinaus, er nimmt sich selbst erst dann als dazugehörend wahr, wenn er in sozialen Situationen eingebunden ist – auch passiv als Zuschauer.

Die soziale Einbindung ist ein ganz wichtiger Punkt bei Frau Fines (vgl. Eingangszitat Portrait; C 1.1.2). Dadurch „dass ma praktisch beruflich kein Anteil mehr hat" durch die Erkrankung und folgende Berentung, fallen viele Kontakte weg. Sie sieht die Freiwilligenarbeit als eine gute Möglichkeit, wieder in Kontakt zu kommen.

3.7.3 Lern- und Entwicklungsmöglichkeiten

Die Humankriterien für gute Arbeit (vgl. WEHNER 2008) definieren diesen Aspekt als den Erhalt und die Entwicklung geistiger Flexibilität und auch der beruflichen Qualifikation. In diesem Zusammenhang möchte ich auf sämtliche Freiwilligenarbeiten, die von den Interviewten geleistet wurden und werden, verweisen (vgl. Abb. 13 und 14; Übersicht der Interviewten), da sie diesen Punkt beinhalten.

Die Ambiguitätstoleranz[84] als eine Voraussetzung für gelingende Identität passt in den Zusammenhang mit Lern- und Entwicklungsmöglichkeiten. Frau Becht ist mit ihrem Lebensmotto „probieren kann man's ja mal" ein sehr gutes Beispiel für eine Möglichkeit des Umgangs mit der Offenheit und Vielgestalt der heutigen flexiblen Welt des globalisierten Kapitalismus (vgl. A 1.2). Auch der Vergleich von KEUPP et al., dass dabei Erwachsene immer wieder zu Anfängern werden (vgl. 2006a, 280), gefällt mir sehr gut und passt zu folgender Aussage:

„Und ähm, (4) die größte Schwierigkeit is wirklich, sich selber überhaupt wieder zu finden. Weil man muss eigentlich – erst wenn ich's ausprobier, kann ich feststellen, WAS sich verändert hat, WIE sich's verändert hat und sich danach zu richten. Und deswegen glaub ich auch, dass es unheimlich WICHTIG is, dass, dass Kran, das Kranke die MÖGlichkeit haben, sich selber auszutesten. Weil die ham sonst GAR keine Chance, ne Standortbestimmung (-) vorzunehmen. Also. (3) *[Sehn sie dann in ner ehrenamtlichen Tätigkeit ne Möglichkeit, so was auch auszutesten?]* Ja, ABSOLUT. Ja. Des seh ich eigentlich noch als einen der Bereiche, wo des möglich is, ja. (-) Weil es gibt ja – also grad für psychisch Kranke – viel, viel, viel zu wenig Möglichkeiten, sich zu betätigen, ja. (-) Und, und, und des Ehrenamt hat halt noch den, den Vorteil, dass des eben nicht so spezialiSIERT is. Des heißt, die sind mit ganz normalen, gesunden Leuten auch zusammen. Des is ja n viel gesünderes Umfeld als wie wenn ich jetzt wieder nur unter psychisch Kranken bin, ja" (I3 Z. 886ff).

Frau Seiler war ihr Leben lang sehr intensiv berufstätig und attestiert diesem Tun auch eine Überlebensfunktion. Auf die Frage, wie freiwillig das Engagement mit einer Psychiatrie-Erfahrung ist, beschreibt sie eindrücklich, welchen Nutzen sie daraus zieht.

„Ähm (3s) FREIwillig insofern (-) weil sonst geh ich vor die Hunde. (-) Des hat jetzt mit aufm Arbeitsmarkt nichts finden, sondern ganz reiner Egoismus. (-) Entweder ich bin dann dauerhaft in der Klinik, weil ich durchgedreht bin oder ähm was auch immer. Ähm (-) ja des entspricht eigentlich völlig ein einem Menschen der eigentlich äh so lange ich konnte auch sehr viel gereist bin und (-) ich hätte (-) wenn ich die Arbeit nicht gehabt hätte vorher (-) ähm (-) wär ich bis heute gar – wär ich jetzt gar nicht so alt geworden wie ich bin. Und des is reiner Selbsterhaltungstrieb. *[Mhm]* Sonst gar nix. *[Also dann ja schon freiwillig aus ihnen selbst heraus sozusagen?]* Genau. Klar. (-) Ich mein wenn sich aufgrund der äh (-) Freiwilligen sag ich mal oder gerne äh (-) jemanden zu helfen, arbeiten, wenn sich daraus was ergeben WÜRDe dass ich n Job krieg, würd ich jetzt nicht unbedingt nein sagen, aber des is nicht die erste Prämisse, sondern (-) des erste is

---

84 „Ambiguitätstoleranz umschreibt die Fähigkeit eines Subjekts, auf Menschen und Situationen einzugehen, diese weiter zu erkunden, anstatt sich von Diffusität und Vagheit entmutigen zu lassen oder nach einem „Alles-oder-nichts"-Prinzip zu werten und zu entscheiden" (KEUPP et al. 2006, 280; Hervorhebungen um Original).

dass ich (-) einfach weiß wenn ich des (-) wenn ich überhaupt NICHTS tue, dann (-) bin ich weg vom Fenster" (I9 Z. 885ff).

Sie attestiert den Freiwilligenarbeiten nicht nur Lern- und Entwicklungsmöglichkeiten, sondern erhält sich so nahezu gesund und vor allem lebensfähig.

3.7.4 Kontinuität

Die heutige Zeit wird vor allem von Mobilität und Flexibilität bestimmt, und in diesem Zusammenhang steht das Motto „nichts Langfristiges" mehr (vgl. A 1.2; SENNETT 2006, 25), was viele Lebensbereiche betrifft. Als Gegengewicht dazu ist die Kontinuität für jeden Menschen wichtig.

Kontinuität wird beispielsweise erreicht, wenn vertraute Tätigkeiten in einem bestimmten Rahmen der Freiwilligenarbeit eingebracht werden können. Auch der Ort – ich engagiere mich etwa vor Ort – kann Kontinuität ausmachen. In jedem Fall produziert sie ein Gefühl der Sicherheit.

Ein sehr gutes Beispiel ist das Stricken von Frau Becht. Die lebenslang vertraute Tätigkeit, die sich wie ein roter Faden durchs Leben zieht, gibt ihr Sicherheit. „Des is halt mei Hobby. (-) Ich bring halt mei Hobby sinnvoll irgendwo ein" (I1 Z. 1175).

Um ein Stück der Teilidentität Erwerbstätige/r zu wahren, ist für viele Interviewte die Berufskontinuität ausschlaggebend, wird häufig so benannt oder ist offensichtlich wie bei Herrn Sohlegang. Er ist nach der Selbständigkeit seines Obst- und Gemüseladens im Rahmen von Tischlein-deck-dich tätig, hat mit Lebensmitteln und mit Damen zu tun, was ihm Spaß macht und an seine geliebte Tätigkeit vorher erinnert.

Beides mischt sich bei Herrn Tietz und Herrn Polt – sie verbinden kulturelles berufliches, privates und freiwilliges Tun miteinander. Herr Tietz mit seinem Interesse an Kunst, Malerei und Architektur und Herr Polt im Rahmen der Literatur.

Das Tätigsein an sich als Kontinuität ist bei allen Interviewten ausschlaggebend. Es gibt dem Tag eine Struktur, was Frau Becht besonders intensiv nutzt. Sie hat das Stricken in ihren Morgenrhythmus integriert, der wichtig für den Start in den Tag ist.

„Aber I strick ja – I hab zum Stricken scho so mein Morgenrhythmus, da steh I auf, dann iss I mei Brot, schmeiß die Kaffeemaschine an, mach mei Morgengymnastik, dann iss I mei Knäckebrot, und äh geh dann mitm Kaffee ins Wohnzimmer, weil da mach I grad a bisserl mehr Kaffee in der Früh, und da sitzt I dann so da und strick und tu nebenbei Kaffee trinken. Das geht dann so ungefähr ein bis eineinhalb Stunden. Dann geh I zum Duschen. *[Ok, des is dann des Morgenritual.]* Und wenn des durcheinander geht, dann is der ganze Tag vertan" (I1 Z. 327ff).

Mehrere erwähnen oder zeigen ihren Kalender, in dem sie ihre unterschiedlichen Termine eintragen und strukturieren. Diese Normalität ist eine weitere Kontinuität, sie beugt der Diffusion vor.

3.7.5 Sinnhaftigkeit

„Aber die Suche nach einem authentischen Lebenssinn und nach einem in sich zusammenhängenden Muster von Antworten auf die Frage, wer man denn nun sei, wird weiterhin gestellt, möglicherweise sogar intensiver als in früheren Generationen" (KEUPP et al. 2006a, 295).

WEHNER (vgl. 2008) definiert die Sinnhaftigkeit auch als Übereinstimmung zwischen gesellschaftlichen und individuellen Interessen.

Beim Zugang zur Freiwilligenarbeit (vgl. C 3.1) haben wir bereits gesehen, dass die Herstellung von Sinn ein wichtiger Aspekt für das Gelingen ist.

Auch bei der Konklusion zur Teilidentität Erwerbsarbeit wird die Sinnstiftung und Sinnfindung betont.

Wenn sich die Interviewten miteinander unterhalten könnten, so bin ich mir sicher, dass alle Frau Becht zustimmen, die über Freiwilligenarbeit sagt „I hab halt einfach des G´fühl des is a sinnvolle Beschäftigung" (I1 Z. 174). Für sich spitzt sie es sogar zu:

„Äh (-) ohne des Ehrenamt, ohne die ehrenamtliche Tätigkeit (-) käm I mir ziemlich sinn- äh sinnlos vor" (I1 Z. 831f). „I kann entspannen dabei, äh, und seh irgendwo an Sinn im Leben" (I1 Z. 859).

Alle sehen explizit oder implizit einen Sinn in der Freiwilligenarbeit. Bei Herrn Sohlegang ging mit dem Verlust der Arbeit und ohne jegliche soziale Bindung im Hintergrund auch der Lebenssinn verloren, was in seine Suchterkrankung führte. Die Tätigkeit bei Tischlein-deck-dich war ein wichtiger Faktor für seine psychische Stabilität. Außerdem betont er seine „humane Gesinnung" (I5 Z. 510).

Frau Fines benennt den Sinn, den sie selbst in ihrer Tätigkeit sieht, explizit (vgl. Eingangszitat Portrait; C 1.1.2) und schließt in diesem Zusammenhang einen monetären Grund aus:

„Also weil ich glaub mir geht's jetzt eigentlich – gesundheitlich bin ich sehr zufrieden, und ähm, (-) ich hab bestimmte Kenntnisse und Fähigkeiten, die ich einsetzen kann, ne. Und dann möcht ich des eben (-) gerne auch in (-) in nem Bereich wo (-) wo Bedarf da ist und wo ich n Sinn dahinter seh und, und, und wo´s vielleicht eben dann mal nich aufs Geld drauf ankommt, also, ja" (I3 Z. 364ff).

„Des is alles so im Sinne der Kultur" (I6 Z. 242) ist ein passendes Motto von Herrn Polt und zeigt klar die Sinnzusammenhänge bei ihm auf. Dieser Sinn ist für ihn auch deswegen zentral, da er parallel teilweise Schwierigkeiten hat, die heutige Welt noch zu verstehen und sich darin selbst zu verorten.

„DAS IST ALLES WAHNSINNIG *[geht direkt ans Mikro des Aufnahmegeräts und spricht sehr deutlich] (lacht laut)*" (I6 Z. 401f). Dies erklärt er „ah ja momentan – politisch, komm i da a nimmer so ganz mit" (I6 Z. 404).

Frau Seiler ist es wichtig, für welche Organisation oder Einrichtung sie sich engagiert, welche Ziele verfolgt werden und dass Freiwillige nicht als billige Arbeitskräfte benutzt werden.

„Als dann vielleicht irgendwo zu helfen wo ich sehe also, die bräuchten eigentlich gar keine Hilfe oder die machen des jetzt nur auf (-) dass es billig is oder so, also (-) drum weiß ich dass diese Organisation einfach sich untereinander kennen und jeder is irgendwie von Spenden abhängig und ob des der Bund Naturschutz is oder Global-Ärzte die sind alle von (-) und dann da weiß ich auch, dass wenn ich da helf dann hat's wirklich nen SINN" (I9 Z. 405ff).

Bei Herrn Nick haben die Aktionen gegen den Castor-Transport auch eine Veränderung in seiner Deutung des Sinns gebracht – zugleich taucht hier auch die oben angeführte Kontinuität im Zusammenhang mit konkreten Aktionen und deren Sinn auf.

„Genauso wie früher dachte, die Castor, wenn der Castor nicht dann total blockiert wird, dass er zurückfahren muss oder so, dann is diese Aktion völlig sinnlos, aber später hatt ich dann auch gewusst, ja, (-) ich mein des is auch Illusion, des geht halt (-) so (-) so spektakulär kann's nicht gehen, also als ob ich da selber irgendwas Großartiges erfinden müsste so dass jetzt dann damit aufhört, als ob ich dann (-) irgend ne großartige Schienenblockade mache. (-) Dabei geht's dabei halt auch um so ne Regelmäßigkeit, so es geht (-) dass vor allem auch Symbolaktionen sinnvoll haben können. Des mit dem Castor is auch ne Symbolaktion, des kann nicht wirklich gestoppt werden" (I7 Z. 336f).

Er sieht selbstverständlich auch den Sinn in seinem Engagement, die Umwelt zu schützen und auf diese Themen aufmerksam zu machen. Gleichzeitig kompensiert sein Tun auch seine Angst, die er allgemein hat – dass die Welt durch die Umweltverschmutzung ganz konkret kaputt geht, aber auch seine eher diffuse Angst vor Horrorszenarien oder „alptraumhaften" Geschehnissen (sechs Nennungen im Interview mit dem Wortteil „alptraum"). Die Freiwilligenarbeit hat also auch für seine innere Gefühlslage eine wichtige und sinnvolle Funktion.

Dass die Sinnhaftigkeit – neben anderen Dingen – eine wichtige Komponente für die Gesundheit und die Identität jedes Menschen ist, bringt Frau Denk auf den Punkt:

„Und weil (-) ich war SO isoliert, also (-) ich ich bin vor Einsamkeit krank geworden *[Mh mh (-)]* und vor Sinnlosigkeit ne. Weil also des Studium war, (-) da hat sich meine Existenz drum gedreht. Ich hab meine Bekannten von früher verloren, weil die viel besser situiert sind und dann bin ich halt auch langsam in die Depression gedriftet und des auch nich so toll für die Leute" (I8 Z. 1046ff).

Zwei Interviewte erwähnen den Sinn ihrer Tätigkeiten zwar nicht explizit, jedoch ist er im Interviewerlauf dennoch zu erkennen. Herr Tietz etwa bringt sich vor allem aufgrund seiner politischen und christlichen Haltung für bestimmte Themen und Bereiche freiwillig ein. Diese politische Haltung und dadurch Sinnhaftigkeit in den Einsatzbereichen zeigt auch Herr Miehl. Außerdem ist bei ihm sichtbar, dass Freiwilligenarbeit auch beendet werden kann, wenn sie nicht als sinnvoll erlebt wird, bei ihm z.b. durch Überbelastung bei der Hausmeistertätigkeit im Wohnheim.

Die Interviewten – jede/r auf ihre/seine Weise engagieren sich in meinen Augen sehr sinnvoll im Außen (z.B. für den Stadtteil, für Psychiatrie-Erfahrene und die Politik, für soziale Belange, für die Umwelt), aber eben auch im Innen, passend zu den Bedürfnissen der jeweiligen Person. Das kann die Tagesstruktur wie bei Frau Becht sein, oder eben die Nähe zur Erwerbsarbeit, genauso wie ein Anliegen, das in der Erwerbsarbeit nicht vertreten werden kann.

3.7.6 Anerkennung

Ein Mensch bekommt Anerkennung für etwas, was er tut (Aktivität, Aktion, Leistung) oder kann (Fähigkeiten, Können). Dies setzt eine bestimmte Eigenschaft voraus (eine Leistung wird anerkannt). Etwas kann erst an-erkannt werden, wenn es von anderen gesehen und wahrgenommen wird. Anerkennung kann verbal (Bestätigung, Lob, Auszeichnung), nonverbal (Beifall, Applaus) oder auch über eine bestimmte Haltung (Achtung, Bewunderung) ausgedrückt werden.

Jeder Mensch braucht Anerkennung, „jeder Mensch will notwendig sein" (DÖRNER 1994). Es ist ein Bedürfnis, spornt an und macht zufrieden. Manche Menschen können Anerkennung, die sie von anderen bekommen, nicht annehmen, weil sie es nicht gewohnt sind bzw. nicht wissen, wie sie damit umgehen sollen. Vielen Menschen fällt es schwer, sich selbst etwas anzuerkennen.

Dabei gibt es verschiedene Dimensionen. Wenn sie ehrlich gegeben wird, hat sie keinen Zweck oder Ziel. Ebenso kann sie eingesetzt werden, um einen bestimmten Zweck zu erfüllen, um einem weiteren Ziel (Bitte) näher zu kommen, um etwas aufrechtzuerhalten (bestehender Zustand, z.B. Arbeitsleistung, etc.).

Beim menschlichen Verhalten gibt es im Rahmen der Anerkennung zwei Extreme: jemand erkennt „alles" bei anderen an, aber bei sich selbst nichts. Oder jemand erkennt nur Dinge bei sich selbst an, aber bei anderen nichts.

HOLGER KNOTHE nennt drei unterschiedliche Anerkennungsweisen, die zugleich die gesellschaftlichen Sphären der Anerkennung markieren. Wenn die emotionale Zuwendung, die kognitive Achtung und die soziale Wertschätzung in gelungenem Zusammenspiel sind, kann daraus eine funktionierende Selbstbeziehung resultieren (vgl. KNOTHE 2004, 6f).

In der Freiwilligenarbeit gibt es „offizielle" Anerkennung in Form von Urkunden, Preisen, öffentlichen Danksagungen. Ebenso gibt es „stille" Formen der Anerkennung, bei persönlichen Gesprächen, Dank-Sagen, etc., die auch nonverbal möglich sind (nicken, Schulter klopfen, Daumen hoch, ...).
Dennoch wird die Anerkennung für die Freiwilligenarbeit auch zwiespältig diskutiert. Soll sie nicht ohne Ziel und Zweck stattfinden, braucht sie daher überhaupt Anerkennung? Dies hat auch mit der christlichen Tradition der Nächstenliebe zu tun, die ja aus der Person selbst heraus kommen soll und – ganz im Sinne der christlichen Demut – keiner weiteren Erwähnung bedarf. Oft wird so argumentiert, um sich Formen der Anerkennung zu sparen. Was Aspekte in den Interviews tragen zu dem Thema Anerkennung bei?

Herrn Polt ist die Anerkennung durch andere Menschen sehr wichtig, und die erhält er zum Beispiel, weil er in seiner Freiwilligenarbeit als Mitarbeiter vorgestellt wird.

„Aber des wichtigste was I sagn wollt, dass es des durch des Ehrenamtliche (-) des geht Hand in Hand weil, weil Frau Wessel stellt mi a immer als Mitarbeiter in der Bibliothek vor, also seit Anfang an scho, und dann bin I natürlich von die Leit akzeptiert. Moan I mach ja dann immer no an Weihnachtsflohmarkt mit, im Rathaus (-) sind dann au sehr anstrengende Tage. (-) Wo ma dann Biacher verkaufan von der Bücherei aus" (I6 Z. 872ff).

Öffentliche Anerkennung hat er auch schon erfahren:

„Hab au inzwischen äh ja zwei Lesungen g´macht ehrenamtliche. Eine da war a große Feier in dem Saal da, da hab I Polt g´lesen. Da war dann a Riesenartikel in der Süddeutschen gestanden, als Geheim (-) Überraschung" (I6 30ff).

„Ja und da is dann glei jemand von der Süddeutschen kumma (-) und ah *(lacht)* was die alles wissen wollten und dann ge weiter, fang a mal zum lesen an und dann bin I da fire *(vor; Anmerkung DA)* [...] und da san dann die ganzen Lehrer vorn und der ehemalige Landrat, (-) mit dem bin I jetzt befreundet inzwischen, also (-). Tuat a guat" (I6 Z. 175ff).

Im literarischen Bereich hatte er früher schon Erfolge, daher ist es für ihn schön, daran anzuknüpfen.

„Des nächste da hab I jetzt vor des is dann mei kleines Hausprojekt [...] Weil des is ja über mein Aufsatz den I (-) den I g´schrieben hab vor (-) zehn Jahr und der is im (-) äh in Weimar in der Anna Amalia Bibliothek drin g´standen im Erg´schoß und is ja da mit verbrennt. Damals als der Brand war" (I6 Z. 60ff).

Er kann seine Leistung selbst anerkennen, ohne überheblich zu werden. Gleichzeitig kann er Anerkennung auch annehmen, nimmt sie wahr von anderen – und freut sich besonders über die Anerkennung seines literarischen Könnens durch die Mutter (vgl. Portrait; C 1.1.5).

Frau Becht bekommt über ihre Leistung eigene Anerkennung und die von anderen. Im Verkauf sind ihre Socken begehrt, sie wird gelobt, weil sie so fleißig ist.

231

„Ja, des is beim letzten Verkauf, des is au von irgendjemand g´sagt worn, dass ich die fleißigste bin. Aber I hab natürlich auf der anderen Seite halt au viel Leerlauf" (I1 Z. 320ff).

Der Träger lädt außerdem jährlich alle Freiwilligen zur Betriebsfeier. Streng genommen erwirtschaftet sie mit der Handarbeitsgruppe Geld, mit dem wiederum anderen „Bedürftigen" Anerkennung gegeben wird, wenn sie ihre Einnahmen in Form von Spenden weitergeben. Dass sie etwas Gutes tut, erkennen andere an. Auch zeigt sie mir im Interview stolz einige Socken, die sie gestrickt hat.

Herr Miehl erfährt Anerkennung dadurch, dass er für die Wahl in den Vorstand in Frage kommt, gewählt und dann sogar wieder gewählt wird. Ein Amt ist – neben der Verantwortung – eben auch eine Form der Anerkennung. Als ich ihn frage, ob jemand zu seinem Engagement in irgendeiner Weise Stellung genommen hat, verneint er dies mehrfach.

„*[Passiert Ihnen des auch?]* Überhaupt net. *[Dass irgendwer frägt, oder dass jemand sagt, find ich gut, dass Sie des machen?]* Na. Nein. *[Des nicht, also so im Sinne von Anerkennung? Oder auch innerhalb? (5s)]* Na, passiert net. *[Okay, mhm. (10s) Sie stecken ja schon einiges an Zeit rein, und auch an – ich sag mal Energie, von wegen überlegen, was für Konsequenzen und so weiter, des auch aushalten. Mm. Des is ja schon ne gewisse Tätigkeit, wo sie ja auch Kraft reinstecken, Energie reinstecken.]*

(M. zuckt mit den Schultern)" (I2 Z. 273ff).

In dieser Sequenz zeigt sich, dass er Anerkennung schwer aushalten kann. Er wehrt das Lob ab, auch macht es im Interviewverlauf den Eindruck, dass er gegenüber anderen kaum über sein Engagement spricht. Wenn er sich nicht „zeigt" kann er damit auch nicht „erkannt" oder „anerkannt" werden. Im Anschluss erzählt er von dem Angebot der monetären Anerkennung, das er ausschlägt.

„Ja zum Beispiel (-) I hab jetzt die Sekretariatsarbeit, da hat mer der G´schäftsführer ang´boten, I krieg da jetzt (??) aber I will nix dafür. (-) Also zum Beispiel mir kriegen ja die, die Aufwandsentschädigung, für die Fahrten, wenn mir halt Auslagen haben." […] „Also mir is wichtiger, es geht im Verein was voran, als wie, dass I da jetzt a paar Markl krieg (-) oder a paar Euro" (I2 Z. 292 ff).

Der Fortschritt des Vereins hat für ihn Priorität.

Frau Fines verbindet die Möglichkeit zur Anerkennung in der Freiwilligenarbeit mit der Psychiatrie-Erfahrung. Sie empfindet, dass sie bzw. die Gruppe der Psychiatrie-Erfahrenen kaum gebraucht wird. Es scheint kaum möglich, Anerkennung außerhalb der Familie zu bekommen.

„Ich glaub des is auch ein guter Effekt für die Leute, also für die psychisch Erkrankten, grad in, mit so nem (-) Ehrenamt verbunden is. *(räuspert sich)* Des is dass se auch wieder ne Bestätigung haben, wo se sich selber finden, und des is

SEHR wichtig. Weil man kriegt die ja (3) KAUM. Also vielleicht noch von der eigenen Familie, wenn ma nen guten Kontakt hat" (I3 Z. 725ff).

„Aber grad dieses Gefühl, für irgendwas auch noch geBRAUCHT zu werden, (-) OBWOHL ich krank bin, ne. Des is unheimlich (-) wichtig, glaub ich, ja" (I3 Z. 1007f).

Für Herrn Sohlegang ist das Angebot eines Tagesstätten-Mitarbeiters – trotz des latenten Auftrags, den er auch verspürt – sicher eine Anerkennung, weil ihm etwas zugetraut wird und er eben als eine Art „Vertreter" der Tagesstätte dort hingeht. Auch die Nachfragen seiner ehemaligen freiwilligen KollegInnen bei Tischlein-deck-dich, ob er bald wieder kommt und mitmacht, ist Anerkennung – sein Fehlen ist aufgefallen.

Frau Denk erfährt in ihrem Stadtteil Anerkennung, weil sie bei den vor kurzem stattgefundenen Wahlen gleich als Wahlleiterin eingesetzt wird, da sie bereits Erfahrung als Wahlhelferin hat.

Mit seinen Fähigkeiten als Bastler wird Herr Nick in seinem Umweltverein anerkannt:

„Dort bin ich dann jedenfalls mittlerweile als Bastler bekannt, weil ich dann fürs Festival, also an Fahrzeug gebaut hab aus Holzrahmen, von Brettern. Wieder ein Gestell auf Rollen und nen Stoffüberhang mit Türen, Fenster, was eine Trambahn darstellt. Da ham mir vor allem Kinder rum gefahren und dann (-) dachten die auch, also. Als ich dann mal neulich da zum Büro hinging, dann legten die mir mal nen Brief vor, ging's, soweit I mi zurück erinner, is er von dem Sender Galileo, oder von der Sendung. Die wollen dann (-) die ham ein Umweltverein da so angeschrieben, ob sie jetzt denn nicht ein Haus aus Recyclingmaterial bauen können. Soll Karton und Folie erlaubt sein, anderes weniger oder so, und (-) ob ich da nicht des übernehmen würde und dann (-) hab I da schon zugesagt. Aber da weiß I no nix genaueres. […] Ja, war an den Umweltverein einfach allgemein adressiert, ja, und des wurde an mich weitergegeben" (I7 Z. 151ff).

Frau Seiler bekommt von ihren Engagement-Projekten gute Rückmeldungen und wird auch deshalb immer wieder angefragt und eingesetzt.

Bei Herrn Tietz wird die Anerkennung zum einen durch eine erfolgreiche Aktion deutlich (psychiatrische Abeilung wird vor Ort ins Kreiskrankenhaus integriert), oder durch einen seiner Chefs in der Erwerbsarbeit, der regelmäßig seine Ausstellungen besucht.

4. Wie gelingt und wirkt Freiwilligenarbeit?

Tätigsein impliziert aktiv zu sein, etwas herzustellen, etwas zu erschaffen, eventuell zusammen mit anderen (vgl. ARENDT 2007). Die Tätigkeit hat einen bestimmten Zweck (Spaß, Zeitvertreib, Notwendigkeit, Ergebnis, Tagesstruktur, ...) und oft kommt ein Ergebnis dabei heraus. Entscheidend in den Interviews ist die Motivation (vgl. C 3.1).

„Zu dem freiwillig noch mal zurück, es is ja oft so dass ich von außen irgend ne Anregung brauche, um überhaupt auf ne Idee zu kommen, und dann erst mal überlegen muss, äh, kommt des für mich in Frage oder nicht. Und dann am besten noch irgendjemand im Bekanntenkreis, der mich einfach mitnimmt, um da ist die erste (-) Hürde sozusagen gepackt. Also vielleicht müsste man da auch sich (-) sag jetzt mal gezielte Aktionen überlegen, wie man des ankurbelt. Wie man erstmal Interesse schafft. Weil (-) ich würde mal sagen, mit so dem Krankheitsbild, des einem auch von der Klinik her vermittelt wird, is des nicht unbedingt enthalten. Des is n anderer Weg, n anderes Konzept, würd ich mal sagen" (I3 Z. 1108ff).

Jeden Tag ein Ziel zu haben wird betont. Die verschiedenen Anforderungen auf einem Kontinuum „überfordert – unterfordert" hängen mit der betreffenden Person zusammen und lassen sich nicht verallgemeinern – auch diesbezüglich ist die individuelle Passung ausschlaggebend.

Die Dimensionen von Tätigkeit reichen von Schule, Ausbildung, Studium bis zum Beruf – Arbeit, Erwerbsarbeit. Auch die Freiwilligenarbeit erfüllt Funktionen von Tätigsein (vgl. Funktionen des Dritten Sektors, A 1.3). Welche Funktionen kann Freiwilligenarbeit ersetzen und welche nicht, hat sie auch noch andere wichtige Funktionen?

Existenzsicherung kann Freiwilligenarbeit, anders als Erwerbsarbeit, nicht bieten. Sie ist die Voraussetzung, dass eine Person überhaupt freiwillig tätig wird.

Dagegen kann sie wichtige identitätsstiftende Aspekte bieten: Anerkennung, Sinn, Einbringen eigener Fähigkeiten, Tagesstruktur, Integration, soziale Kontakte und Einbindung, gesellschaftliche Teilhabe. Allerdings kann – wie bei Herrn Miehl – die Freiwilligenarbeit auch wie die Erwerbsarbeit eine Überbelastung sein. Hier ist also die individuelle Passung zum wiederholten Male wichtig. Das bestätigt auch Frau Seiler:

„Naja gut, (-) äh (-) die Definition psychisch krank des is immer so (-) Hmmm (-) ein ein sehr weiter Begriff ich mein (-) es gibt durchaus sag ich mal (-) äh Menschen mit Psychiatrie-Erfahrung (-) äh die wirklich nich arbeiten können. (-) die einfach aufgrund ihrer Medikamente oder (-) was auch immer und ähm ja (-) meine Krankheit is halt so, dass ich KEINE Medikamente brauch (-) keine Medikamente brauch, äh und doch aber so (-) hm ja wie soll ich des jetzt ausdrücken, ohne irgend jemanden nahe zu treten (-) GEIStig bin, dass ich des einfach machen kann. Aber sehr viel Psychiatrie-Erfahrene sind es einfach nicht. (-) Also die können vielleicht nur (-) ehrenamtlich einfachere Dinge tun (-) vorlesen, mit jemanden spazieren gehen. Aber ich möchte da niemanden zu nahe treten, aber ich denke mir da gibt's so verschiedene (-) Stufen von (-) Erkrankungen wo mer sagen kann die können (-) kleinere Sachen, mittlere Sachen, stundenweise, tageweise, die anderen (-) wann auch immer also (-) ja des (-) da gibt's bestimmt Abstufungen, die man vielleicht auch so in der Arbeit berücksichtigen (-) sollte könnte, weiß man nicht" (I9 Z. 592ff).

Das Rentner-Dasein, wie es Frau Fines nennt, hat dagegen andere Dimensionen. Es ist eher endlich, statisch, bleibt, es ist keine Veränderung mehr in Sicht. Freizeit kann nur in Abgrenzung zu nicht freier Zeit erlebt werden, dies wird also ohne Aufgabe oder Tagesstruktur schwierig.

Kohärenz entsteht durch Verstehbarkeit, Handhabbarkeit und Bedeutsamkeit (vgl. A 2.2). Das Tätigsein beinhaltet in verschiedenen Komponenten für alle Interviewten kohärente Erfahrungen: Das Ausprobieren, Aktiv-sein, Unterwegs-sein, Wieder-etwas-Machen und Sich-Dabei-Gut und Lebendig-Fühlen, Sich-als-Person-Zeigen, Berufskontinuität, sein Hobby und/oder eine Fähigkeit Einbringen, etc.

Herr Sohlegang und Frau Fines unterstreichen dies:

„Wenn ma weiß, wenn ma da des Gefühl hat, gebraucht zu werden, es gibt nix schöneres, ge. Und dann mit Arbeit no verbunden, dann is des natürlich des Ideale. (-) Wie ich des gesagt hab, der ideale Zustand, ge" (I5 Z. 593ff).

„Insofern, WENN einer überhaupt sich engagieren kann, den kön´mer BRAUchen. Der (-) is froh, dass er beschäftigt is, und des is ne Arbeitserleichterung für die andere Seite, ja. Also da gibt's ja so viele Möglichkeiten, (3) also ich find des ne ziemlich optiMALE Sache, ja" (I3 Z. 906ff)

Ein wichtiger Punkt ist also auch die Reziprozität, das Gegenseitigkeitsprinzip, welches Frau Fines betont.

„Weil es gibt ja – also grad für psychisch Kranke – viel, viel, viel zu wenig Möglichkeiten, sich zu betätigen, ja. [...] Ehrenamt (-) Des is ja n viel gesünderes Umfeld als wie wenn ich jetzt wieder nur unter psychisch Kranken bin, ja" (I 3 Z. 896ff).

Es erinnert an Gedanken und Neuerungen im Rahmen der Psychiatrie-Enquete und der Gemeinde-Psychiatrie – keine Gettoisierung, keine Ausgrenzung von Psychiatrie-Erfahrenen, sondern ein Tätigsein in der Gesellschaft zusammen mit anderen Menschen.

Die Idee zur Freiwilligenarbeit ist bedingt durch Zeit, Lust auf Tätigkeit, in manchen Fällen Erfahrung im Tätigkeitsbereich und die Möglichkeit zum Zugang (vgl. C 3.1). Daraus folgen dann Handlungen und Interaktionen, die ein großes Spektrum von Eigeninitiative bis hin zu Begleitung und Motivation von anderen Personen umfasst.

Es entwickelt sich eine konkrete Vorstellung, was für eine Tätigkeit in welchem Rahmen möglich ist. Dazu kommen immer wieder auch die gegebenen Möglichkeiten, sprich die institutionalen Voraussetzungen bzw. ob es im nahen Sozialraum eine Möglichkeit für diese Tätigkeit gibt.

Informationen einzuholen kann ein Beitrag zur Gesundheit sein (Herr Miehl im Q.-Verein). Genauer betrachtet können zum Kohärenzerleben alle oben genannten identitätsrelevanten Aspekte (3.4.1 – 3.4.6) beitragen. Dies korrespondiert mit den Ergebnissen des TAURIS-Projekts (vgl. A 3.1.5).

Ein entscheidender Punkt ist es, seine Grenzen zu beachten und sich nicht zu überfordern. Hier kann ein Zusammenhang mit der Teilidentität Psychiatrie-Erfahrung bestehen, aber auch mit den Erfahrungen in der Erwerbsarbeit.

Auf meine Frage „was hält Sie denn gesund?" antwortet Herr Polt:

„Hm. (-) ja die Psyche eigentlich. Also körperlich bin I jetzt net so (-) der Fitteste, (-) aber mei wia g´sogt [...] Krebspatient bin I wahrscheinlich nicht, bin I ganga zur Kontrollen und hab au jetzt äh 18 Jahr wo mei Vater jetzt äh des ausgebrütet hat nix in der Richtung. Insofern (-) und mei bei mir is es Hauptsach geistig g´sund" (I6 Z. 648ff).

Seine Antwort zeigt die Verknüpfung seiner Gesundheit mit der Freiwilligenarbeit. Auf der körperlichen Ebene geht er zur Vorsorgeuntersuchung, auch geprägt durch den Krebstod des Vaters. Aber die literarische Tätigkeit ist mit ausschlaggebend für seine Gesundheit, da dies für ihn vor allem geistige Gesundheit bedeutet. Er ist dabei sehr kohärent, benennt die Tätigkeit als „gute Therapie", auch weil er besser schläft.

Manch einer mag sich nicht vorstellen, ohne die Tätigkeit zu sein, so wichtige Funktionen hat sie für den einzelnen Tätigen, wie beispielsweise für Herrn Nick:

„(holt mehrfach Luft und räuspert sich) Ja (-) es is schon sehr wichtig geworden, ich könnt mir s einfach nimmer vorstellen, dass, dass i jetzt da dann völlig aufhören würde oder sonst (-) des wär denkbar schlecht, da hätt ich hier dann vielleicht no Kontakt, oder auch zu dem Betroffenen-Treff, da was in da in der Klinik R. da is, aber (-) was I erst seit neuestem auch doch (-) vergrößert hat. Sonst einfach nicht, des wär (4s) ziemlich Einsamkeitsgefühle hätt I (-) mhm (I7 Z. 659ff).

Es sind unterschiedliche Dimensionen von Aktivität oder Passivität, welche einzelne Freiwilligenarbeiten fordern, das Spektrum ist breit.

Die Zugehörigkeit etwa ist eher passiv, Kontakt kann beides sein, wenn ich selbst jemand Unterstützung gebe, bin ich schon viel aktiver. So geht es also vom Kontakt – der zentral ist – über zur Teilhabe, sie kann Inklusion bewirken und dadurch ein Gefühl der Integration hervorrufen. Die nächste Stufe ist dann die Partizipation.

„Ja also wenn ich so (-) ähm (-) unsere Frauen sehe (-) ähm (-) da denk ich mir oft (-) man müsste da eigentlich viel mehr tun. (-) Weil in (-) in jeden irgendein Potential steckt was er auch trotz seiner Erkrankung oder Medikamente ähm machen könnte und (-) ähm (-) also solche Einrichtungen wie die Tagesstätten die sollte man (-) wesentlich mehr (-) finanziell unterstützen wie irgendwelche m m weiß ich jetzt nicht genau. Äh anderen Sachen die die wo mer weiß von vornherein dass die zum Scheitern verurteilt sind oder (-) völlig in den Wind und da sollte man wesentlich mehr tun. (-) Also ähm und auch diese Vernetzung, dass der Behandlungsdienst für Frauen jetzt diese Ergotherapie mit rein gebracht hat, (-) es sind sehr viele also nicht nur Frauen vom BDF sondern auch halt nur Frauen aber um des geht's ja net. Da sind viele (-) wenn sie die vor zwei Jahren gesehen hätten oder vor drei Jahren, und die jetzt sehen, da würden sie sagen des

GIBT's nicht, ja. Au die sollten wesentlich mehr finanzielle Zuschüsse kriegen, dass mer mal nen Ausflug machen kann oder nich irgendwo nach (-) irgendwo halt hin bißl außerhalb des Gefängnisses der Großstadt. Und ähm des is halt schon auch da sollt mer no viel mehr tun. Und auch die Vernetzung sollte wesentlich intensiver sein (-) also zu anderen (-) Einrichtungen oder (-) weiß ich nicht. (-) Weil zum Teil kennen die sich schon hier seits es Tagescafe gibt und äh (-) des is wirklich da fehlt (3s) hm m hm da fehlt einfach die Anregung für die äh Frauen mal was auszuprobieren oder was anderes zu machen" (I9 Z. 1142ff).

Die folgende These von KEUPP lässt sich mit den Ergebnissen meiner Untersuchung belegen. Pychiatrie-Erfahrene haben durch das Tätigsein im Rahmen von Freiwilligenarbeit die Möglichkeit zur Identitätsarbeit und können ein kohärentes Selbst entwickeln und fördern. Die benannten identitätsrelevanten Aspekte unterstützten diese Prozesse in unterschiedlicher Weise und verhelfen so zu einem gelingenden Erleben der Tätigkeit.

„Identitätsarbeit hat als Bedingung und als Ziel die Schaffung von Lebenskohärenz. In früheren gesellschaftlichen Epochen war die Bereitschaft zur Übernahme vorgefertigter Identitätspakete das zentrale Kriterium für Lebensbewältigung. Heute kommt es auf die individuelle Passungs- und Identitätsarbeit an, also auf die Fähigkeit zur Selbstorganisation, zum „Selbsttätigwerden" oder zur „Selbsteinbettung". In Projekten bürgerschaftlichen Engagements wird diese Fähigkeit gebraucht und zugleich gefördert. Das Gelingen dieser Identitätsarbeit bemisst sich für das Subjekt von Innen an dem Kriterium der Authentizität und von Außen am Kriterium der Anerkennung" (vgl. KEUPP 2006b, 31; Hervorhebungen im Original).

Kapitel D: Inklusion ermöglichen – eine Aufgabe Sozialer Arbeit

Die Fragestellung der vorliegenden Arbeit ist, ob sich durch Freiwilligenarbeit gesellschaftliche Integration und Teilhabe von Psychiatrie-Erfahrenen verbessern. Integration meint einen Zustand stabiler Beziehungen und Handlungszusammenhänge zwischen allen sozialen Gruppen einer Gesellschaft aus gesamtgesellschaftlicher Sicht, Teilhabe ist Mitwirkung von Personen (oder Gruppen) in einem weiteren sozialen Zusammenhang und Berücksichtigung der Reziprozitätsnorm. Inklusion bezieht sich auf längerdauernde Prozesse (oder Zustände) und liegt nicht ausschließlich im Gestaltungsbereich der inkludierten Subjekte. Sie meint die Erzeugung von Teilhabe durch Handlungen, Strukturen oder Effekte (vgl. S. 13). Daher ist dieser Begriff im Rahmen des Arbeitsfeldes der Sozialen Arbeit angemessen (vgl. Kapitelüberschrift).

Die Ergebnisse der Untersuchung stehen in deutlichem Zusammenhang mit Identitätskonzepten. Freiwilligenarbeit birgt verschiedene identitätsrelevante Aspekte und ist dadurch eng mit der jeweiligen Lebensgeschichte der Interviewten verknüpft. Inwieweit die zentralen Ergebnisse der Untersuchung die Forschungsfragen (vgl. B) beantworten, folgt in Kapitel D 1.

Daran schließen Handlungsoptionen für die Soziale Arbeit an (vgl. D 2). Welches Potential hat die vorliegende Studie für SozialarbeiterInnen, die mit Psychiatrie-Erfahrenen zusammen arbeiten? Was können die Ergebnisse für SozialarbeiterInnen bedeuten, die im Bereich der Freiwilligenarbeit tätig sind?

Die Arbeit abschließen (vgl. D 3) werde ich mit weiterführenden Gedanken, dem Potenzial der Studie sowie einer Reflexion des gesamten Arbeitsprozesses.

1. Zentrale Ergebnisse der Studie

Der Forschungsgegenstand der Studie sind Erfahrungen mit Freiwilligenarbeit aus der Perspektive von Tätigen mit Psychiatrie-Erfahrung.

Im Kapitel zum theoretischen Rahmen (A 1; A 2) und der Beschreibung des methodischen Vorgehens (B 1) habe ich Institutionen dargestellt, die ein Tätigsein für Psychiatrie-Erfahrene ermöglichen. Neben Erwerbsarbeit auf dem ersten oder zweiten Arbeitsmarkt, verschiedenen Stufen und Angeboten im Bereich Rehabilitation ist Freiwilligenarbeit eine weitere Möglichkeit. Dies ist ein erster Institutionalisierungsprozess, Psychiatrie-Erfahrene als freiwillig Tätige.

Die Interviewportraits zeigen individuelle Möglichkeiten, wie Psychiatrie-Erfahrene eine Lösung für den Wunsch nach Tätigsein in der Freiwilligenarbeit finden. Dabei spielen die Rahmenbedingungen der Freiwilligenarbeit insofern eine Rolle, dass sie zu der jeweiligen Tätigkeit als auch der Person der/des Freiwilligen passen muss. Während für einige ein fester Rahmen und regelmäßige Abstände wichtig sind, ist für andere wiederum ein freies, selbstorganisiertes Engagement ausschlaggebend für ihr Tätigsein. Ein Vorteil von Freiwilligenarbeit wird hier sichtbar: das Spektrum an Zeitintensität und Intervallen ebenso wie der Rahmen ist gerade in diesem Bereich sehr breit gefächert und bietet dadurch unterschiedliche Varianten des Tätigseins an.

Die Felderschließung in einer westdeutschen Großstadt zeigt, dass es möglich und/oder vorstellbar ist, dass psychiatrieerfahrenen Menschen in Freiwilligenarbeit tätig sind (vgl. B1.1).

Auffällig bei den demographischen Daten (vgl. C 2) ist, dass alle Interviewten ohne LebenspartnerIn sind und keine Kinder haben. Die Altersspanne entspricht dem Freiwilligensurvey. Alle Interviewten haben mehrjährige Erfahrung mit Erwerbsarbeit.

Die Psychiatrie-Erfahrung verursacht bei den Interviewten soziale Ausgrenzung auf mehreren Ebenen und weist damit auf die vorhandene Exklusion hin. Meist ist die Ausgrenzung am Arbeitsmarkt grundlegend, jedoch auch mit Erwerbstätigkeit sind die Interviewten großteils ökonomisch, kulturell als auch politisch-institutionell ausgegrenzt (vgl. C 2.3).

Beim Rahmen der Freiwilligenarbeit der Interviewten sind zwei Dinge auffällig. Im Vergleich zu den Ergebnissen des Freiwilligensurvey engagieren sie sich nicht in den bundesweit festgestellten großen Engagementbereichen (Sport/Bewegung, Schule/Kindergarten, Kirche/Religion), sondern vorwiegend im sozialen, politischen und kulturellen Bereich. Außerdem widersprechen auch die Organisationsformen, in denen sich die Befragten vornehmlich engagieren, dem deutschlandweiten Trend (Vereine, Kirchen). Sie sind vor allem bei Selbsthilfegruppen, Initiativen, Projekten oder sonstigen selbstorganisierten Gruppen tätig. Der zeitliche Rahmen und die Unterteilung in lang- und kurzfristige Freiwilligenarbeit zeigt ein breites Spektrum und korrespondiert mit persönlichen Zeit- und Energieressourcen der Interviewten.

Durch die subjektive Perspektive der Tätigen werden die Forschungsfragen (vgl. B 1.3) wie folgt beantwortet:

Beim *Zugang zu Freiwilligenarbeit* sind die Motive der Person, die tätig werden möchte, ausschlaggebend. Fast alle Interviewten haben mehr als eines und bei allen ist das zentrale Motiv der Kontakt zu anderen Menschen. Meist sind die Motive eine Mischform aus gemeinsinnigen und auf die Selbstentfaltung bezogenen Gründen (Nähe zur Erwerbarbeit, Sinnhaftigkeit, etc.). Zwei Phasen im Zugang zeigen sich bei den Befragten: der Handlungsimpuls und dann die konkrete Umsetzung. Beides kann aus der Person selbst heraus verwirklicht werden oder mit Unterstützung von außen. Die konkrete Umsetzung des Zugangs verwirklichten die Interviewten fast immer selbständig. Neben der Entwicklung des Handlungsimpulses ist also die Umsetzung des Zugangs entscheidend.

Personen, für die Freiwilligenarbeit ein Lebensbegleiter ist (vgl. C 1), können leichter wieder an Tätigkeiten diese Art anknüpfen als andere, die freiwilliges Engagement nicht aus eigener Erfahrung kennen.

Welche *Einflüsse* wirken sich außerdem *begünstigend oder beeinträchtigend auf die Aufnahme einer freiwilligen Tätigkeit* aus? Neben der Funktion von Freiwilligenarbeit als Lebensbegleiter ist die Passung zwischen Person und Tätigkeit ausschlaggebend. Das umfasst verschiedenen Ebenen und wird in allen Abschnitten der Auswertung deutlich. Die Anforderung der Tätigkeit muss zu den Ressourcen und Interessen der Person passen, die individuelle Gestaltung der Passung ist zu beachten. Es gibt eben gerade kein Patentrezept, welche Art der Tätigkeit, welcher Umfang oder Organisationsrahmen gut sind, dies ist personenabhängig.

Das Kriterium für die Aufnahme einer Freiwilligenarbeit ist damit die biographische Passung und der Wille der/des Freiwilligen. Hier spielt bei den Interviewten die Teilidentität Erwerbsarbeit (vgl. C 3.2) eine wichtige Rolle. Personen, die mit ihrem Erwerbsleben abgeschlossen haben (Rente) oder Erwerbsarbeit und Freiwilligenarbeit immer schon kombinieren, gelingt die Aufnahme einer freiwilligen Tätigkeit leichter. Personen, die zum einen vorher noch nicht freiwillig tätig waren und zum anderen noch gerne erwerbstätig sein möchten, richten ihren Fokus eher auf die Erwerbsarbeitsuche und investieren weniger Zeit in die Suche nach einer Freiwilligenarbeit oder haben gar nicht die Idee dazu. Dies kann ein Grund sein, wieso ich keine jüngeren GesprächspartnerInnen finden konnte, da deren Fokus auf Ausbildung und/oder Erwerbsarbeit sehr ausgeprägt ist.

Stimmt die Passung zwischen Person und Freiwilligenarbeit nicht oder ist die Freiwilligkeit nicht gegeben, beeinträchtigt dies die Aufnahme einer Freiwilligenarbeit.

Die *Psychiatrie-Erfahrung spielt* – ebenso wie die Erwerbsarbeit – als Teilidentität bei den Interviewten *eine wichtige Rolle* (vgl. C 3.3). Dabei ist der Umgang mit der Erkrankung sehr individuell, etwa auch davon abhängig, ob die Person bereits lebenslang mit psychischen Problemen umgeht oder diese erst in der zweiten Lebenshälfte auftreten. Eine psychische Erkrankung beeinträchtigt viele Lebensbereiche und spielt damit im beruflichen wie privaten Leben eine Rolle. Für alle InterviewpartnerInnen ist zunächst der Anschluss an das Leben vor der psychischen Krise das Ziel. Klappt dies, so ist oft eine Gewöhnung an die eigene, veränderte Leistungsfähigkeit ein wichtiger Schritt. Teilweise ist der Anschluss an das Leben vor der Krise nicht möglich, es erfolgt – neben der Erkrankung – auch ein Bruch in der Erwerbsbiographie. Neben Erwerbsarbeitslosigkeit erfolgt manchmal die Berentung wegen Erwerbsunfähigkeit. Auch hier ist eine neue Orientierung im eigenen Leben notwendig, es braucht Ideen, wie freie Zeit sinnvoll und gesund gestaltet werden kann. Soziale Kontakte können sich durch die psychische Erkrankung wandeln. Zum einen, weil die/der Psychiatrie-Erfahrene sich (in der Krise oder danach) verändert, seine Bedürfnisse andere sind, die Kommunikation und das Selbstbild sich ändern. Zum anderen ist die Stigmatisierung von Psychiatrie-Erfahrenen weiterhin sehr verbreitet und bringt dadurch Änderungen im Verhalten von Mitmenschen mit sich. In der Freiwilligenarbeit ist es, wie in jedem anderen Lebensbereich eine schwierige Entscheidung, seine psychische Erkrankung zu thematisieren. Sie unterliegt weiterhin einem gesellschaftlichen Tabu und bringt viele Vorurteile mit sich. Dadurch fällt es Psychiatrie-Erfahrenen oft schwer, sich mitzuteilen, auch wenn die meisten der Interviewten einen offenen Umgang mit ihrer Erkrankung klar bevorzugen. Diese Abwägung spielt auch in der Freiwilligenarbeit eine Rolle und wird sehr unterschiedlich gelebt. Manche sprechen ihre Psychiatrie-Erfahrung von Beginn an offen an, bei einigen Engagements im Psychiatrie-Bereich ist es klar und muss nicht kommuniziert werden. Andere bevorzugen, es (zunächst) der Einrichtung und den anderen Freiwilligen nicht mitzuteilen.

Was macht aus, dass eine *Freiwilligenarbeit als gelingend erlebt* wird? Neben der bereits beschriebenen biographischen Passung und ihren unterschiedlichen Polen (z.B. mehrmals die Woche – einmal im Monat tätig sein; sehr hoher Organisationsgrad – selbstorganisierte Tätigkeit; etc.) sind die identitätsrelevanten Aspekte der Freiwilligenarbeit (vgl. C 3.4) zentral. Autonomie und soziale Einbindung werden bei fast allen sichtbar, mindestens genauso wichtig ist die Kontinuität. Diese wird von den meisten durch eine Tätigkeit erreicht, die ihnen vertraut ist und deshalb Sicherheit vermittelt. Dabei kann die Erwerbsarbeitsnähe, eine wichtiges Hobby oder politisches Interesse ein Kriterium sein. Lern- und Entwicklungsmöglichkeiten sind für Menschen jeden Alters im Rahmen des Tätigseins bedeutsam, und ohne die Sinnhaftigkeit einer Tätigkeit kann diese nicht dauerhaft als gelingend erlebt werden. Das Gefühl gebraucht zu werden, ist für jeden Menschen zentral, somit ist Anerkennung ein weiterer Punkt für das gelingende Erleben der Tätigkeit.

Diese identitätsrelevanten Aspekte spitzen sich letztlich auf verschiedene Dimensionen des Tätigseins zu, die zeigen, dass im Rahmen von Freiwilligenarbeit bei den Interviewten Identitätsarbeit stattfindet, die Lebenskohärenz schafft und fördert (vgl. C 4). Wenn also die Passung zwischen Person und Freiwilligenarbeit stimmt – und das muss kein statischer Zustand sein, sondern ein Prozess und veränderbar – dann kann diese Tätigkeit gesundheitsfördernd und identitätsstiftend sein.

Die Antwort auf die Hauptfragestellung lautet demnach, dass Freiwilligenarbeit eine Möglichkeit zur Verbesserung der gesellschaftlichen Integration und

Teilhabe für Psychiatrie-Erfahrene darstellt. Allerdings ist es bedeutsam, die einzelne Biographie zu betrachten, um eine Passung zwischen Person und Tätigkeit sicherzustellen.

Die Sinnkonstruktion des Einzelnen und die Freiwilligkeit sind entscheidende Faktoren. Ebenso ist genau zu betrachten, in welchem Rahmen soziale Ausschließungsprozesse bei der einzelnen Person bereits stattgefunden haben und ob Freiwilligenarbeit diese reproduziert bzw. neue Ausschließungsprozesse produziert.

Freiwilligenarbeit kann also einen Übergang zum Tätigsein, eine Art Rehabilitation bedeuten, sie kann auch Erwerbsarbeit begleiten oder aber manche Funktionen der Erwerbstätigkeit ersetzen, allerdings nicht Existenzsicherung.

Vor allem ist Freiwilligenarbeit eine Teilhabemöglichkeit am gesellschaftlichen Alltag. Der Prozess, Möglichkeiten zum Tätigsein zu entwickeln, das Herausfinden und Kommunizieren von Ressourcen einer Person, kann in eine Tätigkeit münden, ist heilsam und stärkt den Selbstwert. Dieses kohärenz- und sinnstiftende Moment bei der Entwicklung und Thematisierung von Beschäftigungsmöglichkeiten kann bereits ein erster Gewinn für Psychiatrie-Erfahrene sein.

Die Teilhabe am gesellschaftlichen Alltag gelingt bei den Interviewten durch ihre Freiwilligenarbeiten, wenn die Passung zwischen beiden gegeben ist. Durch die Tätigkeit haben sie soziale Kontakte, oft mehr als ohne die Tätigkeiten. Interessant ist, dass bei dem einzigen fest Angestellten (Herr Nick) ein sehr hohes Inklusionsbegehren sichtbar wird, das er zum Großteil über sein freiwilliges Engagement befriedigen kann. In seinem Fall wird ganz deutlich, dass er beide Arten der Arbeit braucht und beide ihre Funktion erfüllen. Damit ist klar, dass Freiwilligenarbeit ergänzende Aspekte bei erwerbstätigen Psychiatrie-Erfahrenen haben kann und nicht ausschließlich als Überbrückung oder Ersatz für Erwerbsarbeit gedacht werden darf.

Außerdem ist bei meinen Interviewten der Eigensinn zentral. Neben gemeinsinnigen Gründen benennen sie einige Dinge, die sie als gelingend und gut für sich selbst wahrnehmen. Ohne diesen Eigensinn würden sie ihre Tätigkeit längst nicht als so gelingend wahrnehmen, was besonders die identitätsrelevanten Aspekte zeigen (vgl. C 3.4). Hier ist ein deutlicher Unterschied zu anderen Rehabilitationsmaßnahmen oder Kursen, die zum Beispiel über die Arbeitsagentur laufen, zu sehen. Dort wird meist nach freien Plätzen vermittelt, nicht nach Art der Tätigkeit und den Interessen und Fähigkeiten der Person.

Der Aspekt der Passung ist ausschlaggebend für die Identitätsrelevanz und damit für das Gelingen. Dieser Eigensinn bei den Interviewten hat salutogenetische Aspekte und fördert die Kohärenz der Person, während und außerhalb dieses Tätigseins. Trotz ihrer Schicksale beeindrucken die Interviewten mit sehr souveräner Lebensgestaltung, gerade im Spektrum der freiwilligen Tätigkeiten.

2. Handlungsoptionen für die Soziale Arbeit

Im Folgenden zeige ich Handlungsoptionen für SozialarbeiterInnen auf, die sich aus meiner Studie ergeben. Die Soziale Arbeit ist zum einen im Feld Sozialpsychiatrie, zum anderen in verschiedenen Bereichen der Freiwilligenarbeit tätig. Um Inklusion zu ermöglichen sind nicht nur die individuellen und identitätsrelevanten Aspekte der Freiwilligenarbeit bei Psychiatrie-Erfahrenen mit zu bedenken, sondern auch die institutionalen Aspekte zu betrachten. Diese beiden Seiten korrespondieren idealerweise miteinander.

Für SozialarbeiterInnen, die mit Psychiatrie-Erfahrenen arbeiten, ist es zunächst einmal wichtig, das Feld der Freiwilligenarbeit als Möglichkeit des Tätigseins wahrzunehmen. Die Kenntnisse über das Feld und die Bereiche der Freiwilligenarbeit sind dabei ebenso bedeutend wie der Grundsatz, die Freiwilligkeit dieser Tätigkeiten im Blick zu behalten. Die Haltung der Sozialen Arbeit entlang ihrer ethischen Grundsätze und der Menschenrechte ist selbstverständlich (vgl. A 2.4).

Das Wissen über Tätigkeitsfelder und Arbeitsmöglichkeiten wird an NutzerInnen und KollegInnen sozialpsychiatrischer Angebote weitergegeben. Besonders im Rahmen psychosozialer Beratung ist dies möglich, meist als Vorstufe zur beruflichen Rehabilitation oder auch wenn diese Wege bereits ausgeschöpft bzw. nicht mehr gehbar sind. Dabei ist zu betonen, dass nicht jede Institution alle Arten von Tätigkeiten bieten kann, außerdem können gerade so genannte Nischen-Tätigkeiten für Psychiatrie-Erfahrene interessanter sein als die in großen Vereinen, Institutionen oder der Kirche, wie meine Studie zeigt. Viele kleine Organisationen und Zusammenschlüsse bieten Möglichkeiten zum passenden Tätigsein. Auf der Basis dieser Arbeit lässt sich ein Leitfaden für die psychosoziale Praxis in Bezug auf Freiwilligenarbeit erstellen. Dieser kann darauf hinweisen, was es für eine Einladung, Information, Begleitung oder Vorarbeit braucht, damit die Aufnahme einer Freiwilligenarbeit unterstützt wird.

Die mögliche Passung von Psychiatrie-Erfahrenen und Freiwilligenarbeit ist auf individueller Ebene mit Blick auf die organisatorische Ebene zu erarbeiten. Das geschieht durch Beratung von Psychiatrie-Erfahrenen, die den salutogenetischen Grundsätzen der Ressourcenerschließung, Kompetenzfindung und des Empowerments folgt. Neben dem Abfragen von Fähigkeiten, Ressourcen, Erfahrungen und Kenntnissen ist die Biographiearbeit zentral, da sich in der Biographie wesentliche Passungsaspekte der Person für das Tätig-

sein finden lassen. Diese Art der Beratung ist meines Erachtens in allen Bereichen der Gemeinde- bzw. Sozialpsychiatrie möglich. Wichtig ist, die unterschiedlichen Bedingungen und Bedürfnisse und ihre individuelle Differenzierung herauszuarbeiten. Beispiele hierfür sind:
- Begleitung und Betreuung versus selbstorganisiertes Tätigsein
- Offene Strukturen versus feste Strukturen
- Vorgegebene Tätigkeit und Inhalt versus Selbstbestimmung von Inhalt und Tätigkeit
- Kontinuierliche Tätigkeit versus verschiedene unterschiedliche Projekte
- Viel versus wenig Verantwortungsübernahme
- Jeden Tag tätig sein versus einmal im Monat tätig sein
- Aktive Tätigkeit versus passive Teilnahme

Diese Aufzählung ließe sich sicher noch fortsetzen. Alle freiwilligen Tätigkeiten sollen anerkannt werden – entweder durch eine Aufwandsentschädigung, Erstattung der Fahrtkosten, Stellen des Materials oder Möglichkeiten für die Freiwilligen zum Austausch untereinander. Beliebt sind auch Feste für die Freiwilligen.

Bei meinen Interviewten ist sehr deutlich geworden, dass die Formen der sozialen und verbalen Anerkennung wesentlich höher eingeschätzt werden als die monetäre Anerkennung. Dennoch ist gerade bei Menschen, die meist nahe der Armutsgrenze leben, darauf zu achten, dass ihnen durch die Tätigkeit keine zusätzlichen Kosten entstehen.

Das Tätigsein in Wohnortnähe ist ein wichtiger Faktor, der einen monetären und einen räumlichen Grund haben kann. Der öffentliche Nahverkehr im Großraum einer westdeutschen Großstadt ist teuer. Für Psychiatrie-Erfahrene ist die Schwelle zum tätig werden meist niedriger, wenn der Ort der Tätigkeit nicht allzu weit von der Wohnung entfernt ist, die/der Psychiatrie-Erfahrene keine langen Anfahrtswege hat und im Krisenfall schnell in der vertrauten Umgebung der eigenen Wohnung ist (Schutzraum).

PÖRKSEN spricht im Folgenden zwar von beruflicher Rehabilitation, jedoch gilt diese Sozialraumorientierung meines Erachtens auch für Freiwilligenarbeit.

„Konkret bedeutet diese Forderung weg von einrichtungs- und maßnahmenbezogener Hilfegewährung hin zu einzelfallbezogener und flexibler Hilfegewährung am Wohnort, um unnötige Veränderungen des gesamten Lebensumfeldes und der weiteren Gewährung anderer komplexer Hilfeleistungen nicht zu gefährden. Dabei muss das „Normalisierungsprinzip" gelten. Rehabilitation im gewohnten Umfeld oder Integration nach dem Slogan „Erst platzieren – dann rehabilitieren" ist weitaus erfolgversprechender als Hilfeplanung, Hilfegewährung und Integration nacheinander in unterschiedlichen Strukturen. Das belegen Studien aus den USA und der Schweiz eindrucksvoll" (PÖRKSEN 2002, 45).

Neben der Kenntnis des Sektors der Freiwilligenarbeit, vor allem vor Ort, ist ebenso die Offenheit der Träger, die Freiwilligenarbeit als Möglichkeit zum Tätigsein anbieten, wichtig. Wie die Felderschließung gezeigt hat, können sich einige Einrichtungen oder Institutionen vorstellen, mit psychiatrieerfahrenen Freiwilligen zu arbeiten, oder tun es bereits. Nach den Ergebnissen meiner Studie bin ich der Meinung, dass es kein gesondertes Angebot im Rahmen von Freiwilligenarbeit für Psychiatrie-Erfahrene braucht. Dennoch sollten den MitarbeiterInnen im Arbeitsfeld Freiwilligenarbeit ebenso wie den NutzerInnen mehr Kenntnis über das Thema psychische Erkrankung zugäng-lich gemacht werden. Dies sollte zuallererst nicht stigmatisierend und diagnostisch geschehen. Besser ist hier die Zusammenarbeit mit Sozialpsychiatrischen Diensten oder ähnlichen ambulanten Einrichtungen auf ressourcenorientierter Basis. Was ist das Identitätsrelevante an einer Freiwilligenarbeit, wie kann ein Mensch gerade über sinnvolle Tätigkeit wieder aktiver werden und gesellschaftliche Teilhabe erfahren. Auch kann der Rahmen gemeinsamer freiwilliger Tätigkeit dazu beitragen, Vorurteile abzubauen und Stigamtisierungen aufgrund der psychischen Erkrankung zu vermeiden.

Freiwilligenarbeit ist ein vielseitiger Erfahrungsraum. Das Ermöglichen solcher Erfahrungsräume ist Aufgabe der Sozialen Arbeit, besonders in der Sozialpsychiatrie. Dies schafft vielfältige Inklusionsmöglichkeiten.

3. Reflexion und Ausblick

Zum Abschluss der Arbeit werden weiterführende Gedanken aufgezeigt, das Potential dieser Studie dargestellt und der Forschungsprozess reflektiert.

Ich würde es begrüßen, wenn zukünftig Forschungsfragen und Forschungsschwerpunkte im Mittelpunkt stehen, die sich detailliert mit den Prozessen des Zugangs zu Freiwilligenarbeit auseinandersetzen – von Seiten der Tätigen als auch der Institutionen betrachtet. Neben den Motiven zeigt die vorliegende Arbeit, dass wesentlich mehr Gründe ausschlaggebend für die Aufnahme und den Zugang zu Freiwilligenarbeit sind.

Im Nachhinein würde ich zu den Interviews eine Netzwerkkarte[85] erstellen lassen und bearbeiten, da so sicher noch umfangreichere Angaben zum sozialen Netzwerk möglich gewesen wären. Auch dies kann eine folgende Studie in den Blick nehmen.

Die Bedeutung der Themen Tätigsein und die Suche nach alternativen Teilhabemöglichkeiten wird in Zukunft meines Erachtens eher zunehmen, da die Erwerbsarbeit weiter zurückgeht. Hier kommt noch einmal die Tätig-

---

85 Näheres zur Methode und Erstellung einer Netzwerkkarte im Rahmen der qualitativen Netzwerkanalyse siehe bspw. in HÖFER et al. (2006) und PELIZÄUS-HOFFMEISTER (2006)

keitsgesellschaft in den Blick, die WOUTERS (2005) beschrieben hat. Ziel wäre, in Zukunft in diese Richtung zu denken und Arbeit nicht mehr ausschließlich als Erwerbsarbeit zu denken.

„Es empfiehlt sich Skepsis, denn wenn ehrenamtliche Arbeit neuerdings wieder so sehr gepriesen wird, verbirgt sich dahinter doch meist die kaum verhohlene Absicht, Mittel im Sozialbereich zu kürzen. Inhaltlich ist es dennoch sinnvoll, daß gerade die, die bei einem immer enger werdenden Konkurrenzkampf auf der Strecke zu bleiben drohen, sich Lebensentwürfe jenseits des vergangenen Ideals der Erwerbsarbeit suchen und erproben, auch um den Preis relativer Armut, bei Gewinn von Sinn, Freiheit und Lebensqualität" (LUGER 1998, 676f).

Aus diesem Grund benenne ich Folgerungen für die politisch Verantwortlichen:

Um Freiwilligenarbeit in Zukunft zu fördern und zu unterstützen, bedarf es eines veränderten Leitbildes des Staates. Ein solches Leitbild stellt die Idee des „ermöglichenden" bzw. „aktivierenden" Staates (OLK 2003, 317) in den Mittelpunkt. Damit werden der Staat und seine Institutionen im Verhältnis zur Bürgergesellschaft neu beschrieben. Die Lesarten eines solchen Leitkonzeptes sind nicht eindeutig. Ich denke dabei an

„ein Verständnis des „ermöglichenden Staates", der bei der Erledigung öffentlicher Aufgaben „auf Augenhöhe" mit den unterschiedlichsten bürgergesellschaftlichen Akteuren kommuniziert und kooperiert. Unterstellt wird also eine gleichberechtigte Wechselbeziehung zwischen einem „ermöglichenden" Staat auf der einen Seite und einer immer schon aktiven, Verantwortung übernehmenden Bürgergesellschaft andererseits. Durch die enge, gleichberechtigte Zusammenarbeit von Staat und Bürgergesellschaft werden beide Seiten in ihrem Handeln nicht behindert sndern vielmehr ausdrücklich gestärkt und gestützt. Weder werden die vielfältigen bürgergesellschaftlichen Akteure (wie Individuen, Gruppen, Organisationen) durch die Kooperation mit staatlichen Institutionen korrumpiert und instrumentalisiert, noch wird der Sozialstaat auf diese Weise bei der Erledigung öffentlicher Aufgaben behindert. Vielmehr lassen sich auf diese Weise sowohl die Rahmenbedingungen für bürgerschaftliches Engagement verbessern als auch die Leistungsfähigkeit des Sozialstaats nachhaltig erhöhen" (OLK 2003, 317f; Hervorhebungen im Original).

Es reicht jedoch nicht, die institutionellen Rahmenbedingungen auszugestalten und dadurch mehr Verantwortungsübernahme passiv zu ermöglichen. Denn das kann dazu führen, dass bereits engagementfähige und engagementbereite Bevölkerungsgruppen diese Angebote ergreifen. Andere Bevölkerungsgruppen hingegen, wie beispielsweise Psychiatrie-Erfahrene, können dies wegen fehlender Engagementerfahrungen, Kompetenzen oder Motivationen nicht in gleichem Maße. OLK schlägt hier Empowerment als Korrektur vor. Das heißt für den Staat, dass er nach obigem Leitgedanken „ausdrücklich Maßnahmen und Strategien der Befähigung verschiedener Gruppen der Bevölkerung zur Beteiligung" (ebd. 318) mit einschließen muss.

„Es geht hier insbesondere darum, durch geeignete Maßnahmen der Qualifizierung und Motivierung, aber auch der entsprechenden Ausgestaltung institutioneller Rahmenbedingungen und Aufgabendefinitionen auch solchen Personen (-gruppen) Zugänge zum bürgerschaftlichen Engagement zu schaffen, die über herkömmliche Verfahren und Beteiligungsformen bislang nicht ausreichend angesprochen und motiviert werden konnten bzw. können" (ebd. 318).

Neben Rehabilitationsmöglichkeiten, Wiedereingliederungsmaßnahmen oder den so genannten 1€-Jobs birgt diese Idee eines ermöglichenden Staates Freiwilligenarbeit als zusätzliche Aussicht auf Tätigsein.

Anschluss an die dargelegten Themenbereiche gelingt durch verschiedene theoretische Konzepte, die zum Teil schon benannt worden sind (Salutogenese, Identitätsarbeit, Empowerment, Förderung von Teilhabe- und Inklusionsprozessen). Außerdem passt Aneignung als theoretisches Konzept. Grundlagentheoretisches dazu für die Soziale Arbeit findet sich bei MICHAEL WINKLER (vgl. 2004), während ALEXEJ LEONTJEW (vgl. 1982) für die kritische Psychologie die Aneignung dezidert darlegt. Auch das Konzept der Lebensweltorientierung von HANS THIERSCH (vgl. 2000; GRUNWALD & THIERSCH 2004) kann an die Forschung anschließen. Bereits benannt und passend sind die Humankriterien für gute Arbeit, die der Tätigkeits- und Arbeitspsychologie aus dem Kreis um THEO WEHNER (2008) an der EFH Zürich entstammen.

Das Potenzial der Studie liegt vor allem auf der Mikro- und der Mesoebene. Auf der Mikroebene können die Erkenntnisse für Psychiatrie-Erfahrene interessant sein, die sich freiwillig engagieren oder engagieren wollen. Eine wichtige Erkenntnis für alle Beteiligten an diesen Prozessen ist, Psychiatrie-Erfahrene nicht nur als Betroffene wahrzunehmen, sondern ihre Ressourcen und das Tätigsein zu sehen und anzuerkennen. Dies beinhaltet ein gewisses Aufklärungspotenzial – auch bei Profesionellen – dass Psychiatrie-Erfahrene eben nicht per se „unattraktive TauschpartnerInnen" sind. Klar soll das Ziel bezahlte Arbeit sein. Aber es gibt einige Menschen, die aufgrund ihrer psychischen Erkrankung und immer wiederkehrender Krisen und geringer Belastbarkeit nicht mehr auf dem ersten Arbeitsmarkt arbeiten wollen oder können, aber dennoch tätig sein möchten und so am gesellschaftlichen Leben teilhaben.

Auf der Mesoebene sind die Ergebnisse für Freiwilligenagenturen und Freiwilligenzentren, also auch die Praxis Sozialer Arbeit interessant. Ein weiterer Schritt muss sein, die Forschungsergebnisse an die Praxis rückzubinden, etwa mittels eines Leitfadens (vgl. oben) und der Rückmeldung an die anfangs kontaktierten Institutionen, Träger und Einrichtungen (vgl. B1.1).

Da Psychiatrie-Erfahrene selbst Experten in der Bewältigung ihres Alltags (mit der psychischen Krankheit) sind, ist eine aktive Beteiligung von

Betroffenen und Betroffenen-Verbänden bei strukturverändernden Maßnahmen notwendig.

Des weiteren ergeben sich Folgerungen für die Sozialarbeitsforschung. Die Arbeitspsychologie wird von NITSCHE & RICHTER (vgl. 2003) aufgefordert, sich mehr an dem in der Soziologie laufenden kritischen Dialog über die Entstehung neuer Arbeitsformen zu beteiligen (vgl. ebd. 14). Ich schließe mich diesem Aufruf an und möchte ihn auf die Soziale Arbeit ausweiten, da diese Profession seit langem genau in diesem Spannungsfeld (Erwerbsarbeit – andere Formen der Arbeit, etwa Freiwilligenarbeit) arbeitet.

ALBERT MÜHLUM (vgl. 2003; 2007) formulierte auf der dritten Jahrestagung des Netzwerkes „Rekonstruktive Sozialarbeitsforschung und Biographie" in Berlin im März 2007 ein Fazit zu Sozialarbeitsforschung, dessen Punkte sich auch im Rahmen der vorliegenden Studie zeigen:

„Die Sozialarbeitsforschung ist Erfolg versprechend, (a) weil sie Wissen über und Verständnis für psychosoziale Probleme generiert, (b) weil sie dazu beträgt, Strategien zu entwickeln und wirksamer – effektiv wie effizient – zu handeln und dies empirisch zu belegen, (c) weil sie situationsspezifisch und zielgruppengenau in der Lebenswelt ansetzt und (d) weil sie Teil professioneller Praxis ist und vor Ort von SozialarbeiterInnen benötigt und unterstützt wird" (LOCH & GAHLEITNER 2008, Abs. 14).

Die vorliegende Arbeit generiert Wissen und Verständnis für das Tätigkeitsproblem von Psychiatrie-Erfahrenen. Außerdem belegt sie diesen Umstand empirisch und setzt situationsspezifisch in deren Lebenswelt an. Die Beziehung zwischen Forschung und Handlungspraxis, ein verstehender und fallbezogener Blick ist meines Erachtens zentral für die Soziale Arbeit. Sie verfügt neben dem theoretischen Wissen (Theorien, Methoden) ebenso über Erfahrungswissen, welches in der beruflichen Handlungspraxis entsteht. Außerdem haben wir es in diesem Handlungsfeld immer mit Menschen in sozialen Problemlagen zu tun, die ihr je ganz eigenes Erfahren und Erleben mitbringen. Meines Erachtens ist die Forschung im Praxisfeld wichtig, um das subjektive Erleben der KlientInnen zu erfassen – neutral, ohne die übliche Rollenzuweisung. Sozialarbeitsforschung kann zentrale Selbsthilfepotentiale und Selbsthilfekräfte / Selbst-Integrations-Mechanismen für die Theoriebildung, Praxis und Lehre zugänglich machen bzw. offen legen.

Im Rahmen meiner Forschung wird klar, dass es für diesen kleinen Ausschnitt zwar Erfahrungen einzelner SozialarbeiterInnen und KlientInnen gibt, diese aber nirgends niedergelegt sind – Ausnahme sind die Arbeiten von CHANTAL MUNSCH (vgl. 2003; 2004; 2005) zum Thema Bürgerschaftlichen Engagements von benachteiligten Bevölkerungsgruppen.

„Ich mein nur so jetzt zum Beispiel, wenn man versucht des eben Psychiatrie-Erfahrenen auch näher zu bringen, des Ehrenamt, da würd ich diese Dinge direkt ansprechen. Dass eben des nicht in Geld zu berechnen ist, was mir des bringt. (-) Des hat andere Werte, andere Stellewerte, ja." (I3 Z. 1240ff)

Schließen möchte ich mit einem an Camus angelehnten Ausspruch, den ich als Handlungsaufforderung für alle Menschen, aber auch gerade für sozial Tätige verstehe: Ob die Welt gerecht sei, könne er nicht sagen, aber es mache die Würde des Menschen aus, sich dafür einzusetzen, dass seine Verhältnisse gerechter würden.

Epilog

Wir haben wenig Zeit – aber wir müssen sie uns nehmen – und wir müssen sie ebenso den anderen Menschen zugestehen. Wir sollten uns eher auf Fragen, denn auf Antworten orientieren. Antworten zum Leben anderer zu geben, steht uns nicht zu. Antworten sind in erster Linie Sache der Menschen selbst, die versuchen, ihr Leben zunehmend in die eigenen Hände zu nehmen. Dies gilt natürlich auch für uns. Dies in der Forschung zu berücksichtigen, haben wir ein wenig gelernt. Als Lernmöglichkeit könnte es auch für andere Forschungsvorhaben von Interesse sein.

KURT BADER, CHRISTIAN ELSTER & BIRTE LUDEWIG:

(2006, 196)

Abbildungsverzeichnis

Abb. 1: Dritter Sektor	28
Abb. 2: Freiwilligenarbeit	35
Abb. 3: Humankriterien guter Arbeit und deren Gewichtung	38
Abb. 4: Interaktion von Konzepten nach dem ICF	50
Abb. 5: Motive für das freiwillige Engagement / Freiwilligensurvey	69
Abb. 6: Organisationsformen / Freiwilligensurvey Bayern	70
Abb. 7: Erwerbsstatus / Freiwilligensurvey	72
Abb. 8: Dimensionen sozialer Ausgrenzung	74
Abb. 9: Freiwilligenarbeit – Wirkebenen und Einordnung der Studie	80
Abb. 10: Kreislaufmodell des Sozialkonstruktivismus	90
Abb. 11: Kontaktaufnahme zu den InterviewpartnerInnen	103
Abb. 12: Ebenen der hermeneutischen Dialoganalyse	110
Abb. 13: Portraitgruppe: Freiwilligenarbeit als Lebensbegleiter	150
Abb. 14: Portraitgruppe: Freiwilligenarbeit nach Psychiatrie-Erfahrung	152
Abb. 15: Altersgruppen / Freiwilligensurvey	155
Abb. 16: Engagementbereiche / Freiwilligensurvey	162
Abb. 17: Zeitlicher Rahmen / Freiwilligensurvey Bayern	164
Abb. 18: Freiwilligenarbeit als Möglichkeit	175
Abb. 19: Umsetzung Zugang	179
Abb. 20: Einkommen: Berentung – Nicht-Berentung	191
Abb. 21: Verbindung Erwerbsarbeit – Freiwilligenarbeit 1	193
Abb. 22: Verbindung Erwerbsarbeit – Freiwilligenarbeit 2	195
Abb. 23: Verbindung Erwerbsarbeit – Freiwilligenarbeit 3	197
Abb. 24: Psychiatrie-Erfahrung und Erwerbsarbeit	202

Literaturverzeichnis

Adloff, Frank (2005): Zivilgesellschaft. Theorie und politische Praxis. Frankfurt am Main: Campus.

Aktion Psychisch Kranke (APK) (2004): Projektbeschreibung: "Teilhabe an Arbeit und Beschäftigung für psychisch kranke Menschen - Entwicklung regionaler, integrierter und personenzentrierter Hilfesysteme". Verfügbar über: http://www. psychiatrie. de/ apk/projekte/ teilhabe [Zugriff: 22.10.2005].

Anheier, Helmut K.; Freise, Matthias & Themundo, Nuno (2005): Entwicklungslinien der internationalen Zivilgesellschaft. In: Birkhölzer, Karl; Klein, Ansgar; Priller, Eckhard & Zimmer Annette (Hrsg.): Dritter Sektor/Drittes System. Theorie, Funktionswandel und zivilgesellschaftliche Perspektive. S. 17-38. Wiesbaden: VS Verlag für Sozialwissenschaften.

Antonovsky, Aaron (1981): Health, Stress, and Coping. San Francisco: Jossey-Bass Publishers.

Antonovsky, Aaron (1997): Salutogenese. Zur Entmystifizierung der Gesundheit. Tübingen: dgvt Verlag.

Arendt, Hannah (1967/2007): Vita activa oder: Vom tätigen Leben. München: Piper.

Bader, Kurt; Elster, Christian & Ludewig, Birte (2006): Zu Hause sein im Fragen. Ein ungewöhnlicher Forschungsbericht. Neumünster: Paranus Verlag.

Barloschky, Katja (2000): Die Zukunft der Arbeit. In: impulse (15).

Basaglia, Franco; Basaglia Ongaro, Franca & Frölich, Barbara (1972): Die abweichende Mehrheit. Die Ideologie der totalen sozialen Kontrolle. Frankfurt am Main: Suhrkamp.

Bauman, Zygmunt (1992): Moderne und Ambivalenz. Hamburg: Junius.

Bauman, Zygmunt (1999): Das Unbehagen in der Postmoderne. Hamburg: Hamburger Edition.

Bauman, Zygmunt (2005): Verworfenes Leben. Die Ausgegrenzten der Moderne. Hamburg: Hamburger Edition.

Beck, Ulrich (1986): Risikogesellschaft. Auf dem Weg in eine andere Moderne. Frankfurt am Main: Suhrkamp.

Beck, Ulrich (2000): Wohin führt der Weg, der mit dem Ende der Vollbeschäftigungsgesellschaft beginnt? In: Beck, Ulrich (Hrsg.): Die Zukunft von Arbeit und Demokratie. S. 7-66. Frankfurt am Main: Suhrkamp.

Bennett, Douglas (1972): Die Bedeutung der Arbeit für die psychiatrische Rehabilitation. In: von Cranach, Michael & Bennett, Douglas (Hrsg.): Sozial-psychiatrische Texte. Psychische Krankheit als sozialer Prozeß. S. 68-78. Berlin: Springer.

Berger, Peter & Luckmann, Thomas (1969): Die gesellschaftliche Konstruktion der Wirklichkeit. Eine Theorie der Wissenssoziologie. Frankfurt am Main: Fischer.
Berger, Peter A. & Konietzka, Dirk (Hrsg.) (2001): Die Erwerbsgesellschaft. Neue Ungleichheiten und Unsicherheiten. Opladen: Leske und Budrich.
Berger, Peter A. & Konietzka, Dirk (2001): Alte Ungleichheiten und neue Unsicherheiten in der Erwerbsgesellschaft. In: Berger, Peter A. & Konietzka, Dirk (Hrsg.): Die Erwerbsgesellschaft. Neue Ungleichheiten und Unsicherheiten. S. 9-25. Opladen: Leske und Budrich.
Biesecker, Adelheid (2000): Arbeitsteilung und das Ganze des Wirtschaftens - Die Produktivität sozio-ökonomischer Vielfalt. In: Nutzinger, Hans G. & Held, Martin (Hrsg.): Geteilte Arbeit und ganzer Mensch. Frankfurt; New York: Campus.
Birkhölzer, Karl; Klein, Ansgar; Priller, Eckhard & Zimmer Annette (Hrsg.) (2005): Dritter Sektor/Drittes System. Theorie, Funktionswandel und zivilgesell-schaftliche Perspektive. Wiesbaden: VS Verlag für Sozialwissenschaften.
Blanke, Uwe (1995): Der Weg entsteht beim Gehen. Sozialarbeit in der Psychiatrie. Bonn: Psychiatrie-Verlag.
Blumer, Herbert (1981): Der methodologische Standort des Symbolischen Interakt-ionismus. In: Arbeitsgruppe Bielefelder Soziologen. [1969], S. 80-146.
Bock, Thomas & Weigand, Hildegard (Hrsg.) (1998): Hand-werks-buch Psychiatrie. Bonn: Psychiatrie-Verlag.
Böhnke, Petra (2006): Am Rande der Gesellschaft – Risiken sozialer Ausgrenzung. Opladen: Barbara Budrich.
Bohnsack, Ralf; Marotzki, Winfried & Meuser, Michael (Hrsg.) (2006): Hauptbegriffe Qualitativer Sozialforschung. Opladen & Farmington Hills: Barbara Budrich.
Böllert, Karin (2001): Normalarbeitsverhältnis und Arbeitsgesellschaft. In: Otto, Hans-Uwe & Thiersch, Hans (Hrsg.): Handbuch Sozialarbeit/Sozialpädagogik. S. 1286-1291. Neuwied; Kriftel: Luchterhand.
Bonß, Wolfgang (2001): Vergesellschaftung der Arbeit. Oder: Gegenwart und Zukunft der Arbeitsgesellschaft. In: Berger, Peter A. & Konietzka, Dirk (Hrsg.): Die Erwerbsgesellschaft. Neue Ungleichheiten und Unsicherheiten. S. 331-356. Opladen: Leske und Budrich.
Bosshard, Marianne; Ebert, Ursula & Lazarus, Horst (2001): Sozialarbeit und Sozialpädagogik in der Psychiatrie. Lehrbuch. Bonn: Psychiatrie Verlag.
Bourdieu, Pierre (1983): Ökonomisches Kapital, kulturelles Kapital, soziales Kapital. In: Kreckel, Reinhard (Hrsg.): Soziale Ungleichheiten. Soziale Welt – Sonderband 2. S. 183-198. Göttingen: Schwartz.
Bourdieu, Pierre (1989): Satz und Gegensatz. Über die Verantwortung des Intellektuellen. Berlin: Klaus Wagenbach.

Breuer, Franz (Hrsg.) (1996a): Qualitative Psychologie. Grundlagen, Methoden und Anwendungen eines Forschungsstils. Opladen: Westdeutscher Verlag.
Breuer, Franz (1996b): Schritte des Arbeitsprozesses unter unserem Forschungsstil. In: Breuer, Franz (Hrsg.): Qualitative Psychologie. Grundlagen, Methoden und Anwendungen eines Forschungsstils. S. 79-173. Opladen: Westdeutscher Verlag.
Ciompi, Luc (1995): Sozialpsychiatrie heute – Was ist das? In: Finzen, Asmus & Hoffmann-Richter, Ursula (Hrsg.): Was ist Sozialpsychiatrie. Eine Chronik S. 203-218. Bonn: Psychiatrie-Verlag.
Clausen, Jens; Dresler, Klaus-D. & Eichenbrenner, Ilse (1997): Soziale Arbeit im Arbeitsfeld Psychiatrie. Eine Einführung. Freiburg im Breisgau: Lambertus.
Dahrendorf, Ralf (1991): Die gefährdete Civil Society. In: Michalski, Krzysztof (Hrsg.): Europa und die Civil Society. Castelgandolfo-Gespräche 1989. S. 247-263. Stuttgart: Klett-Cotta.
Dathe, Dietmar & Kistler Ernst (2002): Entwicklungen und Strukturwandel bürger-schaftlichen Engagements. In: Enquete-Kommission „Zukunft des Bürgerschaftlichen Engagements" Deutscher Bundestag (Hrsg.): Bürgerschaftliches Engagement und Erwerbsarbeit. S. 13-68. Opladen: Leske und Budrich.
Dettling, Warnfried (1999): Ehrenamt in der Bürgergesellschaft. Ein neues Leitbild für freiwilliges soziales Engagement. Eine gesellschaftspolitische Standortbestimmung. Stuttgart: Robert Bosch Stiftung GmbH.
Diakonisches Werk Bayern (Hrsg.) (2008): Freiwilliges Engagement in der bayerischen Diakonie. Positionspapier. Nürnberg: Diakonisches Werk Bayern.
Dlubis-Mertens, Karin (2002): Rehabilitation psychisch Kranker: Arbeit als Gesundungsfaktor. In: Deutsches Ärzteblatt. 99 (24), A-1638 / B-1384 / C-1291.
Dörner, Klaus (1969): Bürger und Irre. Frankfurt am Main: Europäische Verlags-anstalt.
Dörner, Klaus (1973): Was fördert die "Rückkehr" der psychisch Leidenden? In: Dörner, Klaus & Plog, Ursula (Hrsg.): Sozialpsychiatrie S. 130-136. Neuwied, Berlin: Luchterhand.
Dörner, Klaus (1985): Arbeit für psychisch Kranke: Bedeutung, Grenzen, Finanzierungsmöglichkeiten. In: Seyfried, Erwin (Hrsg.): Arbeit und seelische Gesundheit. Aus der Praxis von Beschäftigungsinitiativen und Firmen für psychisch Kranke. S. 13-25. Bonn: Psychiatrie-Verlag.
Dörner, Klaus (Hrsg.) (1994): Jeder Mensch will notwendig sein. Neue Chancen für das Recht auf Arbeit aller psychisch Kranken und Behinderten. 46. Gütersloher Fortbildungswoche. Neumünster: Paranus Verlag

Dörner, Klaus & Plog, Ursula (1999): Anfänge der Sozialpsychiatrie: Bericht über eine Reise durch die sozialpsychiatrischen Pioniereinrichtungen der Bundesrepublik im Jahre 1968. Bonn: Edition Das Narrenschiff.
Dörner, Klaus & Plog, Ursula (2000): Irren ist menschlich. Lehrbuch der Psychiatrie/Psychotherapie. Bonn: Psychiatrie-Verlag.
Dörr, Margret (2005): Soziale Arbeit in der Psychiatrie. München: GmbH & Co. KG Verlag.
Dpa (2008): Häufige Todesursache: 9.402 Suizide 2007. In: die tageszeitung (taz). S. 6. 03.09.2008
Eco, Umberto (2005): Wie man eine wissenschaftliche Abschlußarbeit schreibt. Doktor-, Diplom- und Magisterarbeit in den Geistes- und Sozialwissenschaften. Heidelberg: C. F. Müller.
Ehrenberg, Alain (2004): Das erschöpfte Selbst. Depression und Gesellschaft in der Gegenwart. Frankfurt am Main: Campus.
Engler, Wolfgang (2006): Bürger ohne Arbeit. Für eine radikale Neugestaltung der Gesellschaft. Berlin: Aufbau-Verlag.
Enquete-Kommission „Zukunft des Bürgerschaftlichen Engagements" Deutscher Bundestag (Hrsg.) (2002a): Bericht. Bürgerschaftliches Engagement: auf dem Weg in eine zukunftsfähige Bürgergesellschaft. Opladen: Leske und Budrich.
Enquete-Kommission „Zukunft des Bürgerschaftlichen Engagements" Deutscher Bundestag (Hrsg.) (2002b): Bürgerschaftliches Engagement und Erwerbsarbeit. Opladen: Leske und Budrich.
Enquete-Kommission „Zukunft des Bürgerschaftlichen Engagements" Deutscher Bundestag (Hrsg.) (2003a): Bürgerschaftliches Engagement in den Kommunen. Opladen: Leske und Budrich.
Enquete-Kommission „Zukunft des Bürgerschaftlichen Engagements" Deutscher Bundestag (Hrsg.) (2003b): Bürgerschaftliches Engagement und Sozialstaat. Opladen: Leske und Budrich.
Erikson, Erik H. (1973): Identität und Lebenszyklus. Frankfurt: Suhrkamp.
Etzioni, Amitai (1997): Die Verantwortungsgesellschaft. Individualisierung und Moral in der heutigen Demokratie. Darmstadt: Wiss. Buchgesell.
Finzen, Asmus & Hoffmann-Richter Ursula (Hrsg.) (1995): Was ist Sozialpsychiatrie. Eine Chronik. Bonn: Psychiatrie-Verlag.
Flick, Uwe (2005): Qualitative Sozialforschung. Eine Einführung. Reinbek b. Hamburg: Rowohlt Taschenbuch.
Flick, Uwe; von Kardorff, Ernst & Steinke, Ines (Hrsg.) (2005): Qualitative Forschung. Ein Handbuch. Reinbek b. Hamburg: Rowohlt Taschenbuch.
Foucault, Michel (1968): Psychologie und Geisteskrankheit. Frankfurt am Main: Suhrkamp.
Foucault, Michel (1969): Wahnsinn und Gesellschaft. Eine Geschichte des Wahns im Zeitalter der Vernunft. Frankfurt am Main: Suhrkamp.

Friebertshäuser, Barbara & Prengel, Annedore (Hrsg.) (2003): Handbuch Qualitative Forschungsmethoden in der Erziehungswissenschaft. Studienausgabe. Weinheim, München: Juventa.

Friebertshäuser, Barbara (2006): Dichte Beschreibung. In: Bohnsack, Ralf; Marotzki, Winfried & Meuser, Michael (Hrsg.): Hauptbegriffe Qualitativer Sozialforschung S. 33-35. Opladen & Farmington Hills: Barbara Budrich.

Garfinkel, Harold (1990): A Conception of, and Experiments with 'Trust` as a Condition of Stable Concerted Actions. In: Coulter, Jeff (Hrsg.): Ethnomethodological Sociology. Aldershot. Edward Elgar Publishing, S. 3-54 [1963].

Geertz, Clifford (1983): Dichte Beschreibung. Beiträge zum Verstehen kultureller Systeme. Frankfurt am Main: Suhrkamp.

Geislinger, Rosa (Hrsg.) (1998): Experten in eigener Sache. Psychiatrie, Selbsthilfe und Modelle der Teilhabe. München: Zenit Verlag.

Gensicke, Thomas (2000): Bürgerschaftliches Engagement im Osten und Westen Deutschlands. In: UTOPIE kreativ. Sonderheft zur PDS-Programmdiskussion. S. 103-116.

Gensicke, Thomas; Geiss, Sabine & Riedel, Susanne (2005): Der Freiwilligensurvey 2004. Ergebnisse und Trends für Bayern. München: TNS Infratest.

Gensicke, Thomas (2005): Hauptbericht: Freiwilliges Engagement in Deutschland 1999-2004. In: Gensicke, Thomas; Picot, Sybille & Geiss, Sabine (Hrsg.): Freiwilliges Engagement in Deutschland 1999-2004. Ergebnisse der repräsentativen Trenderhebung zu Ehrenamt, Freiwilligenarbeit und bürgerschaftlichem Engagement. S. 14-200. München: TNS Infratest Sozialforschung.

Giddens, Anthony (1984): Interpretative Soziologie. Eine kritische Einführung. Frankfurt am Main: Campus Studium.

Glaser, Barney G. & Strauss, Anselm L. (2005): Grounded Theory. Strategien qualitativer Forschung. Bern: Hans Huber.

Grünenfelder, Luisa (2001): Freiwilligenarbeit. wie frei - wie willig? Schaffhausen: Unionsdruckerei/subito.

Grunwald, Klaus & Thiersch, Hans (Hrsg.) (2004): Praxis Lebensweltorientierter Sozialer Arbeit. Handlungszugänge und Methoden in unterschiedlichen Arbeitsfeldern. München: Juventa.

Häfner, Heinz (1978): Realisierungsmöglichkeiten der beruflichen Rehabilitation psychisch Kranker und Behinderter. In: Öffentliches Gesundheitswesen. (40). S. 13-28.

Haußer, Karl (1997): Identitätsentwicklung - vom Phasenuniversalismus zur Erfahrungs-verarbeitung. In: Keupp Heiner & Höfer, Renate (Hrsg.): Identitätsarbeit heute. Klassische und aktuelle Perspektiven S. 120-134. Frankfurt am Main: Suhrkamp.

Heerkens, Yvonne; Engels, Josephine; Kuiper, Chris; van der Gulden, Joost & Oostendorp, Rob (2004): The use of the ICF to describe work related factors influencing the health of employees. In: Disability and Rehabilitation. 26 (17). S. 1060-1066.

Herriger, Norbert (2002): Empowerment in der Sozialen Arbeit. Eine Einführung. Stuttgart, Berlin, Köln: Kohlhammer.

Herrmann, Ulrike (2008): Das Ende einer charmanten Idee. Der Arbeitsminister glaubt an Vollbeschäftigung - trotz der Fakten. In: die tageszeitung (taz). S. 12. 29.08.2008.

Hesse, Hermann (1986): Eigensinn macht Spaß. Individuation und Anpassung. Frankfurt am Main: suhrkamp

Höfer, Renate; Keupp, Heiner & Straus, Florian (2006): Prozesse sozialer Verortung in Szenen und Organisationen – Ein netzwerkorientierter Blick auf traditionale und reflexiv moderne Engagementformen. In: Hollstein, Betina & Straus, Florian: Qualitatvie Netzwerkanalyse. Konzepte, Methoden, Anwendungen. S. 267-294. Wiesbaden: VS Verlag.

Hodel, Jet; Schärer, S. & Steiner, E. (1979): Berufliche Wiedereingliederung psychisch Invalider. Erste Resultate einer katamnestischen Untersuchung. In: Rehabilitation. (18). S. 25-34.

Hoffmann-Richter, Ursula (1995): Sozialpsychiatrie – Spezialdisziplin oder Sicht-weise? Entwicklungsgeschichte des Begriffs und seiner Bedeutung. In: Finzen, Asmus & Hoffmann-Richter Ursula (Hrsg.): Was ist Sozialpsychiatrie. Eine Chronik. S. 11-27. Bonn: Psychiatrie-Verlag.

Jacobi, Frank; Klose, Michael & Wittchen, Hans-Ulrich (2004): Psychische Störungen in der deutschen Allgemeinbevölkerung: Inanspruchnahme von Gesundheits-leistungen und Ausfalltage. In: Bundesgesundheitsblatt - Gesundheitsforschung - Gesundheitsschutz. 47. S. 736-744.

Jahoda, Marie; Lazarsfeld, Paul F. & Zeisel, Hans (1933/1975): Die Arbeitslosen vom Marienthal. Ein soziographischer Versuch über die Wirkungen langandauernder Arbeitslosigkeit. Mit einem Anhang zur Geschichte der Soziographie. Frankfurt am Main: Suhrkamp.

Jahoda, Marie (1995): Wieviel Arbeit braucht der Mensch? Arbeit und Arbeitslosigkeit im 20. Jahrhundert. Weinheim: Psychologie Verlags Union.

Jehle, Manfred (2007): Psychose und souveräne Lebensgestaltung. Erfahrung langfristig Betroffener mit Gemeindepsychiatrie und Selbstsorge. Bonn: Psychiatrie-Verlag.

Jensen, Olaf & Welzer, Harald (2003): Ein Wort gibt das andere, oder: Selbstreflexivität als Methode [58 Absätze]. In: Forum Qualitative Sozialforschung / Forum: Qualitative Social Research [On-line Journal]. 4 (2). Verfügbar über: http://www. qualitative-research.net/fqs-texte/2-03/2-03jensenwelzer-d.htm. [Zugriff am 15.7.2006]

Joas, Hans & Knöbl, Wolfgang (2004): Sozialtheorie. Zwanzig einführende Vor-lesungen. Frankfurt am Main: Suhrkamp Taschenbuch.
von Kardorff, Ernst (2000): Die Bedeutung der Arbeit für psychisch kranke Menschen im gesellschaftlichen Wandel. Soziologische Anmerkungen zur beruflichen Rehabilitation. In: impulse. (15).
von Kardorff, Ernst (2001): Psychiatrie und Sozialpädagogik/Sozialarbeit. In: Otto, Hans-Uwe & Thiersch, Hans (Hrsg.): Handbuch Sozialarbeit/Sozialpädagogik S. 1434-1445. Neuwied, Kriftel: Luchterhand.
Kessl, Fabian (2001): Zivilgesellschaft. In: Otto, Hans-Uwe & Thiersch, Hans (Hrsg.): Handbuch Sozialarbeit/Sozialpädagogik. S. 2006-2016. Neuwied; Kriftel: Luchterhand.
Keupp Heiner (1987): Psychosoziale Praxis im gesellschaftlichen Umbruch. Bonn: Psychiatrie Verlag.
Keupp Heiner (1994): "Ohne Angst verschieden sein können". Chancen und Risiken der Krise in der Moderne. In: Soziale Psychiatrie. (2), S. 5-8.
Keupp Heiner & Höfer, Renate (Hrsg.) (1997b): Identitätsarbeit heute. Klassische und aktuelle Perspektiven der Identitätsforschung. Frankfurt am Main: Suhrkamp.
Keupp Heiner (1998): Sozialpsychiatrie. In: Grubitzsch, Siegfried & Weber, Klaus (Hrsg.): Psychologische Grundbegriffe. Ein Handbuch. S. 581-583. Reinbek bei Hamburg: Rowohlt Taschenbuch Verlag.
Keupp Heiner (2000): Eine Gesellschaft der Ichlinge? München: SOS Kinderdorf. Eigenverlag.
Keupp Heiner (Hrsg.) (2001): Bürgerschaftliches Engagement - Soziales Kapital fördern und nutzen. München: IPP.
Keupp Heiner; Ahbe, Thomas; Gmür, Wolfgang; Höfer, Renate; Mitzscherlich, Beate, Kraus, Wolfgang & Straus, Florian (2006a): Identitätskonstruktionen. Das Patchwork der Identitäten in der Spätmoderne. Reinbek bei Hamburg: Rowohlt Taschenbuch.
Keupp Heiner (2006b): Identitätsarbeit durch freiwilliges Engagement. Schlüssel-qualifikationen für die Zivilgesellschaft. In: Tully, Claus J. (Hrsg.): Lernen in flexibilisierten Welten. Wie sich das Lernen der Jugend verändert S. 23-39. München und Weinheim: Juventa.
Keupp Heiner (2007): Mut zum aufrechten Gang. Was bieten Beteiligung und Empowerment für Psychiatrie und Selbsthilfe? In: Soziale Psychiatrie. 31. Jahrgang (3), S. 4-9.
Kistler, Ernst; Pfau-Effinger, Birgit & Böhle, Fritz (2001): Struktur- und Motivationswandel Bürgerschaftlichen Engagements bei Erwerbstätigen und Arbeitslosen unter besonderer Berücksichtigung der Genier-Perspektive. Gutachten für die Enquete-Kommission "Zukunft des Bürgerschaftlichen Engagements". Berlin u.a.
Klages, Helmut (1999a): Zerfällt das Volk? – Von den Schwierigkeiten der modernen Gesellschaft mit Gemeinschaft und Demokratie. In: Klages,

Helmut & Gensicke, Thomas (Hrsg.): Wertewandel und bürgerschaftliches Engagement an der Schwelle zum 21. Jahrhundert. Speyrer Forschungsberichte S. 1-20. Speyer: Forschungsinstitut für öffentliche Verwaltung.

Klages, Helmut (1999b): Standorte und Strukturen des Engagementpotentials in Deutschland. In: Klages, Helmut & Gensicke, Thomas (Hrsg.): Wertewandel und bürgerschaftliches Engagement an der Schwelle zum 21. Jahrhundert. Speyrer Forschungsberichte S. 99-136. Speyer: Forschungsinstitut für öffentliche Verwaltung.

Klages, Helmut (2000): Engagement und Engagementpotential in Deutschland. In: Beck, Ulrich (Hrsg.): Die Zukunft von Arbeit und Demokratie S. 151-170. Frankfurt am Main: Suhrkamp.

Klages, Helmut (2001): Wertewandel und bürgerschaftliches Engagement. In: Keupp Heiner (Hrsg.): Bürgerschaftliches Engagement - Soziales Kapital fördern und nutzen S. 25-35. München: IPP.

Klee, Ernst (1985): "Euthanasie" im NS-Staat. Die "Vernichtung lebenswerten Lebens". Frankfurt am Main: Fischer Verlag.

Knoll, Andreas (2000): Sozialarbeit in der Psychiatrie. Von der Fürsorge zur Sozialtherapie. Opladen: Leske und Budrich.

Knothe, Holger (2004): Annerkennungsverhältnisse und Bürgerschaftliches Engagement. (6) München: IPP.

Knuf, Andreas; Osterfeld, Margret & Seibert, Ulrich (2007): Selbstbefähigung fördern - Empowerment und psychiatrische Arbeit. Bonn: Psychiatrie-Verlag.

Krappmann, Lothar (1969): Soziologische Dimensionen der Identität. Stuttgart: Klett.

Kress, Ulrike (1992): Arbeit oder Grundsicherung für gesundheitlich beeinträchtigte und leistungsbehinderte Menschen? Eine Literaturstudie. In: Brinkmann, Christian & Schober, Karen (Hrsg.): Erwerbsarbeit und Arbeitslosigkeit im Zeichen des Strukturwandels. Chancen und Risiken am Arbeitsplatz S. 247-273. Nürnberg: Institut für Arbeitsmarkt- und Berufsforschung der Bundesanstalt für Arbeit (IAB).

Kruse, Jan (2008): Reader: Einführung in die Qualitative Interviewforschung. Freiburg: Bezug über www.soziologie.uni-freiburg.de/kruse.

Kühnlein, Irene & Böhle, Fritz (2002a): Das Verhältnis von Erwerbsarbeit und bürgerschaftlichem Engagement: Ersatz - Ergänzung - Konkurrenz?. In: Enquete-Kommission „Zukunft des Bürgerschaftlichen Engagements" Deutscher Bundestag (Hrsg.): Bürgerschaftliches Engagement und Erwerbsarbeit S. 87-109. Opladen: Leske und Budrich.

Kühnlein, Irene & Böhle, Fritz (2002b): Motive und Motivationswandel des bürgerschaftlichen Engagements. In: Enquete-Kommission „Zukunft des Bürger-schaftlichen Engagements" Deutscher Bundestag (Hrsg.). Bürgerschaftliches Engagement und Erwerbsarbeit. S. 267-298. Opladen: Leske und Budrich.

Lamnek, Siegfried (1995): Qualitative Sozialforschung. Band 1. Methodologie. Weinheim: Beltz: Psychologie VerlagsUnion.

Legewie, Heiner & Schervier-Legewie, Barbara (2004): Forschung ist harte Arbeit, es ist immer ein Stück Leiden damit verbunden. Deshalb muss es auf der anderen Seite Spaß machen. Anselm Strauss im Interview mit Heiner Legewie und Barbara Schervier-Legewie [90 Absätze]. In: Forum Qualitative Sozialforschung / Forum: Qualitative Social Research [Online-Journal]. 5 (3), Art. 22. Verfügbar über: http://www. qulitative-research.net/fqs-texte/3-04/04-3-22-d.htm [Zugriff: 10.11.2006].

Lenz, Albert (2002): Empowerment und Ressourcenaktivierung – Perspektiven für die psychosoziale Praxis. In: Lenz, Albert & Stark, Wolfgang (Hrsg.) (2002): Empowerment. Neue Perspektiven für psychosoziale Praxis und Organisation. S. 13-53. Tübingen: dgvt-Verlag.

Lenz, Albert & Stark, Wolfgang (Hrsg.) (2002): Empowerment. Neue Perspektiven für psychosoziale Praxis und Organisation. Tübingen: dgvt-Verlag.

Leontjew, Alexej (1982): Tätigkeit, Bewußtsein, Persönlichkeit. Studien zur kritischen Psychologie. Köln: Pahl-Rugenstein.

Loch, Ulrike & Gahleitner, Silke-Brigitta (2008): Tagungsbericht: Quo vadis Rekonstruktive Sozialarbeitsforschung? Traditionen – Standortbestimmung – Perspektiven [38 Absätze]. Forum Qualitative Sozialforschung / Forum: Qualitative Social Research, 9(1), Art. 33; http://www.qualitative-research.net/fqs-texte/1-08/08-1-33-d.htm [Zugriff: 19.03.2008]

Luger, Hans (1998): Innovative Projekte – Reiz und Risiko. In: Bock, Thomas & Weigand, Hildegard: Hand-werks-buch Psychiatrie. S. 661-678. Bonn: Psychiatrie-Verlag.

Lüttringhaus, Maria (2003): Sozialdarwinismus durch Partizipation? In: Hosemann, Wilfried & Trippmacher, Brigitte (Hrsg.): Soziale Arbeit und soziale Gerechtigkeit. S. 121-133. Baltmannsweiler: Schneider Verlag Hohengehren.

Mayring, Philipp (2007): Generalisierung in qualitativer Forschung. In: [23 Absätze] Forum Qualitative Sozialforschung / Forum: Qualitative Social Research. 8 (3), Art. 26, http://www.qualitative-research.net/fqs-texte/3-07/07-3-26-d.htm.

Mead, George Herbert (1934): Mind, self and society. Chicago: Universiy of Chicago Press.

Mead, George Herbert (1969): Sozialpsychologie. Eingeleitet und herausgeben von Anselm Strauss. Neuwied/Berlin: Luchterhand [1956].

Mead, George Herbert (1992): Geist, Identität und Gesellschaft aus der Sicht des Sozialbehaviorismus. Mit einer Einleitung herausgegeben von Charles W. Morris. Frankfurt a. M.: Suhrkamp.
Mecklenburg, Hermann (2003): Aufgaben der Ergotherapie im Rahmen der Behandlung psychisch Kranker. In: psychoneuro. 29 (4). S. 184-186.
Miller, Tilly & Pankofer, Sabine (Hrsg.) (2000): Empowerment konkret! Handlungs-entwürfe und Reflexionen aus der psychosozialen Praxis. Stuttgart: Lucius und Lucius.
Mohr, Gisela & Richter, Peter (2008): Psychosoziale Folgen von Erwerbslosigkeit - Interventionsmöglichkeiten. In: Aus Politik und Zeitgeschichte. 40-41. S. 25-32.
Mühlum, Albert & Gödecker-Geenen, Norbert (2003): Soziale Arbeit in der Rehabilitation. München; Basel: Ernst Reinhardt.
Mühlum, Albert (2007): Rehabilitation zwischen „Normalisierungsdruck" und „Selbstbestimmt leben". In: Sozial Extra. 31. Jahrgang (5/6). S. 37-41.
Munsch, Chantal (Hrsg.) (2003): Sozial Benachteiligte engagieren sich doch. Über lokales Engagement und soziale Ausgrenzung und die Schwierigkeiten der Gemein-wesenarbeit. Weinheim und München: Juventa.
Munsch, Chantal (2004): Engagement „schließt aus". Bürgerschaftliches Engagement vor dem Hintergrund sozialer Benachteiligung. In: Forum Sozial. (1). S. 16-18.
Munsch, Chantal (2005): Die Effektivitätsfalle. Gemeinwesenarbeit und bürger-schaftliches Engagement zwischen Ergebnisorientierung und Lebensbewältigung. Balt-mannsweiler: Schneider Verlag Hohengehren.
Nadai, Eva (1998): Gemeinsinn und Eigennutz. Freiwilliges Engagement im Sozial-bereich. Bern, Stuttgart, Wien: Haupt-Verlag.
Nitsche, Ines & Richter, Peter (2003): Tätigkeiten außerhalb der Erwerbsarbeit. Evaluation des TAURIS-Projektes. Münster; Hamburg; London: LIT Verlag.
Nutzinger, Hans G. & Held, Martin (Hrsg.): Geteilte Arbeit und ganzer Mensch. Frankfurt; New York: Campus.
Olk, Thomas (2003): Bürgerschaftliches Engagement. Eckpunkte einer Politik der Unterstützung freiwilliger und gemeinwohlorientierter Aktivitäten in Staat und Gesellschaft. In: Neue Praxis. 3 (4). S. 306-325.
Ostner, Ilona (2000): Was heißt hier normal? Normalarbeit, Teilzeit, Arbeit im Lebens-zyklus. In: Nutzinger, Hans G. & Held, Martin (Hrsg.): Geteilte Arbeit und ganzer Mensch. Perspektiven der Arbeitsgesellschaft. S. 173-189. Frankfurt, New York: Campus.
Otto, Hans-Uwe & Thiersch, Hans (Hrsg.) (2001): Handbuch Sozialarbeit/ Sozialpädagogik. Neuwied; Kriftel: Luchterhand.
Pelizäus-Hoffmeister, Helga (2006): Zur Bedeutung sozialer Netzwerke für die Konstruktion biographischer Sicherheit. In: Hollstein, Betina &

Straus, Florian: Qualitatvie Netzwerkanalyse. Konzepte, Methoden, Anwendungen. S. 441-464. Wiesbaden: VS Verlag.
Picot, Sybille & Gensicke, Thomas (2005): Freiwilliges Engagement von Männern und Frauen im Zeitvergleich 1999-2004. In: Gensicke, Thomas; Picot, Sybille & Geiss, Sabine (Hrsg.): Freiwilliges Engagement in Deutschland 1999-2004. Ergebnisse der repräsentativen Trenderhebung zu Ehrenamt, Freiwilligenarbeit und bürgerschaft-lichem Engagement. S. 258-302. München: TNS Infratest.
Pörksen, Niels (2002): Anforderungen an Hilfen zur Teilhabe am Arbeitsleben. In: Schmidt-Zadel, Regina; Pörksen, Niels & Aktion Psychisch Kranke (Hrsg.): Teilhabe am Arbeitsleben. Arbeit und Beschäftigung für Menschen mit psychischen Beeinträchtigungen. S. 35-47. Bonn: Psychiatrie-Verlag.
Pörksen, Niels (2007): Was macht Arbeit?! Verfügbar über: http://www.apk-ev.de /Datenbank/downloads/TAB%20Vortrag%20Pörksen%20Juli07.pdf[Zugriff:18.7.2008]
Priebe, Stefan; Schmiedebach, Heinz-Peter; Schulz, Jörg & Beddies, Thomas (2000): Offene Fürsorge - Rodewischer Thesen - Psychiatrie-Enquete: Drei Reformansätze im Vergleich. In: Psychiatrische Praxis. 27 (3). S. 138-143.
Prins, Sybille (2001): „Gut, dass wir einmal darüber sprechen – Wortmeldungen einer Psychiatrie-Erfahrenen". Neumünster: Paranus
Promberger, Markus (2008): Arbeit, Arbeitslosigkeit und soziale Integration. In: Aus Politik und Zeitgeschichte. 40-41 (29.9.2008). S. 7-15.
Putnam, Robert D. (1994): Making Democracy Work. Civic Traditions in Modern Italy. Princton: Princeton University Press.
Putnam, Robert D. (Hrsg.) (2001): Gesellschaft und Gemeinsinn. Sozialkapital im internationalen Vergleich. Gütersloh: Bertelsmann-Stiftung.
Quindel, Ralf (2004): Zwischen Empowerment und sozialer Kontrolle. Das Selbst-verständnis der Professionellen in der Sozialpsychiatrie. Bonn: Psychiatrie-Verlag.
Rauschenbach, Thomas (2001): Ehrenamt. In: Otto, Hans-Uwe & Thiersch, Hans (Hrsg.): Handbuch Sozialarbeit/Sozialpädagogik. S. 344-360. Neuwied; Kriftel: Luchterhand.
Richter, Rudolf (2002): Verstehende Soziologie. Wien: Facultas Verlags- und Buchhandels AG.
Riemann, Gerhard (1987). Das Fremdwerden der eigenen Biografie. Narrative Interviews mit psychiatrischen Patienten. München: Fink.
Rifkin, Jeremy (2005): Das Ende der Arbeit und ihre Zukunft. Neue Konzepte für das 21. Jahrhundert. Frankfurt am Main: Fischer.
von Rosenbladt, Bernhard (Hrsg.) (2001): Freiwilliges Engagement in Deutschland - Freiwilligensurvey 1999 - Ergebnisse der Repräsentativer-

hebung zu Ehrenamt, Frei-willigenarbeit und bürgerschaftlichem Engagement. Band 1: Gesamtbericht. Stuttgart: W. Kohlhammer.

Salijevic, Meto & Seyfried, Erwin (Hrsg.) (1985): Firmen für psychisch Kranke. Daten, Fakten, Konzepte, Projekte, Adressen. Rehburg-Loccum: Psychiatrie-Verlag.

Sammallahti, Pirkko R.; Holi, Matti J.; Kommulainen, Erkki J.; Aalberg, Veikko A. (Hrsg.) (1996): Comparing two self-report measures of coping – the Sense of Coherence Scale and the Defense Style Questionnaire. Journal of Clinical Psychology (52). S. 517-523.

Schmidt, Jürgen (2007): Zivilgesellschaft. Bürgerschaftliches Engagement von der Antike bis zur Gegenwart. Texte und Kommentare. Reinbek bei Hamburg: Rowohlt.

Schneider, Christian (2005): Das Paradies der Arbeit. Essay. In: die tageszeitung (taz). S. 4. 1.05.2005.

Schneider, Johann (1999): Gut und Böse – Falsch und Richtig. Zu Ethik und Moral der sozialen Berufe. Frankfurt am Main: Fachhochschulverlag

Schott, Heinz & Tölle, Rainer (2006): Geschichte der Psychiatrie. Krankheitslehren. Irrwege. Behandlungsformen. München: C.H.Beck.

Schütz, Alfred (1971): Gesammelte Aufsätze, Band 1 – Das Problem der sozialen Wirklichkeit. Den Haag: Nijhoff

Schütz, Alfred (2004a): Common-Sense und wissenschaftliche Interpretation menschlichen Handelns. Neubearbeitete Textversion. In: Strübing, Jörg & Schnettler, Bernd (Hrsg.): Methodologie interpretativer Sozialforschung. Klassische Grundlagentexte. S. 155-197. Konstanz: UVK.

Schütz, Alfred (2004b): Der sinnhafte Aufbau der sozialen Welt. Eine Einleitung in die verstehende Soziologie. Alfred Schütz Werkausgabe Band II. Hrsg. von Martin Endreß und Joachim Renn. Konstanz: UVK.

Sennett, Richard (2006): Der flexible Mensch. Die Kultur des neuen Kapitalismus. Berlin: Berliner Taschenbuch.

Sennett, Richard (2007): Die Kultur des neuen Kapitalismus. Berlin: Berlin Verlag GmbH.

Seyfried, Erwin (Hrsg.) (1985): Arbeit und seelische Gesundheit. Aus der Praxis von Beschäftigungsinitiativen und Firmen für psychisch Kranke. Bonn: Psychiatrie-Verlag.

Stark, Wolfgang (1996): Empowerment. Neue Handlungskompetenzen in der psychosozialen Praxis. Freiburg im Breisgau: Lambertus.

Stark, Wolfgang (1998): Empowerment-Mobilisierung eigener Kräfte. In: Geislinger, Rosa (Hrsg.): Experten in eigener Sache S. 177-190. München: Zenit-Verlag.

Staub-Bernasconi, Silvia (1995): Systemtheorie, soziale Probleme und Soziale Arbeit: lokal, national, international. Oder: vom Ende der Bescheidenheit. Bern; Stuttgart; Wien: Haupt Verlag.

Straus, Florian & Höfer, Renate (1997): Entwicklungslinien alltäglicher Identitätsarbeit. In: Keupp Heiner & Höfer, Renate (Hrsg.): Identitätsarbeit heute S. 270-307. Frankfurt am Main: Suhrkamp.

Straus, Florian (2004): Soziale Netzwerke und Sozialraumorientierung. Gemeinde-psychologische Anmerkungen zur Sozialraumdebatte. München: IPP

Strauss, Anselm L. & Corbin, Juliet (1996): Grounded Theory: Grundlagen Qualitativer Sozialforschung. Weinheim: Beltz, Psychologie Verlags Union.

Strauss, Anselm L. (1998): Grundlagen qualitativer Sozialforschung. München: Wilhelm Fink Verlag.

Tegtmeier, Sascha (2005): Immer mehr Menschen seelisch krank. In: die tageszeitung (taz). S. 8. 13.04.2005.

Thiersch, Hans 2000: Lebensweltorientierte Soziale Arbeit. Aufgaben der Praxis im sozialen Wandel. Weinheim und München

Thom, Achim & Wulff, Erich (1990): Psychiatrie im Wandel. Erfahrungen und Perspektiven in Ost und West. Bonn: Psychiatrie-Verlag.

Thomas, William I. (1965): Die Methodologie der Verhaltensstudie: Das Kind in Amerika. In: Thomas, William I. (Hrsg.): Person und Sozialverhalten. Hrsg. von Edmund H. Volkart S. 100-116. Neuwied am Rhein/Berlin: Luchterhand.

Thomas, William I. & Znaniecki, Florian (1965): Methodologische Vorbemerkung. In: Thomas, William I. (Hrsg.): Person und Sozialverhalten. Hrsg. von Edmund H. Volkart S. 61-85. Neuwied am Rhein; Berlin: Luchterhand.

de Tocqueville, Alexis (1935/1985): Über die Demokratie in Amerika. Stuttgart: Reclam.

Treibel, Annette (1997): Einführung in soziologische Theorien der Gegenwart. Opladen: Leske und Budrich.

Walzer, Michael (1992): Zivile Gesellschaft und amerikanische Demokratie. Berlin: Rotbuch.

Walzer, Michael (1998): Sphären der Gerechtigkeit. Ein Plädoyer für Pluralität und Gleichheit. Frankfurt am Main: Fischer Taschenbuch

Watzlawick, Paul; Beavin, Janet H. & Jackson, Don D. (1972): Menschliche Kommunikation. Formen, Störungen, Paradoxien. Bern, Stuttgart, Wien: Hans Huber.

Weber, Max (1921/1972): Wirtschaft und Gesellschaft. Grundriß der verstehenden Soziologie. Tübingen: J.C.B. Mohr

Weber, Max (1969): Die protestantische Ethik und der Geist des Kapitalismus. München, Hamburg: Siebenstern.

Wehner, Theo (2008): Jenseits der Erwerbsarbeit liegen Antworten für eine Tätigkeitsgesellschaft. Essay. In: Aus Politik und Zeitgeschichte. 40-41 (29.09.2008). S. 44-46.

Weltgesundheitsorganisation (2004): Internationale Klassifikation psychischer Störungen. ICD-10 Kapitel V (F). Klinisch-diagnostische Leitlinien. Bern: Hans Huber.

Weltgesundheitsorganisation (2005): Bangkok Charta für Gesundheitsförderung in einer globalisierten Welt. Verfügbar über: www.who.int./healthpromotion/conferences /6gchp/BCHP_German_version.pdf [Zugriff: 19.06.2007].

Weltgesundheitsorganisation (Hrsg.) (2006): Psychische Gesundheit: Herausforderungen annehmen, Lösungen schaffen. Bericht über die Ministerkonferenz der Europäischen Region der WHO. Kopenhagen: Referat Veröffentlichung WHO Regionalbüro für Europa.

Wing, John K. (1982): Sozialpsychiatrie. Berlin, Heidelberg, New York: Springer.

Winkler, Michael (2004): Aneignung und Sozialpädagogik - einige grundlagen-theoretische Überlegungen. In: Deinet, Ulrich & Reutlinger, Christian (Hrsg.): „Aneignung" als Bildungskonzept der Sozialpädagogik. Beiträge zur Pädagogik des Kindes- und Jugendalters in Zeiten entgrenzter Lernorte S. 71-91. Wiesbaden: VS Verlag für Sozialwissenschaften.

Witzel, Andreas (1985): Das problemzentrierte Interview. In: Jüttemann, Gerd (Hrsg.): Qualitative Forschung in der Psychologie S. 227-255. Weinheim und Basel: Beltz Verlag.

Witzel, Andreas (2000): Das problemzentrierte Interview [25 Absätze]. In: Forum Qualitative Sozialforschung/Forum: Qualitative Social Research. 1 (1, Art. 22 http://nbn-resolving.de/urn:nbn:de:0114-fqs0001228 [Zugriff: 25.07.08]).

World Health Organization (2001): International classification of functioning, disability and health: ICF. Geneva: World Health Organization.

Wouters, Gerlinde (2005): Zur Identitätsrelevanz von Freiwilligem Engagement im dritten Lebensalter. Anzeichen einer Tätigkeitsgesellschaft. Herbolzheim: Centaurus Verlag.

Zimmer, Annette (2001): Dritter Sektor und soziales Kapital. In: Keupp, Heiner (Hrsg.): Bürgerschaftliches Engagement - Soziales Kapital fördern und nutzen. S. 48-62. München: Bayerisches Staatsministerium für Arbeit und Sozialordnung, Familie und Frauen.

Zimmer, Annette & Priller, Eckhard (2005): Der Dritte Sektor im aktuellen Diskurs. In: Birkhölzer, Karl; Klein, Ansgar; Priller, Eckhard & Zimmer Annette (Hrsg.): Dritter Sektor/Drittes System. Theorie, Funktionswandel und zivilgesellschaftliche Perspektive Wiesbaden: VS Verlag für Sozialwissenschaften.

Danksagung

Mein erster Dank gilt meinen Interviewpartnerinnen und Interviewpartner für Ihre Erzählungen und Ihre Offenheit. Sie alle haben diese Studie erst möglich gemacht.

In einer sehr frühen Ideenphase trugen der Zuspruch und verschiedene Tipps von Frau Prof. Dr. Sabine Pankofer entscheidend dazu bei, dass ich dieses Projekt für durchführbar hielt und die Dissertation anbahnte.

Für die Offenheit und das Interesse bei meiner Felderschließung und der Hilfe bei der Suche nach InterviewpartnerInnen danke ich:

Kathrin Düsener (f-net/Caritas), Stephanie d`Huc-Rudolph (FoeBE), Elisabeth Siegl (SkF), Frank Meinhold (SHZ), Gottfried Wörishofer (MüPE e.V.), Jörg Faber (SpDi/Projekte-Verein), Ruth Weizel (Tagesstätte Eigensinn/FTZ), Andreas Grauer (Tagesstätte Gartenhof/IMM)

Die vorliegende Arbeit entstand ohne externen Auftrag und Fördermittel, ich war kontinuierlich als Sozialpädagogin erwerbstätig. Für ihre wohlwollende Haltung mir und meinem Dissertations-Projekt gegenüber danke ich herzlich meinen geschätzten KollegInnen: Stephanie Kramer, Thomas Meinhart, Rainer Ehrenreich, Frauke Böttge, Michaela Sigl, Veronika Berger sowie den BesucherInnen der Tagesstätte Neuhausen (IM München).

Meinem Doktorvater Prof. Dr. Heiner Keupp danke ich für seine hervorragende fachliche und menschliche Unterstützung. Es ist eine Gabe, wie Du andere an deinem Wissen und deinen Talenten teilhaben lässt und sie weitergibst. Das regelmäßige gemeindepsychologische Forschungscolloquium am Lehrstuhl der reflexiven Sozialpsychologie der LMU München war ein unschätzbarer Beitrag bei meiner Solo-Forschung. Besonders betonen möchte ich die gegenseitige Beratung und den Gedankenaustausch in der Arbeitsgruppe, die aus dem Colloquium entstand und kontinuierlich die jeweiligen Dissertations-Projekte begleitet. Neben inhaltlichen Aspekten war auch die motivierende und kulinarische Zusammenarbeit garantiert: Anke Grube, Kathrin Düsener, Irmela Sperl, Sandra Dlugosch, Claudia Barth und Silke Vlecken, danke Euch! Meiner „Psychiatrie-Kollegin" Edith Borchers sei gedankt für ihre warme Art und ihre Kenntnis im Arbeitsfeld, die sie teilt.

Vielen Dank an Prof. Dr. Ulrich Heimlich und Prof. Dr. Angelika Poferl für das Übernehmen des zweiten Gutachtens bzw. den Beisitz der Disputation.

Für regen Austausch zu sämtlichen Aspekten meiner Arbeit, Diskussionen und das sehr fundierte Gegenlesen und Kritisieren meiner Arbeit und nicht zuletzt freundschaftlicher Begleitung geht ein ganz herzliches Dankeschön an Ursula Unterkofler und Michael Richter – ihr beide habt einen wesentlichen Anteil an diesen Seiten.

Ebenso danke ich meiner Kusine Bettina Heß und meiner Schwägerin Christine Seefried fürs schnelle und gute Korrekturlesen bzw. die Übernahme einer Transkription in ressourcenarmen Zeiten.

Meinen Eltern Sieglinde und Gebhard Dischler und meinem Bruder Stefan danke ich für alle Ressourcen und den lebenslangen Rückhalt, den ihr mir gegeben habt und gebt. Euch habe ich den Mut und Willen zu verdanken, dieses Projekt zu beginnen und vor allem auch zu Ende zu bringen.

Meinem Mann und Gefährten Ulrich Schiegg gilt mein innigster Dank für seine umfassende Unterstützung in den vergangenen Jahren. Durch deinen liebevollen, praktischen und geduldigen Beistand im Alltag, allen Lebenslagen und unserer Hochzeitsplanung sind wir beide zusammen da, wo wir jetzt sind.

München, im März 2009   Andrea Dischler

Rekonstruktive Forschung in der Sozialen Arbeit

Band 1
CORNELIA GIEBELER
WOLFRAM FISCHER
MARTINA GOBLIRSCH
INGRID MIETHE
GERHARD RIEMANN (HRSG.)
Fallverstehen und Fallstudien
Interdisziplinäre Beiträge zur rekonstruktiven Sozialarbeitsforschung

Band 2
ULRIKE LOCH
Sexualisierte Gewalt in Kriegs- und Nachkriegskindheiten
Lebens- und famliengeschichtliche Verläufe

Band 3
JUTTA MÜLLER
Coaching, Biografie und Interaktion
Eine qualitative Studie zum Coach in Ausbildung

Band 4
INGRID MIETHE
WOLFRAM FISCHER
CORNELIA GIEBELER
MARTINA GOBLIRSCH
GERHARD RIEMANN (HRSG.)
Rekonstruktion und Intervention
Interdisziplinäre Beiträge zur Rekonstruktiven Sozialarbeitsforschung.

Band 5
STEFANIE SAUER
Die Zusammenarbeit von Pflegefamilie und Herkunftsfamilie in dauerhaften Pflegeverhältnissen
Widersprüche und Bewältigungsstrategien doppelter Elternschaft

Rekonstruktive Forschung in der Sozialen Arbeit

Band 6
NADJA LEHMANN
Migrantinnen im Frauenhaus
Biographische Perspektiven auf Gewalterfahrungen

Band 7
EVA TOV
Leben mit der Vergewaltigung
Narrative Identitätskonstruktionen bei Frauen mit sexualisierter Gewalterfahrung

Band 8
CARLA WESSELMANN
Biografische Verläufe und Handlungsmuster wohnungsloser Frauen
im Kontext extrem asymmetrischer Machtbalancen

Band 10
WALBURGA HOFF
INGRID MIETHE
KIRSTIN BROMBERG (HRSG.)
Forschungstraditionen der Sozialen Arbeit
Materialien, Zugänge, Methoden

Weitere Bände in Vorbereitung.

Evaluation

RALF BOHNSACK
IRIS NENTWIG-GESEMANN (HRSG.)
Dokumentarische Evaluationsforschung
Theoretische Grundlagen und Beispiele aus der Praxis
2010. 356 S. Kt.
39,90 € (D), 41,10 € (A), 67,00 SFr
ISBN 978-3-86649-292-9
Die Dokumentarische Evaluationsforschung steht in der Tradition der dokumentarischen Methode von Karl Mannheim und Ralf Bohnsack und ist methodologisch und forschungspraktisch durch Ansätze der qualitativen Evaluation aus den USA inspiriert. In diesem Buch wird das methodische Potential an einer Vielfalt von Evaluationsgegenständen forschungspraktisch demonstriert.

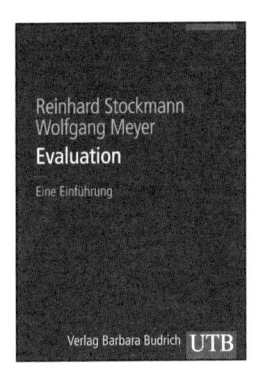

REINHARD STOCKMANN
WOLFGANG MEYER
Evaluation
Eine Einführung. UTB L
2010. 296 S. Kt.
19,90 € (D), 20,50 € (A), 33,50 SFr
ISBN 978-3-8252-8337-7
Das Buch liefert eine grundlegende Einführung, mit der sich Studierende und PraktikerInnen einen Überblick über die verschiedenen Fragestellungen und Vorgehensweisen der Evaluationsforschung erschließen können.

Direkt bestellen: in Ihrer Buchhandlung oder bei
Verlag Barbara Budrich • Barbara Budrich Publishers
Stauffenbergstr. 7. D-51379 Leverkusen Opladen
Tel +49 (0)2171.344.594 • Fax +49 (0)2171.344.693 • info@budrich-verlag.de
www.budrich-verlag.de • www.budrich-journals.de

Unsere Fachzeitschriften auf www.budrich-journals.de

- **Einzelbeiträge im Download (Micropayment)**

- **Kombi-Abos für AbonnentInnen**

- **IP- und Domain-Zugänge (Mehrplatzlizenzen)**

- **Großer *open access*-Bereich**

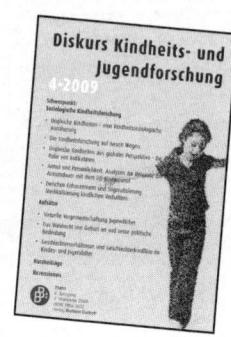

Wir haben unsere Fachzeitschriften für Sie online gestellt. Als AbonnentIn z.B. mit Kombi-Abo bekommen Sie weiterhin Ihr Heft wie gewohnt bequem nach Hause geliefert und Sie haben Zugriff auf das gesamte online-Archiv.

Zu günstigen Preisen. Fragen Sie uns!

**Verlag Barbara Budrich •
Barbara Budrich Publishers**
Stauffenbergstr. 7. D-51379 Leverkusen Opladen
Tel +49 (0)2171.344.594 • Fax +49 (0)2171.344.693 •
info@budrich-verlag.de

www.budrich-verlag.de • www.budrich-journals.de